지네트 월터 이야기

JEANNETTE WALTER

JEANNETTE WALTER

지네트 월터 이야기

유관순 열사의 이화학당 마지막 스승

임연철 지음

밀알북스

※ 이 책은 한국언론진흥재단의 저술지원으로 출판되었습니다.

머리말

A. 지네트 월터(A. Jeannette Water) 이화학당 학당장(교장)의 전기가 그녀가 직접 수의를 입혀 장례 지낸 유관순 열사의 순국 100주기를 앞두고 출간되는 것을 의미 있게 생각한다. 이화학당에서 영어와 체육 등을 학생 유관순에게 직접 가르친 월터 학당장은 제자가 옥중 순국하자 수의를 입히고 장례예배를 가진 후 이태원 공동묘지에 안장까지 시킴으로써 '마지막 스승'이 되었다.

저자는 지난해(2019년) 『이야기 사애리시』 – 유관순 열사 신앙의 어머니'(신앙과지성사)를 출판했는데 본명이 앨리스 샤프인 사애리시 선교사는 어린 유관순을 공주에서 공부시키고 이화학당으로 편입시켜 준 '첫 스승'이었다. '이야기 사애리시'를 쓰던 중 월터 학당장의 자서전 '진 아주머니(Aunt Jean)'를 읽으며 유 열사의 마지막 스승 전기도 쓰고 싶었는데 이제 그 결과물이 나오게 된 것이다.

본래는 자서전을 번역해 월터 학당장의 생각과 행동을 독자들에게 그대로 전달할 계획이었다. 그러나 자서전을 읽어 본 결과, 한국 체류 기간(1911~1926)을 제외하면 절반가량의 내용이 월터 학당장의 가족과 여행기록, 미국 고등학교 가정방문 교사 시절의 이야기를 쓴 것이어서 한국 독자들과는 큰 연관이 없다는 판단하게 되었다. 이에 따라 한국에 교육선교사로 오기 전의 내용은 그녀가 교육선교사에 뜻을 두고 준비하는 과정과 한국을 선택하는 과정을 중심으로 기술했다. 그 결과 상세한 가족 사항이나 개인적인 여행 등의 기록은 생략할 수밖에 없었다. 한국 체류 기간은 자서전의 하이라이트로 이 전기에서도 해설과 다양한 사진을 덧붙여 대부분을 소개함으로써 당시 상황에 대한 이해와 연구에 부족함이 없도록 했다.

월터 학당장은 아버지의 암 투병을 돕기 위해 1926년 귀국했으나 기회가 되는대로 다시 한국에서 교육선교사로 계속 일할 뜻이 있었다. 그러나 아버지의 사후, 계속되는 어머니의 병환, 자신의 여러 차례에 걸친 수술 등 건강 문제로 한국행을 포기했다. 대신 고향 인근 한 고등학교의 가정방문 교사로서 불우한 학생들을 돕는 교육활동을 은퇴할 때까지 했다. 이때의 활동도 교육선교사였던 그녀의 성품을 알려주는 내용을 중심으로 소개하고 관계없는 내용은 대부분 생략했다. 생략된 부분을 대신해서는 1970년 자서전 출간 이후 7년을 더 산 여생에서의 봉사활동과 사후의 평가에 대한 내용으로 보강했다.

자서전에도 일부 사진이 있지만, 저자가 월터 학당장의 여름 별장으로 지금도 생전 그대로 보존되고 있는 콜로라도의 월터하임(Walterheim)을 현지 취재하며 확인한 고인의 앨범 속 보관 사진을 이번 전기에 대부분 소개했다. 200여 점의 색 바랜 흑백사진과 사진엽서들은 세월 탓에 선명하지는 못해도 당시의 모습을 생생하게 알려주는 귀중한 자료로 평가된다.

이 전기에는 월터하임 소장 앨범 사진뿐만 아니라 저자가 드루대 감리교 아카이브에서 찾아낸 월터 학당장 직간접 관련 사료와 사진을 대폭 보강했다. 특히 3.1 운동 당시 이화학생 10명이 경찰서에 연행돼 겪었던 고문에 대해 영문으로 보고한 내용은 10명의 보고서 전문을 번역해 소개했다. 이밖에 지금은 전혀 조사조차 불가능한 북한의 평양, 영변, 해주의 희귀사진 중 월터 학당장의 활동과 관련 있는 내용을 다수 게재해 당시의 상황을 시각적으로도 이해할 수 있도록 했다.

한편 전기 본문에서는 '월터 학당장' 이란 공식 명칭 대신 본인이 선호했던 이름 '지네트' 를 사용했다. 첫 이름 '앨시아(Althea)' 는 본인도 거의 사용 안 했고 자서전 제목인 '진 아주머니' 도 전기 호칭으로는 부적절하다고 여겨졌기 때문이다.

저자는 대학에서 역사를 전공했으나 언론과 예술경영 관련 일을 하느라 일제강점기 시대사나 교회사 분야에는 일천한 지식밖에는 갖고 있지 않다. 그럼에도 전기 작가로서 활동하는 이유는 저자가 쓰려는 전기의 주인공들이 너무나 숭고한 이상을 갖고 있고 그 이상을 실현하기 위해 모든 것을 희생하며 봉사하는 삶을 살았기 때문이다. 아무런 이해관계도 없는 나라에 와서 정신적으로, 물질적으로 도우며 이웃을 사랑하는 그들의 일거수일투족을 알게 되면 감사한 마음이 생기지 않을 수 없고 뒤늦게나마 전기로라도 세상에 알려드리고 싶은 것이다.

다행히 첫 전기 '이야기 사애리시' 의 내용을 토대로 정부에 훈장을 신청한 결과, 앨리스 샤프 선교사의 일제강점기 교육과 여성 지위 향상에 대한 공로가 인정돼 국민훈장 동백장이 추서됐다. 전기 작가로서의 보람을 느끼는 계기가 됐다.

언론인으로서의 취재 경험과 다른 분야(예술경영)였지만 연구 경험이 있었기 때문에 어렵지만 팩트(fact)를 확인하며 새로운 사진을 발굴해 연구하는데 과거의 경험들이 큰 도움이 되고 있다. 앞으로도 묻혀있는 귀한 인물들에 대한 전기 저술 작업을 계속하고자 한다.

2020년 광복절에

임연철

감사의 말

'지네트 월터 이야기–유관순 열사의 이화학당 마지막 스승'을 쓰는 과정에서 너무나 많은 분의 도움을 받았다. 우선 지네트 본인이 쓴 자서전 '진 아주머니(Aunt Jean)'가 일반 독자를 위해 출판된 게 아니고 집안 후손들에게 주기 위해 제한된 수량으로 제작됐기 때문에 현존하는 책 자체가 거의 없었다. 이 희귀서를 구하기 위해 여러 날을 수고해 준 미국 드루대 감리교 아카이브의 관계자 여러분께 감사를 드린다. 브라이언 쉐틀러(Brian Shetler), L. 데일 페터슨(L. Dale Patterson), 프랜시스 리온(Frances Lyon), 이광유 박사의 호의를 잊을 수 없다.

생면부지 상태에서 페이스북에 지네트 월터 이화학당장의 후손을 찾는다는 내용을 보고 응답해 준 증손 조카 존 E. 보이어 4세(John E. Boyer IV)와의 인연은 이 전기를 탄생시키는 중요한 계기가 되었다. 자서전의 이용에 동의하고 한국 독자를 위해 인사말을 써준 데 대해 감사드린다. 또 월터 학당장의 손녀 조카인 벳시 풀스(82세)는 고인이 썼던 장문의 필기체 편지를 해독해 타이프 원고로 보내줘 전기 내용을 보완하는 데 큰 도움을 주었다. 벳시 풀스는 월터 학당장이 1960년대 후반 자서전을 집필할 때도 원고 정리와 타이프 작업을 했었고 이번 전기 저술에도 자문했다.

국내적으로는 일제강점기 한국인을 위해 봉사한 무명의 선교사들을 위해 뒤늦게나마 전기 작성으로 그들의 숨은 공적을 알리려는 저자의 의도를 이해하고 격려해 준 박양우 문화체육부 장관께 감사의 인사를 올린다. 또한 이 전기가 나올 수 있도록 언론인 저술지원 프로젝트로 선정해준 한국언론진흥재단(이사장 민병욱)에도 감사의 말씀을 전한다.

콜로라도 그린 마운틴 펄스(Green Mountain Falls)의 월터 학당장 캐빈을 2019년 8월 방문할 수 있도록 지원해 준 천안 하늘중앙교회 유영완 목사께도 감사를 드린다. 당시 현지 취재에 동행했던 신학자 김동성 박사는 유창한 영어와 사진 촬영으로 큰 도움을 주었다. 한편 캐빈에서 촬영한 사진 자료를 토대로 유관순 열사 100주기 기념 월터 학당장 사진전을 추진했으나 코로나19 여파로 전시를 연기할 수밖에 없었다. 그동안 수고해준 대한민국역사박물관의 남희숙 과장과 김권정 학예사에게도 감사를 드린다.

저자의 첫 전기 작업인 『이야기 사애리시』를 출판할 수 있도록 '신앙과지성사' 에 연결해 주고 이어 이번 책의 중요성과 가치도 역설해 준 교회사가 이덕주 감신대 은퇴 교수의 고마움을 잊을 수 없다. 출판해준 최병천 대표와 편집을 맡은 직원 여러분의 노고에 감사한다.

아울러 저자의 글을 정독하며 문맥을 가다듬고 새로운 시각을 제시해준 홍찬식 전 동아일보 수석 논설위원의 수고에 감사드린다.

모교 이화여대의 옛 스승이 전해주는 가르침에 대해 공감하고 타이프를 잘하지 못하는 저자를 위해 손글씨 원고 전체를 입력해 주며 격려해 준 아내 유명숙의 수고에 감사한다.

한국의 독자 여러분에게

이 책의 주인공 A. 지네트 월터(Althea Jeannette Walter)의 증손 조카인 우리 형제는 '진 아주머니(Aunt Jean)'로 알려진 고인의 전기가 한국에서 출판되는 데 대해 커다란 흥분을 느끼며 저자와 관계하신 분들께 깊은 감사를 드립니다. '진 아주머니'라는 제목으로 고인이 쓴 자서전은 매우 훌륭하고 하나님의 인도를 받아 봉사 중심으로 충실하게 삶을 사셨던 A. 지네트 월터 증조 이모할머니에 대한 기록으로 우리 후손들은 한국어판 출간을 환영합니다.

'진 아주머니'는 그녀가 하나님으로부터 받은 훌륭한 삶의 선물을 함께 보존하고 본받고 싶어 하는 가족들의 큰 압력과 재촉, 설득 속에 84세였던 1969년 자서전 원본을 펴냈습니다. 하지만 우리 후손들은 '진 아주머니'의 삶은 영향력이 크고 훌륭한 것이었음에도 불구하고 고인은 믿을 수 없을 만큼 겸손했으며 이뤄낸 성과에 대해서는 하나님의 은혜로 돌렸음을 주목해야 한다고 생각합니다. 고인은 이런 일들과 관련해 너무 많이 주목받는 데 대해 두려워하기까지 했습니다.

그런데도 독자 여러분은 이 책에서 여성의 교육과 권리 옹호를 비롯해 어린이 교육과 복지의 개척자, 공교육 분야에서 지도 상담과 사회복지의 개척자로서 앞장섰던 독립심 강한 독신 여성 '진 아주머니'를 알게 될 것입니다. 또 독자 여러분은 이 책을 통해 한국과 한국문화, 한국인에 대한 '진 아주머니'의 사랑도 알게 될 것입니다. 구체적으로는 서울과 평양에서 교육선교사로 봉사한 헌신과 결과적으로 이화여고와 이화여자대학의 형성과 성장에 참여한 것이지만 어린이와 여성 교육에 대한 봉헌, 일제강점기 초기 한국인들이 독립을 위해 투쟁하는 동안 사회정의와 정치적 변화를 적극적으로 옹호하는 내용이 그러한 것들입니다.

한국의 저명한 정치인이자 민주주의 지도자였던 조병옥 박사는 1925년 1월 뉴욕에서 '진 아주머니'를 높이 평가하는 한 인사말(283~284쪽)을 통해 다음과 같은 찬사를 했습니다.

"… 이곳 미국 해안에서 '고요한 아침의 나라(한국)'로 배를 타고 가고 또 우리나라의 구원과 재건을 위해 죽도록 최선을 다하시는 두 고귀한 분(지네트와 밴 플리트)은 다시 쓰는 한국의 역사에서 확실히 중요한 위치에 자리매김할 것입니다."

1969년 크리스마스에 나는 지금은 모두 갖고 싶어 하는 '진 아주머니' 자서전을 받았습니다. 당시 이 자서전은 '진 아주머니'의 조카와 조카 딸 13명, 손자 조카와 조카 딸 33명, 증손 조카와 조카딸 14명에게 각각 주어졌습니다. 어린이였고 증손 조카였기 때문에 당시 나는 고인의 삶이 얼마나 훌륭한 것인지 이해하지 못했습니다. 다만 내가 잘 기억하는 것은 고인이 1937년 지은 산속의 통나무집 월터하임으로 정기적으로 여행한 사실입니다. 그곳에서 진 아주머니는 우리를 사랑과 대화, 특별히 맛있는 한국 음식을 해 주며 반기셨습니다. 86세의 나이였을 때도 고인은 구식 석탄 난로 위에서 아주 맛있는 한국 음식을 요리했습니다. 대부분 한국에서 가져온 장신구들을 우리를 위해 갖고 있곤 했습니다. 우리의 공부에 대해서도 큰 관심을 가지셨고 "학교생활을 잘해라, 최선을 다해서 해라, 아무도 그 이상을 기대하지 않는다"라는 말씀을 하시면서 "너의 삶을 위해 세우신 하나님의 계획을 듣고 따르라"고 여러 번 말씀을 했던 기억이 납니다. 고인은 의문의 여지 없이 우리 가족의 '여자 가장'이었습니다.

요즘 나는 동생과 함께 다행스럽게도 콜로라도주 파이크 피크 아래 둥지를 틀고 있는 '진 아주머니'의 통나무집 월터하임을 공동으로 소유, 관리하고 있습니다. 고인이 평생 써 왔던 일기장과 월터하임의 모든 곳에서 압도적으로 풍겨 나오는 것은 한국에 대한 사랑입니다. 월터하임은 고인이 여행에 대해 기록한 스크랩북을 비롯해 젊은 선교사로서 활동했던 서울(1911-1923)과 평양(1923~1926)에서의 삶, 유치원부터 오늘날 정규 대학으로 자리 잡은 이화여대에 이르기까지의 과정을 상세하게 적은 손글씨 서류와 그림들, 동료선교사들로부터 받은 선물들이 간직돼 있습니다. 또 월터하임은 김활란 박사를 비롯해 미래 이화의 지도자들이 될 학생들과 주고받은 귀한 편지, 한국문화에 대한 고인의 사랑을 설명하는 예술작품과 도자기 및 인쇄물, 다양한 한국의 고위인사와 선교사 및 교수들로부터 온 서한들, 고인이 점점 더 사랑하고 자주 이야기했던 몇 권의 한국 요리책, 50년 넘게 동료 선교사와 이화여대의 교수진, 과거의 한국의 제자, 고위 인사들이 월터하임을 방문하며 남긴 방명록 등이 간직된 산속의 안식처이기도 합니다. 우리 가족은 우리의 유산으로 고인이 머물렀던 곳을 명예롭게 하고 존경하면서 또 고인의 추억을 보호하고 지키면서 '진 아주머니'가 남긴 그대로 통나무집을 유지하기 위해 큰 노력을 하고 있습니다.

내가 아홉 살 나이로 '진 아주머니' 전기를 받았을 때 나는 고인이 중요한 인물이라는 사실을 깨닫지 못했습니다. 하지만 이제 '진 아주머니'의 이야기를 그가 사랑했던 한국인들과 함께 나누는 것이 우리 가족들의 희망입니다. 이를 통해 한국의 독자 여러분도 고인의 여성 인권과 교육을 위한 선구적 옹호는 물론, 한국 어린이들의 교육과 돌봄, 복지를 위해 앞장선 활동, 공교육 분야에서 학생 지도 상담자 겸 사회복지사로서 행한 헌신에 훌륭한 영감을 받았으면 좋겠습니다.

만약 지금 '진 아주머니'가 우리와 함께 있다면 아마도 고인은 통일된 한국의 평화와 번영, 한국인들의 안녕과 복지를 위해 기도해 달라고 우리에게 당부하지 않을까 생각합니다.

증손 조카
존 E 보이어 4세

증손 조카
클라크 E. 보이어

차례

3부 귀국과 은퇴

4부 삶의 마지막 순간까지 했던 '이웃 사랑'

1 어린 시절과 대학 졸업

1장 어린 시절

시작하는 말(1872년)

A. 지네트 월터는 이화여고나 이화여대에서 학교 역사를 연구하는 연구자들을 제외하면 대부분 누구에게나 생소한 인물이다. 1900년대 초 한국에서 교육선교사로 봉사할 때 주변 인물로부터 본명 대신 호칭했던 '진 아주머니'도 당시에나 조금 알려졌을 뿐 여전히 생소하다. 그러나 그녀가 3.1운동 이후 일제의 서릿발 같은 강권 통치가 계속되던 1920년 이화학당의 학당장(교장) 대리로 유관순 열사가 순국하자 서대문 형무소에서 시신을 인수받아 그날 밤 수의를 손수 입히고 이튿날 장례예배 후 이태원 공동묘지에 안장한 주인공임을 알게 되면 '왜 그런 인물을 우리가 모르고 있었는지?' 반문하게 된다.

유관순 장례 후 이듬해 이화학당 5대 학당장이 된 지네트는 그녀의 젊은 시기 15년을 보낸 한국을 사랑했고 주변 사람들이 친근한 표현으로 '진 아주머니'라고 불러 주는 것을 좋아했다. 1969년 펴낸 영문자서전 제목을 '언트 진(Aunt Jean)'이라고 했고 옆에는 한글로 '진 아주머니'라고 했다. 자서전 표지를 한국에서 색동종이로 제작해 씌울 정도로 한국을 좋아

지네트의 아버지 데이비드와 어머니 앤(1897. 3)

했다. 지네트는 1969년 자서전을 펴내며 첫 문장을 아버지를 소개하는 글로 시작했다.

아버지 데이비드 월터는 조용한 분이셨지만 펜실베이니아주 웨스트 모어랜드 카운티에 있는 지역학교 보이드(Boyd)스쿨에서는 유능한 선생님이셨다. 학교는 집에서 멀지 않은 곳에 있었고 그의 집은 이웃들 가운데서 가장 멋진 집의 하나로 전형적인 식민지 시대 형태의 집이었다. 좁은 홀로 들어서면 한쪽 켠은 기다랗고 웅장한 응접실이 있었고 다른 한쪽에는 대형 벽난로와 함께 기분을 가볍고 좋게 하는 거실이 있었다. 응접실의 뒤쪽에는 조부모님의 침실이 있었고 넓은 부엌과 식당이 연결돼 있었다. 또 큰 현관이 있었고 2층은 10명의 자녀가 대가족을 이뤄 살기에 충분한 침실이 있었다. 이곳에서 지네트의 할아버지 피터 월터와 할머니 사라 킴멜은 서로 사랑하고 근검절약하며 소박한 취미생활과 함께 올바르게 사는 것을 신조로 10명의 아이를 길렀다.

아버지 데이비드가 이 학교의 교사로 부임한 첫날 학교 건물에 들어

셨을 때 가장 상급반에 있던 '큰 소녀'들 가운데 한 여학생 앤 엘리자를 보았다. 그 여학생은 파이크(유료도로)에서 멀지 않은 곳에 사는 집의 딸이었다. 여학생의 부모인 존 퍼거슨과 앤 엘리자 리처드 퍼거슨도 10명의 자녀를 두었는데 그중 7명만 살아서 성인이 되었다. 앤 엘리자는 7번째로 태어났고 동그랗게 말린 검은 머리와 맑은 눈을 갖고 있었고 나중에 지네트의 어머니가 된다. 지네트는 앤 엘리자가 금발의 푸른 눈을 가진 데이비드 선생님에게 공부를 열심히 하는 좋은 학생이었을 것으로 생각했다.

아버지 데이비드가 얼마나 많은 정규교육을 받았는지 모르지만, 아버지는 항상 모든 아이의 산수 공부를 도울 수 있었다. 어머니 앤 엘리자는 철자법에 맞는 글을 쓸 수 있을 만큼 교육을 받았고 지리에 대해서도 잘 알고 있었다. 이 때문에 그녀는 자식이나 손자가 간단하다고 생각되는 단어의 스펠링이 틀리면 아주 싫어하셨다. 당시 철자법에 맞게 쓰는 것은 사회적으로 중요하지도 않았을 뿐만 아니라 사람들은 철자를 제멋대로 만들

펜실베이니아 래트로브에서 찍은 가족사진. 왼쪽부터 어머니, 오빠 로렌스, 둘째 언니 모드, 아버지, 큰언니 그레이스, 지네트(1885)

어 쓰기도 했다. 지네트는 두 분이 어떻게 결혼 전 사귀었는지 알고 싶어 했지만 들을 기회가 없어 끝까지 거의 아는 게 없었다. 그녀의 아버지도 그런 말을 하지 않았고 엄마는 너무나 수줍어해서 자신이 느꼈던 것을 표현하려 하지 않았다. 하지만 1873년 9월 23일 아버지의 사촌인 아이삭 스미스 목사의 주례로 두 사람은 신부의 집에서 결혼식을 올렸다.

두 사람은 라트로브(Latrobe)에 있는 리고니어 가(St.)에서 살림을 차렸고 지네트의 언니 그레이스가 태어났을 때 다시 라트로브에서 남쪽으로 2마일 떨어진 농장으로 이사했다. 그곳은 지네트의 아버지가 농장 일을 하면서 숲을 정리한 곳이었다. 둘째 언니 모드와 첫째 오빠 엘머가 그곳에서 태어났는데 오빠는 두 살 때 디프테리아로 죽었다. 지네트의 부모님은 다시 라트로브로 이사했는데 둘째 오빠 로렌스가 1882년 태어났고 그 후 다른 집을 사서 이사했다. 그곳은 작지만 안락한 곳이었다. 기어오를 나무도 있었고 맛있는 사과나무가 있는 과수원을 비롯해 멋있는 담이 처져있는 정원과 사과나무 그늘도 있었다. 이곳이 지네트가 태어난 집이었다. 당시에는 출생증명서 같은 것도 없었는데 훨씬 후에 진술서에 사인을 함으로써 지네트가 호적에 오를 수 있었다. 진술서에는 지네트가 펜실베이니아주 웨스트모어랜드 카운티의 오크빌(현재는 라트로브)에서 1885년 2월 3일에 태어난 것으로 기록됐다. 어머니는 32세, 아버지는 34세였고 그녀는 다섯 번째 아이였다.

이주

지네트의 작은아버지인 말래치와 리찌 월터 부부는 캔자스주로 이주한 후 캔자스의 킹맨 카운티에 대해 극찬하는 편지를 형님에게 써서 보냈다. 이를 보고 지네트의 아버지는 혼자 현지를 돌아보는 여행을 한 후 금

주법이 시행되는 캔자스주에서 아이들을 키우고 싶어 했다. 여행에서 돌아오자마자 그는 제재소와 목재, 집을 팔고 새로운 모험을 시작했다. 지네트가 태어난 오크빌은 음주가 아주 성행하는 광산촌이었다. 토요일 오후마다 어린이들은 집 안에서 머물러야 했고 비틀거리며 지나가는 취객들을 볼 수 없도록 현관문을 잠그고 창문의 블라인드도 내려놓았다.

캔자스는 아주 멀리 떨어져 있어서 지네트 가족과 라트로브의 다른 형제자매와의 이산은 떠나가는 사람뿐만 아니라 남아 있게 되는 사람에게도 어려운 일이었다. 친척들은 큰 점심 바구니를 가득 채울 만큼 음식을 준비해 줬다. 기차를 타고 가는 동안 몇 날 며칠 동안 준비한 음식을 먹었다고 한다. 지네트는 한 살이었던 탓에 기차 안에서 밤낮으로 울었다고 한다.

지네트의 회고에 따르면 캔자스의 킹맨 카운티는 먼지가 날리는 황량하고 따분해 보이는 곳이었다. 이주한 가족들은 밤에 도착해 낡은 호텔에 묵었다. 작은아버지가 다음날 큰길을 다니는 사륜마차를 끌고 와 18마일 떨어져 있는 페날로사라고 부르는 작은 촌마을의 집으로 데려갔다.

킹맨의 첫 집 '메이플 그로브(Maple Grove)'

지네트는 자신도 전해 듣고 어릴 적 기억 속에 남아있던 이주 초기의 상황을 이렇게 소개했다.

> 아버지는 1886년 12월까지 살았던 킹맨의 C 웨스트 애비뉴에 집과 몇 곳의 부지를 샀고 새집으로 이사 갔을 때 킹맨 북쪽으로 1.5마일 정도 떨어진 곳에 40에이커의 넓은 면적을 사들였다. 겨우 미루나무 관목과 자두 관목만 무성한 곳이었다. 그곳에 아버지는 편안하고 안락한 방 6개짜리 집을 짓고 나무 심기를 비롯해 포도, 복숭아, 체리 과수원을 만들고 딸기 농

'메이플 그로브' 농장 속의 저택

캔자스주 킹맨의 C 웨스트 애비뉴의 집

사도 지었다. 우리 집은 '메이플 그로브'라고 부르는 아름다운 집으로 변해 갔다.

지네트는 자신이 어릴 때 기억하는 첫 번째 일로 1888년 세 살 때 여동생이 생긴 것이었다고 말했다.

그해 6월 10일 집에서 1.5마일 떨어진 곳에 사는 이웃의 힐 부인이 우리 집에 필요한 일을 도와주기 위해 왔는데 어머니는 힐 부인에게 어린 나를 잘 돌보아 달라고 말했다. 힐 부인 옆에는 내가 생각하기에 산토끼 같은 작은 것이 하나 있었는데 실제로 그것은 갓난아기였던 내 동생 코레아 루스였다. 우리 몇 명은 동생을 그저 '지(Gee)'라고만 불렀다. 어릴 적 기억 중의 하나는 '지'의 장난감 집에 대한 것이다. 그 장난감 집은 두 줄로 된 뽕나무 아래 포도 넝쿨이 덮인 정자의 북쪽 너머

동생 코레아(오른쪽)와 지네트

에 있었다. 깨진 접시가 살림 전부였지만 우리가 만든 진흙 파이는 아주 특별한 것이었고 그렇게 보낸 시간은 행복했다.

초등학교 시절

1891년 9월, 지네트는 여섯 살 때 집에서 1.5마일 북쪽에 있는 리치(Leach) 학교에 다니기 시작했다. 둘째 오빠 로렌스와 같이 걸어 다녔고 두 사람은 한 들통에 점심을 담아 들고 갔다. 초등학교 시절 지네트는 자신의 집안과는 가까운 사이였지만 첫 선생님인 찰리 기본스 선생님을 무서워했다. 그 선생님은 성격이 급해서 한번은 한 남학생에게 지우개를 던진 적도 있었다. 선생님 중의 한 분은 지네트가 한 단어의 스펠링이 틀렸다고 12시까지 교실에 있게 하기도 했다.

열 살 즘 되었을 때 마을에 있는 감리교회에서 세례를 받고 교인이 되었는데 당시 재미있는 일화를 자서전에 기록했다.

> 만약 베드로가 물 위를 걸을 수 있었다면 '왜 나는 할 수 없지' 라는 생각을 한 끝에 굉장히 신실해져서 나는 내 믿음과 할 수 있다는 신념을 시험해 보려고 연못으로 나아가 시도해 보기도 했다(나는 그때 수영복을 입었었는지 안 입었는지 기억은 나지 않는다). 결코 되지 않았다.

지네트는 당시 분위기대로 독실한 기독교 신자의 모습을 보여 일요일은 다른 요일과는 달리 꼭 필요한 일이 아닌 이상 바깥일은 하지 않았다. 토요일 저녁이 되면 집을 깨끗이 하고 형제들은 부엌 마루 위에 있는 큰 욕조에서 모두 목욕을 했다. 닭튀김을 할 수 있도록 준비하고 파이와 빵을 굽고 채소도 요리했다. 일요일 아침에는 마차를 타고 모두 감리교 주

킹맨에서 지네트 가족이 다녔던 옛 감리교회

일학교로 갔고 교회에서 머물렀다. 아버지는 언제나 장로교 교회로 갔다고 하는데 그는 감리교 교회가 과시적이라는 느낌이 들었던 것 같다. 성년이 되었을 때 지네트는 아버지가 장로교의 위엄 있는 분위기를 더 좋아하셨다는 사실을 알았다.

2장 킹맨(Kingman)고등학교(1899~1908)

1899년 가을

지네트는 카운티에서 실시하는 시험에서 합격한 후 1899년 9월 고등학교에 들어갈 준비를 했다. 그레이스 언니는 결혼해 형부 에드가와 함께 캔자스주 솔로몬에서 가르치고 있었다. 오빠 로렌스는 고등학교를 마치고 베이커대학으로 갔고 둘째 모드 언니는 겨울부터 리치(Leach) 학교에서 가르치고 있었다. 지네트는 이런 변화에 대하여 많은 것을 기억하지 못하고 있었는데 당시 시골 소녀여서 부끄러움도 많이 타고 겁도 많았었기 때문이라고 밝혔다.

또 고등학교에 들어가서 시작한 중요한 습관 중의 하나가 일기 쓰기였는데 지금도 콜로라도의 통나무 캐빈에는 1923년부터 쓴 일기의 상당 부분이 그대로 쌓여있다.

> 1900년 2월 3일에 일기를 쓰기 시작했는데 모드 언니는 내가 계속하지 못할 것이라고 장담했지만 나는 1902년 1월까지 일기를 계속 썼다. 때에 따라서는 안 쓰고 지나치기도 했지만 나는 모든 생활을 기록하려고 했다.

지네트는 비망록 형식의 일기를 썼다. 사진은 현재도 콜로라도 월터하임에 보관 중인 1920년대 일기장 등이다.

당시 일기에 따르면 15살이 되었을 때 내 몸무게는 48kg였고 키는 155cm였다.

당시 지네트가 다녔던 고등학교는 교실이 한 칸밖에 없었고 교장실이 옆에 있어 교장과 자주 마주쳤던 것 같다. 또 두 반은 오전에 수업하고 다른 두 반은 오후에 수업했는데 그녀는 성적에 늘 신경을 썼다. 매일 모든 과목의 점수를 통고받았기 때문이었다. 그녀는 9점이나 10점 대신에 7점 밖에 못 받아 울면서 귀가하는 경우가 많았다.

취미생활

취미활동으로 지네트는 여자 친구인 매지 아먼드와 5센트짜리 옥양목 원단을 사서 각자의 드레스(Wrappers)를 만들어 입었는데 이 옷은 헐거

지네트가 다닌 킹맨제일고등학교(1899~19030)

운 드레스 무 무(mu mu)의 시초였다. 매지가 만든 옷은 작고 푸른 디자인이 있는 하얀색 천으로 된 것이고 지네트가 만든 옷은 연보라색 라벤더 무늬가 있는 것이었다. 지네트는 이 사실을 아주 잘 기억하고 있는데 그 이유는 자신을 위해 만든 최초의 드레스였기 때문이었다.

지네트의 또 다른 취미활동으로는 우정의 베개를 사서 베개에 친구들의 이름을 적도록 한 후 그 이름을 수로 놓는 것이었다. 남자친구 칼톤의 이름을 푸른색으로 수놓았는데 그의 눈이 푸른색이었기 때문이라고 했다. 이 우정의 베개는 지금도 콜로라도 통나무 캐빈(이름이 월터하임인 지네트의 여름 별장)의 향나무 서랍 속에 있고 고등학교에 다니는 동안 144개의 천 조각으로 만든 퀼트 작품은 여전히 그곳에 걸려 있다.

시골학교에 있을 때 지네트는 처음 책을 읽었는데 링컨에 대한 것으로 제목은 '통나무집에서 백악관까지' 였다. 킹맨 고등학교에서는 좀 더 많은 책을 읽을 수 있었다. 올코트 부인[1]의 책은 모두 다 읽었다고 한다. 『작은 남자들』을 비롯해 『작은 아씨들』, 『조(Jo)의 아이들』, 『8명의 사촌』 같은 책이었다. 이외에 『천로역정』, 『벤허』, 『옛 빈센트의 앨리스』, 『라모나』와 같은 다른 책들도 읽었다고 밝혔다.

한국에서 봉사할 때 지네트는 가끔 교회 반주를 맡았는데 하지만 자서전을 보면 정식으로 연주를 배우지는 않은 것으로 보인다.

농장에서 살 때 피아노를 샀는데 나는 연주를 배워 본 적이 없었다. 여동생 '지' 는 레슨을 받았는데 우리를 가르쳐 줄 것으로 생각했으나 자기만 배우고 언니들에게 가르쳐 주지 않아 싸운 적이 있다.

---

1) 루이자 M. 올코트, 1832~1888년, 미국 여성 단편 작가 겸 시인.

킹맨에서의 이벤트들

1900년 7월 4일 테디(테오도어) 루즈벨트가 열차로 위치타에 왔는데 그는 부통령 후보로 대통령 후보인 윌리암 맥킨리와 러닝메이트였다. 맥킨리는 당선됐지만 5개월 후에 암살당해 루스벨트가 대통령직[2]을 승계했다. 7월 4일 그가 선거 유세를 위해 킹맨에 온 것은 이 지역으로서는 큰 이벤트였다. 용감한 사람인 테디는 모두 신경이 곤두서고 흥분해있는 거대한 군중 앞으로 나와 연단에 올랐다. 하늘에는 풍선을 띄웠다. 테디 후보는 오래 머물지 않았지만, 당시로서는 가장 흥분되는 볼거리를 지네트가 살던 곳에 제공했다. 맥킨리는 총에 맞아 1901년 9월 15일 사망했는데 지네트는 시골에 떨어져 살았기 때문에 대통령의 죽음을 하루가 지나서야 들었다고 일기에 썼다. 이렇게 늦게 소식을 듣기 때문에 그녀의 아버지는 소외감을 느꼈는데 뉴스를 듣기 위해서는 읍내로 나가야만 했다. 이런 상태에서 1902년에 오빠 로렌스가 읍내 학교로 떠나고 모드 언니와 지네트 자신도 매일 학교가 있는 읍내로 갔으며 동생 '지(Correa)'도 곧 고등학교에 다녀야 하자 아버지 데이비드는 이사를 결심하고 농장을 팔았다. 그리고는 캔자스로 이사 온 첫해에 살았던 작은 집 옆에 있던 남은 부지 위에 집을 짓고 이사를 했다. 이 집은 위층에 4개의 침실이 있고 아래층에는 부엌, 목욕탕, 큰 식당, 거실과 전면 입구 계단이 있는 멋있고 큰 집이었다.

---

2) 26대 대통령, 그의 조카 프랭클린 루즈벨트는 32대 대통령.

고등학교 때 들었던 특별 강의

당시 캔자스의 시골 마을에서 많은 문화 활동이 이뤄졌는데 큰 도시의 대학에서 킹맨에 특별강의를 개설하거나 샤토콰[3]라는 인문학 특강이 열려 타운의 사람들이 참석하는 형태였다.

강좌 코스는 어떤 대학에서 온 한 개의 뮤지컬과 세 개의 강의로 짜여 있어 주민들에게 인기 있고 행복감을 주는 이벤트였다. 강의 중 생각나는 것은 나중에 감리교 감독이 된 윌리암 A. 퀘일이 들려준 장 발장[4] 이야기였다. 한편 1901년 여름의 가장 큰 행사는 캔자스 윈필드에 있는 샤토콰에 단체로 참가한 것이었다. 우리는 강가의 공원에 세워진 텐트에서 잤다. 그곳은 내가 본 가장 아름다운 곳이었다. 스크린에 비치는 화면을 처음 보기도 했다. 우리는 매일 다른 소녀들과 모임을 가졌고 성경 공부도 했으며 그랜드 캐니언에 대한 그림 설명회를 비롯해 몇 개의 좋은 강의도 들었다. 체스터 I. 롱 같은 캔자스 출신 정치인도 연사 중 한 명이었다.

웅변대회

웅변대회에서 1등을 한 일은 고등학생 지네트에게는 평생 잊지 못할 획기적인 일이었다. 그때의 일을 지네트는 사진과 함께 자세하게 기록했다.

---

3) Chautauqua,하계문화교육학교, 1872년 뉴욕에서 시작해 1920년대까지 성행했다. 종교, 예술, 인문학 강의와 공연이 야외 천막에서 진행됐다.

4) 빅토르 위고『레 미제라블』주인공.

매년 크레이건 선생님은 웅변대회를 열었는데 이때가 되면 다른 선생님들은 그해 가을에 참가할 학생들을 뽑기 시작했다. 우리는 12월에 에세이를 제출해 남학생 월터는 1등으로 뽑혔고 나는 3등으로 뽑혔다. 결선은 봄에 열렸는데 나는 '아름다움을 못 보는 맹인'이라는 제목으로 원고를 쓰고 열심히 웅변 연습을 했다. 요즘 그 원고를 다시 읽어 보면 내가 했던 것이 아닌 것처럼 느껴진다. 결선 진출자들은 모드 맥펄을 비롯해 캐리 레이놀즈, 새라 울프, 캐리 하디, 월터와 나까지 5명으로 모두 나와 친한 친구들이었다. 우리는 무대 위에서 편한 자세로 앉아 있었는데 월터와 나는 버드나뭇가지로 만든 2인용 의자에 앉게 되었다. 나는 웅변대회를 위해 검은 벨벳 리본이 달린 새로운 드레스를 입고 있었다. 내가 웅변을 하러 나가려고 일어서는데 리본이 의자 속에 끼어있어 걸어 나갈 수 없도록 내 스커트를 발까지 끌어내리는 것이었다. 월터가 얼른 끼워진 리본을 풀어줘 내 스커트를 바로 할 수 있었고 나는 무대 앞으로 갈 수 있었다. 우리 가족은 스커트가 내려가는 것을 보고 놀랐다고 했는데 나는 재미있었다. 나는 우승을

고등학교 웅변대회 결선 진출자들. 지네트(오른쪽 끝)가 우승했다.

했다. 내가 기억하기로 상금은 10달러였고 날짜는 1902년 6월 1일이었다.

졸업

지네트는 킹맨 고등학교를 17회로 졸업했다. 동기생 중에는 로버트 플로이드라는 흑인 소년이 있었는데 지네트 이웃집의 아들이었다. 그는 아름다운 음성을 가져 '두려워 마라, 오 이스라엘'을 졸업식장에서 불러 기억에 남는 동창생으로 지네트 기억 속에 남아있다. 또 다른 졸업생 도라 와그너는 학업을 마친 후 일본에서 교육선교사로 40년을 일해 같은 일을 한 사람으로 기억에 남는 동창이 되었다. 지네트의 졸업예배는 1903년 5월 31일 감리교회에서 있었다. 그는 졸업 당시를 다음과 같이 회고했다.

> 나는 졸업예배를 위해 정말 아름다운 드레스를 준비했다. 한편 졸업식 프로그램은 전체 학급의 학생 각자에게 맞도록 특색 있게 꾸며졌다. 나는 하녀 역을 맡았고 비치 크레이건은 집사 역을 맡아 연기했다.[5] 우리 두 사람은 작은 사랑 장면을 연습하기 위해 학교에서 여러 번 만났다. 내가 생각하기에 비치는 자신의 역을 익히는데 느리고 시간이 걸렸지만, 올바로 하기를 원했다. 부모님은 별다른 말은 안 했지만 졸업식 행사 활동으로 별짓을 다한다고 느끼셨던 것 같다. 그러나 그런 졸업식 행사는 색다르고 재미있었으며 게다가 나는 1년 전에 웅변했었던 일도 있었다. 다음 날인 1903년 6월 4일 3학년들이 4학년 졸업생들을 위해 파티를 열어 주었다. 그날 파티는 품위가 있으면서도 아름다웠다.
>
> 왜 그랬는지 여름 몇 달 동안 나는 대학에 갈 어떤 계획도 세우지 않았

5) '미스터 밥(Bob)'이라는 2막 짜리 익살극으로 졸업생 7명이 출연

PROGRAM.

PART I.

OPENING ODE.....................SENIOR QUARTETTE.

INVOCATION.

SALUTATORY AND ORATION..........*Civic Indifference.*

LEONARD LOCKE CATES.

CLASS BIOGRAPHY..................MAGGIE SANDERS.

PIANO SOLO—"Le Educande Di Sorrento—*Nicolo Celega*

LEONA GERTRUDE BUSH.

Farce in Two Acts, Entitled "Mr. Bob".

CASTE OF CHARACTERS.

REBECCA LUKE (a maiden lady)...SARA A. P. WOLFF.

PHILIP ROYSON (Aunt Becky's Nephew).......

..........................G. I. JOHNSTONE.

KATHERINE (Philip's Cousin). HATTIE OLLIVE GARDINER

"MR BOB" (Katherine's Friend)..............

..................DORA AMELIA WAGNER.

MR. BROWN.;.................THOMAS CARNES SHEA.

PATTY (Maid)..........ALTHEA JEANNETTE WALTER.

JENKINS (Butler).....................BEACH CRAGUN.

Jeannette Walter
High School
Graduation
June 2, 1903

PROGRAM.

PART II.

ORCHESTRA.

RECITATION—"The Soul of the Violin"........

..................LOUISE MARIE HARLOW.

DEBATE—"Resolved, That the President and Vice President of the United States should be elected by a direct vote of the people."

AFFIRMATIVE.......MARY ELSIE HUDSON.

NEGATIVE........ALICE ELIZABETH HILL.

SOLO—"Fear not ye, O Israel"...........*Dudley Buck*

ROBERT LINCOLN FLOYD.

ORATION—"We American Girls"........CLIDE BUTLER.

ORATION AND VALEDICTORY—

"The Tomorrow of the Republic"

WALTER LEROY NOSSAMAN.

PRESENTATION OF CLASS—SUPERINTENDENT J. E. BOYER

PRESENTATION OF DIPLOMAS..PRESIDENT J. A. CRAGUN.

CLOSING ODE...........................CLASS OF 1903.

BENEDICTION.

1903년 6월 2일 고등학교 졸업 당시의 프로그램 속 지네트

다. 그리고 9월에는 월터 보이어 서점에서 근무하면서 친구들과 어울려 놀고 있는 나 자신을 깨닫게 되었는데 오빠 로렌스는 내가 대학에 가야 한다고 생각했다. 그 후 1904년에 나는 베이커대학에 갈 각오가 돼 있었다.

3장 베이커(Baker)대학교(1904~1907)

볼드윈의 베이커대학교

지네트가 베이커대학에서 공부하기 위해 캔자스주의 볼드윈에 도착한 것은 1904년 1월이었다. 로렌스 오빠가 같은 대학을 졸업했는데 베이커대에 간 것도 오빠가 졸업한 대학이었기 때문이었다. 당시 볼드윈은 매우 아름다운 작은 타운으로 중심 도로를 따라 은행, 서점, 식료품점 등과 작은 가게 몇 개가 있을 뿐이었다. 모든 종류의 말과 마차가 길거리를 다니고 말과 마차 대여소도 있었다. 지네트는 도로의 양쪽에는 셋방과 개인 주거지가 줄지어 서 있어 학생들이 세 들어 살았고 길은 포장이 돼 있지 않았으며 인도에는 많은 판자가 어지러이 놓여 있는 모습이었다고 회상했다.

베이커대학은 설립연도가 1858년까지 거슬러 올라가는 오래된 학교로 역사와 전통을 갖고 있었다. 초기 총장 중의 한 분인 윌리엄 A. 퀘일 박사는 후에 감리교의 감독이 되었던 분이다. 그 당시에는 4개의 클래스로 구성돼 활발히 움직이고 있었는데 지네트 본인의 회고록에 따르면 입학연도에 따라 1904년 입학 학급 이름은 '콜럼비아 공화국,' 1905년은 '로마 상원,' 1906년은 '아서 왕정', 1907은 '하노버 의회' 같은 식으로 불렸고 4년마다 순환해서 이름을 붙였다고 한다.

재학 당시 지네트는 인문관련 모임들을 중시했다. 그중 성서회는 남자들의 가장 오래된 모임으로 훌륭한 토론의 역사를 갖고 있었다. 초기 멤버들은 남녀학생이 같이 있었는데 나중에 클리오니안회라는 여학생 모임을 따로 조직했다. 두 모임은 신앙과 전통을 함께 했고 모임 장소로 소사이어티 홀을 함께 썼다. 또 다른 모임인 아테니아회(남학생)와 앨리오이언회(여학생)는 성서회, 클리오니안회와 경쟁 관계였다. 지네트는 오빠 로렌스가 성서회 회원이었기 때문에 자연스레 클리오니안회의 열성회원이 되었고 모임에서 일하는 것을 즐겼다고 밝혔다.

대학에서 만난 교수님들

지네트가 학교에 다닐 당시에는 여러 실력 있는 분들이 교수진에 있었다. 특별히 기억나는 훌륭한 선생님으로 그녀는 찰스 실베스터 파멘터 박사를 꼽았다. 파멘터 박사로부터 식물학과 생물학을 배웠는데 그는 1학년에게는 두려운 존재였고, 2학년에게는 사랑받는 존재였으며, 3학년에게는 우상, 4학년에게는 친구 같은 존재였다. 한 학기 수업이 끝날 때가 되면 그 과목에 대한 100가지 질문을 한 장의 종이에 인쇄해 나눠 줬다. 100가지 질문에는 과목에 대한 모든 질문이 망라되어 있었다고 한다. 그 때문에 100가지 질문에 다 대답할 수 있다면 책의 전체 내용을 아는 것이나 마찬가지였다. 파멘터 교수가 즐기는 조크는 즉석 시험에 대한 예고로 실제 학생들이 평소에 공부하는지 알아보는 것이었다. 이에 따라 학생들은 늘 준비에 최선을 다했고 교실에서 학생들은 두려움에 떨면서 시험을 치렀다고 한다. 그런데 파멘터 교수는 마지막 학생까지 시험 답안지를 내면 쓰레기통으로 걸어가 시험지를 전부 통속에 버렸다는 것이다. 그러면서 하는 말이 "여러분이 왜 공부를 안 했겠습니까?"라고 하며 "여러분 모두는 많은 것을 배웠고 당연히 좋은 평가를 받을 것"이라고 학생들을 안심시켰다고 한다. 이에 영향을 받아 지네트도 후에 교사로 생활할 때 시험지 채점으로 지쳐 보이는 몇몇 선생님들에게 파멘터 박사의 방법을 추천하기도 했다.

대학에서 만난 친구들

지네트는 (1904년 1월) 1학년 중간에 입학했기 때문에 1903년 가을 학기에 들어간 사람들보다 학교생활에 적응하기가 더 어려웠다. 하지만 오빠 로렌스가 베이커대학에 4년이나 있었고 많은 친구가 있었기 때문에 그녀는 그들 중 몇몇과 평생 친구 관계가 되기도 했다. 그들 중에는 에블린의 남자 친구로 클라이드 오돔이라는 이름의 젊은 학생 목사도 있었고 지네트가 세 들어 사는 집에 같이 사는 해리엣 스펄링과 데이트하는 목사 고든 톰슨도 있었다. 톰슨 목사는 오빠 로렌스와 넬이 결혼(1906년)할 때 주례를 했고 오빠의 장례식(1915년)에도 왔던 친구였다.

에이미 매킨타이어(후에는 메이힌으로 개명)도 학교 초기에 만난 사람 중의 한 사람이었다. 에이미는 특히 지네트를 일찍부터 지목해 YWCA에 들어가 활동할 수 있도록 해준 인물이기도 했다. 또 지네트는 메이 브라운과도 잘 알고 지냈으며 그의 오빠인 프랭크와도 잘 알고 지냈다. 프랭크는 클라이드 오돔과 고든 톰슨 목사와도 가까운 친구였고 모든 학교생활, 특별히 YMCA 운동에 적극적인 인물이었다. 그는 이미 학생자원봉사운동(Student Volenteer Movement, S.V.M.)에 참여했는데 S.V.M.은 참여자 자신이 어떤 종류든 외국에 선교활동을 하러 갈 것을 결심한 학생들의 모임이었다. 프랭크는 베이커대학에 입학한 지네트의 진로에 큰 영향을 미친 선배로 결국 약혼자가 되는 인물이기도 하다.

존 R. 모트의 전기 표지

프랭크의 가족은 프랭크가 학교를 졸업할 무렵 1904년 캔자스에서 미주리의 리스 서미트로 이사했는데 이 때문에 프랭크는 자신이 갖고 있던 것들을 모두 팔았다. 그 후에는 우리 집안과도 뭔가 연결고리를 찾으려고 노력하기도 했다. 그는 또 여름 동안 나에게 '친애하는 미스 월터(Dear Miss Walter)'와 '당신의 진정한(Sincerely Yours)'과 같은 문구가 있는 편지를 보내왔다. 프랭크는 위스콘신에서 열린 YMCA 수양회에도 갔고 수양회 활동에도 큰 흥미를 보였다. 프랭크는 또 캔자스 야구팀의 중견수로도 활약했는데 대회에서 우승을 하기도 했다. YMCA 캠프를 두 번째로 하면서 그는 특히 하루에 두 번씩 S.V.M.을 강조한 존 R. 모트[6]의 강의를 들으며 매우 행복해했고 유익한 경험이라고 생각했다.

평생의 사업 결정 – 프랭크와의 약혼

지네트는 처음 사랑을 느끼고 인생을 함께하기로 하며 프랭크와 약혼하는 과정을 다음과 같이 기록했다.

나는 1904년 여름방학 동안 킹맨의 집에 있었는데 그때 교회가 수리 중이라 오페라 하우스에서 부흥회를 하고 있어 참석했다. 부흥회 참석과 친구들도 만나며 시간을 보내는 중에서도 평생 스스로 해야 할 일에 대하

6) 1865~1955년. 노벨평화상 1946년 수상자. YMCA와 세계기독학생 연맹의 지도자.

여 결정하려고 노력하고 있었다. 나는 "사랑하는 주님, 주님께서 날 보내시기 원하는 곳에 가리"라는 찬송가[7]를 부르면서 아무런 의구심 없이 결정하게 되었다. 프랭크가 찾아오면 나는 그와 함께 나무뿌리가 물 위로 솟아나 있는 '쉐도우'라고 부르는 곳에서 자주 시간을 보냈다. 또 우리는 가끔 읍내에서 가깝고 나무가 울창한 곳에서 사는 그리피스 씨 부부를 만나러 가기도 했다. 그리피스 씨는 은퇴한 목사님으로 그의 충고를 듣고 또 상담을 위해 찾아오는 학생들과 면담하는 것을 좋아했다. 우리는 여러 번 저녁을 먹으면서 머무르기도 했다.

1905년 3월 1일 나는 프랭크에게 나의 삶을 선교 사업에 헌신하겠다고 말했는데 그것은 나의 확신이기도 했다. 프랭크는 S.V.M.에서 돌아온 다음 날 밤 나에게 그가 S.V.M.에서 말했던 몇 가지 글이 적힌 인쇄물과 선교사 서원 카드를 가져왔다. 미스 루스 팩슨이 S.V.M.을 위해 학교를 방문 중이었는데 그녀는 내 인생에 가장 큰 영향을 지속적으로 주었던 사람이었다. 루스는 프랭크와 나를 위해 정성껏 기도했고 나는 집에 가서 선교사 서원 카드에 서명을 했다. 프랭크가 와서 우리는 빅 힐까지 걸었다. 다음 모임은 프랭크가 있는 곳에서 열렸는데 그는 S.V.M. 그룹의 대표로 뽑혔고 나는 회원 위원회의 심사 대상이 되었다. 3월 5일 온 편지에서 어머니는 내가 기독교 일을 평생의 사업으로 하겠다는 결심에 대해 가족들이 기뻐한다고 전해왔다. 또 어머니는 누군가에게 말해야 한다고 생각해 마을로 내려가 버켓 부인에게 소식을 전했다고 편지에 썼다.

대학 선배로 약혼자였던
프랭크 브라운

내니 피셔는 1년 동안 내가 모든 성경 공부 업

7) 메리 브라운 작사, 카리 E 로운시펠 작곡, 1899년 출판, 지네트는 이 찬송을 부르며 선교에 나서는 것과 동반자로 프랭크를 생각하고 약혼까지 하게 된다.

무를 맡아 주도록 요청해 왔다. 이 일은 매일 성경 공부를 함께 할 여학생들을 모이게 하고 몇 개의 성경공부반에 참가하도록 하는 것이었다. 이 무렵 어머니가 나를 방문했는데 일요일 날 나는 YWCA의 성경공부위원회 회장으로 뽑혔고 S.V.M.의 일에 대해서도 말씀드렸다.

이해의 4월 프랭크는 델타 타우 델타회[8]로부터 가입해 달라는 요청을 받았다. 나는 함께 가입하기로 했다. 나와 친한 많은 친구가 이미 회원으로 있었다. 프랭크와 나는 가입심사에서 최고 성적을 받았고 같은 날 회원으로 발표가 되었다. 며칠 후 회원이 된 증표로 매우 아름다운 핀을 받아 자랑스럽게 꼽고 다녔다.

봄에는 많은 활동이 있었다. 부활절 휴가 동안 고든, 해리엣, 프랭크와 나는 인디언들을 위한 기독교 학교인 해스켈 학원을 마차를 타고 가서 보았다. 해스켈 학원은 볼드윈으로부터 몇 마일 떨어져 있지 않은 캔자스의 로렌스 부근에 있었다. 우리는 점심을 먹고 학교를 살펴보았다. 그곳은 마치 미래의 언젠가 우리가 일해야 할 곳처럼 보였다.

나는 성경반 일로 바빴지만 파멘터 박사의 생물학 수업을 듣기 위해 벌레를 잡으러 프랭크와 함께 가기도 했다. 성경반 프로그램의 일부로 나는 에이미 매킨타이어가 와서 한 그룹과 대화를 나눴다. 그녀에게 종교는 숨 쉬는 것과 같이 자연스러운 것이었다. 평생 학교에서 보았던 것과 똑같이 적극적인 모습으로 살았다.

이 학기 동안 나에게는 매우 중요한 일이 일어났다. 이 일에 대해서는 아무런 기록이나 날짜도 없지만 나는 봄이었다고 분명히 기억한다. 거대한 사과나무에 꽃이 피어 있었고 그 일은 사과나무 아래에서 일어났다. 프랭크와 나는 약혼을 했다. 내 기억으로는 아무런 큰 감동도 없었다. 우리는

8) Delta Tau Delta, 진리, 용기, 믿음, 능력을 기치로 1858년 결성된 학생클럽.

언젠가를 위하여 목표를 향해 발전해 가는 과정에 있었다. 우리가 지난해 S.V.M.의 봉사자가 되기로 결정했을 때는 완전히 개별적으로 한 것이었으나 이때부터는 함께 계획을 세우기 시작했다.

감명 깊었던 자원봉사 대회

이 해에 지네트와 프랭크는 테네시주 내슈빌에서 열리는 S.V.M. 국제 대회 참가 대표로 뽑혔다. 대회의 대표인 존 R. 모트가 가장 강조하는 것은 "이번 세대 안에 세계의 복음화를 이루자"는 것이었다. 이 대회는 지네트에게는 큰 의미를 갖는 회의로 기차로 긴 여행을 해야 했고 모든 것이 거창한 것이었다. 대회의 날짜는 1906년 2월 28일부터 3월 4일까지였고 학생 3,060명, 교수 286명 다른 참석자 842명 등 모두 4,188명이 참석했다. 이들은 캐나다와 미국의 700개 학교에서 왔고 26개 선교지구에서 149명의 선교사가 참석했다.

존 R. 모트와 로버트 E. 스피어는 당시 거목으로 꼽히는 두 명의 지도자였다. 모트는 훌륭한 조직전문가였다. 학생들은 그를 잘 알고 그의 책도 읽고 있었으며 큰 대회와 대학에서 그의 강연을 들었다. 스피어는 약간 부드러운 성격의 사람으로 그리스도의 사랑을 가장 효과적인 방법으로 제시했으며 그리스도를 어떻게 좋아할지 알려줬다. 윌리엄 F. 맥도웰은 훌륭한 감리교 감독 중의 한 사람으로 인도 선교 봉사에 각각 100명의 남녀가 참가해 줄 것을 호소했다. 그는 후에 지네트가 1911년 한국으로 가는 선교사 임명 예배에서 말씀하기도 했다. 지네트는 내슈빌에서 그가 한 강연 내용이 "무엇이든지 그가 말한 것을 행하라" "완전하게 돼라" "세상 속으로 들어가 복음을 전하라"였다고 기록했다.

첫 번째 신경쇠약 증세

지네트는 한국에서 근무할 때도 신경쇠약 같은 일로 장기간 요양을 한 적이 있었는데 그런 징조는 대학 재학 중에도 일어났음이 본인의 기록으로 나타나고 있다.

> 1907년 새 학기가 시작되고 얼마 안 돼 나는 일기에 피곤하고 학교가 빨리 끝났으면 하는 바람을 자주 쓰고 있었다. 그때 내가 또렷하게 기억하고 있는 것은 아침에 역사 수업을 들으러 가는 중에 기절을 한 것이다. 내 방으로 옮겨졌고 하루나 이틀 뒤쯤 프랭크가 캔자스의 로렌스로 데려가 킹맨으로 가는 기차에 나를 태워줬다. 쓰러진 것은 가벼운 신경쇠약 증세 때문이었다. 심한 병에 걸린 것은 아니었지만 신경 통증으로부터 회복되는 데는 몇 개월이 걸렸다.

약혼자가 된 프랭크에 대한 사연도 이 시기에는 자주 등장하는데 본인도 선교사에 뜻이 있던 지네트는 프랭크가 대학을 졸업하고 멕시코로 선교를 떠나는 과정에 대해서는 특히 자세히 설명했다.

> 프랭크는 지난 학기에 수업을 끝내고 학교에 진 빚을 갚기 위해 일자리를 찾으려고 노력 중이었다. 마침내 서점에서 일하게 됐고 나중에는 집에 있는 농장에서 일했다. 한 편지에서 프랭크는 에프워스 연맹에 월튼 샘플과 함께 다니고 있다는 말을 해 왔다. 월튼은 나중에 내 여동생 '지'의 남편이 되었다. 프랭크는 또 랄프 매킬래스와도 다닌다고 했다. 랄프와 월튼은 킹맨 출신으로 평생의 친구가 되었다. 프랭크의 일기는 그가 함께 살면서 느꼈던 문구로 가득 채워져 있었다. 예를 들면 이런 것이었다. "세상에

서 최고인 사람은 가장 사랑하는 사람이다. 친구와는 미소와 함께 인사하고 영혼이 실려있는 굳은 악수를 하라."

프랭크는 다른 선교사들과 대화를 나눴는데 그가 좋아했던 철학과 영어성경 교수 월터 M. 패튼 박사는 프랭크에게 신학 공부를 하고 목사가 되도록 충고했다. 그러나 프랭크는 선생이 되기를 원했다. 멕시코의 파추카[9]에 감리교여성해외선교사회(W.F.M.S)가 미국 영국 멕시코 어린이를 위해 세운 학교에서 영어 선생을 할 수 있다는 말을 듣고 프랭크는 그 자리를 맡겠다고 했다. 나는 그 소식을 듣고 어떻게 하면 내가 프랭크와 함께 멕시코에 함께 있을 수 있겠느냐고 편지를 썼는데 결론은 내가 1년간 교사 실습을 해야 하므로 내년 여름 그와 합류한다는 것이었다. 그래서 1907년 6월 카운티가 운영하는 사범학교에 입학했고 교사 자격시험을 보았다. 나는 평균 89점으로 합격했고 킹맨 서쪽으로 3마일 떨어진 곳에 있는 카운티의 학교 교사로 선발됐다.

그해 6월 프랭크는 베이커대학을 졸업했다. 나와 그동안 연락을 해 오던 그의 부모와 여동생 등 가족들이 졸업식에 참석했다. 여동생 그레이스는 후에 미주리주에 있는 캔자스시티에 살면서 크레이머 헌돈과 결혼했는데 그녀와는 여전히 편지를 주고받고 있다. 프랭크는 졸업 후 집으로 갔고 설교자 자격도 땄다. 당시 설교자 자격증은 그가 교인으로 있는 감리교 연회의 목사가 발행했다. 프랭크는 그가 마지막 일요일을 보낸 미주리주 리스서미트에 있는 감리교회에서 설교했는데 주제는 "당신은 당신 자신의 것이 아니다. 왜냐하면 당신은 값을 치르고 구입된 사람이기 때문이다."였다.

프랭크는 킹맨에서 며칠을 보내며 나의 아버지와 함께 낚시도 갔다. 우리는 작은 마차를 타고 갔고 집에서 모든 가족과 식사도 했다. 그리고 마

---

9) 멕시코 동남부 23만의 도시.

지막 밤에는 모든 가족이 우리 집에 와서 식사를 했다. 프랭크와 나는 내년 여름에 멕시코에 어떻게 갈지를 놓고 계획하는 데 열중했다. 두 사람은 1년 뒤에 가르칠 일을 놓고도 설렘 속에 준비했다. 나는 그와 함께 위치타에 갔다. 그곳에서 우리는 '마지막 굿바이' [10]를 했다.

10) 프랭크는 멕시코로 떠나 몇 달 후인 8월 31일 천연두로 사망해 이 때의 헤어짐이 마지막 작별이 되었다.

4장 멕시코의 프랭크(1907)

프랭크의 여행과 환영

약혼자 프랭크는 멕시코에 교육선교사로 봉사한다는 큰 뜻을 품고 출발했지만 얼마 안 돼 천연두에 전염돼 죽게 된다. 지네트가 평생 독신으로 살만큼 큰 영향을 줬던 프랭크의 죽음은 20대의 지네트에게는 너무나 큰 충격이었다. 자서전에는 당시 그녀의 심정이 자세히 기록돼 있다.

> 프랭크의 여행 이야기와 관련해 2, 3개의 좋은 편지를 갖고 있는데 텍사스의 알라모를 방문했을 때 보내온 편지도 그중 하나다. 북부 멕시코의 거친 사막에 관해 이야기하고 있다. 당나귀가 이끄는 수레 위에 작은 수도꼭지들이 달린 대형 물통이 거리의 스프링클러 역할을 하고 있다는 내용도 있다. 멕시코시티에서 프랭크는 베이커대 출신의 랄프 워드와 프레드 베일리를 만났고 멕시코 감리교 업무의 책임자인 버틀러 박사도 만났다. 광산 타운인 파추카에서는 베이커대학에서 알았던 다른 남학생들도 만났다.
>
> 프랭크는 또 그의 방을 어떻게 고쳤는지에 대해서도 썼는데 세면 대야를 비롯해 물항아리, 침실용 변기, 비누그릇 등을 모두 41센트에 샀다고

밝혔다. 베이커대 친구였던 프레드 크로울은 프랭크를 산에 데리고 가는 긴 여행을 했는데 프랭크는 멕시코 소년과 함께 말 등에 타고 갔고 프레드의 멋있는 집으로 식사 초대를 받았다고 했다.

1907년 7월 30일 편지에서 프랭크는 학생이 32명인데 그중 5명이 멕시코 학생이라고 전했다. 프랭크는 어떻게 모든 것을 다시 정리해서 학교를 더 잘 만들 수 있을지 계획을 세우고 있었다. 그는 베일리와 함께 살고 있으면서 W.F.M.S의 사택에서 휴이트 선생에게 월 12.50달러를 내고 식사를 하고 있었다. 휴이트 선생은 그곳 기독교 계통 여학교의 교장으로 프랭크가 가르치는 영어학교도 맡아서 운영했다. 프랭크는 휴이트 교장이 자기에게 잘 대해주고 있다고 말했다. 프랭크는 또 학교에 다른 선생님으로 미스 챔벌린이 있는데 앞으로 1년간 있을 예정이고 그 후에는 내(지네트 월터)가 그 자리에 오게 될 것이라고 편지에 썼다. 그는 또 결혼에 필요한 모든 서류 절차를 밟는데 3주가 걸릴 것이라고 알려 왔다.

약혼자에게 발생한 비극

프랭크는 두 번째 편지에서도 지네트에 대한 사랑을 확인했다. 편지를 쓴 바로 그 날부터 천연두 증세가 나타났다. 2020년 전 세계를 공포로 몰아넣었던 코로나19 감염자처럼 프랭크는 보름 만에 저세상 사람이 되었다.

마지막 편지를 쓴 날짜인 8월 15일(1907년) 프랭크는 너무 기분이 좋아진 데 대해 얼마나 고마운지 모르겠다고 썼다. 집과 학교를 연필로 그려서 동봉했고 일상의 일정에 대해서도 보내왔다. 또 많은 개인 교습을 시작했다고 말하며 나에 대한 그의 사랑을 표시했다. 프랭크는 8월 15일 밤부터 아프기 시작해 그의 친구들이 8월 18일 프랭크가 천연두에 걸려 레알 델 몬테에 있는 광산회사 병원으로 옮겨졌다는 소식을 전해왔다. 병원은 파추카에서 6마일 떨어져 있었다. 휴이트 선생은 프랭크가 새로 단장한 훌륭한 방과 모두 깨끗한 곳에 있어 몇 주면 돌아올 것이라고 편지를 보내왔다.

그러나 차도가 없자 버틀러 박사는 멕시코에서 레알 델 몬테로 미국인 간호사와 현지 보조인을 데리고 갔다. 광산회사 병원의 미국인 의사 호스킨스 박사는 두 명의 현지 의사와 함께 프랭크를 진료했다. 프랭크는 외로이 있지는 않았다. 마지막 며칠 동안 베이커대의 친구 프레드가 그를 만나러 갔고, 매번 호스킨스 박사가 프랭크를 진료하는 것을 보았다. 호스킨스 박사는 프랭크의 방과 전화를 연결해 놓고 밤새도록 한 시간마다 상태를 보고 받았다. 그러나 모든 돌봄과 관심에도 불구하고 매번 보고는 점점 나빠졌다. 프랭크는 1907년 8월 31일 소천했다. 프랭크의 가족이 전화를 걸어와 그의 죽음을 나에게 알려줬다.

멕시코에서 교육선교사로 활동하다 천연두로 사망한 약혼자 프랭크의 멕시코 현지 묘소

장례 예배는 전염병 환자였던 탓에 바로 이뤄졌다. 멕시코는 도시들이 고원에 있는 탓에 프랭크의 시신은 3,000m가 넘는 곳에 묻혔다. 지네트는 프랭크가 죽은 다음 해 파추카의 같은 학교에서 교육선교사를 할 때 무덤을 찾았고 32년이 지나 1939년 멕시코 여행 때 마지막으로 찾았다. 편지로 전해들은 약혼자의 장례식 과정을 지네트는 자세히 적어 놨다.

> 하관식을 위해 프레드와 버틀러 박사는 산꼭대기 3,000m가 넘는 묘지까지 올라갔다. 그곳은 태양 아래 세상에서 가장 아름다운 곳 중의 하나였다. 멕시코의 경우 매장은 죽은 날에 해야만 하고 특히 천연두 사망자는 더 응급으로 처리했다.
>
> 정오 무렵 무덤 근처에 있는 멕시코 교회의 신도 몇 명과 12명의 미국 친구들이 모였다. 버틀러 박사는 다른 몇 명 보조 목사의 도움을 받아 하관 예배를 진행했다. 광산회사의 대표도 참석했다. 프레드 베일리와 휴이트 선생은 아름다운 꽃을 가져왔다. 멕시코인 수석 의사는 눈물이 가득한 채 버틀러 박사에게 감사를 표했다. 그와 호스킨스 박사는 여러 번 프랭크의 가족에게 애도를 나타냈다. 버틀러 박사는 후에 의사들이 그들의 일을 직업적으로뿐만 아니라 입원해 있는 동안 내내 동정과 호의를 갖고 진료를 했다고 편지에 썼다.

물거품이 된 약혼자와의 다짐들

지네트는 엄마와 함께 프랭크의 가족들이 있는 미주리의 리스서미트로 슬픈 여행을 갔다. 전에도 그곳에 간 적이 있는 데다 대학에서도 친하게 지낸 던 프랭크의 누이 메이 브라운도 있고 프랭크는 물론, 지네트와도 오랜 친구였던 고든 톰슨 목사도 추모예배를 드릴 때까지 머물러 그나마 위안이 되었다. 지네트는 자서전에서 "60년이 지났지만 내가 (이성으로) 관심을 가질 만한 어떤 사람도 다시는 찾지 못했다"면서 프랭크가 평생의 연인이었음을 밝혔다.

그 후 모든 것은 끝났고 나는 무엇인가 새로운 결정을 해야 했다. 하지만 나는 킹맨으로 돌아와서도 여전히 망연자실해 있었다. 내 삶에서 실망이 닥쳐오거나 큰일을 처리해야 할 때마다 생각하고 구상해야 할 약간의 시간이 필요했기 때문이다. 그 후 현실로 돌아가서 새로운 계획을 받아들이곤 했는데 이번의 경우에도 똑같았다. 더 이상 결혼 계획도, 멕시코에 가야 할 계획도 필요 없었다. 편지를 받을 일도 편지를 쓸 일도 없었다. 그러나 친구들은 친절했고 나에게 도움을 주었다. 나는 내가 근무할 첫 학교에 대해 생각을 하기 시작했고 주일학교와 집 주변에서의 활동에만 몰입했다.

내가 (자서전을 쓰는) 지금 말할 수 있는 것은 (프랭크가 죽은 후) 60년이 지났지만 내가 (이성으로) 관심을 가질 만한 어떤 사람도 다시는 찾지 못했다는 사실이다. 나는 옛날부터 알고 지내던 사람을 포함해 친구 몇 명과 데이트를 했는데 누구와도 진지하게 결혼에 대해 생각해 본 적이 없었다. 그런 나 자신이 싫지도 않았다. 나는 훌륭한 삶을 살았다고 생각했고 바쁘고 항상 행복했다. 나는 프랭크와 함께 경험했던 우정과 사랑을 소중히 간직했다. 우리의 구상은 실천되지 못했고 그에 따라 나는 방향을 바꾸고 혼자 가야만 했다. 하지만 나는 결코 혼자인 적이 없었다.

5장 첫 교사 경험(1907~1908)

약혼자 프랭크의 뜻밖의 죽음은 20대의 지네트에게는 감당할 수 없는 충격이었지만 프랭크와 같은 교육선교사가 되기를 꿈꾼 그녀는 그 계획을 한발씩 실천해 나갔다. 프랭크 사후의 생활을 다음과 같은 기록으로 남겼다.

나는 이미 교사로 임용되기 위한 시험을 봤었고 3급 자격증을 땄으며 킹맨 서쪽 3마일 떨어진 곳에 있는 시골 학교의 교사가 되기로 약속도 되어 있었다. 우리 집 남매 중 3명은 결혼해 각자의 집에서 살고 있었다. 동생인 '지'는 베이커 대에 있었으므로 나는 형제 중 혼자 부모와 살았다.

학교가 시작되자 나는 매일 마차를 몰고 출근했다. 아버지는 언제나 늙은 말 몰리에게 수레를 매달아 주었다. 나는 몰리를 학교에 있는 우리에 넣어 주고 학교에 있는 동안에도 보살펴 주었다. 학교는 화장실 시설이 운동장 밖에 있었고 교실 시설도 좋았다. 교실 한가운데에는 큰 난로가 있었다. 운동장에는 우물이 있었으며 교실의 남동쪽 구석에 있는 벤치 위에는 물통이 놓여 있었다. 물통 속에는 국자가 있어 누구나 언제든지 시원하고 위생적인 물을 마실 수 있었다.

그 구역에는 대여섯 가구의 가족들이 살고 있었고 2, 3, 4, 5, 7학년에 13명의 어린이가 있었다. 우리는 모두 작은 가족 같았다. 나는 선생으로서 모든 집을 방문했다. 우리는 학교에서 스펠링 테스트대회도 열고 빨리하는 연산(演算)도 했다. 금요일 오후에는 휴식 후에 어린이들에게 책을 읽어 주었다. 스컹크 냄새 같은 악취가 생겨 항상 나를 웃게 만들었는데 내가 책을 읽으려 할 때 누군가가 규칙적으로 악취를 내뿜는 것 같았다. 아무도 웃지 않아 나도 스스로 참으려고 노력했다. 학생들은 선량했고 어떤 수업 중의 말썽도 일으키지 않았다. 나와 학생들 모두 좋은 시간을 보냈다. 한번은 한 부모님이 자기 아들이 어떤 문제를 어떻게 푸는지 적절히 가르쳐 주지 않았다는 글을 보내온 적도 있어 나는 그 후에는 더 주의를 기울였다.

나의 형부인 보이어(J. E. Boyer)가 당시 카운티의 교육 감독관이어서 나는 그가 학교를 방문했을 때 좋은 인상을 심어줄 수 있도록 열심히 일했다. 킹맨에서는 나를 바쁘게 하는 많은 활동이 있었다. 킹맨 남쪽에 있는 작은 주일학교를 맡았다. 가끔은 오전에 우리 교회에 있는 작은 남자아이들의 주일학교도 담당했다. 에프워스 연맹에도 매우 적극적인 관심을 갖고 참여했는데 킹맨의 오래된 감리교회에는 전기가 들어오지 않고 있어 에프워스가 요리책을 만들어 판매해 교회에 전기를 들어오도록 하는 일을 진척시키기도 했다. 나는 요리법을 모으는 것도 도왔지만 더 잘 기억하고 있는 것은 광고 낼 사람을 찾고 이 프로젝트의 많은 영업 부분을 처리하는 일이었다. 요리책은 성공을 거뒀다. 아직도 이 요리책은 여전히 킹맨의 부엌에서 찾아볼 수 있다. 책 속에 있는 숙녀복 광고가 특별히 흥미를 끌었다. 1929년 에타 리빙스턴 머피가 여성모임의 대표가 되자 요리책을 새로 편집해 내기도 했는데 킹맨의 여자들은 요리를 잘했다.

카운티 교육 감독관(1908~1909)

지네트는 교사로 일하는 동안 특수한 경험을 하게 되는데 형부가 아파 공석이 된 카운티 교육 감독관의 대리가 된 것이다. 한국 봉사 과정에서 이화학당장과 평양 정의학교장을 할 때 이때의 경험이 큰 도움이 되었음은 물론이다.

에드가 보이어 형부가 매우 아파서 1908년 봄 수술 후 언니 그레이스와 데이비드(4), 태어난 지 몇 주밖에 안 된 폴이 텍사스의 팔래셔스로 갔다. 형부 가족은 그곳에서 작은아버지인 말래치와 리찌 부부의 도움을 받으며 형부가 회복될 때까지 지내기로 했다. 두 살이 채 안 된 아들 존은 둘째 언니 모드가 맡기로 했다. 이에 따라 분명해진 것은 에드가 형부가 몇 달 동안 교육 감독관을 못 하게 되었다는 사실이다. 그래서 내가 불과 23살의 나이로 한 달에 50달러의 월급을 받고 100명의 교사가 있는 킹맨 카운티의 교육 감독관 대리를 맡게 되었다. 첫 번째 일은 카운티의 모든 선생님이 카운티 사범학교에 출석하도록 하는 것이었다. 다른 지역에서 온 두 세명의 에드가 형부 친구들이 카운티 교사들을 교육하도록 계약돼 있었고 그들은 업무를 잘 해줬다. 나는 사무실에 있었고 형부의 친구들이 사범학교를 운영했다. 모든 학교의 회계담당자들이 장부를 감사받기 위해 나에게 가져왔다. 감사 중의 한 사람인 센터 씨는 어떻게 감사를 하는지 보여줬고 시간이 지나면서 장부가 너무 복잡하거나 혼란스럽지 않은 한 나 혼자서 할 수 있었다. 이런 식으로 나는 모든 지역의 사람들과 알게 되었고 장부 관리에 대해서도 약간 알게 되었다.

가을에 학교가 개학했을 때 보이어 형부의 말 빌리에게 마차를 달아 카운티에 있는 학교 선생님 100명을 방문하기 위해 출발했다. 나는 형부가 사용했던 여행일지를 보고 집에서 멀리 떨어져 있는 곳에서 잠을 잘 경우 머물 곳을 정했다. 어린 학생들과는 많은 대화를 하지 않았고 교사들에 대해서는 평가를 남겼다. 교사들이 잘 가르치고 교실 상태가 좋은 것에 대해서는 칭찬을 했다. 교사들끼리 싸움이 있는 한 지역에서는 더는 말썽이 없도록 심판을 보았다. 컨닝햄의 남쪽에 있는 워커 씨 댁에서 하룻밤을 묵은 적이 있었는데 멋진 시간을 보냈다. 그는 평생 친구가 되었다. 형부의 여행일지에 있는 한 여성의 경우, 집에서 나를 재워 주지 않는 일도 있었다. 그 마을은 가톨릭 동네였는데 마을의 교사가 아주 미안해하며 다른 숙소를 찾아 주기도 했다.

1908년 여름 동안 친구인 에이미 매킨타이어 메이힐이 이웃 체니에 살았다. 나와 함께 체니와 킹맨에 있는 여학생들을 모아 YMCA 그룹을 조직했다. 그 당시에는 소녀들을 위한 아무런 모임도 없었다. 우리 두 곳의 그룹은 매우 적극적이었고 서로를 자주 방문하도록 했다. 재미있는 활동 시간과 예배 시간을 공유했고 그 결과 에이미와 나는 우정을 새롭게 할 수 있었다.

새로운 계획들

에드가 형부가 텍사스에서 돌아오면서 학교 감독관으로 복직하지 않고 생명보험 판매 일을 시작했다. 지네트는 프랭크가 일했던 멕시코 학교에서 교사로 일해 줄 것을 요청해오자 학교 감독관 대리를 그만두고 멕시코로 향했다. 이때의 상황에 대해 지네트는 "멕시코의 휴이트 선생은 나에게 편지를 보내 프랭크가 가르쳤던 학교를 맡아 달라고 요청을 해와 어떻게 해야 할지 망설이지 않을 수 없는 상황이 되었다. 나는 새로운 일에 흥분했고 1년간 멕시코에서 가르치기로 하고 7월에 출발했다. 카운티의 교육 감독관 일은 앞으로 교육계 생활을 하게 될 나에게 큰 훈련이 된 셈"이라고 말했다.

6장 멕시코에서 보낸 한해(1909~1910)

신세계에서 받은 환영

지네트가 7월 초에 집을 떠나 멕시코까지 가는 여행은 장거리에 덥고 지루한 여행이었다. 파추카는 영국 콘월에서 온 대규모 광부 식민 집단과 사업과 선교를 목적으로 온 몇 명 안 되는 미국인들이 사는 광산촌으로 해발 2,400m에 있는 전형적인 멕시코 마을이었다. 타운의 중앙에는 '가든'이 있는데 그곳에는 밴드가 연주할 수 있는 스탠드가 있고 나무와 좌석으로 둘러싸여 있었으며 1주일에 두 번 연주가 있었다.

지네트가 파추카에 도착했을 때 프레드 베일리는 그의 아내 에델과 아홉 살짜리 아들 딘과 함께 감리교 선교사 사택에서 살고 있었다. 프레드는 영어교회의 목사로 베이커대학 때부터 알고 지내던 사이였다. 안뜰(파티오) 주위에 지어진 건물의 2층이 거주 구역으로 멕시코인 목사는 한쪽 아파트에 살고 베일리와 지네트는 다른 쪽 아파트에 살았다. 아래층은 멕시코 소년들을 위한 교실과 영어학교가 있었다. 멕시코 여학생을 위한 숙소와 학교는 미국 여성해외선교사회(W.F.M.S) 건물 가까이에 있었다.

멕시코인들이 스페인어로 예배드리는 교회는 한 블록 떨어진 큰 교회로 아래층을 사용했다. 영어로 예배드리는 사람들은 위층을 이용했다. 지네트의 작은 방은 멕시코 목사의 아파트와 베일리의 아파트 사이에 있었는데 그저 그런 수준이었으나 입주한 후 가능한 대로 아늑하게 꾸몄다. 하나 밖에 없는 창문을 통해 전형적인 멕시코의 거리를 비롯해 지나다니는 당나귀와 수레, 통행인과 광산에서부터 광석을 실어 나르는 협궤 철로 등을 내다 볼 수 있었던 것은 그나마 재미있는 일이었다.

영어학교

지네트는 나중에 한국에서 하게 될 교육선교사 경험을 멕시코에서 1년간 미리경험했다. 학생들의 성향에서부터 현지 주민들에 대한 인상, 관광에 이르기까지 당시의 경험을 자세히 자서전에 적어 놨다.

> 프랭크가 좋은 공부 코스를 만들기 위해 그렇게 열심히 노력했던 이후 2년이 지났는데 그동안 누가 가르쳤는지 알 수 없지만 나는 처음부터 다시 시작해야만 했다. 학교에는 50명의 어린이가 있었는데 미국에서 온 학생은 한 명뿐이고 영어를 전혀 모르는 멕시코 학생이 몇 명 있었다. 나머지는 코니시[11] 광부의 자녀들이었다. 4학년과 6학년을 제외한 모든 학년을 가르쳐야 하고 고등학교도 한 학년이 있었다. 학생들은 질서가 있고 착했으며 많은 성과를 거둘 것으로 생각했다. 하지만 몇몇 코니쉬 학생들은 제멋대로 굴었고 3개 혹은 4개 반을 한꺼번에 가르쳐야 하는 문제도 있었다. 어떤 독창적인 훈육 방법을 실행하고 싶어도 시간이 없어 어쩔 수 없이 일반적으로 하는 체벌에 의지할 수밖에 없었다. 체벌은 어린이들이 집에서 이

---

11) 영국 콘월 지방민으로 멕시코에 이민 온 사람들.

미 경험해 알고 이해하는 것이었다. 나는 과거 학교에서 체벌하는 것을 본 적이 없었기 때문에 인정도 하지 않았다.

하지만 윌리가 문밖으로 걸어 나가 교실 창문으로 돌을 던졌을 때는 그에 대해 어떤 조치를 하지 않을 수 없었다. 처음으로 매를 사용했다. 내가 베이커대학에서 알았던 코니시 출신 남학생 토미 던스턴은 나에게 우리가 사용하는 것은 '착한 매'라고 생각하도록 했다. 하지만 토미의 작은 여동생에게 매를 처음 사용했을 때 매는 부러졌다. 그러자 동료 프레드는 매의 자국이 남지 않는다면서 고무호스를 대신 갖다주었다. 그러나 시간이 지나면서 나는 학생들이 너무 금지선에서 멀어지지 않도록 훈육하는 다른 방법을 계획했다. 나는 체벌을 피할 수 있도록 하기 위해 효과적인 몇 가지 형태의 훈육방법을 연구했다. 교실에서 질서를 지키는 것이 왜 필요한지에 대한 몇 가지 이해를 하도록 어린이들의 마음속에 깊은 인상을 심어 주고 싶었다.

내가 생각한 최선의 방법은 학생의 특별한 장난이나 규칙 위반을 했을 경우, 나쁜 결과를 당사자가 체감하도록 하는 것이었다. 한 남학생이 여기저기에 코담배를 흩트려 놓아 모든 사람이 재채기하도록 하는 것이 발각됐다. 유쾌한 일은 아니었지만, 코담배 주머니를 당사자의 코 위에 매달아 놓고 몇 시간을 보내 재채기를 하도록 했다. 내가 시도한 다른 방법은 규칙 위반 학생을 집으로 보내면서 그의 행동에 대해 사과를 할 때까지 학교에 올 수 없다고 말해 주는 것이었다. 사과를 한다는 것은 자존심 강한 청소년들이 하기 싫은 것이었다. 또 내가 찾아낸 방법은 학교에서 큰 소리로 계속 떠드는 아이에게는 반창고를 입 위에 붙이는 것이었다. 그 결과 연말이 되기도 전에 더 이상 매를 들지 않아도 되었다.

9월 하순에 코베트 선생이 미국에서 파견돼 저학년 4학급을 맡아 위층에서 가르쳤다. 나에게는 얼마나 큰 도움이 되었는지 모른다. 멕시코 어린이들은 학교에서 아주 착하게 행동했다. 예외가 있다면 거짓말을 한다는 점이다. 학교의 교실은 출입구가 바로 도로와 연결돼 있고 인도도 없어서 행인들이 교실을 들여다볼 수 있게 되어 있었다. 이 때문에 계란이나 빗자루를 팔려고 들어오기도 하고 하인이 필요하지 않느냐고 묻는 사람도 있었다. 한 노인은 길게 이야기하려고 들어와 학생을 시켜 내보낸 적도 있고 미친 여자도 들어오고 떨림 증상과 함께 헛소리하는 '진전섬망증' 환자가 들어 온 적도 있다. 하루는 한 부모가 화가 나서 코베트 선생을 찾아왔는데 이유는 그의 어린 아들이 학교에서 집으로 오는 중 팬티가 젖었는데 그게 선생의 잘못이라는 주장이었다. 코베트 선생은 어떻게 응대해야 할 줄을 몰라 그 어머니를 데리고 아래층 교실로 나를 찾아왔다. 말을 해 보니 설득도 안 되고 될 것 같지도 않아 마지막 수단으로 라틴어책을 꺼내 공부를 시작하면서 계속 무시해 버리자 학생의 어머니는 집으로 돌아갔다.

또 하루는 한 여학생이 10시가 됐을 때 자기에게 알려달라는 부탁을 해왔다. 시계가 없는 그 여학생에게는 10시를 아는 것이 중요한 일이었는데 나는 그만 알려주는 것을 잊어버렸다. 나중에 설명을 들으니 변비약을 먹어야 되는 시간이었다. 어떨 때는 나의 질문에 학생들이 기상천외의 답변을 해와 놀라는 경우도 있었는데 이런 식이다. 지리 시간에 내가 미국 캔자스주에서는 주로 무엇이 길러지느냐고 물었을 때 한 어린 학생은 다음과 같은 답변을 했다. "소와 돼지와 선교사님들요."[12]

미국 출신 의사인 호스킨스 박사는 내가 도착하자 즉시 천연두 예방주사를 놔줬다. 캔자스에서 출발하기 전에 예방주사를 맞았었는데 그는 매달 매우 많은 분량의 주사를 놔줬다. 그는 멕시코에 있는 동안 항상 나에게 잘해 주었다. 호스킨스 박사는 프랭크가 죽던 날 밤, 식탁에 앉아 밥을 먹지

12) 학교가 있는 파추카 지역의 선교사들이 대부분 캔자스 출신이라 나온 대답이다.

못한 채 울었다고 말했다. 그곳에는 장의사가 없었기 때문에 두 명의 멕시코 의사가 프랭크의 시신을 시트로 감싸 회색 정장 신사복이 놓여 있는 관 위에 뉘어 놓았고 그 과정을 프레드가 참관했다고 한다. 프레드는 내가 보낸 편지 한 통을 개봉하지 않은 채 프랭크와 함께 묻었다고 말했다.

7월 말이 다 됐을 때 호스킨스 박사 부인이 6마일이나 올라간 곳에 있는 레알 델 몬테의 프랭크 묘지로 나를 데리고 갔다. 나는 멕시코 돈으로 50센트(미국 돈으로는 25센트)를 주고 큰 바구니의 꽃을 샀다. 묘지는 나의 학생이었던 릴리와 미니 펜프레이즈 자매에 의해 잘 관리되고 있었다. 그곳은 3,000m나 되는 고지대여서 아름다웠다. 마차는 일정 높이 부분까지만 올라갈 수 있어서 꼭대기까지는 구불구불한 길을 걸어서 올라갔다. 프랭크의 묘비는 그곳에서 가장 멋있는 것 중의 하나로 묘비 양쪽에는 백합화가 자라고 있었고 무덤의 아래쪽에도 백합화가 있었다.

묘지 참배 후 몇 명이 더 높은 곳인 포포카테페틀[13]에 등정할 계획을 세웠다. 나도 무척 가고 싶었다. 하지만 호스킨스 박사는 "가면 안 돼요, 얼어 죽을 겁니다."고 말했다. 그는 내가 그곳에 올라갈 정도로 "충분히 강한 폐를 선천적으로 갖고 태어나지 못했다"면서 말렸다. 이 때문에 나를 뺀 다른 일행들만 갔는데 넬슨 감독만 빼고 모든 사람이 정상 등정에 성공했다. 나는 등산을 포기하고 먼저 집에 왔다. 호스킨스 박사는 다른 예방주사를 놔줬다. 한 곳에 세 개의 예방주사를 놔 줬는데 아마도 열세 번째였던 것 같다. 이번에 진짜 예방주사를 맞았고 마지막 예방주사이기도 했다.

호스킨스 박사는 모든 선교사의 좋은 친구였다. 공휴일에는 매번 집에서 기른 양의 다리나 토끼 같이 특별히 먹을 만한 것을 가져왔다. 그는 항상 우리를 도우려는 직업적 열정으로 넘쳤다.

13) 2020년 1월 9일 새벽에도 화산 폭발.

코니시 친구들

지네트는 멕시코에서 많은 코니시 사람들을 접하게 됐는데 그들은 멕시코 사람과 마찬가지로 외국인이나 다름없었다. 자신들의 언어가 따로 있고 친절하며 언제나 낮에 차 마시는 시간이나 늦은 오후(5시경) 차 마시는 시간(하이 티)에 지네트를 초청해 환영했다. 주로 늦은 오후 차 마시는 시간을 뜻하는 하이 티에 초청받았는데 브라운 씨 댁에 처음 갔을 때 그곳에 있는 모든 사람과 오며 가며 악수를 하는 것이 지네트에게는 생소한 경험이었던 것 같다. 떠날 때도 악수를 했다. 또 코니시 사람들은 친절했지만 이해가 안 되는 일도 많았다.

내가 이해하기 어려웠던 점은 학생들의 아버지가 모두 '술고래들'이었다는 사실이다. 심지어 교회에 왔을 때도 술에 취해 있었다. 또 그들은 발음을 이상하게 했다. 프레드가 세례를 준 학생의 이름이 '에드가'였는데 '헤드기어'처럼 발음했다. 한 코니시 여성은 우리에게 서커스 공연을 본 것에 대해 이야기했는데 서커스 출연자가 장대를 오르내리는 장면을 설명하며 대명사 중 소유격(his 혹은 their)을 써야 할 곳에 주격(he 혹은 they)을 계속 사용했다. 다른 내용을 설명할 때도 마찬가지였다. 이들 코니시 출신의 남녀 학생 중 몇 명은 캔자스주에 있는 베이커대학으로 진학했는데 여름 방학 동안에는 집으로 왔다. 미국을 경험한 그들이 자신들의 집과 마을에 미치는 영향은 대단히 컸다. 토미 던스턴도 그 같은 학생 중의 한 사람이었다. 그가 방학 동안 왔을 때 나에게 여러 번 좋은 시간을 갖도록 해 줬다.

토미가 미국의 학교로 돌아가기 전날 그의 집에서 열린 오후 차 마시는 시간에 초청을 받았다. 토미는 많은 음식을 준비했다. 수프를 비롯해 삶은 감자, 빵, 생선, 비스킷, 으깬 감자, 칠면조 고기, 당근 같은 뿌리채소, 완

두콩, 조롱박요리, 매실 푸딩과 커스터드 드레싱, 홍차, 6가지 케이크, 오렌지, 바나나, 포도 등이 차려졌다. 토미는 아주 재미있는 사람이었다. 미국에 오래 살아 코니시 사람들의 몇 가지 (나쁜) 습관도 고치고 훌륭한 유머 감각도 갖고 있어 그가 (학교로) 떠났을 때 그립기도 했다. 토미는 내가 집으로 돌아가기 바로 며칠 전에 학교가 끝나 돌아왔다.

파추카의 친한 친구와 지진 경험

지네트는 베이커대학 시절부터 알고 지낸 프레드 에델 부부와 같이 친하게 지냈다. 그 같은 그녀의 성품은 한국에서 살며 다른 선교사들 가족과 어울려 살 때도 그대로 나타났다. 두 사람의 9개월 된 아들 딘을 위해 옷을 만들어 주기도 했고 두 부부가 외출할 때는 베이비시터가 되기도 했다. 멕시코에 도착한 후 얼마 안 된 밤에 발생한 지진은 지네트가 처음 겪은 놀라운 경험이었다.

나는 처음에는 침대 밑에 누가 있는 줄로 생각하고 침대 밑을 보니 아무도 없었다. 문이 떨리고 전등이 흔들리는 것을 보고 나서야 이런 것이 지진이라는 것을 깨달았다. 다음 날 아침 나는 혼자 흥분했는데 지진을 처음으로 경험했기 때문이었다. 그 후 나는 일본과 위치타(캔자스주), 볼더(콜로라도주)에서도 지진을 느꼈었다.

크리스마스 시즌

지네트는 여러 기록에서 크리스마스 때 경험한 이야기를 써놓고 있다. 멕시코에서 교육선교사로 일했던 당시의 크리스마스 일화도 그중의 하나이다.

크리스마스 시기가 다가오자 교회 크리스마스 파티 프로그램위원회는 나에게 산타클로스 부인이 되어 약간 우스꽝스러운 노래를 불러달라고 요청을 해 왔다. 나는 세 가지 이유를 들어 거절했는데 첫 번째 이유는 노래를 잘할 줄 모르고 두 번째는 나 자신을 바보처럼 만들고 싶지 않았으며 마지막으로 교회 크리스마스 프로그램이 나에게는 적당한 것으로 보이지 않았기 때문이었다. 대신 우리는 학교에서 작지만 멋있는 크리스마스 장식을 했다. 교실을 상록수 잎과 빨간 꽃으로 장식했는데 잭 브라운은 나한테 한쪽 팔 가득할 정도로 백합화와 월계꽃, 붉은 장미를 갖다주었다.

코베트 선생과 나는 크리스마스 휴가 동안 파추카에 머물고 이곳 가족들(선교사 및 교사들)과 함께 지내기로 계획을 세웠다. 교회의 크리스마스 프로그램에서는 에델도, 코베트 선생도 내 옆에 앉으려고 하지 않았는데 내가 그들을 웃길지도 모른다는 두려움 때문이었다. 그래서 나는 프레드 옆에 앉았다. 집에서는 호박파이와 캔디를 만들었다. 브라운의 집에서는 4개의 케이크와 3종류의 과자를 보내왔고 미국인 가정인 재기스의 집에서는 상추, 셀러리, 무, 파슬리를 보내 줬다. 다른 사람은 또 노란색 케이크를 보내줬다. 그래서 크리스마스 만찬 메뉴는 여러 가지로 풍성했다. 크리스마스라고 해서 외롭지는 않았지만, 정확히 말해서 크리스마스 같지는 않았다. 그리고 마음속으로는 캔자스에서 크리스마스 때 선물을 주고 특별음식을 먹었던 추억을 종일 회상했다.

크리스마스 행사가 끝난 후 지네트는 같은 교육선교사인 코베트와 미리 약속했던 멕시코 관광지 쿠에르나바카로 떠났다. 그곳은 화산지대로 2020년 초에도 대규모 폭발이 있었던 지역이었다.

2020년 초에도 폭발이 있었던 포포카테페틀 화산

우리는 만찬 후에 곧 크리스마스 휴가 동안 가기로 했던 쿠에르나바카(모렐로스 주의 주도로 휴양지)로 떠났다. 트렁크 가방에는 침구까지 넣고 기차를 타고 갔다. 가는 길에 있는 멕시코시티에서는 미국 여성해외선교사회(W.F.M.S) 학교 선생인 사라 킨의 집에서 잠을 잤다. 쿠에르나바카는 해발 1,500m에 있는 도시로 활화산인 포포카테페틀과 휴화산인 이시탁시와틀(일명 하얀여인)의 아름다운 모습을 볼 수 있는 곳이다. 특히 이시탁시와틀은 마치 죽은 것처럼 누워 있는 하얀 여인을 닮아 있어 유명하다. 나이 많은 포포카테페틀이 금과 은을 가진 부자 멕시코를 지켜보며 그의 잠자는 아내 옆에 서 있는 모습이다.

쿠에르나바카에는 4명의 선교사가 휴가를 보내고 있었다. 그들은 멕시코시티 선교부에서 빌린 말 두 마리가 있어 돌려줘야 했는데 홀리스터 선생과 내가 타고 가서 돌려주기로 했다. 우리는 쿠에르나바카에서 멕시코시티까지 50마일 쯤 되는 거리를 이틀 동안 여행하기로 했다. 여행의 안전이 염려되어 경찰서에 가서 상의했는데 위험하지는 않지만, 만약 무섭다면 호위해 줄 군인을 보내주겠다고 호의를 보였고 잠을 잘 수 있는 곳도 말해 주었다. 우리는 오후 2시에 쿠에르나바카를 출발했다. 나는 안장에 다리를 벌리고 타는 정자세로 앉았고 홀리스터 선생은 곁 안장을 타고 옆 자세로 앉았다. 우리는 갈라진 치마를 입고 큰 멕시코 모자를 썼다.

세 시간 동안 언덕을 올라갔고 말들은 후이트줄래까지 줄곧 걸어갔다. 그곳에서 잠을 자야했기 때문에 지방 경찰은 우리를 이상하게 보이는 멕시코 원주민의 집으로 데리고 갔다. 그 집 마당에는 돼지들이 온통 뛰어놀고 있었다. 거실을 지나 방으로 안내를 받았다. 우리가 자야 할 침대는 싱글 베드여서 함께 자야 했다. 방안의 모든 것은 깨끗하고 좋았으나 너무나 많은 그림과 사진이 우리를 노려보는 것 같은 느낌을 받았다.

우리는 아침 5시 반에 일어나 지난밤에 먹었던 것과 같은 메뉴의 아침을 먹고 출발했다. 출발 처음에는 오르막길을 더 올라갔으나 그 후에는 평평해져 뛰어갈 수 있었다. 말에서 내려 걷기도 했는데 아침에는 추웠기 때문이다. 11시에는 말한테 먹이를 주는데 길을 가는 많은 사람을 만났다. 그들은 우리에게 대부분 말을 걸어왔는데 "어디로 가는 길이냐?"와 "남편은 어디에 있느냐?"고 꼭 물어봤다. 훌륭한 여행을 마치고 우리 두 사람은 저녁 6시에 멕시코시티에 도착했다. 매우 피곤했음에도 불구하고 나는 목욕 후 잠을 잘 잤다. 다음날 일어나서는 멕시코 교회에서 한밤중까지 드리는 신년 예배에 참석했다. 버틀러 박사가 설교했다.

파추카로 돌아가자마자 지네트는 미국에서 돌아온 교장 휴이트 선생을 만날 수 있었다. 가장 즐거웠던 일은 그가 가져온 몇 가지 크리스마스 선물이었다. 고향 집에서 보내준 코닥 사진기 상자와 현상용 도구 상자가 가장 큰 선물이었다. 선물을 받고 너무 기뻐했는데 베이커대학에 다니다 파추카에 다니러 온 찰리 모컴이 사진 촬영과 현상을 어떻게 하는지 지네트에게 가르쳐 주었다. 두 사람은 지네트가 찍은 모든 사진을 현상하고 인화했으며 그해 봄 내내 대부분의 저녁을 사진을 인화하는데 보냈다고 한다. 주목되는 점은 그 같은 일상 속에서 찰리와 친해져 승마도 나가고 소풍도 나갔지만 멕시코에서는 결코 진정한 데이트를 한 적은 한 번도 없었다고 밝힌 것이다. 심지어 찰리가 지네트와 교회에 함께 가기를 원하자 휴이트 교장에게 물어볼 정도였다. 휴이트 교장이 "여기 사람들은 남녀가 어떻게 행동해야 하는지 알아야 하기 때문에 두 사람이 교회에 가는 것이 좋겠다."고 말하자 그제야 교회에 함께 가면서 단순한 남녀 친구 관계의 구체적인 협력 사례가 어떤 것인지 실제로 보여 줬다고 설명했다.

선교사는 재미있다

지네트는 멕시코에서의 교육선교사 일에 대해 어려움도 있지만, 시간이 지나면서 적응이 되자 '재미있다'는 표현까지 하고 있다. 할로윈 만찬을 하는가 하면 교제 범위를 넓히며 교육선교사로서의 경험을 소개하고 있다.

> 10월에는 여성해외선교사회(W.F.M.S) 사택에서 할로윈 만찬을 했다. 미스 벳츠와 코베트가 장식해서 마치 고향 집처럼 보였고 많은 식사를 준비했다. 만찬은 선교사 가족만을 위한 것이었고 멕시코시티에서 온 버틀러 박사의 부인도 참석했다. 버틀러 박사 부인은 아름다운 영혼의 소유자로 초기 선교사업에 대해 이야기를 하며 당시 경험했던 많은 실패담을 들려줬다. 11월 초에는 주일학교 소풍을 큰 규모로 가졌는데 멕시코 일꾼들은 용설란 술(풀키)을 몇 통 가져왔고 백인들은 맥주를 마셨다. 이런 (술 먹는) 모습들이 나에게는 과연 감리교회 신도들이 하는 것인지 놀라움 속에 보았지만 여기는 멕시코라는 생각도 들었다.
>
> 코베트 선생과 나는 빌즈 집안이 8,000에이커의 농장을 갖고 있는 툴

란칭고를 방문할 기회가 있었다. 그 집안에서는 우리에게 말 한 마리를 보내줘 선교부가 갖고 있는 말과 함께 두 마리를 각각 타고 갔다. 목장은 8대의 마차와 15마리의 승마용 말, 세라피 모포[14] 공장도 있어 나는 두 장을 샀다. 아주 넓은 곳에서 며칠 동안을 보내며 실제 목장 경험을 할 수 있었다.

올해 우리 교회의 수양회가 넬슨 감독과 랜달, 버틀러 박사가 참석한 가운데 파추카에서 열려 넬슨 감독이 내 방에서 자게 되었다. 하지만 내 방에는 작고 좁은 짧은 침대밖에 없었다. 나중에 보니 넬슨 감독은 매우 키가 큰 사람이어서 나는 그가 어떻게 잘 수 있을지 걱정이 되었다. 나는 "이사야 28장 20절"이라고 쓴 종이쪽지를 감독님이 쉽게 볼 수 있는 곳에 붙여 놓았다. 다음날 넬슨 감독은 이 젊고 사랑스러운 여자 선교사가 찾아본 구절이 무엇인지 궁금해서 자신의 성경에서 그 구절을 찾아보았다고 말했다. 그 구절은 이런 것이었다.

"너희는 마치 침대가 짧아서 다리를 펴지 못하는 것 같이 되고, 이불이 작아서 몸을 덮지 못하는 것 같이 될 것이다."

'선교사업은 어디에서 하느냐?'

지네트는 고향 부모에게 편지로 소식을 전할 때는 즐겁고 재미있는 일만 썼는데 이를 오해한 부모는 선교사업을 어디에서 하느냐고 물어 오기도 했다. 이에 대해 지네트는 아래와 같은 글을 남겼다.

멕시코에서 생활한 지 몇 달 후에 어머니는 나에게 편지를 써서 "선교사업은 어디에서 하느냐?"고 물어 왔다. 어머니가 그렇게 묻는 이유는 내

---

14) 멕시코 인들이 어깨에 두르는 무늬가 있는 모포.

편지가 항상 매우 '선교적'으로 들리지 않았기 때문일 것이라고 생각했다. 그러나 실제로 나는 많은 일을 하고 있다고 생각했다. 나의 일은 학교에서 어떻게 협력하고 가르치는 것뿐만 아니라 배운 대로 따르도록 하는 것이었다. 또 토요일 오후에는 고등학교 여학생들에게 성경 공부를 가르치는 것도 내 일이었다. 이 밖에 나는 에프워스 연맹과 주니어 연맹을 이끌었고 어린 남학생들을 위한 주일학교 학급도 맡아 했다.

파추카에는 또 멕시코 남자학교와 개신교 교회, 내가 일하는 영어학교가 있었고 여성해외선교사회(W.F.M.S)가 운영하는 멕시코 여학교와 영어 교회도 있었다. 나는 어린이들의 삶이 개선됐고 많은 어린이가 교인이 되어 활동하고 있음을 잘 알고 있었다. 영어교회도 교인 수가 많이 늘어났는데 어른 숫자는 큰 변화가 없었지만, 어린이와 젊은 사람은 더 나은 길이 어떤 것인지 알기 위해 늘어나는 중이었다.

나는 어려운 일이지만 우리가 하는 일을 통해 많은 사람이 '더 나은 길'을 알게 되고 살아 있는 구세주를 사랑하며 더욱 잘 알게 될 것이라고 믿고 있다. 내가 파추카에 있는 마지막 몇 주 동안 에델은 오랫동안 아팠는데 아마도 장티푸스 같았다. 멕시코시티에서 미국인 간호사가 돌보기 위해서 왔고 아들인 어린 딘은 W.F.M.S 사택으로 데려가 몇 주 동안 보살핌을 받았다. 나도 식사를 하러 그곳으로 갔다.

1910년 봄 다음 해를 위한 계획들을 수립할 때 나는 교장인 휴이트 선생과 오랫동안 상의한 끝에 6월에 미국 집으로 돌아가 대학에서 남은 1년을 마저보내고 졸업하기로 했다. 얼마 후 나의 업무를 끝내야 하는 날이 다가오자 마지막으로 친구들을 방문했다. 레이스와 세라피 모포, 골동품 등을 샀는데 모두 14달러가 들었다.

7장 다시 가 본 멕시코

멕시코 여행의 동반자들

지네트는 교육선교사로서의 경험을 1909년 처음 해본 뒤 한국과 미국에서 활동하며 30년의 세월이 흐른 후 미국 학교의 동료 교사들과 첫 번째 활동했던 멕시코 파추카를 찾아 추억의 여행을 했다. 약혼자 프랭크의 무덤을 찾아보기도 했다.

> 나는 북부고(캔자스주 위치타 소재)의 교사인 루시 홀과 베스 굿이어, 위치타의 초등학교 교사인 에스텔라 후뱅크스와 1939년 5월 31일 아침 7시 45분에 29년 만의 멕시코 방문을 위해 내 차로 위치타를 출발했다. 우리는 먼저 점심 무렵 오클라호마 시티에 도착했고 주의회 의사당을 관광한 후 숙박 장소인 포트워스(텍사스주)로 차를 몰았다. 다음 날 도착한 러레이도(멕시코에 면한 텍사스주의 국경도시)에서 멕시코시티까지는 762마일이나 되었다. 도로 표지는 모두 영어와 스페인어로 되어 있었고 멕시코시티까지의 거리가 762마일부터 시작해 0이 될 때까지 1마일이 지날 때마다 표지판으로 보여주었다. 길은 좋은 편이었으나 가끔 고속도로에 누워 자는 소들을 보았다.

파추카에 머무는 동안 1910년에 가르쳤던 옛날 학교를 방문했는데 내가 가르쳤던 학생 미니 펜프레이즈가 우리에게 점심을 대접했다. 그 뒤 우리를 프랭크가 묻혀 있는 레알 델 몬테로 데리고 갔다.

옛날에 파추카에서 가르치고 있을 때는 멕시코를 거의 보지 못해서 이번에는 관광을 많이 했지만 몇 가지만 기록해 볼 생각이다. 우리가 첫 번째로 가 본 곳은 예술궁전(극장)으로 최근 몇 년 동안 5피트(150cm) 가까이 가라앉은 곳이었다. 극장 안쪽에서 우리는 무게가 22톤으로 가격이 5만 달러나 하는 유리 커튼을 보았고 같은 날 '슬픈 밤' 이라는 이름의 2,000년 된 고목과 1671년에 세워진 멕시코 성당을 관광했다. 이 성당에는 파이프가 3,000개나 되는 오르간이 설치되어 있고 옛 아스텍 사원 위에 지어져 있었다.

하루는 아름다운 쇼치밀코에 갔는데 그곳에 있는 배들은 이름을 꽃 이름으로 지었다. 우리가 배를 타는 동안 가수, 사진사, 꽃 행상들이 따라붙었다. 카네이션 60송이를 10센트에 살 수 있었다.

다음 관광지로 우리는 태양 신전을 봤다. 수천 년 전 유적으로 이집트의 피라미드보다도 더 컸다. 달의 신전은 아직 발굴이 덜 돼 있었다. 다른 계속되는 관광 장소로 우리는 황제 막시밀리안과 황후 샬럿이 한 때 살았던 차풀테펙 성을 구경했다.[15] 성에는 황제 부부가 탔던 마차가 온통 금 나뭇잎(금엽)으로 장식된 채 남아 있었다.

푸에블라로 가는 길에 우리는 촐룰라 외곽의 언덕에서 거대한 파노라마 속에 펼쳐져 있는 365곳의 교회를 볼 수 있었다.

15) 막시밀리안은 오스트리아의 왕족으로 멕시코의 황제가 되었으나 후에 멕시코 대통령이 된 후아레스에 의해 처형(1867년)되고, 그 후 황후 샬럿은 벨기에 왕족으로 유럽에 머물렀다.

8장 노스웨스턴대학교(1910~1911)

멕시코에서 1년간의 교육선교사 활동을 마치고 귀국한 지네트는 다니던 베이커대학 대신 일리노이주의 노스웨스턴대학 4학년으로 등록해 졸업한다. 그 1년 사이에 한국 학생으로 후에 목사가 된 동석기를 만나 한국의 이화학당에서 대학과를 개설하며 가르칠 선생을 찾는다는 소식을 듣는다. 부모님과 상의도 없이 그녀의 삶에서 큰 전환점이 되는 한국행을 택하게 된다.

멕시코에서 돌아온 후 나는 집에서 재미있게 여름을 보냈다. 나의 새 남녀 조카들인 데이비드와 존, 폴 보이어(맏언니 그레이스의 자녀)를 비롯해 루이스와 딘 머피(둘째 언니 모드의 자녀), 엘리자베스 월터(오빠 로렌스의 딸)까지 모두 재미있고 즐거운 아이들이었다. 하지만 나는 (대학 졸업이라는) 해야 할 일이 있었다. (내가 다니던) 베이커대학을 좋아했지만, 학교를 떠난 지 3년이나 됐기 때문에 차라리 다른 곳에서 졸업을 시도해 보는 것도 좋겠다는 생각이 들었다. 현재로서는 왜 내가 노스웨스턴대학을 선택했는지 이유가 생각나지 않는다. 노스웨스턴대학(1910년)에는 아는 사람이 없었다. 내 친구 에이미가 시카고에 살고 있었고 역시 친구인 넬리 버켓의 오빠 월터 버켓이 시카고대학에 다니고 있는 정도였다.

첫 학기에는 사우스다코타주 미첼에서 온 친구와 룸메이트를 했다. 여전히 선교현장에 진출할 계획을 가지고 있었기 때문에 학생자원봉사운동(S.V.M., Student Volunteer Movement)에 관심을 갖고 계속 참여했다. 그와 함께 몇몇 수업에 출석했는데 셰익스피어에 대해 강의한 교수는 좋아하지 않았다. 그 교수는 나를 처음 보면서 조그만 대학에서 오는 학생들을 좋아하지 않는다고 말했기 때문이다. 셰익스피어에 대해 아무것도 이해할 수 없었고 나에게 어떤 도움도 되지 않았다. 다른 영어 선생님은 학과장이셨는데 친절하고 이해심도 많았으며 그 강의에서는 좋은 성적을 받았다. 멕시코에서 1년 동안 스페인어를 들었기 때문에 이탈리아 교수가 가르치는 스페인어 과목을 선택했다. 그 과목은 나에게는 아주 쉬웠고 내 기억으로는 스페인어 수강생 성적 중 최고였다.

2학기에는 노르웨이 출신으로 사무직원을 했던 올렌 소렌슨과 룸메이트가 되었다. 그녀는 대학은 처음 다니지만 몇 과목을 즐겁게 공부했다. 올렌은 나를 데리고 다니며 옷감 재료를 사도록 해 훌륭한 솜씨로 옷을 만들어 주었다. 나는 정장과 긴 코트, 치마를 입었는데 멋있어 보였다. 내가 이런 식으로 도시 생활에 익숙해지는 것을 보면서 올렌은 나의 좋은 친구이자 가까운 친구가 되었다. 현재는 올렌이 어떻게 되었는지 연락이 끊겼지만, 그녀의 도움과 쾌활했던 성격을 잊을 수 없다.

대학생 중 일부 여학생은 시카고의 빈민가로 가서 매주 가르치거나 일손을 도왔다. 다른 학생들과 함께 나도 참여해 그곳에서 새로운 종류의 경험을 했다. 정기적으로 참석하는 학생자원봉사대(S.V.B., Student Volunteer Band)에서 한국에서 온 S. K. 동(Dong)을 만났는데 그는 내가 만난 첫 한국인이었다.[16] 하루는 미스터 동이 "한국에 가지 않겠느냐"고 물었다. 나는 "그게 어디 있는 나라냐"고 물었다. 그는 나에게 첫 고등학교 졸업반이 있는 이화학당에 관해 설명했고 학교가 한국에서 최초의 여성 대학을 시작하고 싶어 한다고 알려줬다. 그리고 3명의 교사를 서둘러 찾고 있다고 했다.

원주에서 쉬츠 여선교사와 한약방을 찾은 동석기 목사. 바른 마음으로 좋은 약을 짓는 다는 정심양제(正心良劑) 글씨가 보인다.

비록 나는 한국이나 한국 역사, 한국인에 대해 아무것도 몰랐지만 나는 멕시코 만큼 어렵지는 않을 수도 있을 것이라고 느꼈고 (한국에 대한) 조사를 바로 해 봤다. 이제까지 후회한 적이 한 번도 없었던 것처럼 처음부터 나는 한국 사람과 학교의 여학생들을 사랑했고 동료선교사들을 사랑했다. 한국은 정말 봉사하기에 이상적인 장소였다. 나는 시카고에 있는 W.F.M.S.(여성해외선교사회, Women's Foreign Missionary Society) 시카고 지부를 찾아가 3주 후 임명을 받았다. 뉴욕에서 올리브 파이가 과학 교사로, 일리노이의 그레이스 하먼이 음악 교사로 선발됐다. 나는 새로운 대학 교수진의 나머지 한 명이 되었다.

---

16) S.K. Dong은 목사이자 독립운동가로 한국 그리스도의 교회 설립자인 동석기(董錫基)다. 1881년 함경남도 북청군에서 태어난 그는 23세 때인 1903년 하와이 사탕수수밭 노동자로 이주했다 농장주의 배려로 감리교 계통의 노스웨스턴 대에 입학했으며 1913년 개럿신학교를 졸업했다. 그해 12월 귀국해 여러 교회 목사를 거쳤으며 3.1운동 시위에 참가 징역 7개월과 집행유예 3년을 받았다. 1927년 다시 미국에 가 그리스도의 교회(Christian Church)가 운영하는 오하이오 신시내티 신학교에서 환원운동에 심취했고 1929년 감리교 목사를 자퇴했다. 예배에서 악기사용을 비성서적이라고 생각했고 해방 후 서울과 부산에 그리스도의 교회를 개척했다. 그 후 1949년 다시 도미, 한국전쟁이 일어나자 미국에서 군사 교육을 받는 한국군 장교들을 상대로 전도했고 휴전 후에는 한국 그리스도 교회 선교활동을 지원했다. 1971년 캘리포니아에서 소천, 1996년 대통령 표창을 추서 받았다.

부모님들의 반응

동석기 목사의 권유를 받고 혼자 한국행을 결정했지만 지네트 가족의 의견은 대체로 한국행에 반대였다. 한국은 멕시코와는 다르게 어디 있는지도 모르는 곳이었다. 약혼자를 잃었던 딸이 의외의 선택을 한데 대해 특히 아버지 데이비드는 가장 반대를 했다.

> 아버지의 편지: 지네트야, 그 외국과의 계약에 너 자신을 묶어두지 말아라. 엄마와 내가 네가 가는 나라가 어떤 상황에 있는지 알지 못하는 한 우리는 모두 너의 뜻에 반대한다. 너는 요즘 특히 외국 현장에서 그러한 일을 할 만큼 충분히 건강하지도 않다. 어떤 시기에 가더라도 그것은 너를 위해서는 좋지 않은 결정이지만 지금은 특히 아니니다. 일단 집에 와서 1년간 있어 보고 그 후 사정을 생각해 보자. 이런 생각은 가족 모두의 의견이다. 지금 갈 수 없다고 그들에게 말해라. 네가 (졸업에 필요한) 여러 시험에 통과하기를 바란다. 어음 20달러를 동봉한다.

아버지의 반대에 비해 어머니 엘리자는 " '주님의 뜻' 이라면 어떻게 하겠느냐"는 정도의 반응을 보이며 여러 가지 충고의 말을 했다.

> 엄마의 편지: 지네트야, 네가 택한 것들에 대해 아버지와 내가 우려하고 있는 것을 네가 궁금해하지 않을까 생각한다. 나도 아버지와 함께 네 편지를 읽고 우리는 침묵 속에 빠져들었다. 아버지와 나는 너의 결정에 대해 서로 아직 언급도 안 하고 있는데 그것은 무관심해서가 아니라 나는 상상할 수가 없었고 아버지도 그렇기 때문이라고 추측하고 있을 뿐이다. 네 큰언니 그레이스도 너의 결정에 대해서는 안 좋게 생각하고 있다. 둘째 언니 모

드는 네가 알아서 할 일이라고 생각하고 있다. 나는 '안 된다' 고 말할 수도 없지만 '된다' 라고도 말할 수 없다. 다만 내가 할 수 있는 것은 네가 원하는 대로 되기를 바랄 뿐이다. 나는 너희 모두를 어렸을 때 주님께 바쳤다. 내가 아는 한 너희를 위해서 최선을 다했다. 나는 오직 네가 주님을 위해 유용한 사람으로 성장할 수 있기만을 기도했다. 그런 것을 해 볼 수 있는 때가 왔는데 그 일이 아무리 어렵더라도 내 뜻이 아닌 주님의 뜻을 왜 내가 막아야 하는지 모르겠다. 나는 네가 가능하다면 (W.F.M.S. 시카고 지부가 아닌) 토페카[17] 지부 소속이 되기를 바란다. 우리가 삶으로부터 얻는 모든 것은 다시 삶 속으로 환원하는 것이지만 그것이 너무 멀리 떨어져 있는 곳이 아니었으면 좋겠다.[18]

지네트 졸업사진(1911년)

이런 상황에서도 졸업식은 거행돼 친구인 에이미와 버켓의 가족은 지네트의 졸업식에 참석해 그녀가 학위증을 받을 때 큰소리로 박수를 쳐 줬다. 특별히 아는 졸업생이 학위를 받을 때 박수를 치는 것은 당시의 관습이었다.

여성해외선교사회(W.F.M.S.)와 선교사 임명식

교육선교사로 임명된 지네트가 소속될 W.F.M.S.는 여성감리교 선교사업을 하는 전국 조직으로 뉴잉글랜드 지부, 신시내티 지부, 토페카 지부, 태평양 지부 등 6~8개의 지부로 나누어져 있었다. 각 지부는 담당 총무가

17) 캔자스주의 주도.
18) 어머니는 주님의 사업을 하겠다는 딸의 결정에 찬성도 반대도 못하면서 삶에서 얻은 것은 다시 삶에 갚아 넣는 것인데 가까운 곳에서 '주님의 사업' 을 하면 좋겠다는 뜻을 밝힌 것으로 보인다.

지네트의 선교후원기관인 WFMS 토페카 지부의 이화학당 장학생들

있어서 몇 곳의 외국 현장에 가서 활동하고 싶어 하는 모든 미혼 여성선교사들에 대한 감독을 하는 일을 맡고 있었다. 지네트는 토페카 지부의 지원을 받았는데 총무는 미스 엘라 왓슨으로 모든 소속 여선교사들은 그녀를 좋아했고 많이 의지했다. 엘라는 지네트가 한국에 있는 동안 방문하기도 했었다.

매년 지부회의와 미국에 있는 모든 선교사가 참석하는 전체 실행위원회가 가을에 열렸다. 지네트는 11월에 한국으로 출항해야 해서 많은 회의에도 참석하고 인사도 해야 했다. 토페카 지부에는 해외선교를 떠나는 사람이 7명이나 됐는데 중국 2명, 인도 3명, 일본과 한국에 1명씩이었다. 이 해의 크리스마스 헌금은 이들 해외선교사로 파견되는 7명의 비용으로 사용됐다. 전국대회 규모로 열리는 전체 실행위원회는 1911년 10월 26일(목)에서 11월 2일(목)까지 세인트루이스에서 열렸다. 해외파견 선교사들이 현지에 갔을 때 취해야 할 행동과 태도에 대해 특별 교육이 실시됐다. 선교사로 선발된 일행은 대회기간 동안 소속 동료들과도 사귀고 함께 이화학당으로 가는 뉴욕에서 온 올리브 파이, 일리노이에서 온 그레이스 하먼, 또 한국 선교 본부로 가는 캘리포니아의 그레이스 딜링햄과도 미리 친해질 수 있었다. 일행은 매일 여러 해외 현장에서 돌아온 선교사들로부터 경험담을 들었다.

일요일은 전체 실행위원회 기간 중 가장 중요한 날로 멕도웰 감독이 아침 예배에서 설교했다. 오후 3시에는 미국 전역에서 온 35명의 여성선교사들을 위한 임명식 예배가 있었다. 이날 신임 선교사 일행은 모두 흰색 유니폼을 입고 있었는데 아프리카 지구의 하젤 감독은 각자에게 임무를 낭독해 주고 임명장을 수여했다.

출발 준비

미국의 부모도 한국처럼 자식을 이길 수 없는지 지네트의 아버지도 딸의 의지를 꺾을 수는 없었던 것으로 보인다. 지네트의 짐을 싸주고 마지막에는 킹맨에서 샌프란시스코까지 동행하며 배웅하기도 했다.

> 아버지와 나는 선교사로 가는 문제를 놓고 약간의 대화를 나눴다. 하지만 나는 트렁크보다 크면서 손잡이와 맹꽁이자물쇠가 달린 큰 상자를 아버지가 맡아 준비하도록 함으로써 (나를 설득하지 못하게) 바쁘게 만들었고 가족과 친구들도 짐 싸는 것을 도와줬다. 파티와 작별 모임이 이어졌다. 어머니는 나를 배웅하기 위해 캘리포니아까지 가기로 했다. 아버지는 배웅하러 캘리포니아까지 갈지 말지 말씀이 없으셨다. 가엾은 우리 아버지(Poor Dad). 어떻게 보면 나는 오직 아버지를 좋아하기만 했다. 아버지와 어떤 사안에 대해 깊이 있게 말을 많이 하는 것은 나도 부담스러웠고 아버지도 그랬다.
>
> 하루는 은행 현금출납원으로 일하는 둘째 형부가 아버지가 친구와 대화하는 것을 들었다며 아버지가 나를 배웅해 주기 위해 태평양 연안(샌프란시스코)으로 갈 것이라고 말해줬다. 형부는 또 급히 우리 집에 달려와 엄마에게 말해 줬고 엄마는 준비를 시작했다.
>
> 우리는 일본 배인 닛폰마루(日本丸)를 타고 항해를 했는데 (환송 나온) 아버지는 외해(外海)의 큰 바다에 비해 너무 작은 배라고 생각했다. 나는 배를 타고 부모님은 하선했다. 한 시간인지 두 시간인지 서로 쳐다보며 손을 흔들기만 했던 시간은 내가 보낸 시간 중 가장 긴 시간이었다.
>
> 그리고 우리는 항해를 시작했다.

2 한국에서의 삶(1911~1926)

지네트의 자서전에 있는 남대문 삽화

1장 낯선 한국 배우기

여행에 나서다(1911년)

지네트가 포함된 21명의 선교사 그룹은 대부분 처음 만나는 사람으로 일본 배 닛폰마루(日本丸)에 승선했다. 일행은 더 이상 배웅 나온 사람들이 있는 육지 쪽을 바라볼 수 없을 때까지 밖에 있지는 않았다. 날씨가 추워서 일찍 선실로 철수했다. 지네트는 중국으로 가는 선교사 중 한 사람인 엠마 로빈스와 친해져서 며칠 후에는 다른 사람들이 선실로 들어가도 두 사람은 선실 밖 데크에 남아 계속 바다를 보며 대화를 나눴다. 특히 지네트는 언제나 (멀미도 하지 않고 배를 타는 데 익숙한) '훌륭한 선원' 이었다.

항해하는 동안은 독서와 바느질, 놀이도 하고 서로를 찾아가 만나느라 시간은 빠르게 지나갔다. 함께 승선한 사업가 스티븐스 씨가 승객들에게 매일 성경 공부를 하자고 제안하면서 조용한 장소를 마련해 지네트도 참여했다. 또 낮 12시 반부터 1시까지 기도회도 할 수 있어 그들 중 6~8명은 3개의 객실에서 각각 만났다. 지네트는 "성경 공부와 기도 모임을 하면서 일행 모두는 가까워졌고 그 당시 함께 했던 아름다운 친분을 잊을 수가 없다"고 말했다. 샌프란시스코를 떠나 7일간의 항해 후 일행은 호놀룰루

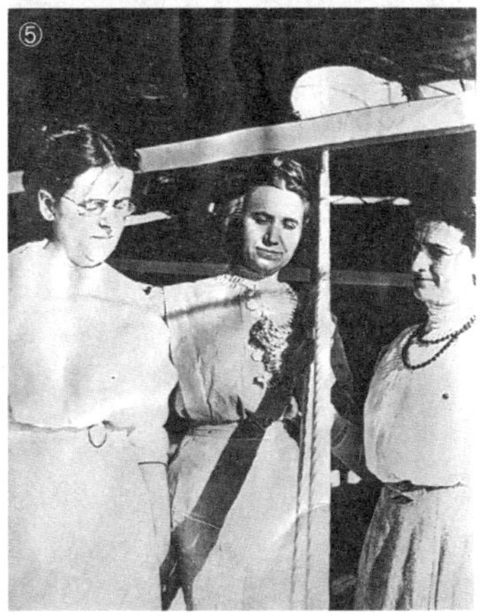

① 샌프란시스코에서 지네트가 탔던 여객선 닛폰마루(日本丸)의 정면 모습
② 닛본 마루의 옆모습. 지네트는 왼쪽 굴뚝아래 선창가 객실을 이용했다.
③ 태평양을 건너는 일행들. 선교사, 사업가 등 다양한 동승자들이 있다.
④ 증기선 의자에서 쉬는 선교사 일행. 오른쪽이 지네트
⑤ 다른 일행과 대화하는 지네트(오른쪽)
⑥ 음식서비스 등 편의를 제공해준 배의 선원

하와이 호놀룰루에 머무는 동안 관광에 나선 승객 일행

에 도착했다. 그곳에서 다섯 시간을 머무르며 그동안 관광을 했다. 아름다운 장소들이 일행의 눈을 즐겁게 했다. 배가 호놀룰루에 정박했다가 빠져나올 때는 항구에서 음악 밴드가 '알로하'를 연주했다.

일본 도착

호놀룰루를 떠난 배는 11일을 서쪽으로 항해해 일본으로 갔다. 다시 다른 배로 바꿔 타고 부산에 도착할 때까지 지네트는 자서전에서 일본과 한국에서 처음 겪는 생소한 경험담을 기록하고 있다.

> 11일 동안 서쪽으로 일본을 향해 배는 밀고 나갔다. 그동안 동승한 유일한 청년 필립과 친해졌는데 그는 사업차 인도로 가고 있었다. 우리는 난간 철책에 매달리기도 하고 파도를 바라보거나 고래 찾기 등을 하며 재미있

한국에 오던 중 들른 일본 요코하마 거리

일본 요코하마의 신사

게 보냈다.

우리 배는 요코하마 항구로 들어가 인형 같은 집, 아름다운 정원, 좁은 도로, 놀이 가게, 사원, 석탑, 나무 게다를 신고 거리를 달가닥거리며 가는 작은 사람 등 진기한 작은 일본의 모습을 처음 보게 되었다. 도쿄까지 가는 짧은 이동을 하면서 그곳에서 이뤄지는 선교활동에 대해 알게 되었고 그 후 우리는 고베로 갔다. 일행 중 다섯 명은 한국으로 가고 넷은 일본에 남았으며 나머지는 중국과 인도로 갔다. 여행하는 동안 우리를 즐겁게 해주었던 사업하는 사람들과도 작별 인사를 했다. 감리교 선교부의 해리스 감독은 매우 크고 흰머리가 나 있었는데 우리를 만나 한국까지 인솔했다.

진기하게 생긴 기차를 타고 일본의 시골을 지나 여행하는 동안 해리스 감독은 우리가 본 모든 것에 대해 설명을 해줬다. 기차가 낮 12시경 어떤 역에 정거하자 해리스 감독은 창밖에 있는 사람을 불러 우리 각자의 '벤토(도시락)'를 주문했다. 벤토는 실제 예술작품 같았는데 내가 본 것 중에서 가장 귀여운 점심이었다. 벤토는 얇은 나무로 만든 것으로 2층으로 되어 있었다. 아래층에는 밥으로 채워져 있고 위층에는 밥과 함께 먹을 수 있는 몇 조각의 채소, 무로 만든 피클(단무지), 고기, 고추 등이 있었다. 또 포장으로 싸여 있고 맨 위에는 젓가락과 조그만 냅킨이 놓여 있었다. 도시락은 우리가 먹는 최초의 동양 음식으로 먹는 동안 재미있는 시간을 보냈다.

우리는 일본에서 하루 종일 기차를 타고 달렸고 그 후 한국으로 가는 작은 증기선으로 (대한)해협을 건넜다. 1911년 12월 7일 이른 아침에 나는 한국을 처음 보았다. 음산하고 황량한 해변에 있는 작은 도시 부산이었다. 부산은 몇 개의 언덕 아래에 모여 사는 도시였다. 우리는 환한 얼굴의 장로교 여신도를 만났다. 이 여신도는 우리가 종일 기차를 타고 서울로 갈 수 있도록 도와주는 사람이었다. 한국은 일본과는 크게 다르지 않았지만, 논밭 사이에 크고 오래된 산들이 있었고 작은 마을이 어느 곳에서나 흩어져 있었다. 우리는 그런 모습을 사랑했다.

한국의 작은 집들은 진흙으로 만들어져 있었다. 지붕은 초가지붕이고 방은 종이를 바른 구들장으로 돼 있다. 낮은데 위치한 부엌에서 불을 때면 화염이 구들장 아래로 들어가 자는 동안 항상 방을 따뜻하게 해 주었다.

함께 배를 타고 온 선교사들. 이들 중 일부는 일본에서 하선했다.

지네트가 처음 마주한 한국의 모습. 바다에서 본 부산으로 1911년 12월 7일 하선해 기차로 서울에 도착했다.

일본에서 부산항에 온 증기선

지네트의 앨범 중 사진 엽서로 보관 중인 부산항 부두. 지네트는 사진 밑에 '일본으로부터 온 곳'이라고 기록했다.

손님이 오면 가장 따뜻한 아랫목에 앉도록 했는데 나는 아주 멋있는 두꺼운 방석 위에 앉더라도 그렇게 뜨거운 자리는 좋아하지 않았다. 하지만 현지 선교사들은 온종일 여행을 한 후 따뜻한 아랫목을 좋아했다. 모든 지역은 작은 논으로 나누어져 있는데 캔자스 농민이라면 양파밭 크기라고 생각할 정도였다. 그러나 시골은 아름다웠다.

이화학당 도착

일본에서 인력거를 탄 지네트

지네트 일행은 서울역 도착 전에 영등포나 용산역부터 선배 선교사들의 환영을 받았고 인력거로 이화학당으로 이동하며 서울을 처음으로 경험했다. 저녁인 탓에 불빛도 없는 서울 거리는 어두웠고 이화학당에 도착했을 때 불빛이 보이고 전체 학생들이 나와 세 명의 선생을 환영해줘 잊을 수 없는 첫날이 됐다고 회상했다.

기차가 서울에 가까워졌을 때 몇 명의 관계자가 다섯 명의 새 선교사들을 처음 만나기 위해 기차에 탔다.[1] 큰 정거장인 남대문 역(현재의 서울역)에

지네트가 서울 도착 후 처음 본 남대문과 전차

이화학당 본관 2층 왼쪽 끝(×표시)이 지네트의 숙소

1) 영등포 혹은 용산역에서 안내자들이 탑승한 것으로 추정됨.

서 우리는 다른 모든 선교사와 관계자들을 만났다. 곧바로 인력거를 타고 출발했다. 거리는 가로등이 하나도 없어 칠흙같이 어두웠고 인력거꾼이 가지고 다니는 작은 등불만 빛을 비췄다. 길 양쪽에는 커다란 검은 벽[2]이 있고 사람은 보이지 않았다. 약 1마일쯤 달려 커다란 문 앞에 도착하자 문이 열리고 안으로 들어서자 불빛이 보였다. 하얀 옷을 입은 여학생들이 이화학당 본관으로 들어가는 통로를 따라 도열해 있었고 찬송가를 부르고 있었다. 우리 일행은 긴 여행을 한 후에 대단한 환영을 받았다.

이화학당 소개

지네트는 이화학당에 도착 후 선임 선교사들로부터 학당의 현황을 들었다. 그녀는 궁금해할 미국의 부모와 후원자들이 알 수 있도록 학당의 유래와 자신의 할 일을 설명하는 편지를 보냈다. 또 자서전에는 1960년대까지의 발전상을 써 놓았다.

먼저 이화의 성장에 대해 어느 정도 체계적으로 설명하는 것이 좋다고 생각한다. 그래야 몇 가지 내가 검토하거나 언급하는 것에 대해 이해할 수 있기 때문이다. 이화는 원래 설립 당시 스크랜턴 부인의 지도아래 초등학교인 이화학당으로 시작했다. 미스 룰루 프라이가 이 학당의 학당장(교장)이 되었고 내가 도착했을 때도 프라이는 학당장이었다. 고등학교에는 일본인 교사들이 근무하고 있었으며 전체적으로 일본의 교육 계획에 따라 성장하고 있었다. 일본인 교사들이 있었던 것은 한국이 일본의 지배 아래 있었

2) 덕수궁 돌담 혹은 남대문 부근 성곽.

기 때문이었다. 프라이 학당장의 꿈은 이화가 한국 여성을 위한 대학으로 확장되는 것이었다. 그러나 이화를 지원하는 W.F.M.S.는 그렇게 하기 위해서는 너무 큰 비용이 든다고 생각했다. 그럼에도 프라이 학당장은 자신의 계획을 집요하게 밀고 나갔는데 우리가 처음 고용됐을 때 나는 대학 수준의 역사와 수학을 가르쳤을 뿐만 아니라 필요한 어떤 다른 일도 거의 맡아서 했다. 나와 함께 한국에 처음 온 올리브 파이는 과학, 그레이스 하먼은 미술과 음악을 각각 가르쳤다.

이처럼 우리는 1911년 이화학당에서 대학으로 서서히 변화시키는 프라이 학당장의 꿈에 따라 그 꿈의 일부가 되었다. 그리고 우리는 모두 대학 승인 절차와 인내심이 필요한 프로그램을 진행하면서 어느 정도 성취해냈다. 내가 한국에 있는 동안 새로운 캠퍼스 부지를 사들이고 확장하는 일은 간신히 용케도 해냈지만, 여전히 전문대 수준에 머물고 있었다. 하지만 한국인 초대 교장(총장) 김활란의 지도아래 이화는 종합대학으로 발전해 오늘날 아시아에서 독보적인 여성 교육기관이 되었다.

한국어 배우기

지네트와 함께 온 신참 선교사들이 해야 먼저 해야 할 가장 중요한 일 중의 하나는 살아나가는데 충분한 한국어를 배우는 일이었다. 두 명의 청년이 올리브 파이와 지네트에게 처음 한국어를 가르쳤는데 한 명은 '함(Ham)'이라는 선생이었다. 교재는 성경과 노래책이었다. 첫 주가 지나자 두 사람은 몇 개의 한글을 읽을 수 있었다. 일요일 교회에서 비록 뜻은 몰랐지만 큰 자부심을 가지고 짧은 송영을 불렀다. 특히 당시 훌륭한 감리교 선교사 중 한 분이었던 케이블 박사는 한국어를 매우 잘해 두 사람과 한글 선생을 몇 주 동안 매일 만나 한국어 공부를 잘 시작할 수 있도록 도와주기

지네트의 한국어 선생들. 왼쪽이 '함' 선생

이화학당 자신의 숙소 책상에서 한국어 공부에 열중하고 있는 지네트

도 했다. 외국어를 처음 배울 때, 전에는 문법부터 배웠지만 함 선생은 동사나 명사 같은 것밖에는 문법에 대해 아는 게 없어 생활 회화와 성경을 무조건 읽도록 하는 식이었다. 두 사람은 강습료로 매월 7달러 50센트를 냈다. 얼마 후에 함 선생으로부터 각각 배웠는데 둘이 서로 경쟁하도록 부추겨 열심히 배우도록 했다.

함 선생은 찬송을 부르도록 함으로써 하루 강의를 시작했고 이어 요한복음 3장 16절[3]과 누가복음 2장 14절[4]을 읽도록 했다. 그리고 우리를 무릎 꿇어 앉게 한 뒤 한국어로 기도를 했다. 당시 나는 '하나님(God)'과 '아멘'만 이해할 수 있었다. 기도 후에 우리는 9시에서 12시까지 한글 문장들을 제대로 말할 수 있을 때까지 함 선생을 따라 반복해서 말했다. 이런 방법으로 생활이 가능할 만큼 충분히 한국어를 배웠다. 하지만 후에 내가 학생들

---

3) "하나님이 세상을 이처럼 사랑하사 독생자를 주셨으니, 이는 그를 믿는 자마다 멸망하지 않고 영생을 얻게 하려 하심이라."
4) "지극히 높은 곳에서는 하나님께 영광이요. 땅에서는 하나님이 기뻐하신 사람들 중에 평화로다."

에게 영어를 가르칠 때는 한국어를 사용할 기회가 많지는 않았다.

이화의 교직원과 생활 시설

한글을 배우며 주변 사정을 조금씩 익힌 지네트는 이화학당의 시설과 직원들에 대해서도 자세하게 소개하고 있다. 다음 글은 당시의 모습을 재미있게 쓰고 있어 이화학당이 어떻게 운영되고 있는지 알게 해준다.

> 이화에는 큰 건물이 하나 있는데 바로 본관으로 미국인 교사들이 사는 곳이다. 본관에는 큰 응접실과 거실, 큰 식당이 있고 우리 각자의 침실도 있었다. 난방 시설과 전기 시설은 얼마 전에 설치되었다고 한다. 그러나 수도시설은 없어서 옛날 스타일의 세면 대야와 물그릇, 소변기를 각자의 방에 갖고 있었다. 목욕탕에는 두 개의 커다란 중국식 둥근 도자기 욕조가 있었는데 안쪽은 밝은 초록색으로 돼 있고 바깥쪽은 멋있게 디자인된 욕조였다. 매주 토요일 밤 우리가 저녁 식사를 할 때 보일러 담당자인 '태춘이'는

이화학당 교육선교사들의 요리사인 수남이(왼쪽). 지네트는 그가 젓가락으로 밥을 먹는 것을 보고 흥미로워 했다.

이화학당 정문의 수위로 일한 임서방

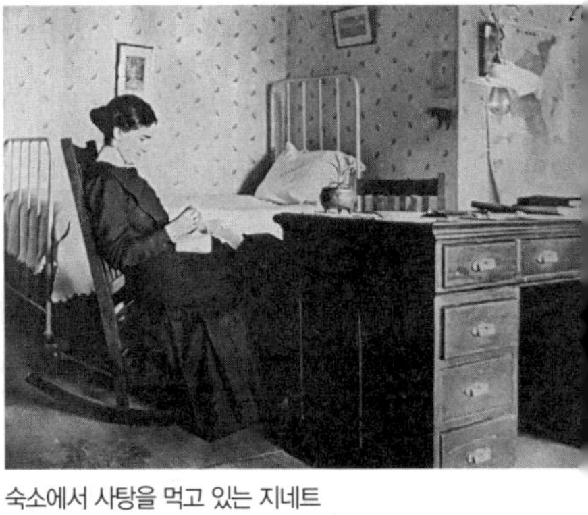

숙소에서 사탕을 먹고 있는 지네트

양철석유통은 물을 지고 나르는 중요한 도구가 되었다.

교사 선교사들을 직접 시중들었던 페드로(왼쪽)와 수남이

손님 여부와 상관없이 몇 명이 목욕할 것이냐고 물었다. 그는 물을 끓이고 4각(재활용) 석유통에 끓는 물을 담아 욕조로 날랐다. 파이와 나는 항상 함께 목욕을 했는데 욕조에 들어가 머리만 내밀고 있었다. 이야기하기 좋은 시간이었다. 화장실에서 사용하는 물도 석유통에 담겨 있었다.

많은 사람이 우리를 위해 일했는데 요리사 이름은 '수남이,' 심부름 하는 소년은 '페드로,' 보일러 담당자는 '태춘이,' 수위는 '임 서방'이었다. 전화가 없어서 노인인 임 서방이 모든 곳으로 소식을 전하고 은행 일도 봤는데 수위실에서 살면서 우리를 잘 돌봐줬다. 수남이의 아버지인 '박 서방'은 세탁부였다. 수남이는 훌륭한 요리사였는데 우리 선생들은 한 번에 1주일의 식사를 주문했다. 우리는 미국 각지에서 왔기 때문에 수남이는 다양한 요리법을 배웠다. 만약 어떤 새로 온 사람이 한국 음식을 좋아하면 가끔 있는 일이지만 수남이는 신나서 한국요리를 했다. 어떤 한국인 직원도 월 10달러 이상은 받지 못했는데 요리사가 제일 많이 받았다.

우리는 한국인 직원과 그 가족들을 좋아했다. 어떤 사람들은 왜 그렇게 한국 사람들이 선교사들을 위해 고용돼 있느냐고 의문을 가질지도 모르는데 두 가지 이유가 있었다. 한 가지는 이들에게는 좋은 직업이며 다섯 가정의 생활비를 벌 수 있게 해준다는 점이다. 다른 한편으로는 우리가 긴 시간 동안 가르치고 매일 공부할 수 있도록 시간 절약을 해준다는 점이다. 우리가 사는 집은 W.F.M.S.가 소유한 것이어서 모든 가사 비용을 지불했고 매월 100달러씩 받는 월급에서 한국인 직원들의 월급을 주었다.

이화학당의 학기는 미국의 학기와는 달랐는데 여기서는 3월에 학기가 시작되고 여름방학이 이어졌다. 그리고 이어서 가을학기가 있고 긴 기간의 크리스마스 휴가가 뒤따랐다. 그 후 매우 짧은 겨울학기가 있었는데 그 이유는 충분한 난방 연료를 살 수 있는 돈이 부족해 모든 교실을 따뜻하게 할 수 없었기 때문이었다.

2장 동료 선교사들

감리교 선교조직

지네트는 꼼꼼한 성격을 갖고 있었을 것으로 보이는데 이화학당에 대해서도 자세히 설명하듯이 감리교회 선교조직에 대해서도 여러 사항을 길게 설명하고 있다. 감독제도와 연회라는 이름의 지역 조직, 4년마다 열리는 총회 등에 대해 상세하게 후원자들에게 알렸다. 또 자신이 소속돼 있는 여성해외선교사회(W.F.M.S.)에 대해서도 상세히 소개했다.

감리교회의 선교조직에 대해 잘 알지 못하는 사람들에게는 짧게 설명을 해 주는 것이 흥미가 있을지도 모르겠다. 1911년부터 1926년까지 한국에 있는 동안, 미국 감리교회는 미국 내 지역을 맡아 관장하는 감독(bishop)과 외국을 맡아 관장하는 몇 명의 감독들이 있었다. 미국 내의 각 지방은 연회(年會)로 나뉘고 4년마다 대규모의 총회를 열었다. 개별 연회는 감리교인의 수와 교회의 수에 따라 조직되어 있다. 연회 회원들은 매년 만나고 지역 연회의 감독은 지역의 감리교 업무를 관장했다. 목사들은 새해를 앞두고 자주 재임명되기도 했다. 캔자스에는 각각 감독이 최고 지도자인 3개의 지역

이화학당 강사와 대학교 학생과 졸업생. 앞줄 왼쪽부터 지네트, 파이, 마커, 프라이(학생장), 터틀, 해닉 교사.

연회가 있고 그 아래에는 감리사가 총괄하는 지방이 있으며 다시 그 아래 구역교회가 있다.

총회와 감독은 감리교회의 최고 기관이기도 하다. 총회에는 선교본부가 있고 선교 본부는 국내 선교와 해외 선교를 담당하는 2개의 본부가 있다. 선교사들이 '부모님 본부'라고 부르는 해외 선교본부는 현장에 나가 있는 모든 남자 선교사와 그들의 아내, 또 혼자 일하고 있는 선교사와 그들의 업무에 대한 책임을 지고 있다.

'부모님 본부'라고 불리는 해외선교본부와 어깨를 나란히 하며 있는 곳이 W.F.M.S.(여성해외선교사회)로 총회실행위원회에서 4년마다 만나는 여성선교사 최고 기구이다. W.F.M.S.는 지부로 구성되어 있고 각 지부는 몇 개의 주를 담당하고 있다. 지부에는 총무가 있는데 총무는 여행경비와 사무실 경비만 지급받는 자원봉사자 중에서 뽑힌다. 나는 (캔자스주의) 토페카 지부 소속이었기 때문에 미스 멜라 왓슨이 지부의 총무였다. 총무는 선교에 관심을 가진 젊은 여성들의 명단을 작성하고 그들이 현장을 위해 준비할 수 있도록 도와주며 선교사로 일하는 동안 그들 모두에 대한 관리를 계속해 준다. 총무는 또 선교사의 월급을 주도록 교회나 단체를 확보하고 선교사들의 일에 대해 교회나 단체에 알리는 업무도 하고 있다.

지부는 교회와 똑같이 연회, 지방, 구역으로 구성돼 있다. 내가 처음에 한국에 갔을 때는 프래트 구역[5]이 나의 월급을 담당해 주었다. 후에는 캔자스주 위치타에 있는 컬리지힐 교회가 나의 모든 선교사 월급을 보내줬고 나의 후원을 담당했다. 내가 한국에서 많은 시간을 보내는 동안 내 뒤에서 친구, 가족들과 함께 강력한 교회의 후원을 받는다는 것은 대단한 일이었다. 내가 은퇴한 후 컬리지힐 교회는 한국에서 여러 해 일한 매리언 칸로를 후원했는데 매리언은 그 교회 소속 교인이기도 했다.

지난해 106세로 소천한 웰치 감독은 내가 한국에 있는 동안 같이 한국에 있었다. 웰치 감독은 1929년 한국인들이 자신들의 독립감리교회를 조직하도록 도와줬다. 당시 훌륭한 한국인 목사와 교육자들이 훈련을 받았기 때문에 미국 교회 소속 선교사들은 한국교회의 모든 지도적 위치에서 한 걸음 물러났으며 대신 한국인들이 학교와 병원, 교회의 대표가 되었다. 그 이후 한국인 감독들이 모든 한국 내 감리교회 업무를 담당하고 있다.

선교사가 되는 것은 무엇과 같은가?

지네트는 교회조직뿐만 아니라 자신과 같은 선교사들에 대해서도 역할이나 의미에 대해 자세히 소개하고 있다. 특히 선교사와 건강 문제에 대해 설명하며 자서전을 쓰면서 돌이켜 봤을 때 자신이 신체검사 통과가 안

5) 캔자스주 남서부의 많은 작은 타운으로 구성된 곳.

될 것 같아 중년 이후 선교사를 계속할 수 없었음도 밝히고 있다. 또 같은 지역에 사는 선교사끼리는 가족 단위를 초월해 공동체를 이루며 살고 있다고 밝혔다.

사람들은 가끔 나에게 선교사가 되는 것은 무엇과 같으냐고 물으며 나보고 선교사인지 교사인지 묻는다. 나는 선교사는 학교는 물론, 병원, 교회, 시골 마을, 성경 공부반, 자신의 집에 있을 때도 항상 교사라고 대답해 준다. 그의 삶 자체가 그가 가르치는 복음이어야 하기 때문이다. 선교사들에게 가장 중요한 것은 같은 지역에 살면서 하나의 큰 가족이라는 정신 속에서 모두 같이 살고 식생활도 함께 한다는 사실이다. 비록 결혼한 선교사 부부가 자신들의 집에 살고 있어도 우리는 여전히 전체 선교사 가족의 일부로 그들을 여긴다. 내가 생각하기에는 선교사로 산다는 것은 아주 재미가 있는 삶이다. 우리는 함께 열심히 일하고 놀기도 하며 그 결과 훌륭한 평생의 친구가 되는 사람들이다.

지난 몇 년 동안 감리교회는 변화해 오고 있는데 나는 아직 그 변화를 배우지는 못했다. 선교사들을 위한 영어 특별 일요예배가 항상 열리는데 목사님들이 교대로 주관하고 있다. 우리 선교사들의 생활은 아주 긴밀히 연결돼 있고 뒤엉켜있어 서로에게서 힘을 얻고 형제자매와 같은 느낌을 받는다. 현지에서 어린이를 키우고 있는 부부의 경우, 다른 선교사들도 도와가며 아이들을 함께 키운다. 나는 외국에서 선교사로 생활하면서 어떤 경우에도 정상에서 벗어난 삶이라고 느껴본 적이 없다. 아버지의 병환과 소천으로 1926년 귀국한 후에 다시 한국으로 돌아가고 싶었으나 이어서 어머니가 아프고 나 자신도 병에 걸려 돌아갈 수가 없었다. 그 당시에는 미국에 남아 교육 분야에서 삶을 이어가는 것이 더 합리적이라고 생각했다. 게다가 나는 해외선교사가 되기 위한 신체검사를 더 이상 통과할 수가 없었다.

특별한 사람들

한국에서 만났던 선교사 중 몇몇은 지네트에게 큰 영향과 도움을 주기도 해 평생 그녀의 마음속에 또렷이 남아 있었던 것 같다. 지네트는 자서전에서 "비록 각각의 선교사에 대해 많이 기록해 놓을 수는 없었지만, 그들은 이화에서 선교사 가족을 이루는 데 큰 역할을 했다. 물론 처음에는 작은 그룹으로 시작했지만, 곧 큰 선교사 그룹이 되었고 고향의 우리 가족도 아는 몇몇 친한 친구들은 내가 한국에 사는 동안에 선교사로 한국에 오기도 했다"면서 무려 16명에 대해 소개를 해 놓고 있다. 그녀가 소개한 선교사와 그 가족에 대한 이야기는 처음 알려진 내용도 많다.

아펜셀러 가족과 언더우드 가족

미국에서 온 한 증기기관선이 제물포에 도착한 것은 1885년 4월 5일 부활절 날이었다. 미국에서부터 이 배를 타고 온 두 젊은 부부는 갑판 위에서 상륙하기를 고대하고 있었다. 한 부부는 감리교에서 파송돼 온 H. D. 아펜젤러였고 다른 부부는 장로교에서 파송돼 온 H. G. 언더우드였다. 두 부부는 긴 항해를 하는 동안 친해졌는데 두 남자 선교사는 한국에 누가 먼저 첫발을 디딜 것인가를 놓고 고민했다고 한다. 어떤 교단이 한국 땅에 먼저 도착했는지가 달려 있는 문제였기 때문이다. 당시 이야기에 따르면 배에서 점프해서 누가 먼저 도착하는지 보자고 했다고 한다.[6] 두 사람의 이름은 1880년대부터 한국에 알려지기 시작했는데 오늘날에는 모든 한국 사람들이 알고 있다.

---

6) 실제로는 사이좋게 똑같이 발을 디뎠다는 게 정설로 돼 있다.

언더우드는 세계 어느 곳보다 강력한 것으로 알려진 훌륭한 장로교 선교조직을 한국에 구축했다. 언더우드 부부는 '홀리'라는 이름의 아들이 있었는데 그는 특별히 교육 분야 업무를 수행했다. 홀리는 결혼을 해서 세 아들과 딸 하나를 두었는데 그들 모두는 장로교인 언더우드 가의 전통에 따라 선교 업무를 계속했고 그들 중 일부는 여전히 한국에 있다.

아펜젤러는 최초의 청년학교(배재학당)를 설립하고 전도 사업을 했다. 부부는 4명의 자녀가 있었는데 딸 앨리스(지네트의 후임으로 이화학당 6대 학당장)는 한국에서 태어난 첫 번째 백인이었다. 아들 헨리는 배재학당을 운영하며 선교업무에 종사했다. 이다는 일본에서 일했고 메리는 한국에서 선교목사와 결혼했다. 네 자녀는 한국에서 자라 성장했기 때문에 다른 선교사들과 다르게 한국어를 자연스레 할 수 있었다. 한국어를 유모(nurse maid)의 등에서 배워 한국어를 할 때 외국 악센트가 섞이지 않았다.

팻과 번 반하트(Pat and Verne Barnhart) 부부

1915년 내가 첫 휴가를 마치고 한국으로 돌아올 때 기차에서 팻[7]과 번 반하트 라는 젊은 부부를 만났다. 팻의 이야기로는 두 사람이 YMCA에서 일하기 위해 한국에 가는 중이라는 것이었다. 그들과는 배도 함께 타게 돼 아주 친하게 되었다. 항해하는 동안 부인 번은 계속 멀미했지만 우리는 아주 친한 친구가 되었다. 팻은 열정적이고 외향적이며 자신에 차 있어 친구를 빨리 만드는 편이었다. 번은 모든 사람이 좋아하는 사랑스러운 타입으로 문화에 대해 아는 것이 많은 여자였다. 이화에서 근무하는 미국인들이 밤이든 낮이든 항상 자신들의 집에 오는 것을 환영했다.

---

7) 바이런 P. 반하트(1889~1942)는 서울YMCA 체육선교사로 1940년까지 근무. 한국에 배구를 소개했고 농구 야구 육상 등 발전에 크게 기여했다.

팻과 번의 첫 아이인 딕을 낳을 때도 나는 그들의 집에 있었고 1년인가 2년 후에 딕[8]이 죽었을 때도 그들은 나를 불렀다. 다음 아이인 프랭크를 낳은 후 병원에서 집으로 인력거로 데려갈 때 번은 두 명의 일꾼이 드는 들것에 실려 집으로 갔는데 일꾼들이 쉬느라 들것을 길바닥 위에 내려놓기도 했다. 두 사람은 또 다른 작은 아기[9]를 휴가를 갔다가 잃었지만 프랭크와 팻시, 낸시(1남 2녀)를 잘 길렀다.

YMCA 체육선교사로 근무한 반하트 가족의 1935년 여권 사진

태평양 전쟁(2차 세계대전의 미·일 전쟁) 중 팻은 방콕YMCA에서 근무하다 일제의 적성국민수용소로 보내졌는데 일본어를 알고 있었기 때문에 그곳에 있는 다른 미국인들에게 많은 도움을 주었다. 한번은 수용소에서 엄격하게 생긴 젊은 경비병이 "나는 서울에 있는 Y에서 당신의 성경공부반 학생 중 한 사람이었다. 나는 기독교인이다"라고 속삭이기도 했다고 한다. 아내 번은 뉴욕의 한 아파트에서 남편과 다시 만날 때까지 세 아이를 키웠다. 하지만 다시 만난 후 이틀쯤 뒤에 팻은 심장마비로 죽었고 번은 아이들을 잘 키우고 모두 결혼시켰다.

1960년 초 번이 죽고 나서 얼마 후 프랭크도 죽었다.[10]

---

8) 딕의 본명은 리차드 C. 반하트로 1916년 8월 29일 태어나 1918년 4월 4일 사망해 서울 양화진에 묻혀 있다.
9) 바톤 J. 반하트로 1924년 2월 10일 출생, 1925년 3월 13일 사망해 서울 양화진에 묻혀있다.
10) 팻 반하트는 1916년부터 서울YMCA에서 일하며 국내에 배구, 농구 등을 본격적으로 소개했다. 『서울YMCA운동사』에 따르면 서울 Y가 일본 Y에 종속되고 기관지 〈청년〉의 발행이 중지되자 반하트는 사임하고 1940년 11월 4일 귀국한 것으로 기록돼 있다. 『서울YMCA 운동사 1903~1993』 p.348. 그러

미스 룰루 프라이[11]

프라이 학당장

오하이오에서 온 미스 프라이는 내가 이화에 도착했을 때 학당장(교장)이었다. 키가 크고 품위가 있어 보였으며 굽이치는 금발 머리와 푸른 눈을 갖고 있었다. 처음에 이화학당 여학생들은 프라이 교장을 조금 무서워했는데 가장 큰 이유는 학생들이 너무 존경했기 때문이다. 그러나 프라이 교장은 학생들을 지극히 사랑했고 학생들은 교장이 가까이 오면 언제나 마음 편하게 느꼈다. 프라이 교장의 방은 바로 내 옆에 있어서 우리는 매우 친해졌다. 나를 전적으로 신뢰했고 일을 나에게 넘길 때는 완전히 믿고 맡겼다. 지방으로 다니는 것을 좋아했던 그녀는 여성들을 위한 성경공부반에서 일하는 것도 좋아했다. 프라이 교장은 성경공부반에서 더 많이 일하기를 원했는데 그 이유를 다음과 같이 설명했다. 어린이들과 성경 공부를 할 때는 어린이들이 (오래 살 것이므로) 가야 할 길이 멀기 때문이고 나이 든 여성들과 성경 공부를 하면 자기는 그들을 잠깐 가르치지만, 그들은 곧 천국에 가기 때문이라고 말했다.

미스 프라이는 매우 침착한 성격인 동시에 끈질긴 특성도 갖고 있었다. 여학생을 위한 대학을 만들려고 일할 때 반복해서 그런 특성이 나타났다. 감리교 선교본부를 비롯해 몇 명의 선교사, 심지어 한국인과도 혼자서 자주 논쟁을 벌였다.[12] 프라이 교장은 세 명의 여학생이 대학 공부를 시작

나 지네트의 이 전기와 다른 자료에 따르면 반하트는 1941년 다시 방콕YMCA 총무로 파송됐다가 태평양 전쟁으로 일본이 세운 적성국민수용소에 잡혀갔다. 그 후 1942년 석방됐으나 뉴욕에서 가족 재회 후 YMCA 국제 담당 총무로 부임하기 이틀 전에 갑자기 사망했다.

11) 1868~1921, 1893~1920 서울 근무.

12) 다른 선교사들은 대학을 만드는데 너무 비용이 많이 들게 되므로 반대 하는 입장이었다.

할 때까지 끈질기게 추진했다.

프라이 교장은 항상 자기 생일 파티를 나이 든 여학생과 여자 선생들을 위한 파티로 치렀다. 언제나 많은 젊은이가 모였고 몇 년 동안 이런 식으로 계속하자 3월 9일에는 같은 형식으로 생일 축하 행사를 하는 게 관례가 되었다.

미스 프라이를 마지막으로 본 것은 내가 휴가차 미국으로 귀국했을 때인 1920년 말 무렵이다. 그는 암에 걸려 치료를 막 시작하고 있었는데 길고도 음울한 몇 달이 시한부로 남아 있었을 뿐이었다. 미스 프라이는 학교 일들을 걱정하며 우리가 해야 할 결정에 대해 자기 생각을 편지로 썼다. 그녀가 편지에 쓴 의견을 무시한다는 것은 어려운 일이었다. “누가 선교부의 회계가 될 것인가. 좋은 사람을 구해야 하는데… 나는 더 이상 그것을 맡을 수가 없다.” 이렇게 말했던 룰루 프라이는 1921년 4월 소천했다. 전 한국에서 그녀를 애도했다. 영어 추모예배에서는 나도 이야기를 했고 또 한국어 추모예배도 열렸다.

여성 대학을 세우기 위한 미스 프라이의 삶과 꿈이 있었기 때문에 (이 자서전을 쓰는) 1969년 현재, 이화여대는 많은 큰 건물이 있는 대규모 캠퍼스를 비롯해 8,000명의 등록 여학생이 있고 한국 전국적으로는 집이나 사무실, 여러 직업 분야에서 졸업생들이 국가 전체의 이상을 끌어올리기 위해 봉사하고 있다. 미스 프라이의 삶은 멋진 삶이었고 그녀에게 이화여대는 위대한 살아있는 기념물이다.

올리브 포세트 파이[13]

우리는 모두 그녀를 '파이'라고 불렀고 상냥하게 부를 때는 '파이어티'[14]라고 하기도 했다. 스미스대학[15]을 졸업했는데 아버지는 교육 관련 일을 했고 어머니는 예술적 능력이 있는 분이었다. 두 분 다 어렸을 때 돌아가셨고 어떤 친척이 있는지는 들어 본 적이 없었다.

파이는 자신의 능력에 자신감을 가지고 있었다. 어떤 것이든 시도해 보려고 했다. 나와는 학교에서 함께 하는 일을 매우 긴밀히 협력해서 성취했는데 체육과를 만들었던 게 대표적이다. 우리 두 사람은 체육 분야에서 어떤 훈련도 받지 않았지만 그 일을 잘 수행했다. 파이는 과학과 미술 교사를 하면서 빈약한 시설을 최대한 잘 활용했다. 서울에 사는 한 중국인이 우리를 위해 만들어 준 방에 있는 가구와 교실에 있는 모든 가구를 정물화의 대상으로 그리도록 하기도 했다. 노래는 못 부르고 심지어 음정도 못 따라 했지만, 몸짓으로 노래를 하려고 했다. 폐에 문제가 생겨 애리조나주에서 1, 2년을 요양한 후 선교 현장을 떠났다. 파이는 당뇨병도 있었지만 언제나 큰 걸음으로 성큼성큼 걷고 행동했으며 선실(1911년 미국에서 올 때 같은 배를 타고

공놀이 하는올리브 파이와 지네트(오른쪽)

13) ?~1960년 11월 30일.
14) Piety로 독실함과 경건을 뜻하기도 함.
15) 매사추세츠주 소재 여자대학교.

왔음)에 있던 작은 아이들이 "파이는 식사가 끝나면 암산을 해야 해요"라고 말할 만큼 산수를 좋아했다.

파이는 미국에서 몇 년 동안 가르치기도 했는데 친구와 함께 태평양 연안의 로스앤젤레스 근교에 아름다운 집을 지었다. 콜로라도에 있는 나의 통나무집 월터하임에서 1960년 여름 마지막 이화의 교사와 학생 재회(reunion) 행사 때 만났다.

그레이스 하먼(맥게리)[16]

그레이스는 새로 시작하는 이화학당 대학 과정에서 음악을 가르치기 위해 나와 함께 한국에 왔다. 그레이스 아버지는 캔자스 웨슬리안대학의 학장을 지내기도 한 감리교 목사였다. 그레이스는 매우 똑똑했는데 한국어 선생님은 언제나 나보다 그레이스가 한국어 공부를 앞서 나가고 있다고 알려 주었다. 주어진 일에 헌신함으로써 음악과는 그녀의 지도아래 성장했다. 한국 학생들은 아주 열정적으로 음악을 좋아했다.

은퇴 후에 지네트(왼쪽)의 콜로라도 여름 통나무 캐빈 월터하임에서 만난 올리브 파이와 그레이스 하먼(오른쪽)

후에 그레이스는 한국에 살고 있던 미국인 사업가[17]와 결혼해 미국으로 왔는데 4명의 자녀를 두었다. 우리는 이화 관계자 재회 모임에서

16) 1889~1985.
17) Edward M. McGary, 1885~1954.

만났을 때 안부를 묻고 중요한 사실을 알게 되었다. 그레이스는 남편이 죽고 난 후 두 권의 책을 썼는데 한 권은 한국 관련 소설로 『사라진 아침 고요(Gone The Morning Calm)』[18]였고 다른 하나는 그녀 아버지에 대한 전기였다. 훌륭한 작가가 된 그레이스는 아직도 한국에 대해서는 모든 것을 흥미 있어 하고 있었다.

그레이스 딜링햄[19]

딜링햄 선생과 이화학당 직원 페드로

딜리와 나는 한국으로 가는 길에 배 안에서 처음 만나 친분이 시작됐다. 딜리는 선교부가 있는 영변으로 떠나기 전에 한국어 공부를 위해 몇 주간 이화에서 머물렀는데 우리는 같은 방을 썼다. 매일 밤 한국어로 송영과 주기도문을 잠자리에 들기 전 반복해 읽고 외워 우리는 일요일 교회 예배 때 한국말로 송영과 주기도문을 할 수 있었다. 딜리는 위스콘신주 셰보이건에서 교사를 했었으며 나보다 약간 나이가 많았다. 총명하고 재미있는 사람으로 우리는 자주 여행을 했고 여름 방학에는 함께 지냈다. 딜리는 (자서전을 쓰는 요즘도) 나와 여행하고 싶어 하는데 그녀는 눈이 안 좋아 볼 수가 없고 나는 잘 걷지를 못하고 있다. "우리 어디로 가야만 할까요?"[20]

---

18) '일제강점시대 한국에 대한 소설' 이라는 부제가 붙어 있다.
19) 1878~ , 1911~1933 평양 영변근무.
20) 1960년대 나이가 든 두 사람이 갖고 있는 약점을 극복하고 여행 할 만 한 곳을 역설적으로 묻고 있음.

미스 제시 마커

제시는 이화학당 내에서 살았는데 시내 교회와 가까운 지방 교회의 전도사로 일했다. 아주 재미있고 열심히 일했으며 많은 선행을 했다.

미스 오라 터틀[21]

주간 학교 담당자이자 W.F.M.S.의 회계 담당자였다. 이화학당 내에서 살았으며 주변 상황을 잘 아는 재미있는 사람이었다. 분명한 생각을 갖고 있는 체격이 큰 여성으로 담당하는 일을 잘 수행했다.

미스 헐다 해닉[22]

독일계 후손으로 키가 크고 품위가 있었으며 일 처리가 정확했다. 영이반을 맡아 중책을 잘 수행했고 수학도 가르쳤으며 약간의 대외 업무에 대한 책임도 지고 있었다.

해닉 선생의 대수시간에 학생들이 문제를 풀고 있다. 그녀는 영어반을 담당 했으나 수학도 가르쳤다.

21) 1879~1924년, 서울 공주 근무(1908~1923).

22) 1877~1928년, 1910년 내한, 1915년까지 근무. 컬럼비아대에서 종교학 석사(1917년), 네브라스카 주립대에서 사학석사(1928년) 취득. 1928년 펜실베니아 워싱톤 신학교(초교파) 강사로 활동할 예정이었으나 기숙사 4층에서 추락해 9월 23일 사망. (네브라스카주 링컨 스타지, 1928년 9월 24일 자)

메리 커틀러 박사[23]

의사 메리 커틀러와 간호실습생들

학교 구내의 진료소를 담당한 훌륭한 여의사로 오랫동안 한국에서 살았기 때문에 한국인에 대해 잘 알았다. 우리가 이화에서 이틀째 되는 날 밤, 커틀러 박사가 저녁을 먹으러 와 귀신이 들린 한 여자 이야기를 하면서 혹시 보기를 원하느냐고 물었다. 우리는 모두 그녀를 보러 갔는데 그 한국 여인은 젊은 여성으로 마루 위에 앉아 소리를 지르고 몸을 비틀고 있었다. 그녀의 옆에는 2, 3명의 간호사(수습 간호사)가 "나의 죄를 씻기는 예수의 피 밖에 없네"를 부르고 있었다. 그 불쌍한 정신 이상 상태의 여성이 어떻게 되었는지에 대해서는 그 후 전혀 듣지 못했다.

어느 추운 겨울날 커틀러 박사는 따뜻하게 입을 만한 속옷이 없는 것을 알고 속옷을 더 껴입는 대신 필요한 대용품을 사용했는데 바로 솜뭉치였다. 커틀러 박사와 함께 일하는 작은 간호사가 박사의 온몸을 솜으로 감싸 묶어 놓는 것이었다. 그녀는 그런 모습으로 1주일을 편안하게 보냈다.

힐맨 박사가 이화 여학생들을 돌봐주기 위해 온 후 커틀러 박사는 평양에 있는 W.F.M.S. 병원에서 근무하기 위해 몇 년간 가 있었다. 그녀는 은퇴의 시기가 왔을 때 이제는 준비할 시간을 가져야 한다고 말했다. 커틀러

---

23) 1865~1948, 서울 평양 근무(1892~1939).

박사는 그동안 정리하지 못했던 아주 많은 분량의 일상서류들을 정리하는 데 3년이 걸렸다고 했다. 커틀러 박사는 모든 사람의 사랑을 받는 아름다운 영혼의 소유자였다.

프랜시스 힐맨 박사

의사 힐맨 박사와 양녀가 인력거를 타고 있다.

힐맨 박사는 본국의 후원자 없이 자립형 선교사로 한국에 왔는데 본인의 모든 자신감을 잃도록 하는 일이 미국에서 발생한 것이 불행이었다. 자신이 해야 할 일을 하지 않고 심지어 부러진 뼈 치료하는 일을 나에게 시키기도 했다. 오래지 않아 학생들로부터도 신용을 잃어 이화에 오랫동안 머물지는 못했다. 시골의 한 환자가 힐맨 박사에게 조그만 여자아이를 양녀로 맡겨 힐맨 박사는 자신의 이름을 따 프랜시스로 이름 짓고 방에서 함께 살았다. 양녀에게는 영어도 가르치고 미국으로 귀국할 때는 양녀도 데리고 가 학교에 다니게 하고 의대도 다니게 했다. 그 양녀가 의사가 되면 한국으로 돌아가 자기가 하던 일을 계속하게 하려고 했으나 양녀 프랜시스는 미국에서 수련을 마친 후에도 한국에 돌아가지 않았다.

샤롯데 브라운리[24]

내가 한국에 온지 몇 년 지난 후 W.F.M.S. 신시내티 지부는 브라운리를 이화의 유치원 교사로 보냈다. 긴 머리와 숱이 많은 작은 여성이었는데 한국 사람들은 그녀의 머리를 가발이라고 생각했다. 머리핀을 빼면 머리카락이 흘러내려 여학생들이 매우 놀라는 일도 있었다.

브라우니(Brownie, 애칭)는 미국 남부의 특성을 가진 전형적인 남부 여자였다. 그녀는 좀 더 강한 사람이 약한 사람을 돌봐줘야 한다는 생각을 갖고 있어서 나약하게 행동함으로써 많은 도움을 남자들로부터 받았다. 브라우니는 가끔 "만약 네가 어떤 것을 누가 해주기를 바라고 오래 기다린다면 누군가가 너를 위해 해줄 것이다. 힘이 없어 보이면 더 많은 도움을 받을 것"이라고 말하곤 했다.

브라우니는 귀여웠고 항상 그녀가 참가하는 그룹의 중심인물이 되었다. 그녀는 집에서 약 50명의 남녀 유치원생들과 함께 지냈다. 심지어 훈련

이화학당 유치원 초기의 모습

24) 1876~1970, 서울 근무(1913~1940). 캔터키주 출신으로 신시내티 보육학교 졸업.

된 한국인 보조자도 없던 상황에서 몇 개의 시범유치원을 만드는 일을 훌륭하게 해냈다. 한 한국인 유치원 여자 원아를 매우 사랑해 이름도 자신의 이름을 본 따 샤롯데로 지어주고 개인적으로 영어를 가르쳤다. 몇 년 후 젊은 샤롯데는 결혼 후 미국으로 갔고 브라우니는 그 부부가 낳은 아이들의 할머니가 된 것을 좋아했다. 요즘(1960년 후반) 브라우니는 90세가 넘어 대서양 연안의 집에서 살고 있다.

에드나 밴 플리트(홉스)

초기보다 훨씬 발전한 이화학당 유치원

유치원은 너무나 인기가 좋아 이화학당에서는 유치원 교사실습학교를 세우기로 하고 미국에 다른 교사를 보내 달라고 요청했다. 이에 응해 신시내티 지부는 당시 이미 한국에 선교사로 와 있는 제네랄 밴 플리트의 사촌인 에드나 밴 플리트를 1918년 파견했다. 그때 한국에서는 고등학교 졸업생 한 그룹이 유아 교육코스를 시작하려고 준비 중이었다. 에드나 밴 플리트가 이들을 가르치고 한국 전역으로 흩어 보내는 데는 오랜 시간이 걸리지 않았다.

밴 플리트는 훌륭한 선교사로 우리 선교사 가족 중에서도 사랑받는 구성원이었다. 나의 마지막 안식년(1923~1924년) 동안 우리는 뉴욕의 컬럼비아대학으로 가서 밴은 학사학위, 나는 석사학위를 받았다. 그녀는 아내가 몇 년 전에 죽은 영국인 신사 토마스 홉스와 결혼했는데 당시 나는 킹맨의 집에 있었다. 토마스 홉스는 영국 선교사로 한국에서는 해외성서협회 선교사로 근무했다. 두 사람은 태평양 전쟁이 발발했을 때 휴가를 갔던 선교사를 대신해 1년간 중국으로 파견됐는데 일본 당국에 잡혀 중국 상하이 부근 수용소에서 몇 년을 고생했다.

한번은 밴 플리트가 매우 아파 위치타에 있는 나를 찾아왔다. 내 주치의와 외과 의사가 그녀의 생명을 구하기 위해 힘든 작업을 했었다. 우리는 뉴욕과 나의 캐빈(콜로라도) 그리고 캘리포니아에서 여러 번 만났다. 우리가 모두 사랑했던 남편 토마스는 지난해(1968년) 갑자기 죽었다. 밴 플리트는 캘리포니아 라구나 힐스에 있는 은퇴자의 집에서 지내고 있다.

마리 처치

이화학당의 대학 과정이 커지고 우리의 관심이 더 필요하게 됨에 따라 이화학당은 더 많은 관리가 필요하게 되었다. W.F.M.S.의 태평양 지부에서 온 마리 처치는 그 같은 업무를 맡기 위해서 이화에 왔다. 그녀는 멋있어 보이는 사람으로 모든 업무를 정확히 처리했으며 직무에 매우 헌신적이었다. 우리는 그녀의 별명을 '채치'라고 했는데 그것은 한국인들이 그녀를 부를 때 발음하는 그대로 따라 붙인 것이다. 1959년 한국에 가 내가 잠깐 관리자(학당장)로 일했던 이화여대를 방문했을 때 사무실 벽에는 인물사진 4개가 걸려 있었는데, 나와 처치, 당시 총장, 그리고 예수님 사진이었다.

매리언 칸로

지네트(왼쪽) 앨범 속의 매리언 칸로. 1924년 무렵 촬영.

같은 캔자스 출신인 해리엣 모리스와 내가 한국에 온 지 한참 후에 캔자스 칼리지 힐 감리교회의 교인이자 위치타대학 졸업생인 매리언 칸로(1894~1986)가 이화여전에 파견됐다. 빠르게 발전하고 있는 이화여전의 영어과를 발전시키기 위해서였다. 매리언은 머리가 우수한 여성으로 맡은 일을 능숙하게 해냈으며 언제나 재미있었다. 특히 대학이 (신촌의) 새 캠퍼스로 이전할 때 매리언은 '영어학관' 건물 공사를 감독하기도 했다. 이 건물은 4학년 학생들이 10~12명씩 그룹을 지어 2~3주 동안 살면서 영어로 말하고 미국식 음식을 먹고 즐기며 미국식 예절과 그것에 익숙해지는 방법을 배우도록 하기 위

매리언 칸로(왼쪽)가 빌링슬리와 함께 한국에 파견될 미국인들을 상대로 일본에서 한국어를 가르치고 있다.

해 지은 것이었다. 이렇게 해서 학생들은 미국에 사는 것 같은 체험을 할 수 있었다. 또 문화적 습관이 다른 상황과 부딪쳤을 때 어떻게 하는 것이 좋을지를 경험하게 되었다.

한국전쟁 때는 대학이 부산으로 피난 갔고 모든 미국인은 해외로 보내졌는데 매리언은 피난지 부산 캠퍼스로 돌아온 첫 미국인이었다.[25] 현재 매리언과 해리엣 모리스는 위치타에 함께 사는데 두 사람 모두 훌륭한 선교사들로 나의 매우 소중한 친구들이기도 하다. 우리는 나의 통나무 캐빈 월터하임이 있는 콜로라도주의 그린 마운틴 폴스(Green Mountain Falls)에서 거의 매년 여름에 모여 피크닉도 하고 야유회도 했다.

해리엣 모리스

해리엣[26]은 1921년 캔자스주의 위치타에서 이화에 왔다. 나는 해리엣의 가족을 위치타에서 만난 적도 있고 그들의 저택에 가본 적도 있었다. 이화에서 그가 기거해야 할 작은 방은 아주 음산해 보여서 나는 새로 페인트칠을 하고 석회를 발라 환한 분위기가 되도록 준비했고 그녀가 와서 행복해하기를 기도했다. 해리엣은 훌륭한 선교사가 되기 위해 모든 것을 받아들였고 빨리 적응했다. 그러나 몇 주 후 아메바성 이질로 꽤 앓게 되면서 그 때문에 의기소침해 있기도 했으나 곧 나았다. 용기 있고 멋을 아는 여성이어서 한국에 가정경제학을 도입하는 데 많은 역할을 했다.

해리엣은 이화에 의상과 요리를 배우는 대형 학과를 만들어 학생들에게 어떻게 간단한 미국 음식을 만드는지 가르쳤다. 요리 강의는 학생들의

---

25) 칸로는 1922년 첫 내한이후 1940년 일제에 의해 추방됐다. 1948년 2차 내한 해 6.25 한국전쟁 때까지 근무하다 일본으로 피난했으며 1953년 다시 내한해 1962년까지 3차로 근무했다.
26) 1894~1997, 이화여전 가정학과 창시자.

요구 때문에 한 것인데 실제로 학생들은 한국요리를 만들면서 더 나은 건강을 위해 필요한 재료를 어떻게 첨가할지를 공부했다. 해리엣은 자신의 자리를 맡을 수 있도록 학생들을 훈련시켰다. 미국에서 더 실습받을 수 있도록 계획을 수립하기도 했다. 그녀는 평양에서도 1년을 보냈는데 그곳에서도 좋은 가정학과 프로그램을 정착시키는 일을 했다. 한국에 있는 동안 해리엣은 한국 음식에 대한 요리 방법 자료를 확보해 은퇴 후 미국 친구들을 위해 '조선요리법' 책을 출판했다. 해리엣은 4가지 출판물의 이익금으로 한국 학생들을 미국으로 유학하도록 해 더 발전된 가정학 교육을 받도록 했다.

해리엣 모리스의 '조선요리법' 표지

미국에서 해리엣은 내가 아는 대부분의 한국인을 접대했는데 초대받은 한국인들은 해리엣의 집에 가면 김치가 포함된 훌륭한 한국 음식으로 항상 접대받을 수 있을 것으로 알고 있었다.

3장 이화의 학생 가족

학생 생활 시설들

2019년 봄 미국 드루대에서 선교역사 자료를 조사하던 중 찾아낸 이화학당 기숙사 사진은 열악한 모습이었다. 한 방에서 6명의 학생이 자야 했고 한 사람이 감기에 걸리면 모두 같이 앓아야 했다. 그 같은 기숙사 상황을 개선하기 위해 지네트는 철제 침대를 제작하기 시작했다.

> 선교사들이 사는 본관의 부속 건물로 학생 기숙사가 있는데 2층으로 돼 있고 약 150명의 여학생이 거처하는 곳이었다. 한 방에는 5, 6명이 살았다. 학생마다 옷장이 있고 옷장 위에 이불이 있었으며 또 작은 테이블도 주어졌다. 누웠을 때는 머리를 같은 방향으로 했으며 방바닥에 빈틈없이 꽉 찬 상태에서 자게 되어 있었다.
>
> 어떤 날 저녁 내가 순찰을 하고 있을 때 한 소녀가 일어나 앉아 있어서 왜 안 자느냐고 물으니 "방바닥이 누울 만큼 자리가 없어서 누울 수가 없다"고 말하는 것이었다. 나는 그 여학생의 동숙자들을 깨워 다시 잠자리를 (좁히도록) 조정해 1인당 가로 60cm, 세로 150cm가 되도록 함으로써 그녀

가 누울 수 있도록 해줬다. 한국인들은 항상 따뜻한 온돌에서 생활하는데 우리 기숙사처럼 미국인들이 지은 집은 (온돌 같은) 편안한 바닥은 아니었다. 기숙사에는 교사인 나이가 든 처녀 선생과 식사를 준비하는 성인 여성 몇 명이 있었다. 학생들은 그 밖의 다른 일들을 스스로 했다. 학생들과 친해지기 위해 나는 잠자리에 들기 전 '잘 자라'라고 하기 위해 모든 방을 방문하곤 했다. 나는 매일 밤 방들을 순찰하면서 잠자리 시설을 개선해야 한다고 절감하고 학당장인 미스 룰루 프라이에게 여러 번 이야기 했다. 마침내 YMCA에서 일하는 중국인을 시켜 몇 개의 작은 철제 침대를 만들도록 했다. 침대가 있으면 학생들은 찬 바닥에서 자지 않아도 될 뿐만 아니라 한 방에 3, 4명 이상 들어갈 수가 없어 비교적 넓게 생활할 수 있었다.

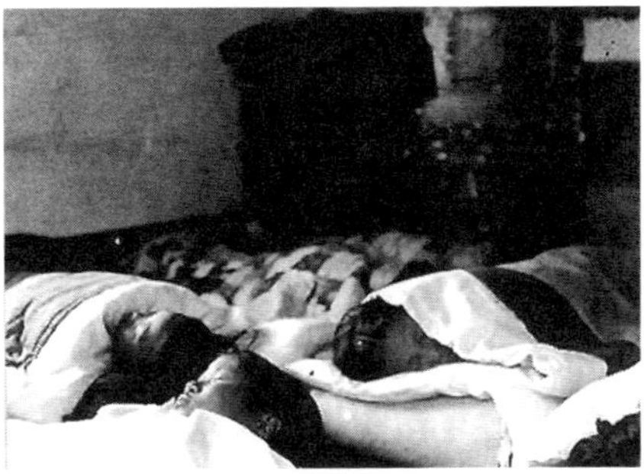
이화학당 초기의 기숙사에서 학생들이 잠자는 모습

우리 학과는 매우 작은 규모여서 내 침실에서 수업했는데 두 여학생은 나의 작은 스티머 트렁크[27] 위에 앉고 한 사람은 바닥에 앉았다. 나는 작고 낮은 흔들의자에 앉았다. 또 학교에는 예배실이 있었고 내가 수학을 가르

이화학당 내 지네트 숙소의 거실. 이곳에서 수업이 이루어지기도 했다.

---

27) 배의 침대 밑에 들어 갈 수 있는 납작하고 판판한 트렁크.

치러 가는 다른 교실도 있었다.

건강 보건 프로젝트

지네트는 기생충 구충을 위해 직접 했던 일들을 자세히 기록해 학생들의 건강을 위해 얼마나 노심초사했는지 알게 해 준다.

> 모든 한국인은 기생충이 있었는데 효과적인 좋은 약이 있었지만 먹는 사람이 거의 없었다. 그래서 내가 제안한 것은 모든 사람이 동시에 먹도록 하는 것이었다. 약은 하얀 가루로 되어 있고 3일 연속 먹도록 해야 했다. 우리는 이 절차를 예배실에서 실시했다. 각 선생님이 담당하는 학생을 불러 학생들의 입속에 백색 가루를 털어 넣어 주고 충분한 물을 마셔 약이 내려가도록 한 후 돌아가도록 했다. 내 기억에 따르면 종이컵이 없어서 모든 것이 비위생적이라는 걱정이 들었다. 나흘째 되던 날 학생들은 소금물을 먹어야 했다. 이미 준비가 돼 있어 학생마다 반 컵의 소금물을 마셨다. 학생 전체가 이렇게 철저히 뱃속을 깨끗하게 해 본 적이 없었다.

2020년 한국에서는 중국에서 시작한 코로나19가 대유행을 했고 유럽과 미국에서도 대유행을 해서 전 세계에 팬데믹(Pandemic)이 선언될 정도였다. 1918년 의사도 없었던 상황에서 지네트가 경험한 스페인 독감의 대유행은 코로나 19보다 더 무서운 전염병이 아닐 수 없었다. 학생들이 앓아눕자 지네트를 포함한 교사들이 환자 학생 사이를 다니며 열을 재고 약을 먹였다는 사실은 살신성인하는 모습 그대로를 보여준다. 그 결과 한 명의 학생도 독감에 희생되지 않았다고 한다.

학교에 상주하는 별도 의사가 없었기 때문에 남자 의사들이 학생들을 돌보러 자주 들렀다. 의사들은 약간 프라이버시와 관련 있는 곳에 작은 종기들이 있다고 알려왔다. 그래서 나는 오르간 실습실을 미니 의료 센터로 만들고 침대와 간단한 의약품을 갖다 놓았다. 매일 저녁 나는 호루라기를 불어 누구든지 도움이 필요한 학생은 보고하고 상담을 받거나 간단한 알약을 받아 가도록 했다.

미국에서 독감이 크게 유행했던 해에 한국에서도 독감이 유행했다.[28] 모든 대학 과정과 고등학교 상급 학년 학생들은 학교가 새 건물을 짓고 있는 동안 학교 옆에 있는 서울의 옛 손탁호텔에서 생활하고 있었다. 나는 그곳에서 생활하는 학생들을 책임지고 있었는데 또 다른 선교사인 처치 선생은 독감에 걸린 모든 미국인을 책임지고 있었다. 학교 건물의 층마다 미국인 선생 1명이 그 층을 책임지도록 했다. 아픈 사람에게 음식을 날라다 줄

1914년 동대문병원 간호사양성학교를 졸업한 3명. 이들은 1918년 스페인 독감 유행 시 최일선에서 방역에 나서야 했다.

28) 이때의 독감은 스페인 독감을 가르친다. 스페인 독감은 1918년 유럽에서 시작해 9~10월 세계적인 2차 유행을 거쳐 이듬해 초 3차 유행으로 끝났다. 일제강점기 국내에서도 288만4천 명(인구 38%)이 이른바 '스페인 감기' 에 감염돼 14만 명이 사망했다. 당시 국내에서 첫 확진자가 나온 때는 9월로 미국 등에서도 유행하던 2차시기였다. 10월에는 전국적으로 환자가 너무 많아 농촌에서는 추수할 인력이 부족할 정도였다. (동아일보 2020년 6월 17일 A34면 횡설수설)

학생도 부족했다. 내가 맡은 모든 학생들이 바닥에 누워 있었고 나는 작은 방석을 가지고 환자들 줄 사이를 서둘러 다니며 열을 재고 아스피린을 주었다. 우리 학교 담당인 의사들도 독감에 걸려 누워있었는데 두 명의 여학생 상태가 나빠지자 할 수 없이 누워있는 한 의사를 불러 상태가 나쁜 두 여학생을 살펴보도록 했다. 옛 손탁호텔의 화장실은 밖에 있었는데 그것도 걱정이 되었다. 그러나 우리는 모두 회복되었고 한 명의 학생도 생명을 잃지 않았다.

학생에게 준 첫 크리스마스 섬물

지네트가 한국에 온 초기에 했던 일 중 크리스마스 때 학생 전체에게 벙어리 장갑과 잠옷을 선물하는 과정을 보면 그녀의 제자 사랑이 눈에 보이듯 펼쳐진다. 학생 대표의 감사 편지에는 당시 선교사들의 제자 사랑이 어떤 것인지 그대로 드러나기도 한다.

내가 한국에 있는 동안 캔자스의 프래트 지구 교회가 나에 대한 지원을 맡았는데 이 지구에는 킹맨, 콜드워터, 버클린, 포드, 리버럴, 그린스버그, 프래트, 해비랜드 같은 도시들이 포함돼 있었다. 나는 처음 1년 동안 일하면서 이들 도시에 편지[29]를 써서 학생들의 크리스마스 선물로 벙어리장갑을 주도록 제안했다. 이 제안은 학생들이 새 벙어리장갑을 아주 좋아했기 때문에 훌륭한 아이디어였다. 다음 해에는 학생들이 작은 철제 침대를 갖게 됨에 따라 우리는 이제 학생들이 잠옷을 입어야 할 때라고 생각했다.

29) 진 아주머니의 당시 편지가 월터하임 캐빈에 남아있다. 한지에 만년필로 쓴 편지로 여러 장을 붙여 두루마리 형태로 만들어 후손들이 보관해 왔다. 진 아주머니의 조카 벳시의 판독과 타이프 작업으로 내용을 파악해 140쪽에 사진과 함께 소개한다.

나는 후원 도시의 교회에 모슬린이나 플란넬로 만든 좋고 따뜻하며 긴 팔이 있는 가운을 부탁했다. 가운을 입는 날 팔이 보이도록 입는 얌전치 못한 여학생은 하나도 없었다. 그해 나는 75개의 가운을 부탁했는데 120개를 받았고 세탁을 할 때는 낮에 하도록 하고 밤에는 입고 잘 수 있도록 했다. 이런 선물을 보내 준 프래트 지구교회에 매우 고맙게 생각했다. 학생 중 한 명인 앨리스 김(김애식, 대학 과정 1회 졸업생)은 1914년 1월 18일 프래트 지구에 아래와 같은 감사의 편지를 썼다.

친구 여러분에게,

우리는 여러분이 이번 크리스마스 때 우리에게 보내 준 선물을 받고 얼마나 기뻤는지 말할 수 없습니다. 비록 우리는 아직 얼굴을 서로 보지는 못했지만, 우리 사이에는 훌륭한 것이 하나 있는데 그것은 사랑입니다. 만약 우리가 하나님의 사랑을 몰랐다면 두 나라 사이에 태평양이 놓여 있는데 서로 어떻게 알 수가 있었겠습니까. 우리 학생들은 음악을 매우 좋아하고 있고 40명의 학생이 1주일에 한 번 오르간을 쳐보고 있습니다. 6명의 학생만 피아노를 치고 있는데 많은 학생이 피아노 레슨을 받고 싶어 하지만 우리 학교에는 피아노가 한 대밖에 없고 그것도 미국인 선생님들의 응접실에 있습니다. 그 피아노는 아침 6시부터 시계처럼 움직이기 시작해 저녁 늦게까지 연주되고 있습니다. 우리는 항상 피아노 연습 소리를 참아주시는 선생님들께 감사드리고 있습니다. 이 편지가 전하는 한국 여학생들의 사랑이 편지의 페이지와 단어를 뛰어넘어 더 멀리 퍼져나가기를 바랍니다. 큰 사랑을 담아 편지를 마칩니다.

존경하는 마음으로

앨리스 김과 이화학당 학생 일동

4장 이화에서 만난 재미있는 사람들

지네트는 동료 선교사들에 대해서도 개별적으로 기록을 남겼듯이 이화학당에서 일한 한국인과 그녀가 만난 주요 한국인에 대해서도 기록을 남겼다. 일부 인물은 독립운동과 관련해 역사적 인물이기도 하다. 지네트가 자서전에 남긴 기록은 그 같은 인물 연구에 중요한 자료가 될 것이 확실해 내용을 그대로 소개한다.

한 한국노인의 생활 속 신앙 행위

무척 종교적이었던 한 한국 노인이 한동안 우리를 위해 일했었다. 그는 삶 속에서 많은 재미있는 일을 만들었는데 예를 들면 풀을 깎을 때 십자가 모양의 작은 길을 만들어 남겨 놓는 것이다. 그리고는 앉아서 십자가에 대한 찬송을 불렀다. 그에게는 두 명의 아들이 있었는데 이름이 세인트 폴과 세인트 존(바울과 요한)이었다. 아들에 대해 말할 때나 부를 때 그는 '세인트(聖)' 부분을 결코 생략한 채 말하지 않았다. 그는 주일 날 성경을 놓을 탁자도 없는 작은 교회로 설교를 하러 가곤 했는데 어느 날 아침 나를 찾아왔었다. 그는 나를 '레이디(Lady)'라고 부르더니 "지난 밤 기도하면서 주님에게 성경 놓을 탁자에 대해 말씀드렸더니 주님께서 선생님(지네트 월터)에게 가서 그것을 요청하라"고 했다면서 나를 찾아왔다는 것이다. 그의 말대로 주님께서 시켜서 왔다는데 내가 쓰던 테이블을 건네주는 방법 말고는 다른 길이 없었다.

하루는 이 노인이 집에 갈 일이 생겼다고 말하려고 내게 왔다. 작은아들 세인트 존이 죽었다는 것이다. 나도 그와 함께 갔는데 학교에서 이 노인이 갖고 있던 널빤지를 가지고 집에 가는 것이었다. 내가 그의 아내를 만나고 있을 때 그는 계속 찬송가를 부르며 관을 짜고 있었다. 그는 "선생님, 나는 노래를 부를 수 있는데 그 이유는 어린 세인트 존이 예수님에게 갔고 천당은 세인트 존에게 그렇게 멋있는 집일 것이 틀림없는데 내가 슬퍼할 일이 없기 때문"이라고 말했다. 후에 그는 이화를 그만두고 기독교 서적 판매상이 되었는데 행복한 마음으로 성경을 팔았다.

예 서방과 예통이

내가 하는 일 중의 하나는 매일 아침 중보 기도 할 사람을 정하는 것이었다. 예 서방이라는 한 노인은 새로 교인이 된 사람으로 기도 담당자가 없어 기도하겠느냐고 물어봤다. 그가 좋다고 해서 긴 기도가 시작됐는데 잠깐 주춤거렸다가 다시 시작하는 식이었다. 중간에 그가 웃어 버려 내가 무엇이 잘못됐느냐고 물었다. 그가 대답하기를 기도를 어떻게 끝내는지 몰라 웃었다는 것이었다. 그래서 함께 있던 우리는 그를 위해 기도를 하며 끝냈는데 그는 행복해했다.

예 서방은 그의 어린 아들 예통이가 충분히 커서 이화학당 본관 주변에서 작은 일을 할 수 있을 만큼 되자 학교로 데려왔다. 그는 사랑스러운 꼬마였는데 소년으로서 할 만한 모든 일을 빨리 배웠다. 우리가 알기도 전에 예통이는 요리를 배우고 있었다. 예통이는 한국전쟁 후 이화여대 총장 공관인 위치타 하우스의 요리사가 되었다. 위치타 하우스는 캔자스 위치타에서 기금을 모았기 때문에 붙여진 이름이다. 내가 1959년 한국을 방문했을 때 그를 만났는데 한국전쟁 기간에 너무 고생한 탓인지 노인처럼 보였지만 훌륭한 요리사로 잘하고 있었다. 내가 아직도 살아 있는 사람으로 기억하는 나의 한국 생활 초기 한국인 중의 한 사람이 예통이다.

페드로, 앨리스, 에블린

우리 사택의 심부름꾼인 페드로는 보석 같은 존재였다. 그는 방을 깨끗이 해주고 요리도 도왔으며 테이블에서 우리에게 음식을 가져다 주기도 했다. 나는 그의 아내 앨리스가 첫아기로 사랑스러운 작은딸이 있다는 것을 들을 때까지 그에 대해서 잘 몰랐다. 그 애는 내가 아는 첫 한국인 아기였다. 두 사람은 나에게 한국에 있는 어떤 미국인의 이름과도 다르게 딸에게 미국식 이름을 지어 달라고 부탁을 해왔다. 나는 "에블린(Evelyn)으로 하겠다"라고 했다. 아기를 위해 옷을 만들어 준 일도 재미있었는데 두 부부는 내가 해주는 것은 모두 좋아했다. 한국 아기들의 옷은 편리하거나 편안하지 못한 점이 문제였다. 아기 옷은 흘러내리지 않게 하려고 가슴 부분에 꽉 조이는 끈을 매달았다. 바지는 빳빳하게 누비 된 재료를 사용했고 발목 부분을 묶었다. 그래서 기저귀를 찼다면 쉽게 바꿔 줄 수 있도록 할 필요가 있었다. 나는 이 아이의 의복을 개선할 수 있다는 생각으로 에블린을 위해 작은 드레스를 입혀주자 이웃들도 얼마나 쉽게 아기를 씻기고 깨끗하게 하게 할 수 있는지 알게 되었다.

페드로는 우리가 방학을 맞아 지방 여행을 갔을 때 함께 갔었기 때문에 다시 내 여행 이야기에 써야 할 사람이다. 내가 1959년 마지막으로 한국

페드로와 부인 앨리스. 지네트가 작명해준 딸 에블린

을 방문했을 때 페드로 부부는 이미 사망한 후였다. 하지만 그 여행에서 나는 그들의 딸, 에블린을 만났다. 그녀는 결혼해 지방의 한 학교에서 가르치고 있었는데 에블린은 내가 한국에 온 소식을 듣고 나를 찾아왔다. 기차를 타기 위해 몇 마일을 걷고 몇 시간을 기차를 탄 후 걸어서 내가 묵고 있는 이화여대의 총장 공관까지 왔다. 에블린은 나에게 큰 봉지에 담아온 엿을 선물했다. 그녀는 행복해 보였고 자신이 사는 곳에서도 유능한 사람으로 보였다. 나는 선물로 5달러를 주고 보냈는데 며칠 후 다시 찾아오면서 이번에는 말랐지만 큰 생수탉을 가져와 거실 마루에 놓는 것이었다. 나는 혼자 있었고 우리는 한국말로 말할 수밖에 없었다. 나는 언어에 소질이 없는 데다 33년간이나 떨어져 있어서 많은 말을 하지는 못했다. 하지만 우리는 재미있는 시간을 보냈고 에블린도 나를 다시 만나 무척 행복해했다. 나는 에블린이 내가 준 5달러로 차비를 하고 닭 선물을 하는 데 모두 썼을 것이라고 생각했다. 김활란 총장이 집에 들어오자 그 수탉은 큰 소리를 내며 꽥꽥거렸다. 김 총장은 남자아이를 불러 수탉을 부엌으로 가져가게 했고 다음 날 우리는 그 닭고기를 먹었다.

조만수[30]

영어를 잘했던 이화학당 직원 조만수의 가족. 부인 김륜시는 이화학당 출신.

조만수는 영어를 꽤 잘했던 한국인으로 이화에서 오랫동안 근무했었다. 그는 프라이 학당장의 오른팔로 우리가 하려는 것에 대해 한국인들이 어떻게 받아들일지 알려줌으로써 많은 도움을 주었다. 그와 그의 아내 루시(김륜시)는 여섯 명의 아이를 데리고 살고 있었는데 아내는 거의 몸이 엉망인 상태였다. 그가 하루는 아내의 건강에 대해 나에게 조언을 요청해 왔다. 그가 할 수 있는 것이라고는 없었기 때문에 나는 "애를 그만 가져라"라고 말했다. 그는 나에게 "어떻게 그렇게 할 수 있는지?" 다시 물어 왔다. 아! 아쉽게도 당시는 피임약이 나오기 전이었다. 나는 그 문제를 그에게 맡겨 놓을 뿐 더 이상 충고를 할 수 없었다. 우리는 만수와 그의 가족을 사랑했는데 많은 아이가 아주 잘되는 것을 보고 즐거워했다. 1969년(이 자서전을 쓰는) 현재 만수는 혼자 일어설 수 있는 많은 손자가 있었고 그 자신이 축복을 받았다고 말했다.

---

30) 1876년 과천 태생으로 17세 때인 1893년 조세핀 오필리아 페인 학당장의 한국어 교사가 되었으며 1899년 이화학당 회계 겸 초대 서무주사가 되었다. 1897년 4월 18일 이화 출신 김륜시와 서양식 결혼식을 올렸다.

첫 번째 헬렌 김(최)

하루는 영국에서 온 한 여성이 예배실에서 우리 학생들과 대화를 했다. 상급반 학생 중 한 사람인 헬렌 김[31]이 영어를 꽤 잘해 통역했다. 영국에서 온 여성 강사는 젊었을 때 방황하며 자신이 하나님을 어떻게 멀리했는지에 관해 이야기를 했는데 헬렌이 통역을 하기에는 약간 어려워 학생들은 영국 여성이 여전히 신앙생활에 부주의한 것으로 오해하도록 어떤 부분을 오역해 잘못 말했다.

그날 오후 기하 수업을 듣기 위해 나의 사무실로 온 헬렌은 자신이 통역을 잘못해 문제가 됐음을 알고 그 영국 여성에 관해 물었다. 헬렌은 "나도 그 여성분과 똑같다. 나도 하나님으로부터 멀어져 방황해왔다"고 덧붙였다. 우리는 기하 책을 옆으로 치우고 신앙생활을 소홀히 했던 것에 대해 함께 회개의 기도를 했다. 나는 헬렌이 다른 학생들 앞에서 통역을 제대로 못 했다고 고백을 해야 편안해질 것을 알고 "내일 왕의 딸들(King' s Daughter)[32] 모임에 오는 것이 어떻겠냐"고 말했다. 하지만 헬렌은 몇 주 동안 출석하지 않았는데 하루는 찾아와 "오늘 밤 저에게 힘을 달라고 기도하겠다"고 말했다. 그리고 다음 날 작은 그룹모임에 와서 거의 모임이 끝나갈 무렵, 무릎에 얼굴을 묻고 (고백의) 기도를 했는데 나는 그렇게 기도 잘하는 학생을 본 일이 없었다.

우리 선교부 구내에는 정동교회 담임인 '최 목사(최병헌)'가 살았다. 최 목사의 아들(최재학)은 결혼 후 아들 셋을 두었는데 아내가 죽는 일을 당

---

31) 이화여대 총장을 지낸 김활란과는 다른 인물. 최병헌 목사의 장남 최재학과 결혼 후 남편 성을 따라 최활란으로 불렸다. 여선교회 사업에 종사했고 1933년 남편 사후 정동교회 장로로 봉사하다 63년 미국으로 갔다.

32) '왕의 딸'에 대한 설명은 없으나 예수님을 '왕 중의 왕'이라고 부른 것처럼 회원들이 '하나님의 선택을 받은 딸'임을 강조하기 위해 작명한 것으로 추정된다. 161쪽에 설명.

최병헌 목사의 아들 최재학과 결혼한 헬렌 김. 결혼 후 최활란으로 불렸다.

했다. 그 때문에 최재학은 1, 2년간 다른 나라에 가서 살았으나 결국에는 집으로 돌아왔다. 이런 상황에서 헬렌이 구내에 있는 최 목사의 집에 가서 최재학과 몇 번 대화를 나눈 것이 소문나 '헬렌의 죄'[33]가 되었다. 내가 기억하기에 '헬렌의 죄'는 그 아들과 대화한 것뿐이어서 그렇게 죄가 될 것 같지 않았는데 또래 학생들에게는 지독한 죄로 생각하는 분위기였다. 우리는 학년이 끝날 무렵 최재학과 헬렌을 결혼(1913년)시켰는데 두 사람은 세 아들과 함께 스스로 이사를 했다. 그 후 헬렌은 대학 과정 2년을 끝내기 위해 다시 학교로 돌아왔다.

나는 두 사람의 집에서 식사 초대를 받은 첫 손님이었다. 식탁에는 두 부부와 세 어린이, 그리고 내가 앉았다. 남편 최 씨는 "한국에서 한 가족이 모두 앉아 함께 식사하는 첫 번째 사례"라고 자랑스럽게 말했다.[34] 남자아이들은 7, 5, 3세였다. 둘째 아들은 내 무릎 위로 기어 올라와 "언젠가 미국에 가서 함께 살면서 학교에 갈 것"이라고 말했다. 헬렌은 다른 어린이들이 집에 온 후에 학교에 가는 생활을 계속했고 집안일로 바빴다. 현재(1969년)는 자신이 낳은 딸 중 한 명과 미국에서 살고 있다.

아들들은 일본 대학으로 진학했고 몇 년 동안 거의 보지 못했다. 한국을 떠나 미국으로 돌아와 있을 때인 1928년 아들 찰스 최로부터 한 통의 편지를 받았는데 캔자스 킹맨에 있는 우리 집으로 오는 중이라는 것이었다.

---

33) 처녀가 남자를 만났다는 것.
34) 당시에는 가장을 비롯해 남자들이 따로 식사를 하는 것이 풍습.

나는 많은 조카와 조카딸들이 있었는데 그들도 모두 흥분해서 찰스의 도착을 기다렸고 찰스가 외롭지 않도록 많이 도와주겠다고 했다. 찰스는 멋있는 청년이 되어 있었고 독해력 지식이 훌륭했다. 그러나 회화는 유창하지 못했다. 그는 쉽게 친구가 되었고 열심히 배웠으며 좋은 목소리를 갖고 있어서 언제 어디서나 독창을 하곤 했다.

여조카인 진 월터와 다른 사람들이 그에게 여름 동안 미국 속어(슬랭)를 가르쳤고 찰스는 뉴욕 시러큐스에 있는 학교의 가을학기에 다니기 위해 떠났다. 그는 그곳의 한 가정에서 요리사로 일했는데 그는 요리에 대해 아무것도 아는 것이 없었지만 찰스는 그가 시도한 어떤 도전과도 마주했으며 그곳에서 성공했다.

찰스는 이듬해 여름방학 동안 킹맨으로 다시 왔는데 나의 아버지는 돌아가시고 어머니는 혼자 계셨었다. 나는 가을에 방문 교사가 되기 위해 그 전에 시카고의 여름학교로 가야 했기 때문에 찰스에게 어머니를 돌보도록 남겨 놨다. 찰스는 어머니 놀리는 것을 좋아했다. 하지만 두 사람은 잘 지냈다. 찰스는 차를 갖기 위해 내 차로 운전을 배웠다. 어려움이 있었다면 운전 지도를 해야 하는 것이었다. 집에 차가 있는 미국 청년들과 다르게 그는 운전 경험은 물론, 자동차를 한 번도 가져본 적이 없었다. 찰스는 중고차 거래 시장으로 가서 두 번이나 사고 경력이 있는 한 작고 낡은 포드차를 사려고 마음먹었다. 그 차는 한쪽으로 들어가 앞 좌석으로 옮겨 타야 할 만큼 문제가 많아 나는 "네 부모에게 알려야겠다."고 말을 해야 할 정도였다.

찰스는 8달러짜리 포드 차에 몇 가지 수리를 한 뒤 겉에 재미있는 여러 사인과 그림을 많이 붙였다. 그는 그것을 몰고 동쪽으로 멀리 학교까지 갔고 아무 말썽도 없었다. 찰스는 기계공학 전공으로 학사, 석사, 박사학위를 받았고 그의 아버지가 돌아가셨을 때 한국으로 돌아갔다. 그 후 한국 여성 그레이스를 만나 결혼했는데 그레이스는 미국에서 음악교육을 받았었다. 찰스와 그레이스 부부는 세 아이가 있었는데 이레느, 지네트, 찰스 주니어였다. 세 아이는 모두 미국에서 공부했으며 한국어보다 영어를 더 잘했다. 모두 머리가 좋았고 예술적 재능이 있었으며 매력적이었다. 이레느는 일본인과 결혼했고 지네트는 쿠바 출신과 찰스 주니어는 미국인과 결혼했다. 나는 찰스와 그레이스 부부를 1959년 한국을 방문하러 갈 때 일본에서 만났는데 두 사람은 중국, 대만, 일본 등지에서 살았다고 했다. 찰스는 요즈음(1969년 자서전 집필 때) 일본과 한국에서 일하고 있는데 1967년 여름 내가 콜로라도의 통나무 캐빈에 있을 때 전화가 와서 받으니 찰스였다. 그는 현재 콜로라도 스프링스에 있는데 30분 이내로 나를 만나러 오겠다는 것이었다. 만나보니 진짜 찰스였다. 그는 찰스주니어와 아내와 함께 왔다. 그들을 다시 보다니 얼마나 재미가 있었던지! 찰스 부부는 미국에 있는 자녀들과 가까이 있을 수 있는 곳으로 이사하기를 간절히 원하고 있었다.

1959년 마지막 한국 방문을 위해 들른 도쿄 하네다 공항에서 만난 최재학·최활란의 아들 찰스 최

동석기(董錫基)

1913년 가을 두 명의 한국 젊은이가 미국에서 교육을 마치고 감리교 목사로 봉사하기 위해 한국으로 돌아왔다. 그중 한 명이 내가 에번스톤의 노스웨스턴대에 다닐 때 한국에 대해 처음 소개해 줬던 동석기 목사였다. 그를 만나 무척 기뻤는데 동 목사는 기독교인 되기 전에 한국을 떠나 호놀룰루에 갔고 그곳에서 개종하고 본토로 건너갔었다. 그는 개럿 신학교를 졸업했다.

한국에 온 그는 처음에는 한국인들에게 선교하기 위해 북쪽(고향인 북청)으로 갔다. 하지만 그곳에서 고향 사람들과는 거의 접촉을 하지 못했다. 그가 떠난 지 11년이나 됐기 때문이었다. 또 그가 돌아오기 6년 전에 딸이 죽었다는 사실도 알았다. 하지만 동 목사는 아무도 복음을 전달해 주러 오지 않았던 마을에서 그의 가족과 마을의 많은 사람에게 그리스도의 복음을 전했다.

그의 아내 엠마는 정말 (물들지 않은) 원재료 같은 사람이었다. 그녀는 외국인을 본적도, 기차나 배를 타는 것은 물론, 계단을 오른 적도 없었다. 나는 엠마 머리 위에 치마 같은 재미있는 헤드기어(장옷)를 하고 있어서 얼굴을 볼 수가 없었는데 "아, 예쁘구나."라고 말해주자 동 목사는 활짝 웃었다. 엠마는 옷이라고는 입고 있는 것밖에 없어 동 목사는 여러 벌의 옷을 사서 입혔는데 그 후 젊은 여성 같은 다른 모습이 되었다.

그가 다른 곳으로 가 있는 동안 나는 엠마에게 다른 여성복을 입게 하고 머리도 고치도록 한 결과 매력적인 여자가 되었다. 우리는 엠마를 이화학당 1학년에 입학시켰는데 교실의 의자들이 (성인인 그녀의 체구에 비해) 너무 작았다. 그녀는 초급독본을 언제나 가지고 다녔고 매우 열심히 공부했다. 동 목사는 지역선교부가 있는 원주로 가게 됐다. 그가 떠날 때 악수를 하려고 손을 내밀자 엠마는 고개를 떨어뜨리고 손을 등 뒤로 감췄다. 나는 그녀의 손을 잡아 동 목사의 손에 쥐여 주고 "악수를 하는 것이 예수를 믿는 사

제물포에서 일 할 때의 동석기 목사와 엠마 부부

람들(크리스천)의 관습이므로 꼭 배워야 한다"고 엠마에게 말해줬다.

우리는 빨리 엠마가 초등과정을 통과하도록 했고 그 후 성경학습학교로 가도록 했다. 엠마는 그곳에서 몇 년 동안 훌륭한 목사의 부인이 되는 길을 배우면서 지낸 후 동 목사가 목회하는 곳에서 함께 살게 되었다. 나는 언젠가 한 번 제물포에서 그들을 만나 며칠을 보냈다. 두 사람은 아름다운 작은 집을 갖고 있었고 엠마는 매력적인 안주인이 되어 있었다.

그 후 나는 몇 년 동안 두 사람과 연락하지 못했는데 여러 해가 지난 후 엠마는 죽었고 동 목사는 다시 미국으로 왔다. 동 목사는 다시 미국에 온 후 '그리스도의 교회'[35]와 접촉하며 그들의 교리에 빠졌다. 그는 한국으로 돌아가 한국인들에게 그리스도의 교회를 소개했고 많은 '강물 침례' 의식을 거행했다. 나는 동 목사가 그리스도의 교회 참여를 위해 감리교를 떠났는지 여부를 알지 못하고 있었다. 그 후 내가 동 목사에 대해 들었던 소식은 미국 남부 주의 한 군사시설(포트 배닝)에서 훈련을 받는 한국군과 함께 있으면서 군목으로 활동하고 있다는 것이었다. 그는 많은 사람이 개종하고 세례를 받고 있다면서 사진을 보내왔다.

내가 미국으로 돌아와 몇 년이 지난 후 캔자스의 위치타에 살고 있을 때 신문에서 동 목사가 그날 밤 그리스도의 교회에서 강연할 것이라는 기사를 읽었다. 나는 시카고에서 학생일 때부터 그를 알고 있는 에이미 매이힌을 만나 둘이서 동 목사의 강연을 들으러 갔다. 그는 흰머리가 많이 늘어나 있었고 정말 돋보이는 모습이었다. 그는 말을 참 잘했고 우리를 만나자 정말 크게 놀라 했다. 텍사스에서 딸이 사는 것으로 아는데 지난번 만남이 우리의 마지막 만남이었다.

---

35) 몸 전체를 물속에 담그는 침례방식을 고수하고 성경 기록만 따르며 개체교회 이상의 상부 권위를 부인한다.

5장 여행, 교육, 선교 행사

첫 지역 여행

크리스마스 직후 지네트와 올리브 파이가 한국에 온 지 두 달 정도 되었을 때 한 전도부인이 이화학당 본관에 와서 자신과 함께 지역교회에 가보자는 제안을 했다고 한다. 두 사람은 모든 종류의 새로운 경험을 해보고 싶어 했기 때문에 좋다고 했고 그 전도부인은 다음 일요일에 데리러 왔다. 전도부인과 함께 간 교회는 3마일쯤 떨어져 있었기 때문에 두 사람은 집에 올 때 먹으려고 작은 점심을 싸서 가지고 갔다. 그 교회 사람들은 친절했

1910년대 지네트가 보았던 서울 교외 풍경. 지네트는 사진 설명에서 노점상, 지게꾼, 삿갓, 상투에 대해 설명했다.

고 다정했지만 지네트와 파이는 예배를 하나도 이해하지 못했다고 한다. 교회 예배 후 전도부인은 꽃구경을 하기 위해 어떤 집에서 쉬어가자고 말했고 두 사람도 전도부인이 꽃구경하자고 말한 것으로 이해했는데 그 집에 도착해 보니 그들은 전도부인까지 세 사람을 위해 식사를 준비해 놓고 있었다. 그 집에서 식사까지 준비한 것은 다른 뜻이 있어서였음을 바로 알게 되었다.

우리는 마루에 앉았고 그들은 나에게 기도를 요청했는데 그 집에서 선교사들이 와 주기를 요청한 이유는 선교사들이 와서 그 집 안주인이 아들을 갖도록 기도를 부탁하기 위해서였다. 나는 한국어 선생으로부터 짧은 기도는 연습했었지만, 아들을 낳게 해 달라는 기도는 해 본적이 없었다. 나는 '아들(son)' 이라는 단어와 '달라(give)' 라는 한국어를 알았기 때문에 모든 기도자와 함께 비슷하게 기도를 했고 마지막에 "아들 좀, 주세요(a son, please give), 아멘" 이라고 덧붙였다. 나는 주님께서 누구에게 아들을 보내야 하는지 아실 것이라고 믿었다.

점심 동안 우리는 큰 사발에 담긴 '국수' 라고 부르는 수프를 먹었다. 파이는 아직 생소한 음식에는 익숙해하지 않았으나 용감하게 먹기 시작했다. 그런데 갑자기 전도부인이 불쑥 앞으로 와 자신의 젓가락으로 파이의 사발에서 긴 머리카락을 건져내는 것이었다. 6인치(15cm)쯤은 되어 보였다. 파이는 거의 꼼짝을 못했고 나는 파이의 기분전환을 위해 크리스마스에 받은 선물에 대해 말하기 시작했다. 점심 식사가 끝난 후 우리는 이 시골의 가족에게 행복과 희망을 가져다주었다고 생각하면서 그 집을 떠났다.

체육 교육

지네트가 이화학당 교사로 했던 일 중의 하나로 주목되는 것은 체육복을 개량한 일이었다. 영어 교사로 왔다가 체육 과목도 맡아야 했던 그녀는 당시 가슴을 옥죄는 치마를 입고 운동하는 제자들의 처지가 안 돼 보여 여러 가지 시도 끝에 학생 치마를 개량하는 데 성공했음을 밝히고 있다.

> 나는 한국에 와서 체육 교사가 되었는데 체육을 실습해 보지 않았지만, 파이와 나는 수업 내용을 인계받았고 특별히 배우지는 않았지만 많은 것을 했다. 내가 어린이들이 노는 것을 본 유일한 게임은 잭스(Jacks)와 사방치기(hopscotch)[36]로 거의 시설이 필요 없는 것들이었다. 우리는 연습할 기회를 주고 그 후에는 몇 번 시합하도록 했다. 여학생들은 좋은 운동선수가 아니었는데 그들은 이길 수 없다는 것을 알면 운동장에서 웅크리고 앉아 시합을 끝내려 하지 않았다. 우리는 훌륭한 운동 정신이 무엇인지 이야기했지만 소용없는 일이었다. 하지만 여학생들은 학업에서 좋은 성적 얻기를 너무나 열망했기 때문에 파이와 나는 누구든지 게임 도중 그만두는 학생은 그

그네뛰기와 공기놀이를 하는 이화학당 학생들

36) 잭스는 공을 튕기면서 정해진 순서대로 공깃돌을 치뜨리어 받았다 하는 아이들 놀이. 사방치기는 숫자를 써 놓은 사각형을 땅바닥에 여러 개 그려놓고 한 발 또는 두 발로 뛰며 앞으로 나가는 게임.

날 점수는 영점이 될 것이라고 선언했다. 그 후로는 더 이상 (운동을 게을리하는 것 같은) 문제는 없었다.

우리 두 사람은 나무 막대기나 고리, 곤봉, 아령을 사용해 우리 자신이 고안했던 훈련방식으로 학생들이 실습하도록 했다. 이에 대해 학생들은 잘 기억했고 정확하고 자세하게 각자의 역할을 했다. 매년 이화는 5월 30일에 개교기념 행사를 했는데 이날은 잔칫날로 메이퀸 대관식도 열렸다. 정부에서도 축하객이 왔고 부모와 시민들도 이 행사를 좋아했으며 넓은 잔디밭은 인파로 가득했다. 한번은 감리교 루이스(Lewis) 감독이 왔는데 우리는 하얀 옷을 입은 학생들이 대형을 이뤄 그의 이름인 'LEWIS'가 되도록 하기도 했다. 1959년 김활란 총장의 초청으로 한국에 갔을 때 본 메이데이 행사 모습은 그 옛날 우리가 했던 미미한 시도와는 전혀 차원이 다른 모습으로 변해 있었다. 이화여대 체육교육과에서 교육받은 여자 교수들에 의해 만들어진 그 날 행사는 거의 전문적이었다.

과거 내가 가르쳤던 학생들은 운동 시간에 네 벌의 옷을 겹쳐 입었었다. 학생들은 먼저 한 벌의 팬티를 입고 다시 속치마를 입었으며 그 위에 겉

체육관에서 정렬하고 있는 3학년생들
영어와 함께 체육도 가르친 지네트는 여학생들이 가슴을 조이는 치마를 입고 운동하는 것을 힘들어하자 가슴대신 허리에 단추를 다는 개량운동복을 고안했다.

치마를 입고 마지막으로 상의를 입었다. 처음 세 번은 발목까지 내려오는 것들이었고 줄을 집어넣어 가슴둘레를 12cm 폭의 띠로 묶었다. 흘러내리지 않도록 아주 꽉 조여 놓는 방식이었다. 그 위에 입는 상의는 약간 짧은 것으로 여름에는 얇고 겨울에는 솜으로 덧 댄 것이었다. 이렇게 입은 옷은 예뻤지만, 가슴 부위를 세 번이나 옥죄는 방식은 우리가 보기에 체육 시간이나 다른 시간에도 좋아 보이지 않았다.

파이 선생과 나는 몇 명의 한국인 교사와 상의한 후 치마는 작은 허리에 맞춰 입을 수 있도록 하고 뒤쪽에 단추를 달도록 결정했다. 우리는 2, 3개의 샘플을 만들어 선생님들이 시험해 보도록 했다. 선생님들도 새 스타일을 너무 좋아해 체육 하는 날에 입도록 각 학생이 한 벌씩 만들 수 있도록 해 보자고 말하며 학생들에게 패턴을 나누어 주었다. 학생들은 옷을 만들기 시작했는데 가끔 좀 전의 가슴부터 내려오는 스커트에 허리만 잘록하게 만든 탑 스커트(top skirt)만 입고 적당히 피해 가려고 하는 사람도 있었다. 우리 학교는 학급 규모가 컸기 때문에 매일 아침 상의 아래 허리 부분을 만져 제대로 된 옷을 입었는지 검사했다. 모두 제대로 입을 때까지 검사는 계속됐다. 이 변화는 학생들 의상의 겉모양에 영향을 주지는 못했지만 새 의상은 건강에 좋고 편안하며 편리했다. 점점 인기를 끌어 모든 학생의 의상을 전부 바꾸는 데는 그리 오랜 시간이 걸리지 않았다.

이화에서 이런 의상의 변화를 일으킨 후 3개월쯤 됐을 때 우리는 여름을 이용해 영변에 갔다가 일요일에 작은 시골 교회에서 예배를 보면서 같은 의상을 그곳 여학생들도 입고 있는 것을 보고 놀랐다. 우리 앞에는 작은 여학생 그룹이 앉아 있었는데 이들 학생이 모두 허리 스커트를 입고 있었던 것이다. 예배가 끝난 후 나는 학생들에게 허리 스커트 아이디어를 어디서 얻었느냐고 물었다. 그들의 대답은 한 이화학당 학생이 고향 집에 왔는데 이런 새 스타일을 보여줬고 그들 모두가 이화 학생처럼 되고 싶어 옷을 만들어 입었다고 말했다. 우리는 흥분했고 우리가 한국 전체 여성들을 건강하도록 만드는데 정말 무엇인가 하고 있다는 생각을 했다.

첫 여름 휴가 때(1912) 찾아간 영변의 제일감리교회

한복을 운동이 가능한 의상으로 개량한 후 한국인들의 지도아래 테니스와 구기 게임들이 소개됐고 1900년경 미국에서 입었던 블라우스와 블루머스(무릎 부분을 조인 여성용 운동 바지) 같은 체육복을 한국에서도 얼마 안 되어 입기 시작 했다.

상동교회와 손매리[37]

당시 모든 선교사는 선교 현지의 한 교회 소속으로 임명되는데 지네트는 서울에서 두 번째로 큰 감리교회인 상동교회[38]로 보내졌다. 남자 좌석과 여자 좌석을 분리하기 위해 판자로 된 분리 벽이 있었고 남자 쪽에는 몇 개의 의자가 있었지만 모든 여성은 바닥에 앉았다. 분리 벽 판자에는 옹이구멍이 나 있어 가끔 여신도들이 발돋움해 다른 편을 몰래 엿봤는데 지네트는 여자들이 그렇게 하는 것을 남편이 자리에 있는지 확인하려는

37) 본명 이정규(1885~1963)로 상동교회 교인 손봉순과 결혼. 스크랜턴으로부터 세례받고 진명학교와 감리교 성경학원 등에서 교육을 받았다. 전도부인, 가사선교 교사, 기독교여자절제회, 근우회, 금연·금주 운동을 했으며 정명여중, 서울예고를 설립하고 상동교회 장로로도 활동했다.

38) 상동교회는 현재 남대문 부근에 있으며 건립 초기 대성전을 짓기 위해 스크랜턴 부인이 미국의 친지들에게 호소, 코네티컷주에 사는 미스 미드(Miss Mead)가 그의 어머니를 기념해 5,000달러를 보내와 준공하면서 미드기념교회라고도 불렸다. 또 원래 위치가 달성궁(현재의 한국은행 자리)에 있었으므로 달성(Talsung)교회로도 불렸다.

것으로 보았다. 지네트는 자서전에서 상동교회에 관해 설명하면서 전도부인으로 활동했던 손매리에 대해 전하며 그와 신앙적으로 가까웠으며 친구였음을 밝혔다.

나는 교회에서 의자와 작은 오르간이 있는 강단 위에 주로 앉았다. 몇 주 동안은 오르간 연주를 했지만, 오랫동안 하지는 않았다. 그 이유는 이화학당에는 다른 교회에 나가 연주할 수 있는 학생들이 있었고 나보다 연주를 더 잘했기 때문이다. 오르간 연주와 상관없이 나는 앞줄에 앉기를 좋아했다. 옹이구멍으로 불편하게 보지 않아도 남녀 양쪽 좌석을 볼 수 있는 장점이 있었다. 앞 좌석에는 6, 7세쯤 돼 보이는 잘생긴 어린이가 있었는데 꼭 내 조카 폴 보이어 같이 생겼다. 그 어린이 옆에는 한 나이 든 노인 남자가 앉았는데 그 노인은 마룻바닥에 앉는 것이 더 편해 보였다. 그는 의자에 앉아 다리를 의자 위로 끌어 올려 한국식으로 양반다리를 하고 앉았다. 그렇게 앉는 것이 한국의 전통으로 신발은 밖에 벗어 두어야 한다. 이 노인은 설교에 관심이 없었는지, 그렇지 않으면 두 가지 일(설교 듣는 일과 버선 벗는 일)을

지네트가 소속한 남대문 옆 상동감리교회. 미드기념교회로 호칭되기도 했다.

지네트가 다녔던 상동교회 부설 공옥(攻玉)여학교. 뒷줄에 터틀 선생도 보인다.

동시에 할 수 있다고 생각했는지 흰 버선을 벗더니 오랫동안 깎지 않았던 발톱을 드러내 놓고 예배를 봤다.

상동교회는 아주 큰 교회로 몇 명의 전도부인이 있었다. 손매리는 아름다운 젊은 여성으로 우리 성경학교의 졸업생이었는데 여성 운동 지도자로 활동했다. 그녀는 대부분의 사람이 1년 동안 했던 것보다 더 많은 아이디어를 1주일 동안에 생각해 냈다. 또 사업은 잘하지만 교회는 한 번도 오지 않는 남편[39]이 있었고 집도 멋있었다. 아이도 없어서 많은 시간을 교회 일에 몰두할 수 있었다. 여성들을 위한 성경공부반을 조직하고 아이들을 위해 작은 평일학교를 시작했으며 다른 전도부인들과 함께 열심히 가정 심방을 했다. 매리는 영어를 하지 못했지만 우리는 수년 동안 훌륭한 동반관계를 유지했다.

1914년에 나는 손매리의 집에서 며칠 동안을 쉬면서 보냈는데 그녀의 집은 다른 한국 집들보다 좋았다. 약간의 외국 가구가 있었지만, 한국식 집

39) 남편 손봉순은 상동교회의 독실한 교인이었다는 설도 있다. NAVER '여성독립운동가 손매리' 참조.

이어서 나는 종일 바닥에 앉았고 허리가 피곤해지면 누워서 허리를 폈다. 밤에는 정말 좋은 잠자리에서 잤는데 매트리스(요) 끝에 손매리의 혼수 베개나 작은 요를 놓아 주었고 역시 혼수 중 하나였다는 푹신한 이불 아래에서 잤다. 나는 이 집에서 대부분의 시간을 학기 중에 바쁘게 지내느라 소홀했던 친구들에게 편지를 쓰면서 보냈다. 식사할 때 손매리와 나는 마루에 앉아 작은 상에서 먹었다. 하루에 세 번 밥을 먹었는데 매리는 국을 대접했고 많은 종류의 반찬과 함께 밥을 먹었다. 나는 정말 매번 식사가 기대됐다.

여러 해가 지나면서 매리는 여자 고등학교를 세우는 데 흥미를 느꼈다. 그 계획은 그녀가 모든 것을 잃는 6.25 한국전쟁이 일어나기 전까지는 잘 진행됐다. 한국전쟁이 끝난 뒤 매리는 학교와 학교의 활동을 볼 수 있는 곳 가까이에 작은 방 하나를 갖고 있었을 뿐이었고 남편도 그녀를 도울 수 있는 아무런 방법이 없어 더 이상 학교 사업을 계속할 수가 없었다. 당시 이화여고의 교장이 매리와 타협을 한 끝에 매리가 운영하던 학교의 학생들은 이화로 가게 됐고 매리는 이사가 되어 이화의 일부가 되었다. 나는 한국전쟁이 계속되는 동안 매리가 무엇을 하며 지냈는지 몰랐다. 그후 1959년 한국을 마지막으로 방문했을 때 그녀를 만나 식사를 했는데 너무 나이가 들어 보여 못 알아볼 뻔했다. 매리는 모든 것을 잃었으나 나에게 무엇인가를 주고 싶다면서 자신의 최근 사진 한 장을 주었다. 그것은 너무 슬픈 것이어서 그냥 매리가 갖고 있도록 하고 싶었고 아직도 차마 그 사진을 볼 수가 없다. 그러나 나는 매리의 아름다운 얼굴과 환하게 빛나는 눈, 아름다운 옷과 그녀의 마음속에 있는 훌륭한 기독교인의 영혼을 기억하고 있다. 매리는 1959년 만난 후 얼마 후에 죽었다. 그러나 그녀는 한국 기독교 여성들의 삶에 커다란 영향을 미쳤다.

코넷(작은 트럼펫) 연습과 새철리 교회

요즘은 교향악단에서도 코넷이란 악기를 사용하지 않아 거의 이용되지 않고 있지만 선교 초기에는 작은 트럼펫은 휴대하기 좋은 작은 선교 도구였다. 선교사들이 지방에 가서 코넷으로 찬송가를 연주하면 멀리서도 그 소리를 들으러 찾아왔기 때문이다.

처음 한국에 와 가족들에게 편지를 쓰면서 만약 코넷이 있으면 지방 교회용으로 좋겠다고 말했는데 집에서 코넷 하나를 보내줬다. 나는 연주할 줄을 모르기 때문에 연습했는데 요리사인 수남이도 낡은 코넷을 얻었는지, 빌렸는지 역시 갖고 있어서 우리는 앞 현관에 앉아서 연습했다. 우리 사택은 언덕 위에 있었고 한 블록 길 건너편 뒤쪽은 미국 대사관이었다. 영사는 미국에서 어머니를 모시고 와서 함께 살고 있었는데 대사관에서 한 남자가 건너와 나팔의 연주를 중단해 달라고 요구해 왔다. 하지만 그때까지 나와 수남이는 연주를 완벽하게 하지 못해 더 연습해야 했다. 우리 집의 뒤에는 8피트(2.4m) 높이의 담이 있었다. 그쪽으로 가기 위해서는 약간 돌아가야 했지만, 집 뒤로 가서 대사관과 반대 방향을 잡아 땅바닥에 앉아서 연습했다. 거기에서는 연습에 방해를 받지 않았고 나는 몇몇 시골교회에 가서 연주도 했다. 그 나팔의 연주 소리는 마치 사람들을 재촉해 예배하러 교회에 빨리 나오도록 하는 것 같이 들렸다.

당시 지네트는 작은 모습의 새철리(Sai Chul Li)교회에 지원을 나갔는데 초기 시작 단계의 교회였다. 강단은 바닥보다 한 계단 높았는데 바닥에 앉는 게 불편한 그녀는 계단에 앉아서 예배를 보았다. 얼마 후 이 교회에 오르간이 생기자 계단에 앉는 대신 오르간의 의자에 앉아 예배도 보고 반주도 해줬다. 처음에는 교회에 오르간을 연주할 사람이 없었기 때문이었다. 또 지네트의 연주 실력이 나팔보다는 오르간이 한 단계 나았던 것도 이유였다. 하지만 얼마 안 돼 이화학당 학생 중 한 사람이 오르간 연주 일을 맡게 되자 지네트는 성경 공부나 다른 선교 일을 맡아서 새철리교회를 도왔다. 그중에서 재미있는 일은 한 가정을 방문해 우상 숭배물을 불태웠다는 사연이다.

> 어느 날 아침 교회가 끝난 후 우리는 모두 어느 신자의 집에 있는 우상들을 태워 버리기 위해 그 집을 방문했는데 태울 것들은 거의 대부분이 더러운 종이를 뜯어낸 것들이었다. 더러운 종이는 우상숭배에 사용됐던 것으로 이런 것을 태움으로써 새로운 믿음에 대한 그들의 공개적인 회개가 이뤄졌다.

지네트를 후원하는 고향의 모든 교회에서 주일학교용으로 (성경 구절과 그림이 있는) 카드를 보내줬다. 직접 카드 뒷면에 성경 말씀이 있는 종이를 풀로 붙여 나눠주자 학생은 물론 학부모들도 좋아했다. "한국 교인들은 성경의 말씀뿐만 아니라 그림이나 사진도 너무 갖고 싶어 한다"라고 결과를 보고했다.

영변에서 보낸 한국의 첫 여름

지네트는 한국에 온 첫해 여름(1912년)을 평안도 영변에서 한글도 배우고 관광도 하면서 보냈다. 그곳에는 처음 한국에 왔을 때 한글을 함께 배웠던 딜링햄(딜리)이 있었다. 최근에는 북한 핵 관련 중요시설이 있는 곳으로 뉴스에 나오지만 지네트는 영변의 아름다운 경관을 소개했다. 또 벼룩이 없어서 좋았다고 했다.

한국에서 첫 여름은 한국어 공부를 하며 보냈다. 딜리는 영변에 살고 있고 훌륭한 언어학자이자 설교자인 블리스 빌링스 목사도 영변에 있어 우리는 모두 거기로 가서 빌링스 목사가 내주는 첫해 한국어 시험을 보기로 했다. 빌링스 목사 부부는 감리교 선교 본부 소속의 훌륭한 선교사들이었다. 영변까지는 9시간의 기차 여행을 하고 다시 25마일을 10시간에 걸쳐 당나귀나 가마를 타고 가야 했다. 우리는 짐꾼의 등에 업혀 강을 건넜고 가마도 탔는데 가마는 햇빛이나 비를 안 맞도록 해주지만 손님이 그 속에서 다리를 접고 있어야 해 불편했다. 두 명의 가마꾼이 앞뒤에서 가마를 들어 올리는 장대를 들고 날랐다. 가마를 타는 것은 한국에서 양반들이 여행하는 방법이었지만 너무 고통스러웠고 말을 탈 수 있게 되자 안도가 되었다. 나는 가마를 타고 가면서 "예수 사랑하심을 성경에서 배웠네…"와 "낯 빛보다 더 밝은 천국"[40]을 불렀는데 두 곡은 한국말로 번역된 찬송가로 가마꾼

첫 휴가 때 가마를 타고 영변으로 가는 지네트

지네트 일행을 환영 나온 영변의 신자들

40) 원 제목은 In the Sweet Bye and Bye로 일반적으로 장례식에서 부르는 것과 같은 멜로디지만 좀 더 경쾌하다.

1912년 영변의 상점가 모습

도 일부를 따라 불렀다.

영변은 아름다운 시골로 내가 그곳을 가장 좋아했던 이유는 벼룩이 없었기 때문이었다. 서울에서는 벼룩 때문에 너무 괴로운 시간을 보내고 있었다. 나는 잘 물리는 탓에 얼굴에는 여기저기 염증으로 생긴 상처가 있었다. 그러나 그곳에도 모기는 있었다. 우리는 한국어 시험 보는 날까지 열심히 공부했고 시험이 끝났을 때 크게 안도했는데 그 이유는 우리 모두 시험에 통과했기 때문이다.

선교사는 모든 비용을 파송기관과 후원자들의 기부금으로 충당 받기 때문에 파송기관과는 늘 좋은 관계를 유지해야 하고 후원자들에게는 편지를 보내 현장 소식을 전해야 했다. 그러나 학기 중에는 틈이 나지 않아 편지쓰기가 쉽지 않고 100여 년 전에는 통신수단도 마땅치 않았다. 편지 왕래에 몇 달이 걸리기도 하고 중간에 분실되는 경우도 많았다. 이메일로 주고받는 현대적 방법에 비하면 너무도 불편한 방법이었지만 지네트는 한국에 온 후 첫 여름 휴가지로 선택한 평안북도 영변에서 마음먹고 장문의 편

지네트는 영변에서 쉬는 동안 고향의 후원자들에게 장문의 편지를 써서 근황을 보고했다. 편지를 이어붙인 두루마리를 조카 벳시와 저자가 펼쳐 들고 있다. 편지는 콜로라도 월터하임(지네트의 여름 별장)에 보관돼 있다.

지(1912년 8월 1일)를 후원자에게 보냈다.

이 편지는 지네트의 여름 별장 월터하임에 보관돼 오던 것으로 화선지 여러 장을 풀로 붙여서 이은 후에 두루마리 형태로 돼 있는 것을 2019년 현지 취재 과정에서 후손들이 공개해 알게 된 것이다.[41] 영변에 대한 소개를 비롯해 지난 학기에 이룬 업적 등 후원자들에게 보내는 전형적인 선교사의 보고 서신 형태를 띠고 있다.

사랑하는 프래트 지구의 여성 후원자 여러분

만약 여러분이 '레이디스 홈 저널'에 나오는 '키다리 아저씨(Daddy Longlegs)'[42]를 봤다면 내가 왜 더 자주 편지를 쓰지 못했는지 이해를 하실 겁

41) 생전의 지네트가 자서전을 쓸 때 보조했던 조카 손녀 벳시 보이어 풀스(82)는 이 편지가 후원 기관에 보냈던 것을 1926년 귀국 후 지네트 자신이 찾아내 보관해 온 것이라고 밝혔다. 한국의 산야가 엷은 천연색으로 그려진 화선지 위에 정성 들여 쓴 편지 원문을 손녀 벳시는 이 전기에 사용해 보라며 손글씨로 된 원문을 타이프로 작성해 2020년 1월 저자에게 편지로 보내왔다.

42) 고아원 소녀 주디가 대학에 진학해 4년 동안 후원해 주는 사람이 있었다. 주디는 감사의 편지를 쓰지만 후원자를 본 적이 없어 후원자를 상상으로 '키다리 아저씨'라고 부른다. 이 소설 이후 남모르게 후원하는 사람을 '키다리 아저씨'라고 하게 되었다. 진 아주머니는 후원자들에게 자주 편지를 못 보내는 데 대해 '키다리 아저씨'에서 주디가 대학 생활에 바빠 자주 편지를 보내지 못하는 것을 예로 들어

니다. 내가 보낸 마지막 편지를 받았다는 소식을 킹맨 구역으로부터 들었지만, 학기 중에는 너무나 바빠서 많은 편지를 쓸 시간이 거의 없었습니다. 또 제 마지막 편지가 킹맨 구역에서 프래트 지구로 당연히 전달됐을 것으로 생각했습니다. 나는 각 구역의 회원 명단을 알고 싶은데 최소한 각 구역에 속한 회원의 이름과 주소를 보내줬으면 좋겠습니다. 편지나 한국선교보고서를 보내드릴 수도 있기 때문입니다. 나는 여러분 모두가 훌륭한 한 해를 보내고 회원 수와 재정, 그리고 관심과 영성 분야에서 성과가 있기를 기원합니다. (이하 서술체로 기술)

이제 한국에 대해 많은 이야기를 듣고 싶어 한다고 생각하고 우선, 제가 현재 있는 곳부터 말하고 싶다. 한 달 동안 휴가를 위해 북쪽으로 올라와 영변이라는 곳에 있는데 이곳은 서울에서 기차로 9시간을 타고 와 이어서 25마일을 다시 가마를 타고 가야 되는 곳이다. 가마는 두 사람이 나르는 의자 같은 것이다.

가마에 앉으면 무릎을 꿇고 앉든가 아니면 앞쪽으로 다리를 뻗어야 하는데 그렇게 하면 앞에서 가마를 멘 사람의 등에 닿게 돼 그가 싫어한다. 이 가마에 앉는 데는 기술(양반다리)이 필요한데 나는 아직 배우지 못했다. 가마에 앉을 때는 앞사람이나 뒷사람이나 한쪽으로 너무 가까이 앉으면 안 된다. 가까이 있는 가마꾼에게 부담이 되기 때문이다. 그리고 등을 일정한 각도로 뒤로 눕혀야 하는데 그렇지 않으면 앞 사람에게 너무 무겁게 될 가능성이 있다. 가난한 이 남자 가마꾼들은 날씨가 더우면 너무 지치게 된다. 나는 그들에게 기운을 북돋워 주기 위해 노래를 불러줬는데 하나는 한국어로 "예수 사랑하심을 성경에서 배웠네…"를 불렀는데 앞쪽 가마꾼도 따라

양해를 구하고 있다. 원작 소설은 1912년 봄부터 작가 진 웹스터가 '레이디스 홈 저널'에 연재했다.

불렀다. 가사는 같이 했지만, 음정은 맞지 않았다. 그리고 우리는 "낮 빛보다 더 밝은 저 천국(In the sweet by and by)"을 불렀다. 뒤쪽 가마꾼은 신자가 아니어서 이교도에게 처음으로 전도를 했다. 그러나 강력한 전도는 아니었다. 우리는 모두 10시간의 육로여행을 했는데 중간에 두 시간을 쉬었다.

현재 우리 일행은 감리교 선교부 중 가장 북쪽에 있는 영변 선교구에 와있다. 주민 4,000명이 사는 마을이 있고 아름다운 산으로 둘러싸여 있는 곳이다. 우리 여성해외선교사회(W.F.M.S.)사택은 산기슭 언덕 중간쯤에 있다. 일행 4명은 이곳에는 처음 온 선교사들로 휴식을 취하면서 기운을 되찾을 목적으로 함께 있다. 장마가 계속돼 우리는 실내에 머물고 있어 거의 계속해서 편지를 쓰고 있다. 또 이곳에는 두 명의 한국어 선생님이 와 있어 매일 한국어 공부를 하고 있다. 이달이나 다음 달 초에 1년 차 한국어 시험을 치르게 돼 있어 현재 강도 높은 공부를 하고 있다. 이곳에는 또 3명의 선교사가 중국에서 왔고 일본에서도 3명이 와 있어 상당히 많은 선교사가 (휴가차) 와있는 편이다.

이곳에서 생활하는데 가장 좋은 점은 벼룩이 없다는 점이다. 서울에서는 거의 벼룩에 물리며 살았는데 전체적으로 벼룩에 물려서 딱딱하게 된 한 곳을 빼고는 그렇게 벼룩에 많이 물리지 않은 상태에서 이곳에 왔다. 그러나 나와 함께 온 올리브 파이 선생은 벼룩에 물린 자리에 독이 올라 여전히 붕대를 감고 있다. 하지만 이곳에는 모기가 많아 모기장 속에서 자고 있다. 지난밤에는 모기장 안에서 몇 마리를 잡았고 아침에는 더 많이 잡았다. 나는 벼룩이나 모기 모두 싫어하는데 모든 것을 생각해 보면 벼룩보다는 그래도 모기가 나은 것 같다.

장마 동안에는 다른 문제들도 있는데 옷들이 너무 축축해져서 곰팡이가 핀다는 것이다. 우리는 장갑 같은 것들은 과일을 담는 항아리에 넣고 다른 옷들은 주석으로 테두리를 한 상자 안에 넣어 보관할 수 있었으나 축축해지는 것이 문제였다. 우리가 듣기에는 수천 채의 집이 이미 홍수 때문에 파괴되었다고 한다. 이곳에서 많은 뉴스를 들을 수는 없으나 일본의 천황이 죽었다는 소식을 들었다.[43]

한국에 온 이래 모든 시간을 한국어를 공부하고 학생들을 가르치면서 보내고 있는데 내 한국어가 어느 정도 진전됐는지는 잘 모르겠다. 크게 진척은 없지만 몇 달 전보다 나아져 있다는 것은 알고 있다. 기도모임에서 여러 사람을 대상으로 간증하는 것을 제외하면 기도모임을 여러 번 인도했다. 하루에 최소한 4시간 한국어 공부를 하고 오후에는 1시 반부터 5시까지 이화에서 가르치는 일을 해왔다.

5월 30일과 31일에는 메이데이(5월 축제) 행사를 했는데 행사는 집단체조나 게임, 메이폴 댄스, 메이퀸 대관식 등으로 진행됐다. 모든 행사가 너무 아름답게 진행됐는데 165명의 여학생이 모두 흰 옷을 입고 너무 잘했다. 야외잔디밭에서 열린 행사에는 이틀간 아주 많은 군중이 몰려왔다. 어떤 할머니는 행사를 구경하기 위해 수 마일을 걸어서 오기도 했다 미스 파이와 나는 두 개의 농구 게임과 몇 개의 합창을 제외한 모든 집단체조를 지도했다. 이런 일은 방과 후에 해야 했기 때문에 엄청나게 힘 드는 것이었다. 그러나 나는 그런 일을 즐겼고 전부 보상을 받았다고 생각했다. 파이와 나는 내년에는 더 잘 만들 수 있도록 노력하기로 했다.

우리 학교의 대학 과정과 고등학교 학생들 가운데 '왕의 딸(King's Daughter)' 이라는 조직이 있는데 나는 그 모임에 나가 자주 학생들과 대화를 해오고 있다. 이런 방법은 내가 학생들과 친해질 수 있을 뿐만 아니라 그들의 마음속을 들여다보고 그들의 문제와 하고 싶은 것들을 이해할 수 있도록 해주는 길이 되고 있다. 만약 한 사람이 죄를 지으면 그가 죄를 고백할 때까

---

43) 7월 30일 사망한 메이지(明治).

지 그 자신은 물론, 하나님과도 편안하게 될 수 없다는 사실을 알고 여학생들은 생활 속의 시험을 이기고 승리한 이야기들을 '왕의 딸' 모임에서 항상 말했다. 시험에서 승리하지 못했을 때 나는 그 여학생을 생활 속의 나의 방으로 데리고 갔는데 (어떤 경우에는 학생 자신이 후에 찾아왔다) 나는 학생이 가진 문제에 대해 둘이서만 이야기를 하고 함께 기도했다. 이런 몇 가지 방법으로 여학생들을 도울 수 있게 된 데 대해 하나님께 감사했다.

통상적인 학교 수업 이외에 파이 선생과 나는 약 800명의 신도가 있는 교회(상동교회)에서 전도하는 일도 맡아서 하고 있다. 우리는 8명의 전도부인 일을 지도하고 미스 파이는 젊은 여성들을 위한 자수반을 가르쳤다. 나는 기도모임을 인도했다. 우리는 교회예배에 참석하면서 어린이들의 합창훈련을 시켰는데 파이 선생은 오르간 반주를 해줬다. 학교의 학기가 끝난 후에 우리는 많은 교인의 집을 방문했는데 그때에는 전도부인들이 동행을 해주었다. 나는 언제나 한국말로 말하려고 노력했는데 꽤 잘 할 수 있었다. 그렇게 잘할 수 있었던 것은 한국인들이 흔히 하는 질문이 늘 비슷했기 때문이다. 예를 들면 몇 살이냐? 어디에서 왔나? 같은 것들이다. 전도부인이 내가 서른 살이라고 하면 그것으로 대화는 거의 끝났다. 여기에서는 나이 든 사람이 훨씬 존경을 받고 있다.

교회 여성들은 옷을 자세히 살펴보고 내 손을 쓰다듬기도 하며 어떻게 그렇게 깨끗하냐고 말하곤 한다. 우리는 항상 찬송을 부르고 전도부인들은 성경을 읽었으며 잠시 말씀을 설교하고 기도했다. 만약 마을 사람들이 예비신자들이면 전도부인은 그들을 북돋워 주고 가르쳤다. 하지만 이교도일 때는 그들에게 옛날이야기를 해줬다. 나는 1년 내내 주말에 가정방문을 하고 싶었으나 매주 토요일 아침에 나가는 일은 어려운 상황이다. 그리고 전도부인들은 토요일 오후에는 일요일에 해야 할 성경 공부를 준비해야 했다. 현재 한국교회는 (한일 강제합병 이후) 어려운 가운데 있는데 매우 많은 목사가 감옥에 갇혀있고 다른 사람들도 항상 두려움 속에 살고 있다. 이런 상황은 믿음에 큰 시련이 되고 있으나 한국 교인들은 모든 상황을 고고한 모습으로 견디고 있다. 지금 미국 교회의 많은 기도가 필요한 시점이다.

우리 학생들은 프래트 지구에서 보내 줄 계획인 장갑을 받게 되면 행복해할 것으로 확신한다. 차트와 그림엽서는 항상 유용하다. 우리 교회에는 8개의 작은 선교교회가 있는데 그 교회들은 벽에 그림 엽서를 붙여 놓고 전시했는데 노인들도 젊은 사람 못지않게 좋아했다. 또 여러분이 나에게 보내줄 것으로 생각하는 작은 트럼펫 코넷 연주도 배우려고 한다. 내가 이곳저곳 다닐 때 코넷 같은 것으로 음악을 이용할 수가 있다. 코넷이 있으면 연주를 통해 몇 마일 떨어진 곳에서도 관중을 모을 수 있다. 노래를 부르면서 오르간을 연주하는 것보다 코넷이 훨씬 더 집회를 잘 인도할 수 있다. 그 이유는 코넷 소리가 오르간 소리보다 크게 들리기 때문이다.

오늘 밤 나는 선교사 모임에서 기도 인도를 해야 하므로 이제부터 그 준비를 해야 한다. 나는 올해 콜로라도에서 열리는 지부회의에 많은 분이 참석하기를 희망하고 있다. 참석자들은 읽는 것만으로는 얻을 수 없는 비전을 현장 모임에서 얻을 수 있을 것으로 생각한다.

나는 여러분 자신의 선교사이다.

지네트 월터

연차 총회(연회)

한국에 주재하는 모든 감리교 선교사들은 매년 봄 한차례 모여 정기 연회를 열고 지난 1년간의 선교 성과를 점검하고 다음 1년의 계획을 세웠다. 그중 지네트는 1913년 연회가 이화학당에서 열리자 숙식을 준비하는 과정과 연회에서 보고된 내용 중 가슴 아픈 이야기를 기록으로 남겨 놓았다.

서울에서 열린 연회에 참석한 여성선교사 중 일부

1913년 봄 학기에 모든 학생이 열심히 공부하고 있는 가운데 우리 선교사들은 서울에서 열리는 연회를 준비하고 있었다. 한국에 있는 지역 선교부에서 모든 선교사가 왔고 선교사들에게는 연회 기간이 사실상의 휴일이었다. 연회기간에 입기 위해 모두 새 옷들을 준비했고 이화학당은 모든 독신(single) 여성선교사들에게 숙소를 제공했다. 우리는 여분의 침대가 있었고 여자 선교사들은 간이침대를 갖고 오기도 했다. 이 해에는 특별히 남자 손님도 있었는데 배쉬포드 감독이었다. 나는 객실 관리자가 될 것으로 보여 몇 명의 청년들과 함께 집 전체를 깨끗이 하고 찾을 수 있는 모든 공간에 침대를 설치했다. 나는 또 오랜 시간 요리사인 수남이와 함께 무엇을 메뉴로 할지 상의했다. 많은 연회 참석자들은 유쾌하게 식사를 했다.

연회 회기 동안에 우리는 과거 연회에서 들었던 것과 같은 이야기들을 자주 듣는데 주로 우리 가슴을 아프게 하는 잃은 것들을 비롯해 즐거움에 눈물이 나오도록 하는 성공사례, 가슴을 파고들 듯한 도움을 간청하는 소리가 많았다. 한국 선교본부는 지방에 단 한 사람의 선교사만 보낼 수 있는데 의료 선교사를 보내야 할지, 전도 선교사를 보내야 할지가 문제였다. 해주에서 활동하던 노턴 박사는 아파서 미국으로 돌아가야 했다. 그가 떠나면 병원은 의사가 없게 되는 것이 문제였다. 이는 해주에 있는 미국인 가족뿐만 아니라 그 지역 모든 한국인도 의료 혜택을 받을 수 없게 되는 것을 의미했다. 노턴 박사는 심각한 질병에 걸려 있으면서도 일어서서 "여러분 내년까지 견뎌보겠다"고 말했다. 그러나 선교본부는 결과적으로 노턴 박사 후임으로 전도 선교사를 요청하기로 결정할 수밖에 없었다.

노턴 박사(왼쪽에서 두 번째)가 간호사 엣지와 노블 박사의 도움을 받으며 해주 병원에서 수술을 하고 있다.

중국 여행

지네트는 한국에서 일하는 동안 일본에는 미국을 왕래하다 들르기도 하고 일본 정부 초청으로 시찰을 하기도 했다. 그러나 중국은 1913년 여름 방학 동안 한 번 들렀다. 꽤 오랫동안 머물며 베이징을 둘러보고 페이타이호에서 휴가를 즐겼다. 휴가 기간 동안 중국에서 활동하는 동료들을 만나고 수양회에서 있었던 내용을 자세히 남겼다. 흔치 않았던 선교사의 중국 여행기였고 당시 중국에서 활동하던 미국 선교사들의 상황도 알 수 있는 내용이 포함돼 있다.

여성선교사들의 연회 기간에 몇 사람이 방학 동안 중국에 가자는 의견을 냈는데 제안자는 딜리로 여행 계획을 세우는데 몰두했다. (심지어 1967년에도 딜리는 나에게 크루즈 여행에 대한 글을 보내왔는데 딜리는 늙어서 보이지가 않고 나는 걸을 수가 없었지만 그런 상황에서도 딜리는 항상 여행 갈 준비를 했다) 그래서 1913년 파이와 나는 딜리와 함께 중국에 가 보기로 했다. 딜리는 영변에서 (중국에 사는) 이바 밀러 박사를 만났었고 미국 달러를 매우 좋은 조건으로 중국 돈과 바꿨으며 페이타이호에서 머물 수 있는 좋은 주택을 얻게 돼 우리는 출발했다.

중국에서 타는 2등 열차는 한국에서와 마찬가지로 그렇게 좋지는 않았다. 마치 가축 운반차 같았다. 하지만 묵덴(牧丹) 주변의 평평한 평원이 얼마나 좋았는지 나는 지금도 기억하고 있다. 꼭 캔자스와 같았다. 우리는 밤에 샨하이관(山海關)에서 묵었는데 이곳에서 우리는 만리장성을 잠시 보았다.

밀러 박사는 우리를 만나 텐진(天津)시를 구경시켜줬고 진짜 중국 음식을 먹도록 안내했다. 어떤 맛이었는지 모든 것을 설명할 수가 없다. 나는 모든 음식을 다 좋아했지만 하나만 예외였는데 썩힌 달걀[44]이었다. 메뉴에는 온갖 식자재가 다 쓰여 있었다. 아몬드, 배, 바나나, 수박씨, 샥스핀, 비둘기,

44) 송화단(松花蛋), 오리알을 점토, 소금, 재, 속겨를 섞은 진흙 속에 밀봉 저장해 만든다. 흰자가 검게 변함.

말, 오리, 소꼬리, 돼지 창자, 새우, 생선 위, 닭고기 젤리, 버섯, 견과류, 중국식 국수, 고기만두, 큰 생선, 밤, 케이크 등이다. 각자의 젓가락으로 먹지만 옆 사람의 접시에 음식을 덜어 주는 것이 예법이었다. 음식을 다 먹고 난 다음에는 손과 얼굴을 씻을 수 있는 뜨거운 물수건을 주었다.

북경에서는 내가 이제까지 본 것 중 가장 멋있는 선교부 단지 중의 하나를 보았다. 1900년 이후 모두 회색 돌로 지어졌는데 미스 주웰 성인(big girl)여학교, 병원, 의대, 남자 북경대, 대형기숙사, 교회, 선교사 사택 등이 있었다. 북경에서 우리는 또 천단(天壇) 하궁(夏宮) 석방(石舫: 대리석으로 만든 배) 등 매우 흥미로운 것들을 보았다. 우리는 의회의 회의에도 참석해 봤는데 의원들은 젊어 보였고 의장은 영적 지도자인 훌륭한 크리스천이었다.

우리는 의화단 사건[45] 당시 포위됨으로써 역사적 장소가 된 북경의 대사관 구역을 둘러보기도 했다. 의화단 사건이 일어나자 모든 선교사와 기독교인들은 감리교 선교사 거주 구역으로 모여 2주를 머물렀으나 적절한 방어가 되지 않자 영국 공사관으로 옮겨 갔다. 그곳은 약 5에이커(2만 평방미터)의 넓이였는데 450명의 백인과 수천 명의 중국인 군중들이 있었다. 72명의 선교사는 작은 교회로 옮겨서 갔고 7, 8월 두 달간 매우 더운 55일을 계속되는 공격의 와중에서 지냈다. 갈색 빵과 말고기를 먹기도 했고 밀가루 공급이 거의 끝나가고 마지막 말고기를 먹는 어느 날 일본, 영국, 독일, 미국의 4대국 군대가 와서 이들을 구출했다. 마지막 말고기를 먹을 때 그 말의 소유자였던 여성선교사는 그토록 자신을 위해 오랫동안 일해 주었던 말고기를 먹을 수가 없었고 그 말을 죽이도록 포기할 수도 없었다고 한다. 4개국 군대가 오자 의화단 무리는 겁을 먹고 달아났으며 수천 마일을 도망갈 때까지 멈추지도 못했다고 한다. 의화단의 난이 계속되는 동안 한 선교사

45) 1898년부터 1900년까지 일어난 백련교도 중심의 서양 기독교 세력 반대 무력 봉기.

는 어린 딸을 잃었는데 이 소녀는 다른 사람들을 보호하다 순국한 미국 병사들과 함께 묻혔다. 그 작은 교회에서 어떻게 살았는지 모르지만, 그 이야기는 비극 중의 비극이었다.

우리는 북경에서 멋진 시간을 보냈지만, 바닷가에 있는 페이타이호[46]의 작은 오두막집에 가기를 너무나 원했다. 도시의 열기를 떠나 작은 시골 정거장에 도착해 그곳에서 각자 당나귀를 타고 5마일을 더 간 끝에 페이타이호에 도달했다. 우리를 대접하기 위해 준 레몬수를 마셨는데 그 때문에 우리는 배탈이 났다. 이곳은 아주 조용했고 당나귀 울음소리만 들리고 소란스러운 시위도 없었다.

지네트가 중국여행 중 탔던 당나귀

작은 집들이 해변을 따라 흩어져 있는 페이타이호는 아름다운 곳이다. 작은 집 앞에 있는 계단을 내려가면 해변과 바다로 바로 갈 수 있었다. 우리는 중국에서 근무하는 여성해외선교사회(W.F.M.S.) 소속의 한 선교사로부터 이 집을 빌렸다. 한국에서 온 우리 일행 5명, 중국에서 온 2명의 선교사와 1명의 중국인, 일본에서 온 2명의 선교사가 모여 10명이 함께 지냈다. 즐거운 파티를 열었고 아침에는 몇 명이 각자의 언어를 공부했으며 나를 포함해 나머지 사람들은 편지를 썼다. 11시에는 우리 모두 수영을 나갔고 점심 후에는 잠깐 잠을 자거나 책을 읽었으며 다른 사람을 방문하거나

46) 페이타이호(Pei Tai Ho, 北戴河)는 하북(河北,허베이)성 친황다오시에 있는 구(區)로 발해(보하이)만에 접해 있는 유명한 해양 관광지. 베이징 동쪽 280km 지점에 위치.

방문객을 맞았다.

우리는 중국 선교기관에서 구해 준 두 명의 고용인과 한 명의 요리사, 심부름하는 소년이 있었지만 각자 집안 돌보는 일을 조금씩 해야 했다. 모든 식자재가 보관된 식료품 저장고가 있었는데 매일 아침 한가득 식료품을 요리사에게 내줬지만 낭비가 심해 더는 그런 방식으로 계속할 수가 없었다. (식료품이 필요 이상으로 사용돼 저장고에서 내 줄 수 없게 되자) 나는 요리사에게 그가 모든 식자재를 사서 우리에게 음식을 제공하되 얼마가 들겠는지 말해 주면 매일 우리가 지급하는 방식으로 바꿔 보자고 제안했다. 이에 대해 요리사는 계산하느라 하룻밤을 보내고 하루 40센트면 될 것 같다고 보고를 해 왔다. 우리는 두 가지만 요구를 했는데 식사에는 고기와 홈 메이드 아이스크림이 있어야 한다는 것이었다. 요리사는 식품 저장고에 있는 것을 구입하고 저장고 관리인에게 지불했으며 40센트보다 낮은 가격으로 필요한 식품을 구입해 돈을 남긴 요리사는 매우 행복해했다. 그는 자신이 매우 좋은 조건으로 식료품을 산다고 생각했고 우리는 모두 훌륭한 타협을 했다고 생각했다. 나는 가끔(음식량을 속여 차익을 챙긴) 그 요리사가 그의 전 고용주에게 다시 돌아간 후 잘 지내는지 걱정스러운 생각이 들었다.

중국에서 우리는 바로 현관 앞에서 물건을 샀는데 중국인들은 자신이 팔아야 할 물건을 가져와 현관 앞에 펼쳐 놨다. 그 상인은 편안한 의자에 앉아 뜨개질하거나 책을 읽으면서 물건에 관심 있는 이가 나타날 때까지 기다렸다. 손님이 나타나면 상인은 레이스 가격이 1야드에 20센트라고 했다가 손님이 8센트만 하자고 깎아 달라고 요구하면 10센트까지 올려 결과적으로 흥정이 되는 식으로 팔았다. 부엌에는 우리가 그런 흥정 과정을 거쳐 샀던 것들이 그대로 보관돼 있었다. 골목에서 판매 상인과 힘겹게 할인 흥정을 한 후 판매자도 구매자도 이익을 나누는 힘든 과정을 거친 물건들이었다. 우리가 산 것 중에는 손으로 만든 레이스를 비롯해 장신구, 칠기, 놋 제품, 은, 린넨 천 양탄자 등 아름다운 물건들이 많았다. 나는 크리스마스 때 줄 모든 선물을 샀다. 환율 조건이 좋아 예상보다 여행 직접 경비와 모든 비용이 적게 들었다.

중국에 있는 동안 중국 북부에서 온 여성의료선교사 글로스 박사가 생일을 맞았다. 중국 내 여성선교사들이 그녀를 위해 깜짝 파티를 열어줬지만 우리는 초대를 받지 못했다. 하지만 우리는 '치료연극'을 하는 방식으로 파티를 하기로 하고 아침 일찍 글로스 박사를 찾아갔다. 각자가 아픈 척하기로 했는데 한 사람은 어떤 종류의 통증을 앓고 있고, 다른 한 명은 뼈가 부러져 있거나 볼거리, 고초열, 눈의 통증을 호소하고 모두 붕대를 감고 있는 모습이었다. 글로스를 방문하고 그녀 앞에서 잠깐 시간을 보내자 마술에 의한 것처럼 모두 완전히 치료돼 집으로 돌아간다는 내용의 '연극'이었다.

과거 미국에서 학생자원봉사운동(S.V.M.) 단원이었다가 현재 중국에 해외선교사로 나와 있던 사람들이 소풍과 예배를 겸해 매년 여름 만나는 모임에도 참석할 수 있었다. 우리는 모두 산기슭에 모여 고향에서의 학교생활에 대해 대화를 나눴는데 주제는 학생 당시의 야망은 무엇이었는데 더 큰 봉사를 하기 위한 현재 자신의 야망은 무엇인지를 말하는 것이었다. 이런 주제로 이야기한 이유는 우리는 이미 선교 현장에 와 있고 학생 당시의 첫 번째 목표는 이미 달성했기 때문이었다.

야유회 식사가 끝난 후 산 정상으로 가면서 몇 개의 커다란 바위를 오르기도 했고 정상에서 이교도의 예배 의식 중에 북 두드리는 소리가 나는 마을을 내려다봤다. 마침 광활한 바다 위로는 달이 떠 있었다. 하늘이 매우 가까이 있는 것처럼 느껴지는 완벽한 장소였고 밤이었다. 우리는 우리를 도와주는 분들과 우리 자신을 위해 노래하고 기도했다. 또 이곳 현장에서 하나님의 사업을 위해 노력할 때 우리는 좀 더 영적 생활에 대해 알게 될지도 모른다고 생각했다.

한국의 부흥회

요즘도 부흥회가 열리면 교회는 신자들의 열기로 가득 차지만 우리나라에 부흥회가 시작된 1910년대의 부흥회는 대단한 열기 속에 진행됐음을 지네트의 글을 통해 확인할 수 있다. 일반 교회의 구체적 사례와 본인이 이화학당에서 경험한 이야기가 자서전에는 자세히 쓰여 있다.

만약 어떤 사람이 그의 삶 속에서 선과 악의 영을 믿으며 성장했다면 그 사람은 어떤 것이든 더 좋은 것을 기꺼이 택했을 것이다. 이화학당에 다니는 학생들은 머리의 정수리에 예외 없이 동전 하나 크기의 벗겨진 점이 있는데 그것은 천연두의 악령을 태워 버리기 위해 뜨겁게 달군 동전을 놓았던 자국이다. 몇 년 동안 예방주사를 맞게 함으로써 그 같은 관행은 치유됐고 이제는 어떤 어린이의 정수리에도 상처는 보이지 않는다. 이런 결과를 보며 학생들은 선교사들이 진정으로 자신들을 좋은 길로 인도하고 있다고 느꼈고 그들은 "예수 믿는 사람"이 되기 위한 마음의 준비를 했으며 믿기를 열망했다. 내가 도착한 1911년에는 한국에 많은 수의 기독교인들이 있었고 전국적으로 신자들 사이에서 대부흥이 일어났다.

대부흥회는 매년 며칠씩 모임을 갖는 것이 전통이다. 이를 통해 새로운 신자를 받을 뿐만 아니라 기성 교인들의 믿음을 갱신하는 효과를 거뒀다. 미국에서 공부하고 돌아온 전도사 미스터 김은 모든 지방선교구역에서 성공적으로 부흥회를 이끌었다. 북쪽으로 올라가 영변에서 많은 사람이 믿음을 갖도록 했으며 신자들은 부흥회에서 죄를 고백했다. 의사가 되기 위해 준비하고 있던 한 선교사의 조사(helper, 助師)는 더 이상 참을 수가 없어서 (부흥회 중) 일어나 10년 전 몇 가지 장사를 위한 계약을 하며 어떻게 속였는지 고백했다. 그는 25~30명으로부터 500엔을 빌렸는데 갚지 않았다. 고백 이후 그는 돈을 빌려준 사람이 어디 사는지도 몰랐지만, 의대를 가기 위해 모아 두었던 돈을 들고 전국을 다니며 마지막 한 사람까지 모든 빚을 갚았다. 정확하게 모든 돈을 갚은 뒤 목사가 되기 위한 공부를 했고 그는 목회 분야에서 훌륭한 능력을 발휘하고 있다.

공주에서는 우리 선교사 중 한 분의 성실한 일꾼이었던 사람의 이야기도 있다. 테일러 선교사는 돼지를 길렀는데 그 일꾼은 돼지 사료를 사는 일도 했었다. 그와 그의 아내는 사룟값에서 조금씩 떼어내 그것으로 식량을 사 먹었는데 그것이 돼지를 속이는 것이라는 것을 마침내 깨닫고 테일러 선교사에게 그만큼의 돈을 돌려주었다고 한다. 다음 날 저녁 이 일꾼은 집을 지키기 위해 집에 있었고 아내는 교회에 갔는데 아내는 교회에서 3년 동안 돼지가 먹을 음식을 가로채 먹었기 때문에 얼마나 양심의 가책을 느껴야 했는지를 고백했다.

이화학당에서 부흥회가 열리면 우리 선교사들이 도울 일은 거의 없었다. 학생들은 자신들이 행한 일에 대해 잘못을 깨달으면 스스로 고백했다

테일러 선교사가 논산의 한 마을에서 전도지를 나눠주고 있다.

이화학당 학생들이 성경 암송대회를 위해 학교 교회에 입장하고 있다.

고 믿을 때까지 기도했고 다시 행동을 시작했다. 가끔 우리는 학생들이 고백 통성기도를 할 때 우리의 이름을 듣기도 했는데 이런 내용이었다. "나는 체육 시간에 월터(지네트) 선생님을 속였습니다." "나는 월터 선생님을 미워했습니다. 왜냐하면 우리 방이 너무 비좁아 한 사람을 다른 방으로 보내 달라고 말씀드렸는데 선생님이 그렇게 안 해주셨기 때문입니다." 부흥사는 사람들이 저지르고 있는 죄에 대해 주의를 환기하곤 했는데 그러면 학생들은 다시 용서를 비는 기도를 시작하곤 했다. 학생들은 밤에 깜깜한 예배실에 들어가 크게 기도하는 경우도 있었다. 그들은 항상 큰 소리로 기도를 하면 한층 더 회개가 잘 될 수 있다고 믿었으며 같은 장소에서 다른 여학생이 같은 행동을 하는 것에 대해서도 전혀 의식하지 않는 것처럼 보였다. 예배 시간에도 기도할 때 목사는 함께 통성기도를 하자고 할 때가 자주 있었다. 결코 잊을 수 없는 일들이다. 가끔은 한 블록쯤 떨어진 길을 가던 사람이 (통성 기도 하는 소리를 듣고) 무슨 일이 생겼는지 들어와 보는 일도 있었다.

1920년 12월 학생들은 부흥회를 하고 싶어 했는데 급하게 계획된 일이라 부흥사를 구할 수 없게 되자 나에게 부흥회 인도를 부탁해 왔다. 나는 항상 새벽 5시 반부터 교사들을 깨우는 일을 했기 때문에 저녁에 부흥회를 인도하는 일은 약간 부담스러운 일이었다. 부흥회는 금요일 저녁에 시작해 토요일에 두 번, 일요일에 두 번 집회를 갖는 일정으로 진행됐다. 나는 부흥회에서 말을 많이 해야 했는데 강의실에서 한국말로 하는 것도 몹시 어려운 일이었지만 많은 학생이 모인 곳에서 통역을 통해 영어로 말하는 것도 상당히 힘든 일임을 알았다. 우리 이화 학생 중 한 사람인 헬렌 김(김활란)이 나를 위해 통역을 해줬는데 확실히 훌륭한 통역을 해줬다. 첫 집회가 끝난 후 우리는 통역 없이 시간을 절약하는 문제에 관해서 이야기를 나눴다. 나와 매우 친하게 지내는 친구 번 반하트(패트 반하트 YMCA 체육 선교사 부인)는 헬렌이 통역을 하면서 내가 했던 말에 첨가하는 경우가 있는 것처럼 보였다고 말했다. 부흥회가 열렸던 주말은 아주 좋은 주말이 되었고 집회는 내가 참석했던 어떤 집회만큼이나 좋았다.

부흥회에 덧붙여 우리는 자매결연(Big Sister)운동을 펼쳤다. 모든 상급 여학생이 3, 4명의 하급 여학생을 데리고 공부를 잘하도록 돕고 청결하도록 하며 바르게 자라도록 돕는 운동이었다. 몇몇 하급 학생들은 역시 더 아래 학년을 한 명씩 돕기도 했다. 이 자매결연으로 전체 학교는 자매들의 벌집같이 연결이 되었다. 부흥회가 끝난 다음 날 나와 김활란은 동대문병원에 가서 온종일 잠을 잤다.

여름 여행과 대동강 선상 가옥

지네트는 한국에 온 이래 영변을 방문한 것이 인상 깊었던 듯 1914년에도 영변을 찾았다. 영변을 가려면 인력거나 가마를 타야 하고 나룻배를 타기 위해서는 일꾼의 등에 업히기도 했다. 또 영변에만 머물지 않고 귀경길에 평양으로 나와 대동강의 배 위에 있는 선상 가옥에 머물며 피서를 하기도 했다. 당시로써는 아무나 할 수 없는 고급 휴가 방법이었다.

우리는 1914년 여름 다시 영변에 갔다. 2년 전에는 가마를 타고 재미있지만 불편하게 갔는데 이번에는 한 명이 앞에서 끌고 한 명은 뒤에서 미는 인력거를 탔다. 여행하는 동안 재미있는 시간을 보냈지만, 인력거꾼이 식사하느라 여러 번 쉬어야 했고 건너야 할 강도 여러 번 있었다. 나룻배가 강기슭에 가까이 올 수 없을 때는 남자의 등에 업혀 가서 배를 타야만 했다. 우리는 모두 한국 남자들보다 더 컸는데 키가 큰 스웨덴 출신 간호사 미스 앤더슨(앤디)은 정말 키가 커서 항상 다리가 물속에 빠진 채로 업혀 갔다. 나 자신이 업힌 모습은 볼 수 없었지만 아마 내 모습을 본다면 얼마나 재미있었을지 모르겠다. 나는 다른 사람들이 업혀 가는 것을 지켜보면서 웃느라고 정신을 못 차릴 지경이었다.

강을 건너야 할 때마다 일꾼들이 사공과 나룻배값을 깎느라 흥정하는 동안 많은 시간이 허비됐다. 마지막에는 이런 경우도 있었다. 한국인 집배원이 우편물을 노새에 싣고 왔는데 그는 나룻배 타는 것이 지연되는 것을 참지 못했다. 나룻배 사공의 상투를 움켜잡고 몇 대 두들겨 패자 그 결과로

대동강을 건너는 나룻배에 말과 사람이 함께 타고 있다.

1914년 영변에서 말을 타고 평양으로 돌아오는 중 나룻배를 기다리고 있다.

선교사 가족들이 여름에 휴가를 즐겼던 대동강 선상 가옥

여성선교사들이 여름에 휴가를 즐겼던 대동강 선상 가옥

나룻배는 즉시 출발했다. 우리 일행은 다시 영변에 거주하는 딜리의 집에서 묵었는데 쉬기에 아주 좋은 장소였다. (딜리는 벌써 다른 여행 계획을 세워 놓고 있었다)

딜리와 파이, 전도 선교사인 블랑쉬 배어와 나는 평양으로 나와 평평한 배 위에 작은 집이 있는 선상 가옥을 빌렸다. 배 위의 집에는 지붕이 있어서 비를 막아 줬고 갈대를 엮은 매트로 벽을 만들어 방과 방을 구분해 놓았다 우리는 페드로를 우리 일행을 돌보도록 심부름꾼으로 불렀고 4, 5명의 일꾼이 강가를 따라 걸으며 로프로 배를 끌어 올렸다. 강을 거슬러 올라가는 데는 모두 10일이 걸렸는데 일꾼을 포함한 모든 일행이 배를 타고 빠르게 내려오는 데는 하루밖에 걸리지 않았다.

작은 선상 가옥은 칸막이벽만 있을 뿐 천정은 뚫려있어 위쪽은 서로 통해 있고 뱃사공의 침실, 페드로가 자는 부엌, (모기장으로 둘러싸여 있는) 작은 간이침대가 놓여 있는 우리 방이 배 안에 나뉘어 있었다. 또 우리 방에는 작은 테이블과 풍금이 있었고 멍석 바닥 위에는 의자 4개가 놓여 있었다. 가져온 여행 가방은 간이침대 밑에 보관했다. 스토브는 숯불을 담을 수 있는

스텐더드 오일 주석 통으로 돼 있었는데 화로 대신 음식을 할 수 있는 훌륭한 도구였다. 배의 양쪽 옆에 물건들을 걸어 놓았고 강물에 그릇을 씻었다. 하루는 아침에 페드로가 너무 몸을 강 쪽으로 기울이다 빠지기도 했다.

마을 옆을 지날 때면 페드로는 배에서 내려 닭이나 생선, 계란을 사 왔다. 다른 것들은 우리가 가져왔었다. 뜨거운 빵을 하루에 세 번이나 먹었는데 원래 계획은 식사를 하루에 두 번만 먹을 생각이었다. 그러나 먹는 재미가 너무 좋고 맛이 있어서 식사는 한 번도 거르지 않았다. 마을에서 나타나는 사람의 얼굴만 보아도 그가 기독교인인지 아닌지 말할 수 있다는 사람이 있었다. 그에 따르면 기독교인은 깨끗하고 얼굴이 행복해 보인다고 한다.

풍금과 작은 트럼펫이 있었기 때문에 마을에서는 가끔 노래도 하고 연주도 했다. 매일 오후 나는 페드로와 함께 배의 고물 위에 앉아 그가 성경을 읽을 수 있도록 도와줬다. 페드로는 세례를 받기 위해 공부를 하고 있었다. 초기 한국 감리교 교인들은 입교하기 전에 많은 성경 지식이 있어야 했다. 하루는 선교사들이 타고 있는 다른 선상 가옥을 만나기도 했다. 우리는 함께 수영하고 차를 마시러 그 배로 가기도 했다. 그 배에서 우리는 일본과 독일이 전쟁 중에 있다는 소식을 들었다. 달리기 잘하는 한 배달부가 그들에게 매일 우편물을 갖다주고 있었다.

우리는 8월 하순 가을 학기 준비에 맞춰 학교로 돌아왔다.

6장 대학 활동과 특별학생

지네트의 자서전 내용 중 이화학당에 '왕의 딸(King's Daughter)'이라는 모임 내용이 나와 처음에는 조선왕조 말기, 고종이나 순종의 공주 관련 모임일 것으로 추측했다. 그러나 실제 내용은 단순한 이화 학생들의 이야기였다. 왕은 기독교 신앙에서 말하는 하나님, 즉 주님으로 그 왕의 딸은 이화학당의 독실한 기독교 신자 학생들이었다.

'왕의 딸' 모임

여름 방학이 되면 많은 학생에게 집으로 돌아가는 일은 언제나 (문제가 생기는) 어려운 일이었다. 예를 들어 부모가 절망적일 만큼 가난하면 나머지 가족들이 먹고살 돈을 구하기 위해 여학생을 팔아넘길지도 모르기 때문이었다. 또 어떤 가정들은 남편감을 찾아 결혼시킨 뒤 개학을 불과 며칠 앞두고 알려오기도 했다. 가끔 때에 따라서는 학생 자신이 결혼을 원하기도 했다. 한 여학생은 의족을 하고 있었는데 자신이 결혼할 기회가 없을 것이라고 생각하고 첩이 될 것을 생각하기도 했다. 심지어 한 2학년 담당 교사의 경우, 방학 이후에 돌아오지 않으면서 그 이유를 "나는 이화에서 가르칠 가치가 없다"고 편지를 보내오기도 했다. 하지만 1학년 담당 교사는 집에서(못 가게 하자) 도망 나와 학교에 돌아오기도 했다. 이 교사의 작은아버지가 만나러 왔는데 그녀는 작은아버지를 만나러 가면서 자신을 위해 (붙잡혀가지 않도록) 선생님이 동행해 달라고 우리에게 속삭이기도 했다. 프라이(Frey) 선생과 나는 이런 상황을 애석해했다. 그러나 다시 학교로 돌아온 모든 사랑스럽고 귀여운 여학생들을 생각했을 때는 기분이 좋아졌다.

프라이 선생은 일찍부터 나이 든 학생들을 몇 개의 소그룹으로 조직했고 소그룹의 대표 중에는 기독교인이 아닌 경우도 있었다. 이런 소그룹을 '왕의 딸 모임(King's Daughter Club)'이라고 불렀는데 회원들의 신앙생활 성장에 매우 큰 영향을 주었다. 회원 학생들은 찬송하고 기도했으며 성경 공부도 했다. 또 하나님이 그들을 위해 해주신 것에 대해 간증을 하기도 했다.

방학 후 첫 주에 모인 '왕의 딸' 그룹들을 각각 찾아가 보았는데 첫 번째 그룹은 성경과 찬송가를 가지고 들어가 기도하기 위해 고개를 숙이고

한 줄로 선 '왕의딸' 모임 회원과 지네트가 적은 14명의 이름

있었다. 두 번째 그룹은 "우리는 여전히 살아 있네"를 부르고 있었다. 세 번째 그룹의 대표는 방학 동안 모든 회원들을 돌보아 주셨던 주님에게 감사의 기도를 마음에서부터 쏟아 내고 있었다. 네 번째 그룹은 방학 동안 집에 있을 때 많은 죄악의 유혹 중에서 유혹을 이기는데 매우 귀중했던 몇 개의 구절을 적어 읽고 있었다. 다섯 번째 방은 앨리스 김(대학 과정의 김애식)이라는 더 나이 많은 학생이 8세에서 10세 사이의 하급 학년 학생 27명과 함께 앉아 나이 많은 학생들의 경험 중 하급생들에게도 중요한 것에 관해 이야기하고 있었다. 상급생 중 12살의 엘지가 말한 내용은 다음과 같은 것이었다. "나는 작년에 초등학교 과정을 끝내고 여름 내내 이화에 입학할 수 있도록 해 달라고 기도했었다. 그러나 어머니는 돌아가셨고 아버지는 너무 가난해 나를 학교에 보낼 수가 없었다. 그래도 나는 계속 기도했고 어느 날 목사님이 오셔서 이화 학교에 갔다 왔다면서 미국에 사는 몇 분이 몇 명의 학생들을 위해 학비를 내주기로 했다는 말씀을 해주시는 것이었다. 그래서 학교에 올 수 있었고 나는 하나님께 감사와 영광을 드린다."

다음 날 저녁 소그룹 대표로 활동했던 상급 여학생들이 회의를 위해 내 방에 와서 다음과 같은 말들을 했다. 다음은 살로매 박이 전하는 말이다.

"여자 소녀들은 집 밖으로 나오는 것이 허용 안 돼 신앙 활동을 할 수가 없었다. 그래서 나는 시골 사람들에게 학교가 나를 우쭐대도록 하거나 농촌의 허드렛일을 하지 못하도록 하는 곳이 아니라는 것을 알게 하기 위해 이웃 사람들처럼 옷을 입고 맨발로 가서 아침부터 밤까지 들판에 나가 일했다. 마을 사람들은 여대생이 저렇게 할 수 있느냐며 놀라워했다."

다음은 마가렛 황이 들려준 이야기이다.

"평양에는 방학 동안 이화에서 온 학생이 몇 명 있어서 그곳에서도 '왕의 딸' 모임을 구성했고 우리와 만나는 몇 명의 교회 여학생들과 만났다. 우리는 모두 함께 용기가 생기는 것을 느꼈고 '왕의 딸 모임'이 역시 다른 소녀들을 돕는다고 생각했다."

다음은 마르셀라 신(신마숙, 대학 과정 1회 졸업생)의 이야기이다.

"나는 여름 내내 학교에 있었지만 매일 여러분을 위해 기도했다. 기도 내용은 여러분 모두가 유혹과 시련을 이겨내도록 지켜 달라는 것이었다."

다음은 앨리스 김이 전해 주는 내용이다.

"전에 나는 부모님들이 좋은 기독교 신앙을 갖고 있다고 생각했다. 두 분은 믿기는 했는데 이단들과 똑같이 살고 있다는 것을 알았다. 그 모습은 내 마음을 고통스럽게 했는데 (학교로 돌아가기보다) 집에 머물면서 그들의 신앙생활을 도와야 한다고 생각하기까지 했다. 그러나 나는 하나님께서 내가 학교 공부를 끝내고 주님을 위해 일하는 것을 더 원한다고 생각했다. 이제는 부모님들이 예수님을 다시 찾도록 밤낮으로 기도할 생각이다."

대학 과정 첫 졸업 배출

1914년은 지네트로서는 교육선교사로서 첫 결실을 거두는 해로 의미가 깊은 해였다. 이화학당에서 고등학교 과정도 담당했지만 대학 과정 담당을 위해 특별히 선발돼 왔기 때문에 대학 과정 졸업생 3명의 첫 탄생은 잊지 못할 큰일이었다. 이들의 졸업 과정은 물론, 그 후의 삶에 대해서도 자세히 소개하고 있다. 특히 앨리스 김(김애식)은 독감에 걸렸을 때 기도하며 치료까지 해 준 사연을 전했다.

1914년 이전에는 고등학교 졸업 예배만 있었으나 1914년에는 4명의 고등학교 7학년생 졸업축하 뿐만 아니라 첫 대학교 졸업식도 거행했다. 이 날은 이화뿐만 아니라 한국의 모든 여성을 위해서도 대단한 날이었다. 대학과는 3명의 졸업생이 있었는데 도로시 이(이화숙, 1892~1979), 마르셀라 신

KOREA'S FIRST COLLEGE GRADUATES

Dorothy Ye *Alice Kim* *Marcella Syn*

COLLEGE
CLASS DAY EXERCISES

MARCH THIRTY-FIRST

Impromptu	Schubert	Alice Kim
Invocation		Choi Moksa
Sweet and Low	Barnby	Quartette
Oration, Play as an Educational Factor		Alice Kim
Welcome Sweet Spring-time	Rubinstein	Dorothy Ye
Oration, A Survey of Korean Art		Marcella Syn
Oration, Longfellow, the American Poet		Dorathy Ye
Meditation	Morrison	Marcella Syn
Class History		Alice Kim
Class Prophecy		Dorathy Ye
Call Grace	Bradbury	Quartette
Benediction		

FIRST
COLLEGE COMMENCEMENT

April First

PROCESSIONAL

Largo	Handel	Laura Ye
Invocation		O Moksa
O'er the Waters	Rowley	Quartette
Address		Rev. A. L. Becker
Tripping O'er the Hill	Bohm	Chorus
Address		Rev. Frank Herron Smith
Presentation of Diplomas		
To Thee! O Ewa!	Eichberg	Class
Benediction		

RECESSIONAL.

1914년 이화학당 대학 과정 첫 졸업생. 왼쪽부터 이화숙, 김애식, 신마숙, 아래는 3월 31일 졸업식 전야 프로그램과 4월 1일 졸업식 식순

(신마숙, 1892~1965), 앨리스 김(김애식, 1890~1950)이었다. 졸업기념행사 예행연습을 하는 날 저녁에 3명의 졸업생은 각각 연설을 하고 노래 한 곡씩을 불렀다. 연설 주제는 각자의 관심을 보여주고 있는데 '교육 요인으로서의 놀이' '한국 미술 탐구' '미국 시인 롱펠로' 였다.

다음 날 우리는 실제 졸업예배를 보았는데 아름다운 음악과 함께 A. L. 베커 박사와 프랭크 H. 스미스 목사의 축사가 있었다. 베커 박사는 이미 한국에서 오랫동안 활동했고 당시 이화대학 이사회의 멤버였다. 스미스 목사는 한국에 있는 일본인 담당 선교사로 활동하고 있었다. 축사 후에는 3명의 학생이 '오, 이화를 주님께'를 불렀다. 이 노래는 가사가 영어로 돼 있었으나 한국인들도 그 의미를 이해했는지 많은 사람이 울었다. 이날은 즐거운 시간이 계속되는 날이었고 한국 여성이 고등교육을 받을 수 있다는 사실과 앞으로 그들에게 훌륭한 기회가 있을 것이라는 사실을 청중들도 실감하며 기쁨의 눈물을 흘렸다.

첫 졸업생들의 삶

3명의 이화학당 대학과 졸업생들은 졸업했지만 후배들을 가르치고 이화학당의 고등학교 과정을 강화하기 위해 학교에 계속 남았다. 이들은 몇 년 동안 자신들의 많은 것을 후배와 한국의 여성들을 위해 바쳤다. 그 후의 삶에 대해서도 지네트는 계속 관심을 가졌다.

도로시는 결혼해 미시간의 앤 아버에서 사업하는 한국인 남편과 미국에서 살았고 딸만 넷을 두었다. 첫째 딸 로살리는 의사가 돼 중국인 전문가와 결혼했고 둘째 딸 플로렌스는 기하학 전공자로 정부 기관에서 일하는 중국인과 결혼했다. 셋째 딸 도로시는 화학자로 역시 중국인 전문가와 결혼했고 넷째 딸 알렌은 약대 졸업 후 약사로 일하고 있으며 한국인과 결혼해 미국에 살고 있다.[47]

마르셀라도 미국에 왔고 비즈니스 프로젝트에 참여해 일을 매우 잘해냈다. 최근에 죽었다(1968년).[48]

---

47) 이화숙은 상해임시정부 국무원 참사로 활동한 공적이 인정돼 건국훈장 애족장(1995년)을 받았다.
48) 신마숙은 3.1운동 후 중국 등에서 활동하다 미국에 거주하며 독립자금을 보낸 공로로 건국훈장 애족장(1995년)을 받았다. 이화여대 역사자료에는 1965년 사망.

앨리스는 졸업 후 1914년 여름 독감에 걸려 오른쪽 폐에 문제가 생겼다. 내 방 밖의 현관에는 두 개의 작은 간이침대가 있어서 앨리스 김과 건강이 좋지 않은 다른 학생이 그곳에서 잠을 자도록 해 줬다. 당시 나는 미국에 있는 후원자들에게 '하나님이 값을 매길 수 없이 소중한 이 두 사람에게 그의 손을 안수하사 그들이 한국을 위해 일할 수 있도록 해줄 것을 기도해 달라' 고 편지를 썼다. 하나님께서는 기도를 들어 주셨다. 음악선생으로 왔던 그레이스 하먼이 미국으로 떠나자 앨리스 김이 후임이 되어 모든 음악 관련 업무를 넘겨받았다. 앨리스 김은 폐와 목의 문제 때문에 합창반 지휘를 할 수 없었으나 그 밖의 모든 음악 관련 일을 다 했다.[49]

내가 이화에 있는 동안 앨리스 김은 늘 많은 부문에서 큰 도움이 되었다. 앨리스 김은 자신이 맡은 음악과 일을 하면서 그에 더해 사무실에서 몇 가지 특별한 일을 자주 해줬다. 훌륭한 타이피스트였던 것이다. 앨리스 김은 한국 의사인 정 박사와 결혼해 세 아들을 두고서도 이화에서 계속 일을 했다. 첫째 아이는 일찍 죽고 둘째 아이는 장애가 있었는데 16세 때 죽었다. 그리고 얼마 후 남편 정 박사도 죽자 그녀에게는 17세의 아들 용규(Yongkue) 만 남았는데 머리가 좋고 항상 학급에서 1등을 해 앨리스 김에게는 큰 위안이 되었다. 앨리스 김은 건강이 좋고 일을 할 수 있을 때까지는 행복해했었다. 그러나 그 후 자신도 앓게 되자 나에게 보낸 편지에서는 자신의 병이 치료될 수 없는 것이라고 쓰기도 했다. 그녀는 두려움 없이 용기 있게 자기 죽음을 서서히 맞아들이고 있었다. 앨리스 김은 죽음을 앞두고 단 한 사람과만 이야기를 나눴는데 바로 처치(Church) 선생이었고 혼자서 절망스러운 앞날을 맞았다. 앨리스는 서울 가까운 언덕에 있는 작은 정원의 한 곳에 묻혔다. 그곳에는 김활란의 친한 친구였던 이정애(초대 간호교육과장)가 누워 있었

---

49) 김애식은 미국 엘리슨 화이트 음악학교 졸업 후 이화여대 음악과 초대 학과장으로 재직.

고 김활란의 묘(경기도 가평에 있는 이화수목원)도 예정돼 있는 곳이었다. 앨리스 김이 죽은 후 청년이 된 용규는 군에 들어가 나라를 위해 목숨을 바쳤다.

앨리스 김의 삶이 이화와 한국에서 무슨 의미가 있는지에 대해 이제까지 다뤄진 적이 별로 없었다. 그녀는 많은 다른 선생님들보다 훨씬 성숙한 생각을 갖고 있어서 우리가 학생들을 지도할 때 도움을 받았고 항상 그의 판단에 의존할 수 있었다. 앨리스 김은 35년 동안 수천 명의 학생을 길러내 한국 전체에서 그 학생들이 피아노를 치고 노래를 부를 수 있게 했다. 앨리스 김 이전 한국인들은 아주 오랫동안 음악을 (생활 속에서 즐길 줄) 모르고 살아왔다.

김활란 – 돋보이는 학생 중 한 사람

지네트의 일생에서 가장 가깝게 지낸 이화인 중 한 사람을 꼽으라고 하면 주저하지 않고 대답할 인물이 김활란 박사이다. 김활란의 집안 내력부터 학교생활, 교직원으로서의 생활, 미국 유학 생활 등 여러 차례에 걸쳐 지네트는 그녀에 대해 언급하고 있다.

19세기 말 항구도시인 제물포에는 초가지붕이었지만 부유해 보이는 한 집이 있었다. 안쪽의 마당은 장미를 비롯해 모란, 과꽃과 석류나무로 차 있었다. 이 집에서 한국의 전통적 양반인 김 씨가 행복하게 살고 있었다. 김 씨는 학구적이고 중국 고전에 정통했으며 과묵하고 인내심과 품위가 있는 사람이었다. 그의 부인은 진지하고 관대했으나 강한 성격의 소유자였다.[50] 부부는 1남 4녀를 두었다. 어머니는 임신했는데 아들을 낳게 해달라고 무

50) 김 씨는 김활란의 아버지로 김진영(金鎭淵), 어머니는 박도라(朴蜀羅).

김활란 총장의 환갑(1958) 당시 사진

거운 몸으로 터덜터덜 걸어 올라가 돌이 쌓여 있는 서낭당에서 다시 제일 꼭대기에 돌을 얹어 놓으며 수도 없이 빌었다. 하지만 낳아 놓고 보니 딸이었다. 실망했음에도 불구하고 부부는 딸을 받아들이고 어린 딸을 사랑했다. 부부는 딸의 이름을 '기득(己得)'이라고 지었는데 "돼지띠의 해에 태어났다"는 의미라고 했다.[51] 김 씨 부부는 김활란이 다섯 살 때 우상숭배물을 불태우며 기독교인이 되었고 '기득'은(7세 때) 세례를 받으며 세례명인 '헬렌(Helen)'을 따라 이름을 '활란(活蘭)'으로 개명했다.

김씨 일가는 그 후 서울로 이사했다. 가장 큰 이유는 딸들이 모두 좋은 교육을 받기 원했기 때문이다. 아들도 물론 좋은 교육을 받기 원했다. 헬렌은 주간학교에 다녔고 후에 이화에서 장학금을 받았다. 고등학교에 다니면서 매우 진실한 종교적 체험을 했으며 한국 여성의 지위를 향상시키는데 봉사하기 위해 하나님과 교회에 자신을 헌신하기로 결심을 했다. 고등학교 졸업식 날 한국어와 영어로 한 강연은 제목이 '한국의 여성 교육'이었다. 김활란은 이화학당의 대학과에 들어가며 학생들을 돕기 위한 클럽을 조직하기 시작했고 뛰어난 학생이었기 때문에 학생들의 리더가 되었다. 미국인 선생들은 "심성도 함께 성장하지 않고는 사람이 그렇게 열성적인 마음을 가질 수는 없다"고 말했다.

김활란은 1918년의 유일한 대학교 졸업생으로 이화에서 바로 가르치기 시작했다. 처음 미국에 유학 갈 수 있는 기회가 생겼을 때 그해 이화에는 (교수나 교사의 수에) 여유가 없다고 생각해 유학을 거절했다. 하지만 후에 김

51) 김활란은 1899년 돼지띠의 해인 기해(己亥)년 생이다.

활란은 미국으로 갔고 오하이오의 웨슬리안대학교에 가기 전에 여름을 캔자스주 킹맨에서 우리 부모와 보내기도 했다. 웨슬리안대학에서는 2년 후 문학사 학위(1924년)를 받았다.[52]

웨슬리안대학에서는 한국에도 알려진 에스더 벡과 기숙사 방을 함께 썼으며 김활란은 성숙해지며 훌륭한 여성으로 성장했다.[53] 김활란은 신임 선교사로서 한국에 가는 사람들에게 이런 충고의 말을 해 줬다. "한국의 관습이나 사고방식이 미국과는 다르지만, 반드시 열등한 것이 아니며 어쩌면 더 우수할 수도 있다는 것을 기억해 주기 바란다."

김활란은 웨슬리안대학을 우등과 함께 파이 베타 카파(Phi Beta Kappa, 최우등졸업생회) 열쇠를 받으며 졸업했다. 웨슬리안대학은 후에 김활란에게 엄청난 찬사와 함께 명예 법학 박사학위를 수여했다.

김활란은 미국에서 3년째 되던 해(1925년)에 보스턴에 머물면서 계속해서 박사학위를 할 것인지 아니면 귀국했다가 기회를 보아 미국에 다시 올지를 놓고 큰 결심을 해야 했다. 나는 당시 뉴욕에 있었는데 우리는 이 문제를 놓고 밤늦게까지 이야기를 나눴다.[54] 김활란은 다시 미국에 올 수 있는 기회는 없을 것이라고 생각하고 계속 머물러야 된다고 생각했다. 하지만 나는 김활란이 한국으로 가서 한동안 일을 하다가 다시 기회를 봐서 와야 한다고 생각했다. 김활란은 오하이오 웨슬리안대학의 은사인 워커 교수에게 충고를 구하는 편지를 보냈는데 그의 답장은 "일을 위해 한국으로 돌아가라, 인생은 길다. 이번이 (네가 미국에서 공부할 수 있는) 마지막 기회는 아닐

---

52) 김활란은 미국으로 오던 중 배 안에서 식사했던 것이 잘못돼 킹맨의 지네트 부모 집에 도착한 후 발병했다. 킹맨 의사들의 검진 결과 장티푸스로 판명돼 격리 치료를 받았야 했으나 본인의 뜻과 지네트 부모의 배려로 집에서 치료를 받았으며 치료비도 지네트 부모가 지불했다고 밝혔다. 김활란 자서전『그 빛 속의 작은 생명』(1965, 여원), pp.107~112.

53) 에스더 벡(Esther Beck)은 중국에서 선교사로 활동했으며 자서전『아시아의 부름: 중국과 싱가폴에서 선교사로 보낸 나의 삶』을 남겼다.

54) 지네트는 1924년 안식년 동안 뉴욕 컬럼비아대에서 석사과정 중이었다.

것이다"는 내용이었다. 김활란은 이 충고에 따라 한국으로 돌아가 5년간 열심히 일한 후 다시 미국으로 와 컬럼비아대 사범대학에서 박사과정을 시작했다. 1년간의 수업과 두 번의 여름학기 강의를 들은 후 1931년 박사학위를 받았는데 박사학위(Ph.D)를 받은 첫 한국여성이었다. 그 후 미국을 몇 번이나 방문했는지 모른다.

서은숙

지네트는 또 이화여대에서 총장서리를 할 정도로 중요한 역할을 한 서은숙에 대해서도 처음 '춤순이'라고 부른 사연부터 졸업 이후의 활동까지 자세히 소개했다.

서은숙 교수 회갑(1962) 당시 사진

> 내가 캔자스주의 킹맨에서 한 때 가르치기도 했던 주일학교에서 이화학당 학생 중 한 명을 지원해 주기로 결정했다고 알려왔다. 나는 우수한 학생이었지만 꽤 수줍음을 많이 타는 한 여학생을 선정해 알려줬다. 이 학생은 반에서 제일 어리고 작았는데 어릴 때 이름이 '춤순이'여서 나는 항상 그렇게 불렀는데 어른이 된 후 '서은숙'이 되었다. 서은숙은 내 방에서 조수를 했는데 모든 것을 깔끔하게 잘 정리해 주었고 모든 나의 옷을 수선해 주기도 했다. 양반가문 출신이었던 서은숙은 여섯 살이 되었을 때 기독교인이 되었는데 다른 대부분의 기독교인들과 마찬가지로 부모는 어린 딸들을 초등학교에 보냈다. 그 후 서은숙은 중학교와 고등학교를 이화에서 다녔고 1923년 이화학당 대학과를 졸업했다. 그 후 서은숙은 이화에서 가르쳤고 몇 년 동안은 평양고등학교에 있으면서 신망받는 교사가 되었다.

비록 그녀 자신은 인생을 재미있고 진짜 익살꾼처럼 살았지만 교실에서는 전혀 어리석은 모습을 보이지 않았다. 서은숙은 학생들을 어떻게 다룰지 알았고 특히 내가 평양에 있는 동안 큰 도움이 되었다. 현재 한국에 있는 사람 중 나와 가장 긴밀히 연락하고 있는 사람이다.

고아소녀 블랑쉬 결혼 '작전'

지네트는 불우한 환경의 제자가 있으면 교육을 시키는 것은 물론, 결혼을 위해 중매에 나서고 그 후 어머니의 마음으로 그들을 돌보았다. 일제강점시대 목사로서 국내에서 많은 역할을 하고 미국에서도 활동했던 임두화 목사의 부인 블랑쉬가 대표적이었다.

학교 시작 초기에 병이 있어 보이는 블랑쉬라는 이름의 어린 고아 소녀 학생이 있었다. 몇 명의 학생은 그 고아 소녀와 한방을 쓰는 것도 무서워했지만 프라이 학당장이 개인적으로 보살펴 줘 병이 낫기 시작했다. 하지만 프라이 학당장이 (1921년 미국에서 치료 중) 소천하자 그녀가 맡았던 학당장 책임이 나에게 맡겨졌다. 블랑쉬를 맡는 것도 여러 일 중의 하나였는데 왜냐하면 블랑쉬에게는 새로운 계모가 필요했기 때문이다. 블랑쉬는 프라이 학당장이 죽었다는 비통한 소식을 듣고 나에게 와서 누가 자기를 돌보아 줄 것인지 무척 걱정했다. 그래서 나는 내가 돌봐 줄 것이라고 약속하니까 안심하는 것처럼 보였다. 블랑쉬는 고등학교를 졸업하고 초등학교에서 가르치고 있었다. 대학에 가는 대신에 음악 교육받기를 원해 교사가 된 것인데 당시 학생들은 고등학교를 졸업할 나이쯤 되면 어떻게 결혼을 할지 고민하며 안절부절못하는 경향이 있었다. 당시 주변을 보면 결혼하지 않은 남자가 거의 없었는데 한국의 남자들은 모두 아이 때 조혼을 했다.

하루는 한 젊은 목사가 미국에서 온 친구와 함께 와서 나에게 두 사람 모두 예배에 참석하고 싶다고 말했다. 나는 그 친구가 인상이 너무 좋아 보여서 여학생들과 이야기하고 싶은 생각이 있는지 물어봤다.[55] 미국에서 왔지만 그는 한국인이었고 이름은 임두화[56]였다. 그는 미국에서 오래 살았고 미국 남부 악센트가 있는 영어로 말했지만, 한국말은 잘 못 했다. 학생들은 그와 대화하는 것을 너무 재미있어했는데 나는 강단 위에서 그의 뒤에 앉아 그들을 주의 깊게 관찰했다. 예배 후에 나는 임두화에게 결혼했는지 물어봤는데 그는 "안 했다"고 대답했다. 그 대답을 듣자마자 나는 우리 학생들에 대해 말하면서 "우리 학생들을 만나기 전에는 어떤 처녀와도 결혼 약속을 하지 말라"고 당부했다. 내가 이렇게 한 이유는 그가 고향에 가면 바로 그날 그곳의 한국 어머니들이 신랑감으로 낚아 챌 수 있기 때문이었다.

점심때 이화의 선생 등 동료들에게 내가 본 것을 말하자 그들은 모두 벳시, 마리아, 성실 등과 임두화가 어울려 보인다고 말했다. 그러나 나는 블랑쉬를 (그의 짝으로) 염두에 두고 있었다. 우리는 파티를 계획하고 남자 대학생 중 결혼하지 않은 두 명과 임두화까지 3명을 초대하고 여학생은 다섯 명을 초대했다. 나는 여학생들에게 파티가 있다는 것을 알리고 가장 멋있는 옷을 차려입고 오라고 말해줬다. 학생들은 깜짝 놀랐는데 처녀와 총각이 만나는 그런 종류의 파티를 한국에서는 들어 본 적이 없었기 때문이다. 저녁 식사 시간에 블랑쉬를 임두화의 옆에 앉히고 처치 선생이 추천한 다른 여학생 베시는 두화의 맞은편에 앉혔다. 우리 두 학생을 두화로부터 가장 유리한 자리에 자리 잡도록 한 것이다. 맛있는 저녁을 먹은 후 게임 놀이를 하고 블랑쉬는 피아노를 쳤으며 벳시는 노래를 불렀다. 파티가 끝나자 임

55) 사실상 사귀어 보도록 권유하는 것.

56) 임두화(林斗華)는 평남 대동군 출신으로 일찍 미국에 가 초등학교부터 다녔으며 미국에서 유학해 목사 안수를 받고 협성신학교 교수, 종교교회 담임목사 등을 지냈다. 1933년 다시 미국에 건너가 목회 활동을 했다.

두화는 밤기차를 타고 지방으로 갔다.

그러나 그 후 임두화로부터는 아무 말이 없었다. 닷새를 기다렸으나 여전히 아무 말도 없었다. 나는 한국 어머니들이 (마음이) 급해 임두화를 신랑감으로 점찍어 놓을 수 있다는 것을 알기 때문에 그에게 편지를 써서 지난번 파티가 재미있었는지 물어보았다. 임두화는 바로 학교에 와서 그가 여학생들을 좋아한다고 밝히며 벳시를 가장 좋아하는 것 같다고 말했다. 나는 가슴이 철렁 내려앉았지만 벳시의 좋은 점을 이야기한 후 덧붙여 말하듯이 자연스럽게 블랑쉬는 친척이 전혀 없는 고아라고 말했다. 나는 (딸린 식구가 없다는 것이)한국에서 할 일이 있는 젊은이에게는 큰 이점이라는 것을 알고 있었기 때문에 그렇게 말했다. 우리는 다시 각각 두 여학생과 데이트할 수 있도록 주선을 해줬는데 벳시와는 학교가 끝났을 때 학교에서 만나도록 했고 블랑쉬와는 방학 동안 평양에서 만나도록 했다. 왜 그랬는지 모르겠지만 임두화는 벳시와는 전혀 데이트하지 않았다. 평양의 김덕수 가족이 8월 대동강을 거슬러 올라가는 저녁 피크닉을 계획해 손님들 모두 재미있는 시간을 가졌는데 임두화는 달빛 비치는 나무 아래에서 블랑쉬와 단둘이서 만났다. 임두화가 블랑쉬에게 결혼을 해 줄 수 있겠느냐고 묻자 블랑쉬는 내가 허락해 줘야 할 수 있다고 말했다고 한다. 임두화는 나의 동의를 얻는 것에 대해서는 (내가 이들의 만남을 주선했으므로) 걱정하지 않았고 그들은 나의 인정 아래 약혼을 하기로 했다. 9월 보름달이 다시 될 때 두 사람은 이화의 우리 현관에서 만나 임두화가 블랑쉬의 손가락에 반지를 끼워주었다. 나는 현장에 나오도록 초대를 받았는데 한국에서 '어머니'가 되는 재미있는 경험을 했다. 두 사람은 10월에 결혼하기로 했는데 그것은 다시 보름달이 되는 1922년 10월 22일이었다.

모든 사람이 교회 결혼식을 아름답게 꾸미기 위해 협력해 같은 반의 친구들이 모두 흰 옷을 입고 복도를 따라 길을 만들어 주었다. 미국인인 웰치 감독과 한국인 목사가 주례했고 우리 음악 교사인 매리 영이 연주했다.

리셉션은 이화학당의 응접실에서 했고 신혼부부는 하룻밤 허니문을 위해 미국인이 운영하는 호텔 중의 한 곳으로 갔다. 후에 나는 가끔 그들의 집을 방문했는데 맛있는 음식을 해 먹고 있었다. 임두화는 한국 남부지역의 감리교 목사가 되었고 첫 아이(아들)가 태어나자 이름을 스튜어트 월터 임으로 이름을 지었다. 스튜어트는 임두화가 미국에 있을 때 그에게 친절하게 잘해준 여성의 이름이었다. 월터는 한 작은 고아 소녀를 위해 남편을 주시도록 기도로 도운 선교사[57]의 성이었다.

임두화와 블랑쉬는 한국교회에서 12년을 보낸 후 1933년 하와이 호놀룰루에 있는 한국인 교회를 맡기 위해 떠났다. 두 사람은 진주만이 폭격을 당할 때(1945년) 그곳에 있었는데 그 후에는 3년 동안 샌프란시스코의 한국교회를 맡아 떠났다. 임두화는 자신의 교회 목회 이외에 한국 선교와 관련해 특히 동부 연회에서 많은 강연을 했다. 나는 임두화가 샌프란시스코에서 살 때 한 번 방문했고 그때 보니 어린 딸 펄(Pearl)이 더 태어나 있었다.

임두화는 가슴 건강 상태에 문제가 있었는데 내가 샌프란시스코를 방문한 지 얼마 되지 않아 두 아이와 블랑쉬를 남기고 소천 했다. 그 후 블랑쉬는 아이들과 로스앤젤레스로 이사했다. 아이들은 고등학교와 대학을 졸업한 후 모두 일을 하고 있었다. 아들 스튜어트는 결혼해 남매를 뒀는데 생명보험회사에서 보험자 분석담당자로 일했다. 여동생인 펄은 훌륭한 음악교육을 받고 레스터 김 박사와 결혼을 했다. 김 박사는 태평양 연안을 따라 많은 교회를 위해 일하는 팔로스 베르디 반도 교회 위원회의 목회 상담자였다. 김 박사와 펄은 2남 1녀를 두었다.

이제 혼자 된 블랑쉬는 신학교의 도서관에서 몇 해 동안 계속 바쁘게

57) A. 지네트 월터 본인의 성을 이름으로 사용하도록 한 것.

일했었다. 블랑쉬는 내가 있는 콜로라도의 월터 하임으로 여러 번 방문했는데 한국에서 가져온 김을 계속 갖다주었고 직접 만든 '녹는 순간(Melting Moments)' 이라는 이름의 매우 맛있는 캔디를 가져오기도 했다. 나는 한번 블랑쉬에게 임두화를 위해 파티를 열었던 날의 저녁에 대해 말하며 '선택될 수 있을 것으로 꿈을 꾸었느냐' 고 물어본 적이 있었다. 내 물음에 대해서 블랑쉬는 "진 아줌마, 내가 어떻게 그를 잡을 수 있겠는지 생각조차 해 보지 못했다"고 대답했다.

지네트가 미국 유학 출신 목사 임두화와 결혼시킨 고아 소녀 출신 블랑쉬(1956년 LA 거주)

청년 성경공부반

한국에 와서 얼마 안 됐을 때 지네트는 청년성경공부반을 가르쳤다. 참가자들은 모두 영어를 배우는 데 열심이었고 성경 공부하러 오는 것을 즐거워했다.[58] 1914년 이 청년성경공부반의 수료 모임을 피크닉으로 하기로 했는데 학생들이 모든 계획을 세웠다. 지네트는 "한국인들은 놀이를 좋아해 우리는 노래를 부르고 게임도 했다. 피크닉에서 우리는 태피[59]를 뽑아내려고 노력했지만 모두 설탕에 절인 것처럼 되었다"고 했다. 또 "저녁을 먹은 후 성경공부반을 열었고 학생들은 어떻게 하나님이 자신들에게 나타났는지와 일 년 동안 유혹을 이기고 승리한 일, 기독교인이 되기로 결심한 일, 교회에 나가고 세례받은 일들에 관해 이야기했다"고 말했다. 특

58) 지네트는 1925년 컬럼비아대에서 석사과정을 마치고 한국에 귀임하기 전 뉴욕 중국식당에서 열린 환송연에서 조병옥의 환송 인사 내용을 소개하며 조병옥이 청년 성경공부반 참가자였음을 밝히고 있다. 이 책 282쪽.

59) 설탕을 녹여 만든 재료로 늘려서 만든 무른 사탕.

히 "한 남학생이 (피크닉 하러) '여기 산기슭으로 올라와 있는 것이 마치 마태복음 5장(산상수훈을 말씀하신 언덕) 속에 사는 것 같다'고 한 말이 기억에 남는다."고 전했다.

결혼하고 싶은 생각 없냐고 물은 한국어 선생

지네트의 한국어 선생 중 한 명이었던 월터 원 이(李)는 제자는 아니었지만, 아들같이 여기고 보살폈던 한국인 중 한 사람이었다. 그는 배재 출신으로 지네트의 추천으로 일본의 아오야마대학 신학부에 입학했다.

새와 나무를 수놓은 자수제품으로 생가에 보존돼있다. 1913년 크리스마스에 월터 원 이(李)가 선물한 것. 액자 뒷면에는 '서울 경신학교' 제조라고 써있다.

> 나에게 한국어를 가르쳐 주었고 내 성경공부반의 학생이기도 했던 22세의 한 청년이 하루는 매우 슬퍼 보였다. 우리는 함께 거의 1년을 공부했는데 그의 어머니는 일찍 죽었고 혼자 살고 있었다. 독학으로 고등학교에 다니며 대학도 다니고 미국에 갈 꿈까지 꾸고 있었다(모든 한국의 학생들은 미국에 가고 싶은 꿈을 갖고 있다). 그는 교사가 되기를 원했다.
>
> 가우처 박사(John F. Goucher, 1845~1922)[60]가 도쿄에 있는 신학교에서 공부하도록 두 명의 학생에게 장학금을 줄 예정이었는데 나의 한국어 선생인

60) 순회설교자로 활동 중 1833년 조선 보빙사 일행을 미국 대륙횡단 열차에서 만나 한국 선교에 대한 관심을 가짐. 6회에 걸쳐 내한했으며 일본 아오야마(靑山)학원 대학을 지원했다. 월터 원 이(李)도 청산학원에 유학했을 것으로 추정된다.

이(李)도 도쿄에 유학 갈 계획을 세우고 신체검사를 받았다. 나는 가우처 박사의 허락을 받는 조건으로 그를 추천했는데 가우처 박사는 장학생이 전도자가 되기를 원했다. 그는 며칠 동안 이 문제로 고민했는데 며칠 후 만약 주님이 자신을 전도자로 만들 수 있다면 그는 기꺼이 주님께 기회를 바치겠다고 말했다. 그는 차비도 있어야 했고 양복도 필요해 나는 내 수표책을 꺼내 비용을 주었다. 그는 "2년 동안 외국에 가서 공부할 수 있도록 해 달라고 기도했는데 이제 하나님께서 모든 것을 응답해 주셨다"고 말했다. 며칠 후 그는 나에게 내 이름을 그가 사용할 수 있게 해 달라고 요청을 해 왔다. 그는 나에게 첫 번째 이름인 '앨시아(Althea)'가 좋은 뜻을 가진 것이라면 '앨시아'를 이름으로 사용하고 싶어 했다. 나는 그것이 여자 이름이라고 알려주고 나의 성인 '월터'가 좋겠다고 말했다. 우리는 그가 떠나기 전에 기도했는데 바닥에 무릎을 꿇고 팔꿈치를 의자 위에 놓고 손을 모아 기도했다. 기도가 끝나 일어나면서 그는 손수건을 꺼내어 기도 중 그가 의자 위에 흘린 눈물을 닦아 냈다. 그는 이런 말도 했다. "이제 선생님은 저의 어머니입니다. 드릴 말씀이 있는데 내가 돌아오면 결혼할 처녀를 원하고 있습니다. 저는 선생님이 나를 위해 한 사람을 준비해 주실 것으로 믿습니다." '어머니'가 된 나는 만약 그가 5년 이내에 돌아오고 훌륭한 사람이 된 것이 확실하면 최고의 신부 중 하나를 맞게 될 것이라고 약속했다. 그는 나에게 도쿄의 학교에 다니는 동안 가끔 편지를 보냈는데 다시 만나지는 못했다. 나는 그가 후에 한국에 돌아와 배재에서 가르친 것으로 알고 있다.

한국에 온 가우처 박사

나는 그가 좋은 아내를 찾았기를 바란다.

김치 방학

김치는 지네트가 한국에서 먹기 시작한 이래 평생을 먹었던 한국 음식이다. 미국의 후원자들이나 친지들에게 한국인이 먹는 대표적 음식의 하나로 소개했다. 또 매년 겨울 시작 전에 대표적으로 담그는 김치에 대해 학교의 경우, '김치 방학'도 있었다고 소개하며 한국인의 음식문화에서 갖는 김치의 중요성을 설명했다.

매년 가을, 배추(Chinese cabbage)가 알맞게 크면 모든 한국 사람들은 김치를 담근다. 김치는 배추, 무, 파, 셀러리와 고추로 만드는데 밥과 함께 하루 세 번을 먹는다. 김치는 한국의 고유음식으로 아마도 어떤 다른 나라에도 비슷한 음식은 없을 것 같다. 한국인이 외국에 나가 있으면 김치는 가장 그리워하는 음식이 된다. 한국 어린이 합창단이 최근 미국 순회공연을 할 때 그들이 머무는 몇 곳에 김치를 보내기도 했다. 1967년 베트남에서 싸운 용감한 한국 군인들은 한국에서 보낸 크리스마스 선물로 엄청난 양의 김치 선물을 받기도 했다.

우리 여학생들도 100통가량의 김치를 (항아리에) 담가 겨우 내내 차갑게 보관되는 땅속에 묻어 놓고 먹었다. 학교는 모든 사람이 김치 담그는 일을 해야 했고 약 1주일 동안 수업도 하지 않았다.

김치는 서양 사람들이 만드는 사우어크라우트(소금에 절여 발효시킨 양배추)와 비슷하게 만드는데 김치 특유의 강한 냄새가 나지만 맛은 훌륭하다. 김치 담그는 첫날은 야외에서 찬물에 배추를 씻는 것으로 보낸다. 나는 아픈 사람들은 실내로 들어가라고 권했지만, 안에 들어가면 (배추를 씻는 대신)

지네트가 찍은 이화학당의 김장

채소를 양념과 버무리고 속 넣는 모습

김장독에 채우는 모습. 지네트는 항아리 100개에 김장 김치를 채웠다고 했다.

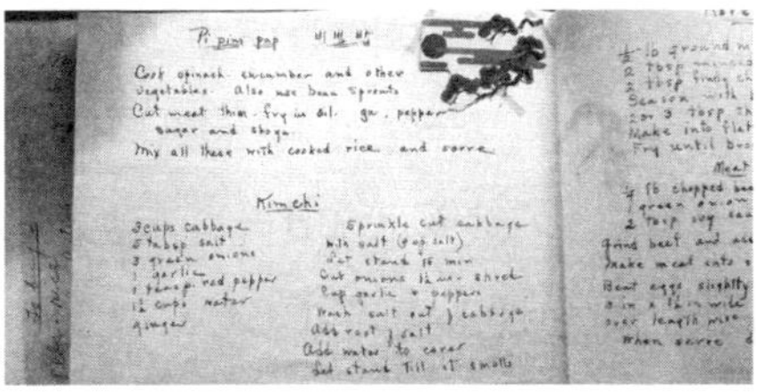

지네트가 월터하임 여름 별장에 보관한 한국 음식 만드는 법 메모, 비빔밥과 김치 만드는 법. 메뉴 중에는 계란말이, 만둣국, 시금치나물도 보인다.

고추를 잘게 썰어야 하는데 그러다 보면 눈과 손이 따갑게 되거나 다칠 수가 있어서 학생들은 차라리 밖에서 일하는 것을 선호했다. 배추를 모두 씻은 후에는 잘라서 큰 그릇에 있는 양념을 집어넣은 후 큰 통속에 차곡차곡 집어넣었다. 이런 식으로 힘들게 한 주일을 일해야 하지만 일상생활에서 벗어나 방학같이 보내기 때문에 학생들은 김치 담그는 것을 즐겼다. 미국에서 담글 수 있는 간단한 김치 레시피를 소개하면 다음과 같다.

셀러리, 배추 3컵, 소금 3숟가락, 파 3개, 마늘 1개, 다진 빨간 고추 2숟가락, 다진 생강 1숟가락, 물 1.5컵

씻은 배추는 사방 1인치(2.5cm) 크기로 잘라 놓는다. 두 숟가락의 소금을 뿌려 잘 섞어 놓고 15분 동안 놔둔다. 파는 윗부분을 포함해 1.5인치(3.7cm)

크기로 자르고 세로로 채 썰어 놓는다. 마늘, 고추, 생강은 다져 놓고 15분간 소금에 절인 배추는 찬물로 두 번 씻어 준다. 준비된 양념을 배추와 섞고 1 찻숟가락의 소금을 첨가한 다음 돌 항아리나 유리 항아리에 넣는다. 배추가 잠기도록 물을 붓고 며칠을 기다린다. 따뜻한 날이면 하루면 충분하고 추운 날이면 (익도록) 5일은 기다려야 한다. 냉장고를 이용해 김치는 몇 주라도 보관할 수 있다.

아낌없이 도와주는 한국인들

지네트는 1910년대 한국인의 삶은 궁핍하고 모든 것이 어려운 환경이었지만 그런 가운데서도 어려운 일이 발생하면 희생적으로 돕고 참여하는 학생들의 태도가 인상적이었던 것으로 보인다. 당시 만주에 사는 한국인들이 기아에 허덕이자 그들을 돕기 위해 여학생들이 고깃국 안 먹기를 결정한 일이라든가, 학교 건물을 짓기 위해 배재학당 학생들이 노력 봉사에 나선 일들을 자서전에 기록했다. 특히 교회 빚을 갚기 위해 졸업생 김애식이 졸업 반지를 헌금하자 이를 몰래 사들인 지네트가 몇 년 후 돌려주는 내용에서 그녀의 제자 사랑 정신을 엿볼 수 있다.

1914년 초 만주로부터 그곳에 사는 한국인들이 굶주려 아사지경이라는 말과 함께 긴급한 구호 요청이 왔다. 우리 학교 학생들도 돕기를 열망했으나 돈이 없었고 기껏 모았지만 충분한 기부금이 못 되는 13달러밖에 안 됐다. 학생들은 두 달동안 고기를 먹지 않기로 하고 50달러를 기부했다. 50달러는 국에 넣을 고기를 살 수 있는 돈이었다. 프라이 교장은 그 점을 안쓰럽게 생각하고 그의 생일날에 개인적으로 돈을 내 고깃국 잔치를 하도록 했다.

배재학당은 이화학당과 인접해 있는 남자학교로 새로운 건물을 꼭 지을 필요가 있었으나 미국 감리교 선교본부로부터는 아무런 지원도 오지 않았다. 하지만 학생들은 가난할 대로 가난해 돈을 낼 수가 없자 건물 짓는 일에 직접 노력 봉사를 하기로 결의했다. 이에 휴 신(Hugh Cynn)교장은 시간당 3.5센트를 주기로 했는데 3,000달러가 약속됐다. 다음 정기연회에서 신 교장은 선교사와 목사들이 먼저 도와줄 것을 요청해 와 목사들의 경우, 교회와 목사 자신이 5달러 이하로 기부하기로 약정했다. 가난한 학생들에게 5달러는 큰돈이었고 선교사들은 2,250달러를 모금했다.

한국에서 우리 선교사들은 자신의 돈을 기부하는 아주 축복받은 특권을 누릴 수 있었다. 당시 나는 초등학교와 고등학교, 대학 과정 남학생 3명에게 장학금을 주고 있었다. 한 여학생이 미국에 공부하러 갈 때, 모든 친구들이 자기가 만든 옷감을 후하게 주어 이 학생은 옷을 잘 입을 수 있었다.

학생들이 출석하는 우리 교회의 목사가 일요일 오전 예배 시간에 헌금에 대해 이야기를 했는데 그 내용은 교회가 전임 목사에게 200달러의 빚을 지고 있다는 것이었다. 빚을 갚기 위해 교인들이 모았지만 50달러밖에 걷히지 않았다고 한다. 한국인 여자 선생님과 대학교 여학생들이 만나 무엇을 할 수 있는지에 대해 말하고 기도한 끝에 나온 결론은 각자 방으로 돌아가 무엇이든지 돈이 될 만한 것을 가져오자는 것이었다. 그들은 또 좀 더 어린 학생들도 이 모금에 동참시켜야 된다고 생각했다. 모든 학생이 무엇인가를 기부했는데 현금은 17달러, 반지와 핀이 35개, 집에 있던 비단도 헌금으로 내놨다. 이 밖에 스타킹, 속옷, 구두, 알람시계 2대, 손거울 등도 있었다. 한 어린 학생은 태어났을 때 어머니가 결혼식 때 옷을 만들어 주려고 준비해 두었던 아름다운 빨간 비단도 바쳤다.

3명의 우리 학교 대학과 학생들이 졸업 자축기념으로 아름다운 금반지를 자신들의 돈으로 사서 꼈는데 우리 선교사들은 사치스러운 것 아니냐며 그들을 꾸짖었었다. 하지만 그들은 "한국에서 처음 있는 대학교 졸업인데 우리는 멋있는 반지를 원한다"고 말했다. 그런데 이날 헌금 된 반지 중에는 이들의 반지도 포함돼 있었다. 반지와 함께 졸업식 의상도 내놓았다. (이런 헌금용 물품들이 수집될 때 우리 선교사들은 학교 구내에 있지 않고 정동교회에서 영어예배를 보고 있었다) 한 가난한 어린 학생은 헌금할 것을 찾을 때까지 여러 번 방을 왔다 갔다 했는데 마지막으로 가져온 것은 닭 모양의 도자기로 자신의 방에서 유일하게 내놓을 만한 것이었다. 한국 전통에 따르면 (여자가 커서 머리를 처음 자르면) 그 머리카락을 어머니에게 갖다주는데, 여학생 벳시는 길게 딴 머리를 "어머니보다 하나님이 우선"이라며 가져왔다.

우리 선교사들은 수집된 물건 중에서 많은 것을 샀다. 또 한국인 교인들도 많은 옷가지를 샀다. 나는 나의 안식년 휴가 때 벳시의 머리카락과 몇 개의 반지, 실크 제품들을 미국에 가지고 갔다. 나는 우리 집이 있는 교회에서 이런 사연을 이야기해 사람들로 하여금 한국인들이 가난하게 살면서도 실제로 얼마나 후한 사람들인지 느끼게 해주었다. 나는 몇 가지 선교 프로젝트에 필요한 모금을 할 때마다 자주 이 이야기를 했다. 졸업 기념 금반지를 내놓은 사람 중 한 사람이 1회 졸업생 앨리스 김이었다. 몇 년 후 앨리스 김이 결혼하자 나는 당시 샀던 반지를 간직하고 있다가 그녀에게 돌려줬다.

그로부터 40년이 지났지만, 한국인들의 인심은 여전히 후하다. 현재는 가난이 그렇게 심하지 않아 그들은 더 많은 기부를 하고 있다.

학생들의 수필

학생들의 작문 실력 향상을 위해 이화학당에서는 가끔 주제를 주고 글을 짓게 했다. 언젠가 한 번은 'A 지네트 월터'가 이 글쓰기의 주제가 되기도 했다. 이때 나온 에세이 중 두 학생의 것을 지네트는 자서전에 소개했다. 두 학생 모두 1918년 스페인 독감 대유행 때 독감 치료하는 스승의 모습을 에세이에 담고 있다.

지네트와 각별한 인연이 있던 학생들의 스냅사진.
1번 박인덕, 2번 김애식, 5번 김활란 등이 보인다.

이화에는 많은 외국인 선생님이 있고 우리(학생)는 그들을 매우 잘 안다. 이제 나는 그들 중의 한 사람에 대해 쓰려고 한다. 그분은 선교사로 큰 믿음을 갖고 있다. 그녀의 몸은 매우 튼튼하고 건강해서 이제까지 아픈 모습을 본 일이 없다. 다른 사람보다 훨씬 크지도 않고 외면적으로 보기에는 살도 찌지 않았는데 내면적으로는 매우 살이 쪄 있다. 외국인들은 꼭 간호사 같은 역할도 하는데 우리 학생들이 독감에 걸려 어떤 도움을 요청하면 이 선교사님은 매우 친절하게 우리를 간호해 준다. 이 외국인은 앞치마를 두르고 적십자 모자를 쓰고 있으며 손에는 아픈 사람을 위해 약과 체온계를 들고 있다.

이분은 또 가난한 사람을 사랑하고 돕고 있으며 아무 재료나 이용해 만든 옷을 입고 눈에는 안경을 쓰고 있다. 손목에는 금시계를 차고 있어 멋있어 보이고 똑똑해 보이며 경쾌하게 움직이는 모습이다. 이분은 어린이 교육에 대해 알고 있고 아기와 아픈 사람을 어떻게 돌보는지에 대해서도 알고 있다. 언제나 흔들의자에 앉아 있는 것을 좋아하고 한국 음식도 잘 먹고 한국말도 매우 잘한다. 이 선생님의 성격은 매우 관대하고 말이 없진 않지만, 성질이 급하지 않으며 항상 참고 많은 일에 관심을 갖고 있다. 선생님은 어느 때 보더라도 모든 남학생이나 여학생에게 미소를 짓고 재미있게 이야기하며 매우 친절하게 대해 주신다. - 김성실 씀

이화학당 숙소 현관 앞에 앉아 독서하는 지네트

나는 우리 학교에서 마음이 따뜻하고 친절하며 용기 있는 선생님을 만났는데 그 선생님은 35세이거나 그 이상으로 보인다. 그 선생님의 몸매는 크거나 살이 쪘거나 마르지도 않아서 멋있게 보인다. 선생님은 좋은 기독교인이시고 사랑하는 마음을 갖고 계신다. 얼굴은 행복하고 즐거워 보여 항상 다른 사람들을 행복하게 만드신다. 또 분명하고 친절하게 말씀하시고 아프거나 슬퍼하거나 불행하다고 생각하는 사람들을 사랑하신다. 아픈 학생을 병원에서 간호사처럼 보호해 주시기도 한다. 안경을 쓰고 있어 품위가 있어 보이며 매우 잘 가르치시고 정확하게 가르쳐 모든 학생이 빨리 이해하고 알도록 해 주신다. 선생님은 또 다른 사람보다 더 많은 자비심을 갖고 있어 가난한 사람과 거지를 위해 많은 날과 시간을 쓰고 있으며 돈과 옷을 주시기도 한다. 그래서 선생님은 한국에서 큰 기적을 만드는 일꾼 중의 한 분이시다. 선생님은 병원에서 가난하고 어린 남녀 학생들을 돌봐주시고 가르치며 함께 살고 있다. 이렇게 선생님은 한국과 또 다른 나라에서 아름다운 마음을 갖고 누구든지 도와주고 있다. - 윤성덕 씀

7장 중간 휴식

신경쇠약으로 동대문병원 입원

1911년 한국에 온 지네트는 1914년 3년째 되던 해 이국 생활에 지친 탓인지 본인의 표현에 따르면 몸과 마음이 허물어지는 것 같은 느낌이 들어 병원에 가서 진찰해 본 결과 '신경쇠약'이라는 것이었다. 당시에는 아스피린이 없어 우울증에 시달리고 몇 달 동안 요양이 필요한 병이었다. 지네트는 동대문병원[61]이 감리교 여성해외선교사회가 운영하던 여성병원이

동대문에서 본 동대문 병원(왼쪽)과 교회

61) 현재의 이화여대 목동병원의 전신.

었지만 입원실 머리맡에 놔둔 석류를 밤새 쥐가 먹을 정도로 위생에 취약했음을 밝히기도 했다.

서울은 성벽으로 둘러싸여 있고 4개의 대문이 있다. 이화는 서대문에 가까이 있고 시내를 가로질러 약 3마일쯤 떨어져 있는 곳에 동대문이 있다. 그곳에 여성해외선교사회(W.F.M.S)가 소유하고 있는 큰 병원이 있다. 주로 임산부들을 위한 병원이다.

한국에 온 지 3년쯤 지났는데 병이 났다. 나는 내 방을 교실 삼아 방바닥에 앉아 있는 몇 명의 대학과 학생들을 계속해서 가르치고 있었다. 하루는 작은 흔들의자에 편히 앉아 쉬고 있는데 저녁에 몸과 마음이 허물어지는 것 같은 느낌이 들어 다음 날 동대문병원에 들렀다. 현재 병원과 비교하면 약간 원시적이었지만 나만의 개인 방도 있고 가장 편안한 곳이었다. '앤디'라고 부르는 나오미 앤더슨이 수석간호사로 나를 돌봐줬는데 스웨덴 출신의 미국인이었다. 나와는 친한 친구로 우리가 별명으로 '파이어티(Piety)' 62라고 부르는 올리브 파이를 제외하고는 입원 중에 어떤 면회객도 사절했다. 진단 결과는 신경쇠약이었다.

당시에는 아스피린이 유행되지 않아서 밤에는 잠을 자기 위해 싸워야 했고 낮 동안에는 우울증에 시달려야 했다. 나는 입원해 있으면서 뜨개질로 갓난아기용 양말 만드는 법을 바로 배워 어머니들이 아기들을 데리고 병원에서 집으로 갈 때 뜨개질 양말을 기꺼이 선물했다. 간호사 앤디는 내가 배웠던 한자를 공부하고 있어서 우리는 한자를 가지고 게임을 했는데 앤디의 한자 선생인 청년이 가르치러 올 때마다 한자 게임을 했다.

병원은 지독한 악취가 나는 어떤 공장 옆에 있었다. 하루는 어떤 사람

---

62) 사람의 별명이지만 '경건'의 의미도 갖고 있다.

이 나에게 석류를 하나 줬는데 향기가 너무 좋아서 밤새 냄새를 즐기기 위해 머리맡에 놓아두었다. 그런데 아침에 일어나 보니 쥐가 절반을 먹고 절반만 남겨 놓고 있었다.

앤디는 원주에 의료선교사로 와 있는 오빠가 있었는데 오빠에게는 부인 해티와 두 딸(3살 베라, 갓난아기 리사)이 있었다. 베라는 고모인 앤디를 만나기 위해 서울에 와 있었다. 앤더슨 박사가 90마일 떨어진 원주 집으로 데려가기 위해 서울에 왔을 때 앤더슨 박사와 앤디는 요양을 위해 내가 얼마 동안 원주에 가 있는 것이 좋겠다고 결정을 했다. 그래서 추수감사절 하루 전날 우리는 바퀴가 3개인 사이드카를 타고 떠났다. 베라는 내 다리 사이에 앉았고 추수감사절 식용 거위도 실었다. 사이드카는 한 번 고장 났는데 앤더슨 박사가 직접 고쳤다. 원주에는 우리 이외에는 다른 외국인이 전혀 없었고 나는 성대한 환영을 받았다.

앤더슨 가와 함께 보낸 원주

신경쇠약 치료를 위해 더 이상 이화학당 근무가 불가능하게 된 지네트는 원주에 있는 선교부 병원에서 요양 치료를 받게 된다. 그러나 단순히

원주로 가는 길에 여주 북한강 나룻배에 실린 모터 사이클

앤더슨 박사가 모터 사이클 고치는 모습을 바라보고 있다.

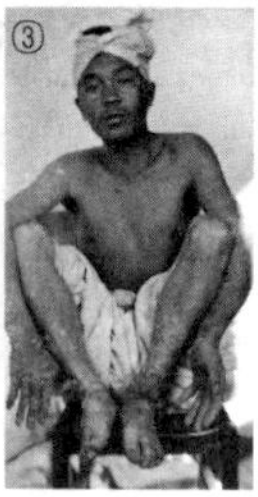

① 앤더슨 박사 부부
② 발을 수술받은 어린이의 수술 전과 후의 모습
③ 심한 무사마귀 환자

요양만 한 게 아니고 그곳 원장인 앤더슨 박사를 도와 각종 난치병 환자나 상처 입은 사람을 도와주며 그곳 환자의 실태를 기록으로 남겼다.

앤더슨 박사와 동생 앤디는 둘 다 스웨덴 출신이고 미국에 사는 친척들이 많았기 때문에 원주 선교부는 스웨덴 출신 미국인들의 전적인 지원을 받고 있었다. 앤더슨의 가족은 생일날에는 특별한 행사를 함으로써 축하하거나 몇 명의 한국인과 차를 마시면서 축하하기도 했다. 해티는 우리 집안(Walter) 모든 사람 이름을 외우고 그가 족보 중 어디에 속해있는지도 알았다. 딸 베라와 나는 매일 걸었는데 베라의 금발 머리는 항상 마을 사람들의 시선을 끌었고 가끔 원주 사람들은 우리를 그들의 집으로 초대하기도 했다. 어떤 날 저녁에 현관 벨이 울려 나가보니 키가 큰 중국인 두 명이 서 있는데 한 사람은 입을 벌린 채 서 있었다. 앤더슨 박사를 부르자 박사는 그가 개구장애(파상풍에 걸려 입 주변 근육이 마비된 상태)인 것을 알고 한국말로 설명해 준 후 필요한 치료를 해 주었다.

하루는 앤더슨 박사가 병원으로 나를 불러 이상한 광경을 보라고 했다. 두 명의 맹인 형제가 한 명은 소의 고삐 줄을 잡고 있고 한 명은 소를 탄 채 시골 마을에서 새롭게 문을 연 외국인병원으로 그들이 시력을 되찾을 수 있는지 가능성을 알아보러 온 것이다. 두 사람은 마을을 지나가는 어떤 교인으로부터 예수와 병원에 대해 들었는데 거기에는 목사도 없고 치료할 돈도 없어서 실의에 빠진 채 무속을 믿었다고 한다. 두 사람은 눈을 수술하면 다시 볼 수 있을 것이라는 말을 듣고 끝을 모를 만큼 좋아했으며 한 주 후로 다시 돌아올 날짜를 잡았다. 두 사람이 소를 타고 떠날 때 그들은 하나님을 다시 믿으리라 생각했다.

시골에서 오는 환자 중 복부에 거대한 종양 덩어리를 갖고 있는 환자가 있었다. 앤더슨 박사는 나에게 마취제 주사를 놔 줄 수 있겠느냐고 물어서 나는 전혀 경험이 없다고 말하며 내가 자진해서 해 본다고 하더라도 그 전부터 했던 한국 사람이 하는 게 더 좋을 것 같다고 말해줬다. 하지만 앤더슨 박사는 나와 하면 더 잘 할 수 있을 것 같다고 계속 주장을 했는데 그 이유는 마취에 필요한 지시 사항을 영어로 하는 게 쉽기 때문이라고 했다. 하지만 나는 그런 경험을 하고 싶지 않았는데 다행히도 내가 크리스마스를 앞두고 서울로 돌아올 때까지 그 여성 환자는 병원에 오지 않았다. 그 후 나는 앤더슨 박사가 그 여자의 수술에 성공해 50파운드(22.5kg) 이상의 종양을 제거해 주었다고 들었다.

첫 번째 안식년(1915년)

신경쇠약으로부터 회복되는 데는 긴 시간이 걸려, 학교에서 계속 일을 할 수 없다는 사실을 알게 된 후 지네트는 1915년 상반기에 한국을 떠나 미국 집으로 갔다. 처음에는 특별한 일이 없는 방학처럼 가족과 즐기는 것 이외에는 할 일이 없었다. 하지만 남자 형제 중 유일하게 살았던 오빠 로렌스가 갑작스럽게 병환으로 사망하는 일이 생겨 월터 가(家)의 대가 끊기는 등 크고 작은 일들을 겪었다.

여름 늦게 오빠 로렌스와 올케 넬이 휴가를 가기로 결정하고 두 사람은 그 휴가를 허니문 여행이라고 불렀다. 두 사람은 결혼한 지 8년이 되었지만 이번 여행이 진짜 허니문 같은 첫 번째 기회였다. 두 사람은 베이커대학에서 알게 되어 함께 재미있는 시절을 보냈는데 아름다운 목소리를 갖고 있어 노래를 좋아했고 일요일마다 노래 부르는 감리교회 4중창 멤버이기도 했다. 또 두 사람은 외향적이어서 곳곳에 친구가 있었고 엘리자베스(5)와 진(3) 두 딸은 두 사람의 삶을 더 재미있게 해 주었다. 오빠는 젊은 변호사로 당시 카운티의 변호사로 일하고 있었다. 최근에 새집을 구입해 더 이상 부모님 옆집에서 살지 않아도 되었다. 그래서 두 사람은 두 아이를 우리에게 맡기고 뒤늦게나마 허니문 여행을 갈 수 있는 최고의 시점이라고 생각하는 것 같았다. 두 사람은 서부해안(태평양)을 향해 떠났고 멋진 휴가를 보낸 후 9월 초에 집으로 돌아왔다. 그런데 전혀 중요해 보이지 않았던 한 가지 사소한 문제가 발생했다. 로렌스 오빠가 집으로 돌아오는 길에 감기에 걸렸고 집에 도착했을 때는 목이 쓰라린 증세가 계속될 뿐만 아니라 급속히 악화됐다.

오빠와 함께 나는 오빠 집에서 가까운 병원에 가 의사가 진찰하도록 했는데 의사는 바로 오빠의 증세를 편도선염이라고 진단하고 절개를 해야 한다며 준비를 서둘렀다. 우리가 기다리는 동안 오빠는 기분도 괜찮았고 나에게 소곤거리는 말로 나중에 아내 넬에 대해 재미있는 농담거리를 이야기해주겠다고 말하기도 했다. 그 후 의사가 와서 우리가 모두 매우 간단한 수술이라고 생각했던 편도선염 절개 수술을 했다. 그러나 무언가 잘못돼 오빠는 갑자기 호흡이 정지되고 의료진은 기관절개 수술까지 했다. 모터사이클로 위치타에서 산소 호흡기를 가져오고 역시 위치타에서 몇 명의 의료진도 함께 와 밤새 노력했으나 오빠는 다시 의식을 회복하지 못했다. 오빠는 다음 날 일찍 우리를 떠났다. 아버지는 참담해 하셨다. 우리 집안에는 4명의 딸이 있고 다른 아들은 아기 때 죽어 겨우 한 명 살아 있던 아들의 죽음은 아버지에게 너무 큰 것처럼 보였다. '월터'라는 성을 자부심을 가지고 전할 사람이 모두 없어진 것도 아버지에게는 큰 충격이었다.

한국서 필요해… 산파 실습 등록

한국에서 근무하던 중, 출산하다 사망하는 임산부가 너무 많고 여성들이 비위생적인 환경에서 출산하는 것을 본 지네트는 '산파' 경험을 쌓기로 하고 고향 킹맨 병원의 산부인과 과정을 밟았다. 병원에서는 물론, 멀리 의사를 따라 출장까지 가는 등 출산시키는 경험을 16번이나 하며 산파로서의 경력을 쌓았다.

그해 가을 나는 다시 일하고 싶다는 생각이 들어 한 학급의 간호사들이 있는 병원의 산부인과 과정에 등록했다. 의사들은 아이의 출산을 위해 왕진 갈 때 내가 한국으로 떠나기 전 경험을 많이 해야 한다며 우선 동행하도록 허락해 주었다. 병원에는 다섯 명의 의사가 있었는데 출산시키는 방법이 각각 매우 달랐다. 나는 할 수 있는 모든 것을 배우기를 원했다. 그 이유는 내가 배운 모든 가능한 정보를 가르쳐야 하고 활용할 수 있는 여러 학급의 이화학당 여학생들이 있었기 때문이다. 나이 든 의사 중 한 명은 최신 의술을 사용하는 사람은 아니었지만, 특별히 많은 도움이 되었다.

어느 날 한밤중에 병원에서 호출이 왔는데 의사가 나를 20분 안에 태우러 온다는 것이었다. 의사는 말과 마차를 몰아서 왔고 우리는 출발했다. 칠흙같이 어두운 밤이었는데 여러 마일을 간 후 라이트 박사는 나에게 불빛을 찾아보라고 했다. 우리가 불빛을 찾을 때까지 꽤 시간이 걸렸고 불빛을 봤을 때 우리는 큰 도로에서 약간 떨어진 그 방향으로 갔다. 우리는 출산 시간에 맞춰 제때 도착했고 분만 준비를 했다. 라이트 박사는 가방에서 재봉실이 감겨 있는 실패와 2개의 가위를 꺼냈고 나는 몇 개의 실 가닥을 잡고 그 실 가닥을 가위로 끊었다. 분만 시간을 기다리며 약간의 커피를 마시기도 했다.

그 집은 매우 가난했는데 나는 주변을 둘러보며 작으면서도 부드러운 담요나 아기 옷들이 있는지 찾았다. 아이 엄마는 자기가 아기 옷을 만들어 놓았다고 말했다. 아이는 나왔고 나는 아이를 씻긴 후 흑백의 5센트짜리 무명으로 만들어 꽤 빳빳한 옷을 입혔다. 새벽 태양이 떠오르는 것을 보며 우리는 집을 향하여 출발했다. 나는 그날 이후 아무튼 나 혼자 있더라도 필요하면 정상적으로 아기를 받아 낼 수 있다고 생각하게 되었다. 이후에도 15번이나 아이를 받아 보았다. 휴가 기간에 나는 자주 병원에서 일했고 의사들은 마치 학생 간호사처럼 내가 그들을 돕도록 허락해 주었다. 그래서 수술하는 것도 돕고 몇 번은 매우 아픈 환자를 위해 특수간호사로 활동하기도 했다. 어떨 때는 의사가 디너파티에 초청돼 외출하게 되면 그동안 진통 중인 산모와 나를 함께 있게 하기도 했다. 의사들은 나에게 새로운 경험을 할 수 있도록 해주기 위해 가능한 한 많은 기회를 주었다. 의사들은 또 출산이나 출산을 보조했던 경험이 있는 새아기의 할머니나 이웃이 출산 현장에 있었음에도 불구하고 내가 갓난아기를 돌보는 동안 앉아서 기다려 주었다. 나는 이 해에 많은 것을 배웠다.

8장 계속된 한국 생활

귀환… 다시 시작한 강의

안식년 휴가를 마치고 귀국한 지네트는 강의 이외에 대학교 학생들이 실습을 위해 하는 강의를 감독하는 일도 맡았다. 이때 한 학생의 강의 계획서에 있는 해충퇴치 내용의 그림이 너무 훌륭해 도판으로 만들어 전시했던 일을 큰 보람으로 꼽기도 했다. 또 십계명을 입으로만 지키고 마는 한국 직원들의 행태를 재미있게 묘사하기도 했다.

첫 휴가 이후 한국으로 귀임했을 때 나는 주당 15시간의 정규강의와 대학과(大學科) 학생들이 하는 학생 강의에 대한 감독 9시간을 맡았다. 교육학을 전공하는 15명의 학생이 있었는데 그들은 강의계획서를 만들고 그것을 나에게 제출하도록 했으며 그들이 가르치는 것을 감독했다. 내가 하는 강의 중 한 강의에서 나는 학생들에게 벼룩, 파리, 모기, 바퀴벌레 같은 해충들을 연구해 발표하도록 했다. 학생들은 큰 그림을 그려 해충들이 어떻게 질병을 옮기는지 보여주고 퇴치하는 방법까지 설명했다. 학생들은 그림을 잘 그렸고 그림이 매우 교육적이어서 우리는 학교와 공공장소에서 전시를 하기도 했다.

이 밖에도 우리를 위해 일하는 남자 직원들의 아침기도 모임도 책임을 맡기로 했다. 어떤 날 아침에 나는 그들에게 십계명에 대해 다시 설명하고 각자가 하나씩 반복하도록 했다. 현관 경비원은 돈을 뜯어내는 것으로 유명하고 심지어 물건에 손대기까지 하는 것으로 의심받고 있었는데 그가 열심히 반복해서 하는 말은 "도둑질하지 말라"였다. 그 들 중 한 사람은 "너는 네 하나님 여호와의 이름을 망령되게 부르지 말라"를 반복했다. 나는 이들이 각각 반복하고 있는 계명이 무엇을 의미하는지 아느냐고 물으며 "유감스럽지만, 미국 사람들도 (모든 계명을) 못 지키고 있다"고 말했다. 그러자 3, 4명이 한꺼번에 하나님의 벌을 받을 것이라는 뜻으로 "예스–갓 뎀(Yes-God Damn)"을 크게 외치는 것이었다. 이들은 영어를 알지 못했는데 아마도 길거리 어디에서 '갓 뎀'은 배웠던 것 같았다.

특별한 장례 활동

산파로서 경험을 쌓았던 지네트는 삶을 마감한 시신을 자주 처리해 주변 사람들로부터 서울의 '최고 장의사'라는 말을 듣기도 했다. 학교 직원의 자녀나 동료 선교사의 아이들이 전염병이나 사고로 죽었을 때 그녀는 소형 관을 구입하고 염습을 여러 차례 직접 했다. 장의사 경험이 쌓인 지네트는 1920년 제자 유관순이 순국했을 때도 그 경험을 살려 직접 수의를 입히고 장례를 치러 주었다.

요리사인 수남이는 매우 영리한 젊은 사람으로 터틀 선생이 지방의 여학교를 시찰할 때 지방 여행이 수남이에게 기분전환이 될 것이라고 생각하며 그를 데리고 간 적이 있다. 수남이는 딸 네 명과 아들 하나가 있었는데 문제는 그가 집을 떠나 여행 중일 때 딸 중 하나가 아파서 죽은 것이다. 우리는 수남이를 대신해 장사를 지내 줄 수밖에 없었다. 보통 때와 마찬가지로 전처럼 나는 70센트를 주고 작은 관을 하나 샀고 무명천으로 덮고 아이를 그 속에 넣었다. 한 일꾼이 그의 등에 작은 관을 지고 갔으며 4명의 학교 일꾼과 목사가 나와 함께 묻을 만한 곳을 찾을 때까지 걸어갔다. 장소를 찾자 땅을 파는 동안 우리는 앉아서 쉬었다.

그 후 얼마 안 돼 몇 명 안 되는 나의 친한 친구 중 한 명인 동석기가 아이를 잃었다. 동석기는 당시 서울에 살고 있었는데 아이가 아프다는 소식을 듣고 그 집에 갔는데 내가 도착한 직후 아이는 죽었다. 처치 선생과 나는 작은 관을 준비해 그 가족과 함께 시골로 짧은 슬픈 여행을 했다.

어떤 사람은 나를 보고 서울 '최고의 장의사(the best undertaker)' 라고 말했다. 한국에 어떤 다른 사람이 있는지 모르지만 나는 단지 나의 친구와 학교 가족들을 위해 봉사했을 뿐이었다.

전시(1차 세계대전) 물자 절약

1917년 제1차 세계대전이 일어나자 주한 외국인들도 예외 없이 물자 절약 노력을 해야 했다. 부라우니 같은 이화학당 선생은 커피를 탈 때 설탕 두 덩어리 대신 한 덩어리만 넣는 식으로 물자 절약을 했다. 지네트는 개인적으로 아침에 두 개의 달콤한 감을 먹는 대신에 한 개만 먹으려고 했다. 케이크는 생일날에만 먹고 선교사들처럼 한식을 더 먹기로 했는데 그 이유는 한식이 쌌기 때문이었다.

지네트의 어머니는 미국에서 새 신발을 사는 대신에 수선해서 신으라는 편지를 써 보낼 정도로 물자가 부족했다. 이에 대해 지네트는 "그것은 좋은 아이디어였지만 나는 그때 이미 최소한 여섯 번이나 앞창을 갈아 신고 있었다"고 말했다.

선교활동 중의 여가 – 주말 산행

이화학당의 교육선교사나 다른 선교사들은 특별한 놀이 시설이 없는 한국에서 주말이면 산행을 하는 것이 가장 큰 즐거움이었다. 지네트는 기회 닿는 대로 서울 주변의 산들을 한국인 일꾼들의 안내를 받으며 올랐다.

> 우리 선교사들은 모두 등산하는 것을 좋아했다. 그런 간단한 여행계획이 세워진 한 주말에 나는 페드로와 당시의 한국어 선생인 용윤(Yong Yun)과 함께 일행보다 오후 일찍 출발했다. 기차를 잠깐 탄 후 짐을 가지고 한 마을 역에서 내려 우리 일행 모두가 필요한 먹을 것을 샀다. 시장 보는 데는 시간이 오래 걸렸다. 한국에서는 짚으로 싼 꾸러미로 달걀을 파는데 10개씩 들어 있었다. 사면서 달걀을 점검해 보니 어떤 꾸러미에는 9개만 들어

지네트는 주말 서울 주변의 산을 자주 찾았다. 사진은 서울 홍은동에 있는 보도각(普渡閣). 왼쪽 아래 쉐퍼 선교사가 보인다.

① 하디 박사(바위 위의 사람)가 오른 북한산. 오른쪽에 낡은 성벽이 보인다.
② 오른쪽 사진에는 서울 성곽들이 보인다.

있는 것도 있었다. 그러면 달걀 파는 아주머니는 가까이 앉아 있는 암탉의 품 아래에서 하나를 갖다가 채워 주었다. 이런 과정들이 만족스럽지 않아서 계란 9개가 한 줄로 돼 있는 것들을 사고 닭도 몇 마리 사서 불교사찰이 있는 산으로 올라갔다. 페드로가 먼저 올라가고 나와 용윤이 뒤 따라갔으며 우리의 가방을 진 짐꾼들이 뒤따라왔다. 브라우니와 처치 선생이 도착할 때쯤 되자 방들을 깨끗이 청소했고 간이침대도 세웠으며 페드로는 음식을 만들었다.

나머지 다른 사람들은 다음 날 왔는데 우리는 일요일 식사를 위해 뜨거운 쌀밥을 도시락으로 쌌고 산의 정상에 올라 쌀밥으로 우리의 몸을 기쁘게 하고 천국 같은 경치로 우리의 영혼을 기쁘게 했다. 우리는 어두워질 때까지 노래를 부르고 다음 날 아침 6시에 집으로 출발했다. 기차의 3등 칸은 만원이어서 15센트를 내고 2등 칸에 자리 잡을 수 있었다.

소래포구: 휴식과 영성을 위한 곳

무덥고 습한 장마가 계속되는 한국의 여름은 건조한 캔자스 지역 대륙성 기후에 익숙한 지네트에게는 견디기 어려운 계절이었다. 다른 선교사들도 마찬가지였다. 그 결과 많은 선교사가 서해 소래포구와 동해의 원산이나 화진포에 여름 별장을 마련해 지친 몸을 쉬었다. 지네트는 동료 올리버 파이와 소래포구에 여름 하우스를 만들어 자주 찾았는데 즐거웠던 소래포구 휴가 생활을 자세히 기록했다.

> 7월과 8월에 매년 장마 시즌이 되면 습기 때문에 꽤 불편해져 우리 선교사들은 각자 도시를 떠나 한 달가량 바닷가로 가려고 했다. 한국의 서쪽 해안은 황해와 면해있는데 소래는 선교사들이 작은 집을 짓기 시작한 천혜의 장소이기도 하다. 그곳은 작은 반도처럼 돼 있어 바다를 향해 돌출돼 있고 한쪽 면은 높은 절벽이 있으며 다른 한쪽에는 3마일가량의 백사장이 펼쳐져 있다. 파이와 나도 이곳에 대해 듣고 앞으로 매년 여름에 함께 보낼 수 있는 작은 집을 지었다. 그러나 두 사람이 함께 이 집에 갈 수 있었던 것은 한 번뿐이었다.
>
> 이 아름다운 장소에 가기 위해서는 복잡한 과정을 거쳐야 하는데 우선 서울에서 제물포까지 기차를 타고 가서 다시 배를 타야 한다. 배가 언제 갈지 모르기 때문에 침구 위에 앉아 몇 시간을 기다려야 한다. 점심 바구니에서 몇 개의 먹을 것을 먹고 있으면 뱃고동 소리를 듣게 된다(통상 한밤중에 울린다). 배 안에는 남녀가 함께 있는 큰 선실이 있는데 대부분의 승객은 이 선실에 머문다. 그러나 나는 대부분의 동양인이 항상 뱃멀미를 한다는 것을 경험으로 알기 때문에 갑판에 머물고 가져온 작은 침대에서 잠을 잤다. 배가 흔들리기 시작하기 전에 평행을 취하는 것이 뱃멀미를 피하는 최고의

방법이다.

내가 한국에 온 지 얼마 안 돼 소래에 처음 갈 때 한 일본인 관료가 와서 큰 소리로 나에게 "패스- 패스"[63]라고 해서 나는 그에게 내 여권을 보여 준 일도 있었다. 잠시 후 한 남자가 내 머리 위에 있는 상자에서 무엇을 꺼내다 상자를 떨어뜨려 내 간이침대가 물로 젖어 나는 밤새 그 속에서 자기도 했다. 갑판에는 천장으로 덮여 있는 곳이 조금 밖에 없어서 나는 그 밑을 차지하지는 못했다. 나와 함께 선실에서 나온 다른 '용감한 동료'는 성결교 선교사로 온 남성이었다. 그는 간이침대 속으로 들어가고 무릎을 꿇고 아주 열렬하게 기도했다. 배가 좌우로 크게 흔들리자 그는 침대에서 벌떡 일어나기도 했다. 항해는 한동안 모든 것이 좋았는데 바다가 험해지고 비까지 오기 시작했다. 다행히 그의 간이침대는 갑판에 일부 쳐져 있는 천장 밑에 있어서 비를 맞지는 않았는데 내 침대는 천장 밖에 있어서 비를 맞을 수밖에 없었다. 그는 미안함을 느꼈는지 자신의 침대 옆으로 내 침대를 움직여 붙이도록 해줬고 나는 그렇게 했다. 도움을 준 데 대해 내가 고맙다고 했는데 그는 별다른 반응을 보이지 않았다. 다음 날 아침 나는 긴 테이블과 벤치가 놓여 있는 배 안의 조그만 식당으로 들어갔지만 아무도 내 옆에는 가까이 오지 않았고 나는 차만 마셨던 기억밖에 없다.

보통 이런 여행은 1박 2일이 걸리는데 우리가 소래에 접근하자 뱃고동이 울리고 먼저 와 있던 친구들은 하선하는 우리를 보기 위해 포구로 가까이 나와 있곤 했다. 승객을 육지로 실어 나르는 사람이 젓는 조그만 배로 갈아탔고 사람들은 다시 뱃멀미를 했다. 보통 육지에 상륙하면 뱃멀미가 나아지고 어떤 집에서 첫 식사를 하도록 초대받는 것이 일반적이었다.

첫해에 우리는 작은 방 하나짜리 판잣집을 빌렸다. 움푹 파인 한국 전

63) 일본 관료의 '패스'는 여권을 뜻하는 패스포트가 아니라 통과됐으니 '지나가라'는 뜻.

통식 부엌에서 페드로는 식사를 준비했고 밤에는 마을에 내려가 다른 요리사나 남자들과 같이 잠을 잤다. 어떤 날 밤은 나한테 촛불을 주고 가지 않아 밤새 진짜 어둠 속에서 지낸 적도 있었다. 다음 날 아침 페드로는 사과하면서 한밤중이 되어서야 촛불을 안 줬다는 생각이 나서 걱정했다고 말했다.

소래에 간 첫해 며칠 동안은 몸이 아파 겨우 밀크 토스트만 먹고 살았다. 페드로는 밀크 토스트만 만드는 것에 곧 싫증을 내고 두툼한 오이로 맛있는 요리를 만들어 주었다. 오이를 썰고 버터와 소금으로 알맞게 양념을 했다. 페드로는 그것을 먹으라고 '명령'해 나는 '무서워서' 먹었다. 나는 그때 오이는 한국에서 아프건, 아프지 않건 아무에게도 해를 끼치지 않는 채소라는 것을 알았다. 수영은 보통 매일 하는 일과였고 우리는 하루에 한 번 이상 수영을 하러 갔다. 비가 오는 날이나 밤에는 장기(Rook)놀이를 했고 항상 후원자들에게 편지를 썼다. 내가 파이와 함께 유일하게 함께 소래에 갔던 여름에 파이는 홀리 언더우드와 재미있게 데이트도 하고 뱃놀이도 했다. 홀리 언더우드는 첫 한국 장로교 선교사인 언더우드 박사의 아들로 2세대 장로교인이었다. 하지만 파이는 미국 고향 집으로 돌아갈 계획이었다. 파이가 떠난 후 홀리는 파이의 친구이자 영어를 사용하는 어린이들이 다니는 서울 외국인 학교에서 교사로 있던 에델 반 웨거너와 약혼을 했다.

두 사람은 한국에서 결혼해 쌍둥이인 제임스와 존 두 아들을 포함해 훌륭한 선교사 가족이 되었다. 나는 그들의 두 아들을 잊을 수 없다. 아장아장 걸을 수 있을 때쯤 물가 백사장에 있었는데 파도가 그들을 넘어뜨리면 뒤로 넘어졌다가 다시 일어나는 일을 반복했다.

1918년 소래에 갔을 때는 1차 세계대전 중이었다. 나는 몇 명의 간호사와 함께 갔었다. 그때 우리는 '스너그 Z 버그(Snug Z Bug, 벌레가 자는 작은 방을 의미)'라고 부르는 작은 집에서 살았는데 두 개의 작은 침실과 멋있는 거실이 있고 3면으로 둘러싸인 현관과 목욕실, 부엌이 있었다. 작은 방은 페

지네트와 올리브 파이가 공동구입한 소래포구 여름 집. 작은방을 뜻하는 '스너그&버그'라고 불렀다.

1918년 7월 24일 자 소인이 있는 소래포구 봉수대(beacon)터 사진엽서. 여름 휴가 중 어머니에게 보냈다.

드로가 썼다. 화로는 뚜껑이 두 개 있고 빨간 벽돌로 만들어졌으며 뚜껑으로 석탄을 넣을 수 있었다. 또 석유통을 이용해 만든 작은 오븐이 있어서 우리는 놀랄 만큼 음식을 잘 만들어 먹을 수 있었다. 우리가 먹을 모든 빵을 구울 수 있었고 작은 한국인 마을에는 중국인이 운영하는 통조림 가게가 있어 많지는 않았지만, 우리가 먹는 데는 충분한 식품을 살 수 있었다. 모든 채소와 닭고기, 생선 등은 바로 문 앞에서 샀다. 이곳에서는 대략 한 주일에 한 번은 돼지나 소를 구매해 산속에서 도축했는데 우리는 모두 양동이를 들고 나가 다음 며칠간 필요한 고기를 집으로 들고 왔다. 얼음 저장고를 마련하자 누구나 즐거워했다.

우리는 작은 철제 침대가 있었고 해초로 매트리스를 만들었다. 하지만 장마철에는 해초를 말리는 것이 어려워 대부분의 여름을 이상한 해초 냄새를 맡으며 보내기도 했다. 후에 선교사들은 채소를 얻기 위해 적당한 비료로 밭을 만들 남자를 고용했는데 그 시도는 매우 성공적이었다.

나와 함께 있었던 미스 배틀과 미스 로버츠는 시베리아에서 적십자 근무를 하기 위해서 떠났고 간호사 앤디는 동대문병원으로 돌아가야 했다. 우리는 소래에 있는 동안 붕대를 만들거나 다른 전시 노동을 하기도 했다. 1주일 중 하루는 수영하는 어린이들의 감시 업무를 맡았고 성인 수영 감시는 남자가 맡아서 했다.

한번은 우리 이화의 음악 선생인 롤라 우드가 나와 함께 소래에 있었는데 생일을 맞아 스스로 생일 파티를 열겠다고 밝혔다. 우드는 여러 명의 손님을 초청하고 음식을 만들었다. 그리고 우드와 요리사는 백사장을 따라 있는 모래 언덕에 음식을 감추고 손님들은 이쪽저쪽으로 다니며 요리를 찾았는데 색다르고 재미있는 파티였다.

당시에는 파격적인 수영복 차림의 지네트, 밴, 해리엣 (오른쪽부터)

평양에서 살던 때인 1925년에는 한국인 여자 요리사 박 씨를 데리고 소래에 갔다. 그해에는 밴(Van)과 해리엣이 나와 함께 있었다. 수영복 위에 수로 놓인 '소래(Sorai)'의 'S' 자를 획득하는 게임에서 이기기도 했다. 이 게임에서 이기기 위해서는 일정한 거리를 물밑으로 헤엄쳐 가서 어떤 사람을 일정한 거리만큼 끌고 가야 하며 또 다른 시험도 통과해야 했다.

소래에 모인 선교사들의 자동차와 백사장에서 본 선교사들의 주택들

몇 년 전 장로교 선교사 가족의 딸 중 한 사람이 미국에서 (몸에 달라붙는) 니트(편물) 수영복을 가지고 돌아왔다. 거의 놀랄 만큼 충격적인 디자인이었지만 곧 사용하는 데 익숙해졌고 우리의 것도 미국에서 보내와 입을 수 있었다.

매리언 칸로와 율라벨 오르는 의붓 자매인데 1926년 내가 마지막으로 소래에 머물 때 함께 있었다. 뱃길로 소래를 가는 대신 자동차로 재미있는 여행을 하였다. 우리는 좌석 하나에 3명이 끼어 앉았는데 한국인들은 뱃멀미처럼 차멀미를 했다. 3마일쯤 가다가 펑크가 났고 5마일쯤에서 또 펑크가 났다. 그 후 또 한 번 펑크가 났는데 그때마다 펑크를 때워야 했다. 150cm 깊이의 물이 흐르는 강에는 사람만 건널 수 있는 다리가 놓여 있어 사람들이 먼저 건너갔고 나룻배가 자동차를 날라 오기를 기다렸다. 나룻배는 너무 작아서 운전사 박 씨는 마치 수프 접시처럼 보인다고 말했다. 그러나 이렇게 해도 자동차 육지 여행은 배로 가는 것과 비교하면 빨랐다.

소래에 있는 35가구의 거주자 대부분이 선교사였기 때문에 우리는 일요일에는 강당에서 예배를 보았다. 강당은 모든 사교 모임과 일반 행사, 종교 및 사업 관계 활동을 위한 종합 모임 장소가 됐는데 선교사들이 합동해

원룸 건물로 지었다. 소래에서 피서하던 선교사들은 주중에는 개인 소유의 작은 집에서 가끔 기도회를 갖기도 했다. 그러나 여럿이 모이는 최고의 장소는 서쪽으로 바다에 면한 작은 반도의 끝머리 지점이었다. 바다는 점점이 찍혀 있는 섬으로 아름다운 모습이어서 훌륭한 친교를 나눌 수 있었다. 한국에 온 첫 번째 감리교 선교사의 딸로 최근 미국에서 대학 공부를 하고 돌아온 앨리스 아펜젤러는 최고의 소래 팬이었다. 그녀는 아름다운 목소리를 가졌고 찬송가 가사 전체를 암기하고 있었으며 인기 있는 음악도 잘 알고 있어서 우리는 항상 음악감독과 함께 있는 느낌이 들었다.

9장 3.1운동과 제자 유관순의 순국

지네트의 전기를 쓰기 위해 그녀의 자서전 '진 아주머니(Aunt Jean)'를 읽던 중 자서전의 하이라이트가 되는 부분은 직접 목격한 3.1운동의 기록이었다. 3.1운동 전후의 사정과 당시 프라이 이화 학당장이 학생들의 사상(死傷)을 염려해 학교 밖 진출을 만류할 수밖에 없었던 고뇌가 적혀 있다. 제자 유관순이 순국하자 장례를 치르는 내용이 이어진다. 지네트는 당시 한국인들의 한 가지 염원은 자유롭게 되는 것뿐이라면서 그런 이야기가 나오면 학생들은 눈물을 흘렸다고 전했다.

지네트가 본 3.1운동

1910년 일본의 한국 강제 병합 이래 모든 한국인은 한 가지 염원이 있었다. 그것은 자유롭게 되는 것이었다. 우리 학교 역사 시간에 만약 한 나라가 다른 나라의 지배 아래 들어가는 이야기가 나오면 학생들은 눈물이 터져 나왔고 교실 밖으로 뛰쳐나갔다.

이승만 박사는 임시정부의 초대 대통령이었지만 그는 워싱턴이나 호놀룰루에 사무실을 두고 있었다. 한국인들은 독립운동을 위해 어느 곳에서

나 모금을 하고 있었다. 한국에서도 교사, 교회지도자, 학생 모두 큰 책임을 느끼고 노력했다. 1차 세계대전 중이던 1918년 늦은 가을에 한국인들은 민족자결주의에 대한 이야기를 듣고 독립에 대한 희망이 높아졌다. 한국인들은 일본이 지배하는 현재 상황이 부당한 것임을 세계에 알리고 싶어 했다.

모든 기관 단체들이 일본에 의해 정지돼 있어서 독립운동 계획을 세우는 일이 기독교, 불교와 같은 종교단체가 나설 수밖에 없었다. 비폭력과 비보복을 강조하는 독립선언서의 초안이 만들어졌고 우리 학부생 중 한 사람인 김활란은 지하조직에 있으면서 교회와 학교, 단체로부터 모금을 했다. 우리가 아는 김활란은 감옥생활을 견딜 만큼 건강하지 못해 우리는 그녀를 숨겼다. 한동안 김활란은 선교사 가족의 집에서 보모로 위장해 있었고 밖에서 보이지 않는 지하층에서 생활했다. 처치 선생을 제외하고는 김활란이 어디 있는지 몰랐다. 한번은 동대문병원에 김활란을 데려갈 필요가 있어서 내가 스튜어트 박사에게 데려가 진찰을 받도록 했다. 우리는 각각 인력거를 타고 커튼을 내려 아무도 우리를 볼 수 없게 했다. 종로 길을 가는 동안 계속해서 길 양쪽에는 모든 골목마다 대검을 총에 꽂은 병사들이 지키고 있었다. 그때 인력거 타고 가던 일을 결코 잊을 수 없다. 김활란은 후에 그녀의 어머니가 돌보아 주는 지방으로 갔다. 1919년 3월 1일이 가까워져 오면서 신경과민성 증상들이 느껴졌다. 우리는 무엇인가 큰일이 진행 중이라는 것은 알고 있었지만, 선교사들은 그 일이 어떻게 일어날지 전혀 알지 못했다. 프라이 학당장은 지방에 있었다. 나는 담장을 단단히 해 학생들이 출입을 할 수 없도록 했다.

예정된 독립운동의 날인 3월 1일보다 며칠 앞선 어느 날 오후 모든 한국 학생들이 학교를 나가 '만세'를 외치기로 결정하고 많은 여학생이 길거리로 나아갔다. 그들 자신도 안전에 대한 두려움으로 짙은 핑크빛 기모노와 분홍색 슬리퍼 차림을 했는데 나는 교문으로 달려 내려가 학생들이 학교로 돌아오게 하려고 노력했다. 몇 명 충실한 나이 든 상급반 학생들은 돌아왔지만, 나머지는 그대로 나갔다. 거리로 나가자마자 많은 사람이 붙잡혔고 경찰서로 연행됐는데 대부분은 그날 저녁 돌아왔다.

3월 1일에는 33인 한국 민족 대표가 만나 독립선언서에 서명하고 간단한 의식을 가졌다. 그 후 일본 경찰에 전화를 걸어 그들이 했던 일에 대해 말했다. 한편 같은 시간에 다른 그룹이 했던 것처럼 학생들도 전국적으로 모였다. 시위는 모두 평화적으로 진행됐지만 총검으로 무장한 일본 경찰과 부딪히면서 참가자들은 감옥에 갇혔다. 33인 한국의 지도자들도 구속됐고 수천 명이 죽었으며 4만 7천 명이 투옥됐다.

이화의 경우, 프라이 학당장(교장)이 지방에서 돌아와 정문을 잠갔으나 무리를 이룬 학생들이 문을 열라고 아우성치자 경비원이 문을 열어줬다. 프라이 교장은 정문에 서서 팔을 벌리고 서서 "자, 학생 여러분은 내 시체 위를 넘어가야 할 것"이라며 시위를 말렸다. 일부는 자신의 방으로 돌아갔으나 다른 사람들은 거리에서 붙잡혀갔다. 며칠 동안 우리는 학교 문을 닫고 학생들을 집으로 돌려보냈는데 이들 중 많은 사람이 자신들이 사는 곳에서 이뤄진 시위의 대표가 되었다. 박인덕과 줄리아 신(신준려) 두 선생도 오

3.1운동 당시 옥고를 치른 학생과 교사. 앞줄 왼쪽 박인덕과 오른쪽 신준려.

랫동안 감옥에 있었다.

면회를 위해 방문한 감옥

3.1운동의 결과로 이화학당 학생과 교사 다수가 징역형을 언도받고 감옥 생활을 하게 되자 이들의 안전을 염려하는 게 프라이 학당장과 지네트가 맡은 큰일 중 하나가 되었다. 두 사람은 기회가 되는 대로 면회를 갔다. 학생들 중 일부는 3월 중에, 일부는 8월에 가석방되자 그들이 경찰서에 연행돼 당했던 구타와 고문 내용을 여러 학생에게 자술서 형식으로 제출받아 영문으로 작성해 미국 감리교 선교본부에 보내기도 했다. 학당장이었던 룰루 E. 프라이는 8월에 안식년 휴가를 떠났다.

1919년 6월 말이 가까워지는 어느 날 우리 학교 선생님들이 감옥 생활을 한 지 4개월 가까이 될 때 쯤 감리교 빌링스 목사가 나와 함께 두 여선생을 면회할 수 있는 허가를 일본 당국으로부터 얻어냈다. 빌링스 목사는 두 선생에게 각각 신약성경을 주었고 나는 두 사람을 봤지만 말은 못 했다. 박인덕 선생은 독방에 갇혀 있었는데 사방 1.8m 크기였다. 박 선생은 일본 사람들처럼 무릎을 꿇고 앉아 있어야 했다. 문에는 가로세로 15cm와 2.5cm의 작은 틈이 있어서 내가 처음 들여다봤을 때 박 선생은 "누구세요?"라고 했다. 내가 움직이자 "월터 선생님"이라고 작은 목소리로 말했다. 우리는 성경을 놓고 나왔는데 박인덕 선생은 풀려났을 때 신약 전부를 거의 알고 있었다. 내가 안식년 휴가를 가기 위해 준비를 하고 있을 때 갇혀 있던 두 여선생이 석방돼 두 사람으로부터 간단한 글을 받았다.

3.1 독립 만세 시위 시도는 실패했지만, 한국인들은 더 이상 고분고분한 국민이 아니었다. 그들은 애국심을 간접적으로 표현하는 방법을 찾아냈

고 새로운 동기에 힘입어 일상적인 생활에서 의무를 다했다. 모든 부문에서 좀 더 나은 삶의 영역으로 국민을 끌어 올리려고 했다. 한국 내 모든 감리교 남자(소년 및 청년)학교를 책임지고 있던 A. L. 베커 박사가 쓴 글에서 일부 그 상황을 소개하면 다음과 같다.

베커 자서전

"나는 한국인들에게 용기를 주는데 기독교 신앙이 큰 역할을 했다고 확신한다… 독립선언문을 만들고 서명한 사람들은 모두 종교인이었다… 대부분의 한국인과 선교사들이 윤치호를 최고 지도자로 뽑을 것이라고 생각했다… 나는 1919년 3월 1일 이전에는 한국인들의 계획에 대해 어느 선교사도 외국인도 알지 못했을 것으로 확신한다. (베커 박사도 내가 사는 콜로라도 볼더의 프레지어 메도우 매이너 은퇴자의 집에서 살고 있다)" 2차 세계대전에서 일본이 패배할 때까지 한국은 독립을 하지 못했다.

손수 수의 입혀 치른 유관순 열사의 장례

지네트의 자서전에서 가장 인상 깊었던 부분은 '서울 최고의 장의사'라고 할 만큼 장의사 경험이 있던 그녀가 제자 유관순의 시신을 학당장 대리[64] 자격으로 서대문 형무소에서 인수해 장례 지내는 과정이다. 무명수의에서 비단 수의로 두 번이나 수의를 갈아입히고 일제의 눈치를 보며 장례를 치를 수밖에 없었던 당시의 고뇌를 자서전에 그대로 써 놓았다.

64) 1919년 8월 13일 당시 학당장이던 프라이(Lulu E Frey, 1868~1921)는 안식년을 떠났다가 이듬해 수술을 받았고 1921년 3월 보스턴 병원에서 사망했다.

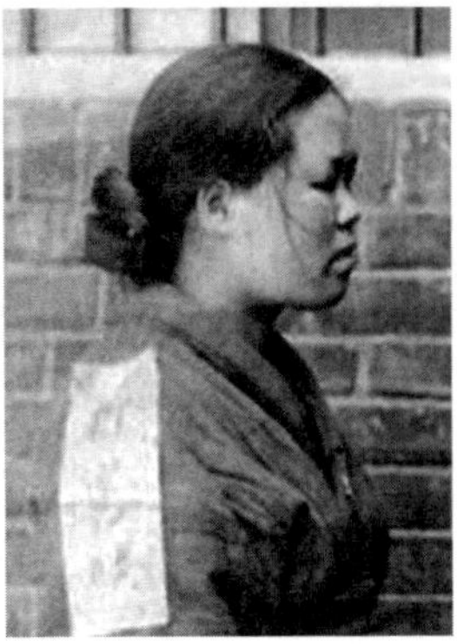
유관순 열사 옥중 수의 사진

몇 달 후 어린 16세 학생이었던 유관순이 감옥에서 죽었다.[65] 우리는 그녀의 시신을 학교로 운구해 왔고 학생들은 장례를 위해 무명으로 된 수의를 준비했다. 그런데 밤 동안 학생들은 유관순 학생이 진정한 영웅이라고 결정하고 비단 옷감을 찾아내 수의를 만들어 다시 입혔다. 우리는 유관순의 학급 친구들만 참석한 가운데 조용히 교회에서 장례예배만 볼 수 있도록 허용을 받았다. 학생들은 모두 공동묘지까지 갈 것을 원했지만 그것은 허가받지 않은 사항이었다. 나는 그렇게 하면 말썽이 일어날 것으로 생각했다. 그때 김활란이 나서 자신이 학생 대표이자 특별활동 교사로서 교장(지네트 월터)과 함께 묘지까지 가겠다고 학생들에게 말해 이 문제는 조용히 끝이 났다. 오랜 세월이 지나 한국이 해방되었을 때 유관순의 생애를 다룬 영화가 만들어져 전국에서 상영됐다. 나도 그 영화에 나왔는데 내가 당시 한국에 없었기 때문에 선교사인 엠마 윌슨이 내 역할을 맡았다. 한편 내가 1959년 한국을 다시 방문했을 때 관순이 다녔던 학교의 학생 그룹과 인터뷰를 했었는데 나는 그들에게 유관순의 시신이 훼손되지 않았음을 녹음으로 확인해 주었다. 나는 장사를 지내주기 위해 유관순에게 수의를 입혔었다.[66] (우연히도 나 대신 영화에 출연했던 엠마 윌슨은 현재 콜로라도 볼더 은퇴자의 집에서 같이 살고 있다)

---

65) 유관순 열사의 순국일은 1920년 9월 28일. 지네트가 제자의 죽음을 알게 된 것은 이틀 후였다.
66) 홍석창, 『매봉교회가 낳은 민족의 보배 유관순』(2014, 신앙과지성사, pp.84~87). 유관순 열사의 순국일을 비롯해 시신 인수, 장례과정, 유족의 확인과정 등을 설명하고 있다.

10장 지네트 제자들이 쓴 고문 기록

지네트는 3.1운동 당시 학당장이었던 룰루 E. 프라이가 1919년 8월 13일 안식년 휴가를 떠나자 그를 대신해 학교 업무를 맡았다. 프라이 학당장은 1920년 암수술을 받고 1921년 3월 18일 별세했는데, 이같은 프라이 학당장의 유고 기간에 지네트는 학당장 대리와 이어 학당장으로 활동했다. 3.1운동 초기 상황을 보면 교사 2명과 학생 수십 명이 감옥에 있는 상태여서 정상적인 학교수업이 불가능했는데 프라이 학당장과 지네트는 기회가 있을 때마다 면회를 갔다. 2019년 4월 미국 드루대 감리교문서보관소 자료를 조사하던 중 교사 2명과 학생 10명이 작성한 영문 보고서가 발견돼 전문을 번역한 결과, 이들 보고서들이 프라이 학당장과 지네트 학당장 대리 당시 만들어 진 것임이 확인됐다. 이들 보고서들은 미국 감리교 선교본부에 보내져 10대 소녀들에게 행해진 일제 만행의 실상을 폭로했다.

처음 증언한 6명은 3월 5일 연행돼 20일간 갇혀있다. 3월 24일 석방된 공통점이 있으며 연행된 학생 중 먼저 석방되자 구속돼 있던 상황을 자세히 증언한 것으로 보인다. 보고서는 당시 미농지에 타자를 친 것으로 스펠링이나 문법상 오류도 보여 학생들이 직접 작성한 것으로 추측된다.

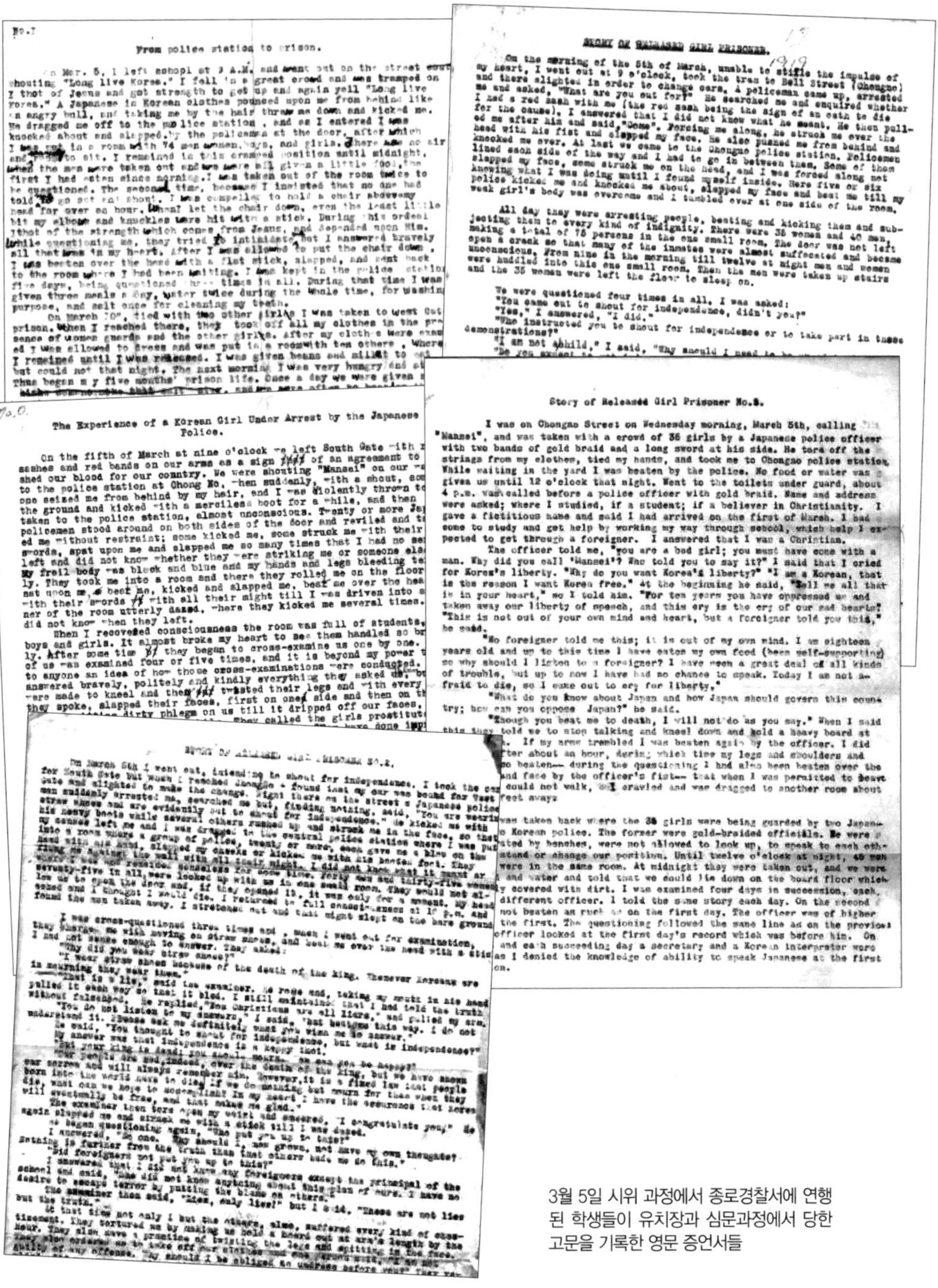

No.7

From police station to prison.

On Mar. 5, I left school at 9 A.M. and went out on the street shouting "Long live Korea." I fell in a great crowd and was tramped on. I thot of Jesus and got strength to get up and again yell "Long live Korea." A Japanese in Korean clothes pounced upon me from behind like an angry bull, and taking me by the hair threw me down and kicked me. He dragged me off to the police station, and as I entered I was knocked about and slapped by the policemen at the door. ... I was put in a room with 74 men, women, boys, and girls. There was no air and no room to sit. I remained in this crammed position until midnight, when the men were taken out and we were all given a little food, the first I had eaten since morning. I was taken out of the room twice to be questioned. ... During this ordeal I thot of the strength which comes from Jesus, and depended upon Him. While questioning me, they tried to intimidate, but I answered bravely all that was in my heart. After I was allowed to put the chair down, I was beaten over the head with a flat stick, slapped, and sent back to the room where I had been waiting. I was kept in the police station five days, being questioned three times in all. During that time I was given three meals a day, water twice during the whole time, for washing purpose, and salt once for cleaning my teeth.

On March 10, tied with two other girls I was taken to West Gate prison. When I reached there, they took off all my clothes in the presence of women guards and the other girls. After my clothes were examined I was allowed to dress and was put in a room with ten others, where I remained until I was released. I was given beans and millet to eat but could not eat that night. The next morning I was very hungry and ate. Thus began my five months' prison life. ...

STORY OF RELEASED GIRL PRISONER.

1919

On the morning of the 5th of March, unable to stifle the impulse of my heart, I went out at 9 o'clock, took the tram to Bell Street (Chongno) and there alighted in order to change cars. A policeman came up, arrested me and asked, "What are you out for?" He searched me and enquired whether I had a red sash with me (the red sash being the sign of an oath to die for the cause). I answered that I did not know what he meant. He then pulled me after him and said, "Come". Forcing me along, he struck me over the head with his fist and slapped my face. He also pushed me from behind and knocked me over. At last we came to the Chongno police station. Policemen lined each side of the way and I had to go in between them. Some of them slapped my face, some struck me on the head, and I was forced along not knowing what I was doing until I found myself inside. Here five or six police kicked me and knocked me about, slapped my face and beat me till my weak girl's body was overcome and I tumbled over at one side of the room.

All day they were arresting people, beating and kicking them and subjecting them to every kind of indignity. There were 35 women and 40 men, making a total of 75 persons in the one small room. The door was not left open a crack so that many of the inmates were almost suffocated and became unconscious. From nine in the morning till twelve at night men and women were huddled into this one small room. Then the men were taken up stairs and the 35 women were left the floor to sleep on.

We were questioned four times in all. I was asked:
"You came out to shout for independence, didn't you?"
"Yes," I answered, "I did."
"Who instructed you to shout for independence or to take part in these demonstrations?"
"I am not a child," I said, "Why should I need to be ..."

No.O.

The Experience of a Korean Girl Under Arrest by the Japanese Police.

On the fifth of March at nine o'clock we left South Gate with red sashes and red bands on our arms as a sign of an agreement to ... shed our blood for our country. We were shouting "Mansei" on our way to the police station at Chong No. When suddenly, with a shout, some one seized me from behind by my hair, and I was violently thrown to the ground and kicked with a merciless boot for a while, and then taken to the police station, almost unconscious. Twenty or more Japanese policemen stood around on both sides of the door and reviled and ... ed me without restraint; some kicked me, some struck me with their swords, spat upon me and slapped me so many times that I had no ... left and did not know whether they were striking me or someone else. My frail body was black and blue and my hands and legs bleeding ... ly. They took me into a room and there they rolled me on the floor, sat upon me, beat me, kicked and slapped me, beat me over the head with their swords with all their might till I was driven into a corner of the room utterly dazed, where they kicked me several times. I did not know when they left.

When I recovered consciousness the room was full of students, boys and girls. It almost broke my heart to see them handled so brutally. After some time they began to cross-examine us one by one. Each of us was examined four or five times, and it is beyond my power to give to anyone an idea of how those cross-examinations were conducted. ... answered bravely, politely and kindly everything they asked us, ... were made to kneel and then they twisted their legs and with every ... they spoke, slapped their faces, first on one side and then on the other ... dirty phlegm on us till it dripped off our faces, ... They called the girls prostitutes ...

Story of Released Girl Prisoner No.3.

I was on Chongno Street on Wednesday morning, March 5th, calling "Mansei", and was taken with a crowd of 35 girls by a Japanese police officer with two bands of gold braid and a long sword at his side. He tore off the strings from my clothes, tied my hands, and took me to Chongno police station. While waiting in the yard I was beaten by the police. No food or water was given us until 12 o'clock that night. Went to the toilets under guard, about 4 p.m. was called before a police officer with gold braid. Name and address were asked; where I studied, if a student; if a believer in Christianity. I gave a fictitious name and said I had arrived on the first of March. I had come to study and get help by working my way through school, which help I expected to get through a foreigner. I answered that I was a Christian.

The officer told me, "You are a bad girl; you must have come with a man. Why did you call 'Mansei'? Who told you to say it?" I said that I cried for Korea's liberty. "Why do you want Korea's liberty?" "I am a Korean, that is the reason I want Korea free." At the beginning he said, "Tell me all that is in your heart," so I told him. "For ten years you have oppressed us and taken away our liberty of speech, and this cry is the cry of our sad hearts." "This is not out of your own mind and heart, but a foreigner told you this," he said.

"No foreigner told me this; it is out of my own mind. I am eighteen years old and up to this time I have eaten my own food (been self-supporting) so why should I listen to a foreigner? I have seen a great deal of all kinds of trouble, but up to now I have had no chance to speak. Today I am not afraid to die, so I came out to cry for liberty."

"What do you know about Japan and how Japan should govern this country; how can you oppose Japan?" he said.

"Though you beat me to death, I will not do as you say." When I said this they told me to stop talking and kneel down and hold a heavy board at ... If my arms trembled I was beaten again by the officer. I did ... after about an hour, during which time my legs and shoulders and ... beaten— during the questioning I had also been beaten over the ... and face by the officer's fist— that when I was permitted to leave ... could not walk, so I crawled and was dragged to another room about ... feet away.

... was taken back where the 35 girls were being guarded by two Japanese ... Korean police. The former were gold-braided officials. We were ... by benches, were not allowed to look up, to speak to each other, stand or change our position. Until twelve o'clock at night, 40 men were in the same room. At midnight they were taken out, and we were ... and water and told that we could lie down on the board floor which ... covered with dirt. I was examined four days in succession, each ... different officer. I told the same story each day. On the second ... not beaten as much as on the first day. The officer was of higher ... the first. The questioning followed the same line as on the previous ... officer looked at the first day's record which was before him. On ... and each succeeding day a secretary and a Korean interpreter were ... as I denied the knowledge of ability to speak Japanese at the first ... on.

STORY OF RELEASED GIRL PRISONER NO.2.

On March 5th I went out, intending to shout for independence. I took the car for South Gate but when I reached Chongno I found that my car was bound for West Gate and alighted to make the change. Right there on the street a Japanese policeman suddenly arrested me, searched me but, finding nothing, said, "You are wearing straw shoes and are evidently out to shout for independence." He kicked me with his heavy boots while several others rushed up and struck me in the face, so that my senses left me and I was dragged to the central police station where I was put into a room where a group of police, twenty or more, each gave me a blow on the head with his hand, slapped my cheeks or kicked me with his boots. ...

I was cross-questioned three times and ... they charged me with having on straw shoes, and beat me over the head with a stick ...
"Why did you wear straw shoes?"
"I wear straw shoes because of the death of the king. Whenever Koreans are in mourning they wear them."
"That is a lie," said the examiner. He rose and, taking my mouth in his hand, pulled it each way so that it bled. I still maintained that I had told the truth without falsehood. He replied, "You Christians are all liars," and pulled my arm. "You do not listen to my answers," I said, "but beat me this way. I do not understand it. Please ask me definitely what you wish me to answer."
He said, "You thought to shout for independence, but what is independence?"
My answer was that independence is a happy lot.
"But your king is dead; you should mourn. How can you be happy?"
"Our people are sad, indeed, over the death of the king, but we have shown our sorrow and will always remember him. However, it is a fixed law that people born into the world have to die; if we do nothing but mourn for them when they die, what can we hope to accomplish? In my heart I have the assurance that Korea will eventually be free, and that makes me glad."
The examiner then tore open my waist and sneered, "I congratulate you." He again slapped me and struck me with a stick till I was dazed.
He began questioning again, "Who put you up to this?"
I answered, "No one. Why should I, now grown, not have my own thoughts? Nothing is further from the truth than that others made me do this."
"Did foreigners not put you up to this?"
I answered that I did not know any foreigners except the principal of the school and said, "She did not know anything about this plan of ours. I have no desire to escape terror by putting the blame on others."
The examiner then said, "Lies, only lies!" but I said, "These are not lies but the truth."
At that time not only I but the others, also, suffered every kind of chastisement. They tortured us by making us hold a board out at arm's length by the hour. They also gave a promise of twisting the legs and spitting in the face. They also ordered us to take off our clothes ... guilty of any offense. Why should I be obliged to undress before you?" ...

3월 5일 시위 과정에서 종로경찰서에 연행된 학생들이 유치장과 심문과정에서 당한 고문을 기록한 영문 증언서들

A. 감옥에서 풀려난 한 여학생의 이야기

3월 5일 오전 9시. 우리는 나라를 위해 우리의 피를 흘리는데 뜻을 같이한다는 표시로 빨간 어깨띠와 팔에는 빨간 완장을 두르고 (시위 집합 장소인) 남대문을 출발했다. 종로에 있는 경찰서로 가면서 만세를 외치고 있었는데 갑자기 소리가 나더니 누군가 내 머리채를 뒤에서 당기고 나는 땅바닥에 거칠게 넘어졌다. 그리고 무자비하게 구둣발로 차고 경찰서로 끌고 갔는데 거의 정신이 없었다. 20명 이상의 일본 경찰이 문 좌우에 둘러서서 하고 싶은 대로 나를 조롱하고 야유했다. 어떤 경찰은 발로 차고 어떤 사람은 칼로 나를 쳤으며 침을 뱉거나 뺨을 때리는 경우가 너무 많아 나는 아무런 정신도 없었고 누가 때리는지도 몰랐다. 나의 쇠약한 몸은 검고 푸른 멍으로 변했고 손과 다리에는 심하게 피를 흘렸다. 그들은 나를 방으로 끌고 가 바닥에 내동댕이친 후 나를 타고 앉아 구타하거나 발로 차고 뺨을 때렸다. 그들은 또 칼로 있는 힘을 다해 때려 내가 방의 코너로 피하자 완전히 기절시켰고 여러 차례 발로 차여 나는 그들이 언제 갔는지도 몰랐다.

내가 의식을 회복했을 때는 방에 다른 소년소녀학생들로 꽉 차 있었고 그들이 너무 야만스럽게 다뤄지는 것을 보고 거의 심장이 부서질 정도였다. 얼마 후 그들은 우리를 한 사람씩 문초하기 시작했다. 우리 각자는 4, 5회 문초를 당했고 어떻게 문초가 행해지는지 알 수가 없었다. 우리는 그들이 묻는 것에 대해 용기를 갖고 예의를 갖춰 친절하게 답변했다. 그러나 그들은 우리를 무릎 꿇리고 다리를 뒤틀었다. 그리고 경찰은 말 한마디를 할 때마다 양쪽 뺨을 번갈아 가며 때리고 우리 얼굴에 가래침을 뱉어 흘러내리게 해 한동안 말로 할 수 없는 모욕을 주었다.

일제 경찰은 소녀들을 매춘부라고 부르며 가슴을 더듬고 너희들은 부도덕한 짓을 해 임신해 있다고 말하기도 했다. 그들은 반복적으로 여학생들의 발을 뻗도록 해 뒤틀었으며 몇 시간씩 무릎을 꿇도록 했다. 그들은 또 손가락을 비틀어 부러뜨렸고 칼자루로 구타를 했다. 나는 버틸 수가 없어 눈을 감고 마루에 주저앉았다. 그 후 그들은 큰 소리로 여학생들을 일으켜 세운 후 무릎을 꿇게 하고 옷을 벗어 가슴을 내보이라고 말했다. 여학생들이 거절하자 그들은 학생들에게 달려들어 직접 벗기고 가슴을 잡아 흔들었다. 이런 비인간적인 행위는 어떤 것으로도 비교될 수가 없다.

그들은 "독립이 무엇이냐, 너희들에게 주어지는 것은 확실히 아무것도 없다"고 말했다. 또 그들은 "한 방에 너희들을 전멸시킬 것"이라며 또 "독립이 무엇이냐"고 묻고 "감옥에 가는 것이 너희들의 독립"이라고 말했다. 그들은 나를 마구 꼬집고 나의 머리채를 잡고 흔들었으며 뒤에서 꺾었다. 그리고 귀와 코를 잡아 늘이고 막대기가 부러져라 할 만큼 머리를 때렸다. 그 후 무릎 꿇고 머리 위로 걸상을 들도록 했다. 내가 몸이 약해 견딜 수가 없어 내 팔이 잠시 떨어지면 그들은 내 발꿈치를 때렸으며 또 손가락을 때리며 의자를 꽉 붙들라고 말했다. 그들은 나를 창문 가까이에 놓고 만약 의자가 내려오거나 유리창에 닿아 소리가 나면 다시 와서 한참을 때렸다. 그들은 한 번에 몇 시간씩 팔을 들고 서 있게 했다. 손에는 물집이 생기고 터졌다. 내 정신이 거의 나를 떠날 지경이 되었다. 이런 일을 어떻게 잊을 수 있는가?

이런 일은 경찰서 위층에서 있었는데 일본 경찰이 아래층 유치장으로 가라고 할 때 우리는 일어나지를 못했고 한 형사가 나를 부축해 일어났으나 계단 꼭대기에서 밑바닥까지 굴러떨어졌다. 이 때문에 얼마나 다쳤는지 상상할 수가 없다. 죽을 정도로 놀란 후 한동안 누워 있었으며 얼마 후 기운을 끌어모아 내가 전에 있었던 방으로 기어갔다. 방 안에 있던 일본인은 크게 웃으며 마치 즐거운 일인 것처럼 행복해 했다. 나는 분노로 가득 차 있었는데 우리 모두의 가운데 있는 예수님을 올려다본 후 내 눈앞에는 마치 천국이 있는 것 같았다. 나는 내가 받은 위로에 대해 감사를 드린다.

이렇게 경찰서에서 5일을 보낸 후 서대문 형무소로 보내졌다. 우리가 형무소에 들어갈 때 모든 옷은 벗겨졌고 머리를 늘어뜨린 채 한동안 조사를 받은 후 옷을 돌려받고 방으로 들여보내 졌다. 나는 그들이 우리에게 했던 야유와 모욕을 말로 다 할 수 없다. 방은 작았는데 16명이 들어차 있었다. 또 한 쪽에는 화장실이 있는데 악취가 너무 심해 참기가 힘들었다. 이것은 마치 그들이 우리를 사람이 아니라 개나 돼지로 취급하는 것 같았다. 우리는 소금이 조금 있는 콩밥을 먹었다. 먹고 있는 우리를 지켜보며 개나 돼지 같다고 말했다. 이런 것을 문명 된 행위라고 부를 수 있겠나 묻고 싶다.

다음 날 그들은 우리의 몸무게를 잰다고 말했는데 몸무게를 재는 의사가 다른 사람들과 함께 있어서 우리 모두를 발가벗기고 다 보았다. 이렇게 처리하는 것을 본 일이 없다. 한마디로 말해 예수님을 붙잡아다 조롱하고 모욕했던 것과 똑같이 그들은 우리를 잡아다가 죄가 없음에도 불구하고 일본 경찰은 방에 들어와 나를 조사하고 모욕했으며 이래라저래라 하고 침을 뱉었다. 어쩌면 그렇게 악랄하고 증오에 가득 차 사람들을 모욕하고 감옥에 잡아넣을 수 있는지 모르겠다.

일제 경찰은 우리가 재판을 받을 것이라고 말하고 구멍을 통해 들여다보고 모욕을 했다. 그들은 우리를 미결수라고 불렀다. 나는 이런 모든 통탄할 일들에 대해 법정에서 말하기를 희망했다. 그러나 그들은 우리를 재판이나 설명도 없이 석방했고 그래서 유치장에서 있었던 이런 슬픈 일과 고통에 대해 어떤 것도 말할 수가 없었다.[67]

---

67) 이 보고서의 끝에는 "이상은 한 이화학당 학생의 진술을 대강의 문장으로 번역한 것이다. 이 여학생이 직접 겪은 것뿐만 아니라 목격했던 다른 동료 학생에 대한 것도 포함돼 있다."는 내용이 첨부돼 있다.

B. 감옥에서 풀려난 한 여학생의 이야기

3월 5일 아침 (만세 운동에 안 나가면) 나 스스로가 심장의 맥박에 질식될 수밖에 없을 것 같아 나는 9시에 종로로 가는 전차를 타고 가다 차를 갈아 타기 위해 내렸다. 한 경찰이 나타나 나를 붙잡고 "무엇 때문에 나왔느냐?"고 물었다. 그는 나를 검색하고 빨간 어깨띠를 갖고 있는지 물었다(빨간 어깨띠는 의를 위해 죽어도 좋다는 맹세의 상징이었다). 나는 경찰이 의미하는 것을 모른다고 대답했다. 그러자 그는 나를 끌고 가며 "오라"고 했다. 나를 강제로 끌고 가며 주먹으로 머리를 쳤고 얼굴을 때렸다. 그는 또 뒤에서 나를 밀고 마침내 우리는 종로경찰서에 들어섰다. 경찰이 양쪽에 늘어서 있어 나는 그들 사이로 가야 했다. 몇몇 경찰은 내 얼굴을 때렸고 몇 명은 머리를 쳤다. 나 자신이 경찰서 안에 있음을 알 때까지 나는 영문도 모른 채 강제로 당하고 있었다. 여기에서 5, 6명의 경찰이 나를 발로 차고 약한 여학생의 몸이 견디다 못해 마루 한쪽에 넘어질 때까지 얼굴을 때리고 내 몸을 팼다. 그들은 온종일 사람들을 체포했고 때리고 발로 차며 모든 종류의 비인격적 행위를 잡혀 온 사람들에게 했다. 종로경찰서에는 35명의 여자와 40명의 남자가 작은 방에 있었다. 문은 틈도 없이 닫혀있어 많은 수용자가 거의 질식할 지경이고 의식을 잃어 갔다. 아침 9시부터 자정까지 남녀가 조그만 방에 옹기종기 모여 있었다. 그 후 남자들은 위층으로 가고 남은 35명의 여자는 바닥에서 자기 위해 남았다.

우리는 모두 네 번 취조를 받았는데 내가 받은 질문은 다음과 같다.

"너 만세 부르려고 나왔지, 안 그런가?" 나는 "그렇다"고 대답했다.

"누가 독립을 외치라고 가르치고 또 이 시위에 참석하라고 했는가?"

나는 "어린애가 아니다. 내가 왜 그것을 시켜서 할 필요가 있는가"라고 말했다.

그는 계속해서 "독립 쟁취를 기대하느냐"고 물었다.

"나는 그것을 꼭 기대한다. 이는 모든 사람의 권리가 아닌가?" 그러자 그는 "(너희가)독립을 할 수 있는 무엇을 갖고 있느냐?"고 물으며 "심지어 총, 칼이 있나, 군인 한 명이라도 있나, 동과 서로 화물을 나를 수 있는 상선이 있기를 하나, 무엇이 있느냐?"고 물었다. 또 "통치할 수 있는 최소한 능력을 가진 사람이 있느냐? 너는 무엇으로 이런 것을 가져올 희망이 있는가?"라고 물었다.

나의 대답은 "총도 칼도 도움이 안 된다. 우리는 (총이나 칼 같은) 무력 수단으로 독립을 이룰 뜻이 없다. 그러나 우리는 다른 민족들처럼 자유를 위해 독립이 되기를 원한다. 만약 당신네가 우리에게 독립을 준다면 우리 스스로 통치할 수 없을 것으로 보느냐? 의심할 필요조차 없다." 내가 이렇게 말하자 이 경찰 간부는 주먹으로 나를 때렸고 잣대로 내 머리를 쳤으며 내 볼을 꼬집었다. 나는 멍하게 되어 모든 생각이 없어져 주저앉았다. 그러자 그는 나를 다시 때리고 왜 대답을 하지 않고 그런 식으로 주저앉았느냐고 물었다. 여기에서 더 나아가 "너는 누구한테 이번 일을 설득당한 것"이라며 "그게 누구냐"고 물었다. "어떤 학생들이 너에게 시켰나? 누가 시켰는지 말하면 너를 내 보내 주겠다."고 말했다. 나는 그 말에 화가 나서 가슴을 치며 "아무도 그렇게 하지 않았다. 그렇게 한 것은 나 자신 마음의 생각이고 어떤 사람의 유도도 없었다."고 말했다.

한편 내가 특별히 사랑하는 한 여학생은 한 시간 동안 질문이 이어지는 동안 무거운 나무토막을 들고 있도록 했다. 팔이 너무 피곤해져 떨어뜨리면 그들은 그 학생을 때리고 호통을 쳤다. 무릎을 꿇게 하고 뼈가 부서질 때까지 주리를 틀었다. 결국 멍해지고 당황해하면서 말하기 위해 입을 열자 취조 경찰은 여러 차례 얼굴에 침을 뱉었다. 그는 또 얼굴에 끓는 물을 쏟아붓겠다는 말도 했다. 그러자 그 여학생은 "부어라, 부어라, 나는 두렵지 않다"고 대답했다. 그녀는 용기가 대단했다. 그러자 경찰은 "네 엄마는 매춘부이고 너도 남자들과 관계해서 지금 임신 중"이라고 모욕했다. 그는 온갖 방법으로 조롱했다. "너 같은 비천한 년들이 독립 만세를 거리에서 외치기 위해 나왔다"고 말하며 말하기조차 부끄러운 말로 모욕을 계속했다. 우리는 다섯 명씩 밧줄에 묶여 3월 10일 정오에 서대문 형무소에 갇혔다. 우리가 지나가는 동안 수백 명의 동포가 길가에서 우리를 응시하며 쳐다봤고 나는 얼굴에 웃음을 띠며 그들을 쳐다봤다. 또 가는 길에 칼을 찬 군인과 대검을 꽂고 우리를 겁주는 수비대도 보았다. 형무소에 도착했을 때 우리를 조사하기 위해 모인 남녀 관리 앞에서 옷을 벗고 머리를 풀어 내리게 해 검사한 후 형무소 안으로 들여보냈다. 우리는 또 남자들 앞에서 두 번째로 우리의 옷을 모두 벗고 남자들이 우리 몸에 있는 모든 자국을 기록할 때까지 추운 곳에 있었으며 키와 몸무게를 쟀다. 이는 우리 모두에게 가장 큰 시련이었다.

형사부의 남자 경찰은 발가벗고 있는 나에게 "거울 앞을 고양이처럼 네발로 걸어가라. 네가 얼마나 멋진 구경거리가 되는지 보자"고 말했다. 누가 만세를 부르게 시켰느냐고 말하도록 요구하며 나를 발가벗기고 고문으로 복종시키려고 했지만 현재 나는 분한 마음을 갖고 있지는 않다. 우리나라를 위해서 했던 것이기 때문에 나는 달콤한 맛처럼 고통을 받아들였다. 사람들은 자기 생각을 경찰 간부에게 표현할 수 없었고 정말로 어떤 것도 말할 수 없었다. 아무도 감히 밤중에 명령하는 말에 따라 눕지를 못했다. 한 번은 조용히 하라는 명령을 잠을 자라는 말로 잘못 알아듣고 누웠는데 간수가 와서 우리가 누워있는 것을 보고 "누가 잠자라고 했느냐? 일어나서 벌로 밤새 서 있으라" 고 말했다. 그들은 개나 돼지에게 이야기하듯이 우리에게 말했고 갖은 모욕을 주었다. 그들은 우리에게 "너 남자 있지? 술 마시냐?" 등 상상 가능한 모든 방법으로 우리를 약 올리려고 했다. 간수들이 지켜보고 웃는 가운데 103명 혹은 104명이 같은 욕조의 물에 들어가도록 했고 운동을 하도록 했다. 만약 춥다고 하면 "그러면 죽어"라고 말했다. 목욕 후에 물기가 마르기 전에 옷을 입으려고 하면 간수는 뒤에서 때리고 쓰러뜨렸다. 만약 대답에서 실수가 있으면 짐승처럼 두들겨 맞았다. 하지만 남자들은 우리보다 훨씬 더 큰 고문을 견뎌야 했다. 처음 체포돼 경찰서에 붙잡혀 온 남자는 우리 앞에서 구타당하고 경찰의 구둣발로 짓이김을 당했으며 칼집으로 머리를 얻어맞았다. 무시무시한 광경이었다. 나는 더 이상 볼 수가 없어 나의 얼굴을 가렸다.

유치장에서는 아침부터 밤까지 무릎 꿇도록 하고 일어서거나 어떤 운동도 용납되지 않았다. 또 한마디의 말도 할 수 없었고 식사할 때도 무릎 꿇은 채 먹었다. 콩밥과 약간의 물을 주었다. 어떤 때는 목이 말라 물을 달라면 모욕을 주었다. 심지어 어린이가 물을 찾아도 역시 거절했다. 유치장에는 노인과 장애인도 있었는데 그들이 불친절하게 대우받는 것을 볼 때 내 마음이 아팠다. 하지만 우리 한국 사람들은 하나님에 대한 신뢰를 갖고 모든 일이 잘될 것이라는 믿음을 갖고 있다. 하나님은 나의 가슴 속에서 끓고 있는 피를 쳐다보고 즐거워하시고 진심에서 우러난 염원을 기억해 주실 것이다. 주님을 믿습니다. 아멘.

C. 감옥에서 풀려난 한 여학생의 이야기

3월 5일, 나는 독립을 외쳐야겠다고 생각하고 나갔다. 남대문을 가려고 차를 탔는데 종로에 다다랐을 때 내가 탄 차는 서대문을 향하고 있어 갈아타려고 내렸다. 바로 거기에 일본인 경찰이 있다가 나를 붙들어 검색하고 아무것도 없자 "너는 짚신을 신고 있는데 독립 만세를 외치려고 나온 게 틀림없다"고 말했다. 그리고는 군홧발로 나를 걷어찼고 다른 몇 명도 달려

들어 얼굴을 때렸다. 그래서 나는 감각을 잃고 중앙(종로)경찰서로 끌려갔고 그곳에는 20명도 더 되는 경찰이 있었는데 그들은 나에게 손으로 머리를 치거나 뺨을 때렸으며 군홧발로 나를 찼다. 그들은 나를 있는 힘껏 밀어 벽에 던졌다. 나는 한동안 감각이 없어 이런 일이 무엇을 의미하고 내가 어디에 있는지 조차 생각 못 했다. 거기에는 40명의 남자와 35명의 여자가 작은 방에 갇혀 있는데 경찰들은 문을 열지 못하도록 했고 만약 열린다면 잠깐 뿐이었다. 머리가 너무 아파 죽을 것 같다고 생각했다. 나는 밤 10시나 돼서야 정신이 들었는데 그때 보니 남자들은 다른 곳으로 갔었다. 나는 발을 뻗어 그날 밤 맨바닥에서 잤다.

나는 세 번 문초를 당했는데 심문받으러 나갈 때마다 그들은 나에게 짚신을 신은 것에 대해 비난하며 막대기로 머리 위를 때려 답변할 만큼 정신을 차릴 수가 없었다. 그들은 나에게 "너는 왜 짚신을 신고 있냐?"고 물었다. "나는 왕이 돌아가셨기 때문에 짚신을 신고 있다. 한국 사람은 상을 당하면 짚신을 신는다." 이렇게 답하자 심문관은 "그것은 거짓말"이라며 일어나더니 내 입을 손으로 잡고 이리저리 끌어당겨 피가 흘렀다. 나는 계속 거짓말이 아니고 사실만 말했던 것이라고 주장했다. 그는 나에게 "너희 기독교인들은 모두 거짓말쟁이"라면서 내 팔을 잡아챘다. 나는 "내 말을 듣지 않고 때리기만 하니 나는 이해가 되지 않는다. 궁극적으로 내가 대답하기를 원하는 게 무엇이냐?"고 물었다. 그는 "너는 독립 만세를 외치려고 했다. 독립이 무엇이냐?"고 물었다. 나는 독립은 행복한 것이라고 대답했다. "하지만 너의 왕은 죽었고 슬퍼해야 하는데 어떻게 행복할 수 있는가?" "우리 민족은 정말로 왕이 돌아가신 것을 슬퍼한다. 그래서 우리는 슬픔을 표시했고 항상 왕을 기억할 것이다. 하지만 사람은 태어나면 죽기 마련인데 아무것도 하지 않고 슬퍼하기만 하다 죽으면 무엇을 성취하려는 희망이 있겠는가? 내 마음속에는 한국이 결과적으로 자유롭게 될 것이라는 확신이 있으며 그것이 나를 기쁘게 한다." 이렇게 대답하자 취조관은 내 옆구리의 옷을 찢어서 열고 비웃으면서 "축하한다"고 말하며 내 뺨을 때리고 내가 멍해질 때까지 방망이로 나를 때렸다. 그는 다시 나에게 물었다. "누가 너를 이렇게 하도록 했느냐?" 나는 "아무도 시키지 않았다. 나도 이제는 컸는데 왜 내가 생각이 없겠느냐? 다른 사람이 나로 하여금 이렇게 하도록 했다는 것은 더 이상 사실이 아니다"고 대답했다. "외국인들이 너에게 하게 시킨 것 아니냐?" 나는 학교의 교장 말고는 어떤 외국인도 알지 못한다고 답변했고 "교장 선생님은 우리의 이런 계획을 알지 못했다. 나는 다른 사람에게 탓을 돌려 이 곤경에서 빠지고 싶은 생각이 없다"고 말했다.

당시 나뿐만 아니라 다른 사람들도 갖은 구타를 당했다. 경찰들은 한 시간씩 팔로 나무판자를 들고 있으라고 고문했다. 그들은 또 다리 비틀기를 했으며 얼굴에 침을 뱉었다. 이와 함께 옷을 벗으라고도 명령했는데 한 사람이 "나는 어떤 범법행위도 안 했는데 왜 내가 당신 앞에서 옷을 벗어야 하느냐?"고 말했다. 그러자 "만약 네가 진짜 죄책감이 있다면 옷을 벗을 필요가 없다. 그러나 너는 죄책감이 없기 때문에 옷을 벗어야 한다."고 말하며 얼굴에 다시 침을 뱉었다. 한 학생이 "그러면 옷을 벗겨라"고 하자 심문관이 "그냥 두라"고 말했다. 모든 경찰이 침을 뱉었으며 또 한 사람은 "네 머리 위에 끓는 물을 퍼부어 주겠다"고 말했다. 이처럼 모든 여학생은 모든 종류의 고통을 당했다.

3월 9일, 나는 고문과 함께 다시 취조를 받았고 독립을 원하느냐고 물어 나는 "그렇다"고 대답했다. "왜 독립을 원하느냐?"고 물어 내가 "독립은 모든 사람의 권리이기 때문에 원한다."고 하자 그는 "좋아하는 것을 하고, 먹을 수 있고, 원하는 곳에 갈 수 있을 때 이런 것이 독립이 아니냐?" 말했다. 이에 대해 나는 그런 질문은 어떤 의미도 없다고 생각해 대답하지 않았다. 나는 또 대답할 수 없을 정도로 맥이 빠져 있었다. 내 주변에 앉아 있던 경찰들이 나를 비웃었는데 그 심문관은 조금 전의 질문은 진지한 내용도 아니었고 내가 할 수 있는 답변으로 얻을 게 없었다고 생각했는지 다시 묻지 않았다. 그는 다른 질문을 했다. "너는 항상 독립을 염원하는 마음을 갖고 있었느냐?" 나는 대답했다. "나의 독립 염원은 그것을 매일 되풀이할 필요는 없다. 다른 사람들과 같이 자유롭게 되기 위한 결단일 뿐이다. 나는 항상 이런 마음이다. '나는 자유롭게 될 것이다. 나는 자유롭게 될 것이다' 라고 매일같이 말하는 것은 더 어리석은 일이다." 심문관이 "그것이 어떻게 되겠냐. 가도 좋다"고 말해 나는 조사실을 나왔다. 20명도 더 되는 경찰들이 지나가는 나를 보고 조롱 섞인 비웃음을 보냈다.

내가 종로경찰서에 있는 동안 경찰들이 우리에게 말했던 모든 불쾌한 일을 다시 이야기할 수는 없다. 그것은 내가 옮길 수 없을 정도로 외설적이었다. 그러나 주님의 은혜로 감옥에서 고통받았던 바울을 생각하면서 나는 크게 위안을 받았다. 나는 하나님이 내가 필요한 모든 도움을 주실 것으로 알았으며 내가 우리나라를 위하여 고통을 견딜 때 그것을 부끄러움이나 처참한 것으로 느끼지 않았다. 이상은 서대문 형무소로 넘겨지기 전 경찰서 안에서 나에게 일어났던 것에 대한 간단한 진술이다.

3월 9일, 오후 5시에 우리는 서대문 밖에 있는 형무소로 끌려갔다. 각자는 손목이 묶였고 모두 한꺼번에 결박된 채로였다. 감옥의 관헌은 우리를 모두 벗게 했으며 표현할 수 없는 가장 모욕적인 말로 우리를 대했다. 우리 여학생들은 마음속의 고통으로 울게 만드는 이런 시련을 겪었으나 이는 우리나라를 위한 것이어서 우리는 그런 수모를 감사하게 견뎠다. 만약 다른 일로 그런 수모를 겪었다면 제일 먼저 죽어버렸을 것이다. 우리는 다른 어떤 것도 우리가 당한 수모와는 비교가 안 될 것으로 생각한다.

감옥에서 둘째 날 다시 검사를 받았는데 남자 관리 앞에서 옷을 벗도록 명령을 하는 것이었다. 거절할 수가 없었다. 관리들은 "감옥에서는 너희들 마음대로 하지 못하고 우리 마음대로 한다"고 말하며 나를 꾸짖었다. 속수무책으로 나는 옷을 벗어야 했다. 더 자세한 이야기를 하지 않아도 여러분은 내가 겪어야 했던 것을 알 것이다.

감옥에 있는 동안 우리는 무릎 꿇는 자세로 있도록 강요를 받았다. 만약 우리가 다른 자세로 앉아 있으면 징벌로 4시간 동안을 서 있도록 했다. 몇 명의 수행자는 정확한 시간을 몰라 정해진 시간보다 15분 일찍 잤는데 저녁 9시부터 아침 7시까지 잠을 못 자는 벌을 받았다. 어떤 때는 운동도 못하고 항상 무릎을 꿇고 있도록 했다 심지어 식사하는 동안에도 무릎을 꿇게 했다. 그 고통 때문에 머리가 아팠다. 또 다른 고통스런 것 중에는 104명의 사람이 한 욕조에서 목욕하는 것이었다. 물이 형언할 수 없을 만큼 더러워졌다. 목욕하는 동안 나는 현기증이나 넘어졌는데 찬물을 머리 위로 끼얹은 다음에야 겨우 정신이 들었다. 보통 우리는 아침에 15분 동안 운동을 위해 방 밖으로 나왔다. 어떤 때는 머리 위에 가면을 씌워 서로 알아보지 못하도록 했다. 이런 것들은 감옥에 있는 동안 우리에게 닥친 몇 가지 사례일 뿐이다.

우리는 3월 5일 체포돼 24일 날 나왔는데 석방될 때 다음과 같은 경고를 들었다. "재판이 끝날 때까지 너희들을 가둬 두는 것은 아무런 도움이 안 된다. 감옥을 나가서는 다시는 결코 이런 일을 하지 마라. 만약 두 번째로 잡히면 너희들은 더 무겁고 더 합당한 처벌을 받게 될 것이다." 감옥을 나오는 것은 기쁜 것이었다. 여기에 쓴 것은 우리가 겪은 것의 요약일 뿐이다. 만약 모든 것을 쓴다면 쓰는 것 자체가 너무나 더러운 것일 뿐이다.

한번은 내가 머리를 숙이고 기도를 올릴 때, 간수가 그것을 보고 잠을 잤다며 3시간 동안 서 있도록 했다. 여기서는 누구도 기도할 자유가 없었다. 내가 고개를 숙였다 쳐들면 간수는 "왜 잠을 잤느냐"고 물었다. 내가 "잔 게 아니라 기도를 했다"고 했으나 간부는 거짓말이라고 했다. 이런 식으로 기도를 하다가 여러 번 적발됐다.

나는 감옥에서 예수님이 가까이 계심을 알았다. 또한 몇 명의 감방 동료는 감옥에서 나올 때 기독교인이 되기로 결심했다. 이 일은 나를 매우 기쁘게 했고 그들도 기뻐했다. 그래서 하나님의 영광은 심지어 감옥에서도 나타났다.

D. 감옥에서 풀려난 한 여학생의 이야기

독립(만세)시위에 참여할 뜻으로 3월 5일 학교에서 출발해 남대문으로 가는 차를 탔다. 가는 도중 차장이 서대문으로 가고 있다고 말해 차를 바꿔 타야 했다. 다른 차를 타기 위해 내렸는데 한 일본인 경찰이 나타나 나를 붙들고 검색을 했다. 그리고 그는 나를 군홧발로 차고 뺨을 때리면서 종로경찰서로 가도록 명령했다. 거기에는 조그만 방에 남녀 모두 75명이 함께 수용돼 있었다. 우리 몸은 무차별적으로 두들겨 맞았고 모든 종류의 벌로 고통을 받았다. 그러나 나는 모든 그런 것에 대하여 진술하고 나에게 필요한 힘을 주시는 하나님께 진심으로 기도했다.

아침 9시부터 밤 9시까지 75명(여자 35명 남자 40명)이 한 방에 있었다. 방에는 문이 두 개 있었는데 경비자는 문을 열지 못하도록 했다. 법은 감옥에 있는 사람이 굶어 죽으면 안 되도록 하고 있어 그들은 우리에게 아침은 오전 10시, 점심은 오후 3~4시, 저녁은 오후 10시에 의무적으로 주었다. 어떤 위생관련 법률에도 확실히 맞지 않는 일본 경찰의 야만스러운 행동으로 우리는 5일 동안 씻을 물을 받지 못했다.

문초가 진행된 첫날, 한 일본 경찰이 나를 데리고 위층으로 갔는데 그곳에는 20명 이상의 경찰들이 있었다. 나는 이 방 저 방 끌려다니면서 조롱을 당했고 마지막으로 쓰러뜨려 조그만 방으로 집어넣었다. 두 명의 조사관이 달려들어 나를 가운데에 놓고 군홧발로 걷어찬 후 내 얼굴을 때렸다. 그들은 "사실대로 지금 말해라, 그렇지 않으면 죽여 버리겠다"고 했다. 나는 그들에게 무슨 대답을 해야 하느냐고 물었다. 그는 내가 어떻게 독립을 염원하는 생각을 하게 됐느냐는 것과 누가 그렇게 하게 시켰는지 알려 달라고 요구했다. 나는 "나 같은 한국인이 요즘 같은 때 그런 목표를 가질 수밖에 없지 않느냐? 내가 다른 사람이 그런 요구를 나에게 하도록 할 필요가 있는 어린애인가?"라고 대답했다. 그는 더 솔직히 "학교에 있는 너의 선생이 네 머리에 (독립과 같은) 생각을 하도록 했지? 누구인지 말해라" 고 물었다. 나는 "아무도 나에게 가르치지 않았다. 내가 여기서 죽더라도 누구도 아무런 책임이 없다는 말을 계속할 수밖에 없다"고 말했다. 그는 "너는 거짓말을 하고 있다"며 나를 때렸다. 나는 " 진실을 말하고 있다. 고통의 두려움 때문에 다른 사람이 하지 않았던(독립과 같은) 생각을 나에게 하도록 했다고 결코 이야기하지 않을 것"이라고 말했다.

그는 계속해서 "너희 학생 중 한 사람이 너에게 그런 생각을 갖도록 하지 않았느냐? 모든 학생이 그런 생각을 가진 것은 아니지 않느냐?"고 물었다. 나는 "아니다, 나는 학생모임(body)에 대해서는 아무것도 알지 못한다. 독립의 외침을 혼자는 할 수 없는 것이냐? 나 스스로 독립을 염원할 수 있다. 홀로 할 수 있다. 혼자 해도 (독립염원의) 소리는 들리게 될 것이다"고 말했다. 내가 그렇게 말했을 때 조사관은 "그렇지 않다. 지금 사실을 말하라"면서 나를 다시 두들겨 팼다. 그들은 사실을 더 말하라며 나를 때리기만 했다. 그는 다른 질문도 했다. "너는 독립하기를 희망하는가" 나는 "그것이 나의 희망이다. 나는 한국 사람인데 그것을 염원하지 않겠는가? 나는 독립을 볼 것으로 기대한다."고 답했다. "너는 독립 만세를 외쳤는가?" "나는 그것을 하러 가는 길이었다. 아직 '독립 만세'를 외치지 못했다"고 말하자 그는 내 말을 막고 "너는 거짓말을 하고 있다"며 또 때렸다. 나는 이런 식으로 닷새를 조사받았다. 매번 조사 때마다 나는 똑같은 종류의 지독한 일을 당했다.

마지막 심문 후 우리는 3명씩 묶여 서대문 형무소로 갔는데 그곳에서는 여자 간수가 우리의 옷을 조사하고 머리카락을 풀어내리라고 했다. 또 완전히 벗게 한 후 우리를 처리했다. 그 후 그들은 남자 간수들도 함께 와 몸무게를 재는 등 우리를 조사했다. 그리고 그들은 우리를 다시 벗게 해 우리를 치욕 속으로 몰아넣었다. 남자들이 벗은 우리의 몸을 조사했는데 그들의 손을 어떻게 통과했는지 이 종이 위에 쓰는 것이 부끄럽다. 내가 이렇게만 말하니 나머지는 상상에 맡긴다. 모든 종류의 모욕이 우리에게 가해졌다.

그 후 우리는 다시 같은 방에 수용됐는데 아침 9시부터 밤 9시까지 손가락 하나 감히 움직이지 못했다. 그들은 우리에게 손발을 움직이지 못하게 하고 절대적으로 가만히 있도록만 했다. 조금만 움직여도 온갖 종류의 분노를 우리에게 쏟아냈다. 형무소에서는 정확하게 분량을 맞춘 만큼만 물을 줘 여러 번 우리는 지독한 갈증에 시달려야 했다. 변기통은 아침에 바뀌었는데 온종일 우리 옆에 놓여 있었다. 우리는 거기에서 음식을 먹어야 했고 밤새도록 방 안에 있었다. 이런 것과 같은 경험을 15일 동안 했다.

하루는 내 머리가 멍해 있을 때 여자인지 남자인지 정확하지는 않지만 "이리 마센(I-ri-ma-sen)이라고 말해 나는 그게 '가서 자라'는 뜻으로 생각하고 눕기 위해 매트를 폈다. 그러자 간수가 와서 꾸짖으며 벌로 4시간 동안 서 있도록 했다. 나는 우리에게 징벌했던 여자 간수의 직급을 모르나 그들이 우리에게 지시하기 위해 소리를 지르면 마치 하늘과 땅이 산산조각이 나는 것 같았다. 우리가 철창 안에 있는 동안 그들은 우리의 모든 영혼이 두려움으로 녹아내릴 때까지 작은 구멍을 통해 우리를 들여다보며 밤낮 거기에 있었다.

음식의 경우, 그들은 우리에게 그 구멍을 통해 한 움큼의 콩물을 아침에 주었다. 우리가 음식을 먹는 동안 이 두 여자 간수들은 "한국 사람은 개나 돼지같이 먹는다."면서 우리를 조롱했다. 그들은 우리가 목욕하도록 지시했는데 물을 조금밖에 안 줘 112명이나 되는 사람의 몸에서 나온 때로 곧 물이 진하게 더러워졌다. 어떻게 그 안이 깨끗할 것으로 기대할 수 있겠는가? 목욕하는 동안 여자 간수들은 한 번에 3, 4명씩 와서 욕을 퍼붓고 끝날 때까지 우리에 대해 비난하는 소리를 했다. 여기서는 목욕을 하는 척할 뿐 확실히 진짜 목욕은 아니다. 우리는 탕 안에 잠깐 있었을 뿐 곧 서둘러 나왔다. 며칠 동안 우리는 운동을 하지 못했다. 그러나 마지막 3일간 이른바 오락이라는 것을 했다. 오락을 하는 동안에도 3, 4명의 일본인 여자 간수는 옆에서 욕하거나 우리에게 모욕을 줬다. 우리가 빨리하면 그들은 잘못을 찾아내고 우리가 천천히 하면 그것도 좋아하지 않았다. 본성이 그런 사람들인지 의문이 들었다.

그들은 우리가 진실을 이야기할 때 거짓말한다고 우기며 평생 절뚝거리며 살아야 할 정도로 다리를 비틀었다. 벌을 하는데도 방법이 있는 것 같았다. 그들은 끓는 물을 우리 머리에 부어 데어 죽게 할 수도 있다고 말하며 숯불을 피우고 물을 끓였다. 그들은 잣대로 우리를 때리고 벌로 한 시간 동안 무거운 의자를 들고 있도록 했다. 우리는 3월 24일(감옥에서) 나왔다.

E. 감옥에서 풀려난 한 여학생의 이야기

내가 3월 5일부터 경험했던 것은 다음과 같다.

그날 나의 목적은 학생모임에 참여해 독립 만세를 부르며 남대문으로부터 출발하는 것이었다. 내가 이렇게 결심한 이유는 1,000만 한국 여성의 한사람이기 때문에 나도 독립을 외쳐야 하며 그런 외침을 수단으로 하여 10년 넘게 우리 지배자들의 이름 없는 압제에 대해 쌓인 분노를 전 세계에 알리도록 하기 위해서였다. 총도 칼도 두려워하지 않고 대의를 위해 내 생명도 내놓으며 3월 5일 아침 9시 학교를 떠나 남대문으로 가는 전차를 탔다. 우리가 도로의 한 부분을 지날 때 불행하게도 우리가 탄 전차는 서대문으로 향하고 있다는 것을 알았다. 차장은 남대문으로 가려면 바꿔 타야 할 것이라고 말해줬다. 이런 이유로 내려 다른 차를 타려고 하는데 일본 경찰이 뒤에서 다가와 어디로 가는 중이냐고 물었다. 나는 "남대문으로 가는 길"이라고 대답했다. 더 이상 말도 없이 그 경찰은 나를 체포했고 몸을 수색했으며 옷을 조사했는데도 의심할 만한 것이 없자 그는 내가 짚신 신은 것을 주목하고 그것을 이유로 경찰서로 가자고 명령했다. 나는 "차를 타고 평화롭게 가고 있는 사람을 왜 경찰서에 가도록 명령하느냐"고 말했다. 많은 사람에 의해 둘러싸인 남자 경찰은 이리저리 뺨을 때리고 "(경찰서로)가라"고 소리 질렀다. 나는 만약 내가 죄가 있다면 경찰서는 정말 끔찍한 곳이 될 것이라고 생각했다. 하지만 나는 죄가 없기 때문에 두려워할 필요가 없었다. 그래서 나는 경찰들이 양쪽에 칼을 차고 서 있는 경찰서로 함께 갔다. 나는 작은 방으로 끌려갔는데 그곳에서 그들은 귀퉁이에 주먹을 날려 내 볼이 부풀러 올랐다. 그들은 또 징이 박혀있는 군홧발로 내 발을 짓뭉갰다. 징 사이에 낀 내 발가락은 마치 징과 징 사이에서 부서지는 것 같았다.

이쪽저쪽에는 남녀 학생들의 무리가 보였다. 일본 경찰은 여학생들의 귀를 때렸고 발로 찼으며 구석으로 몰아붙였다. 그들 중 일부는 머리채를 잡아당기고 얼굴을 양쪽으로 홱홱 돌렸다. 남학생 중 일부는 머리가 다리 사이에 파묻히도록 포승줄에 묶여 있었다. 그리고 경찰은 구둣발로 그들을 짓이기거나 얼굴을 발로 차 눈이 부풀어 오르거나 피를 흘리게 했다.

얼마 후 모든 사람을 앉게 했다. 방에 들어온 모든 경찰은 마음대로 돌아가면서 구타를 했다. 방은 좁고 40명의 남자와 34명의 여자가 있어 공기는 너무 지독해졌다. 머리가 아파 멍해지고 현기증이 났다. 이런 상태로 아침 9시부터 자정까지 있었는데 그 후 남자들은 다른 방으로 이동했다. 이때부터 여자들만 남게 되었다. 우리는 심문을 받았는데 그 과정에서 말도 안 되는 일들이 벌어졌다. 요약하면 이런 것이다.

내가 처음 받은 질문은 "네가 이처럼 나오게 된 것은 너 자신의 뜻이냐, 아니면 어떤 다른 사람이 너에게 하도록 부추긴 것이냐"였다. 이에 대해 나는 "다른 사람에 의해 움직인 것은 결코 아니다. 내 뜻에 따라 전적으로 온 것이다"라고 말했다.

그는 다시 나에게 "학교의 선생이나 외국인이 한국의 상황은 평화회의(만국평화회의)에서 관심을 가져야 한다고 말했느냐"고 물었다. 이에 대해 나는 "그런 제안을 들은 적이 없다"고 말했다. 나는 "그것이 내 마음속의 소원"이라고 답했다.

그는 다시 "일본과 한국이 통합된 이래, 생활이 크게 개선됐고 나머지 다른 것들도 좋아졌는데 너는 왜 감사해하지 않고 대신 독립을 원하느냐?"고 물었다. 나는 이렇게 대답했다. "나는 이런 것 하나만 볼 뿐이다. 만약 일본과 한국이 정말 한 나라였고 처음부터 하나였다면 독립 소원과 같은 것은 내 마음속에 없었을 것이다. 하지만 한국은 4,000년의 평화스러운 역사를 갖고 있다. 또 일본의 한국인에 대한 법령과 야만적 폭력은 법적으로도 세계의 인정을 받지 못하고 있다. 일본은 우리에게 보통교육의 기회도 주지 않고 있다. 이런 명백한 사실들 때문에 나의 독립 염원은 아주 자연스러운 것이다."

조사관은 "아하, 나는 네가 지금 말한 것이 너 스스로 생각한 것이 아니라 너의 선생이 한 것이라는 것을 네 말을 듣고 알겠다"고 말했다. 그는 나의 머리 위와 얼굴을 내 감각이 멍해질 때까지 때렸고 나는 뭐라고 했는지도 기억나지 않는다.

그는 다시 "너는 멋진 여학생인데 어떻게 감옥생활을 견딜려고 하느냐. 가련한 신세가 될 것이다. 이렇게 하지 말고 사실을 말해라. 네가 한 번만 미국 선생이나 한국 선생의 이름을 대면 너를 풀어주겠다"고 말했다. 나는 "내가 죽더라도 어떤 선생님도 나에게 이렇게 하라고 시킨 사람은 결코 없다"고 대답했다. "거짓말"이라고 말하며 그는 두 손으로 내 입술을 잡아당겼는데 내 입술이 찢어지는 것 같은 느낌을 받았고 피가 흘렀다. 그리고 그는 또 "왜 짚신을 신고 있느냐?"고 물었다. 나는 "오늘뿐만 아니라 고종이 죽은 이래 매일 짚신을 신고 있다"고 말했다. 그러자 그는 방망이로 입술을 쳐 내 입술은 부풀어 올랐고 다시 피를 흘렸다. 또 내 머리를 감각이 없어질 때까지 때렸다. 이런 식으로 네 번의 엄격한 심문을 받았다. 또한 심문과 함께 이런 일들도 있었다. 몇 번의 고문, 한 시간 동안 팔로 무거운 것 들고 있기, 옷 벗기기와 정신적 고통 같은 것들이다. 이같이 많은 고통스러운 벌과 아픔을 겪었다. 경찰서에 있는 5일간, 우리는 양치도 못 했고 씻을 기회도 없었다. 5일부터 9일까지 엄한 심문을 받고 9일 날 서대문 형무소로 옮겨졌는데 우리의 손을 함께 묶고 포승줄로 허리둘레를 묶었다.

우리가 서대문 형무소로 갔을 때 각각 남녀 형무소 관리 앞에서 옷을 벗어야 했다. 추운 날씨에 우리는 한기가 들고 다리가 얼 때까지 벗은 채로 있었다. 우리는 그들이 우리를 모두 조사하고 다룰 때까지 많은 시간을 그대로 있었다. 그리고 옷을 입게 한 후 조그만 방으로 데려갔는데 그곳에서는 무릎을 꿇고 있어야 하고 한마디도 말하는 것이 허용되지 않았다. 만약 누군가 무릎을 잘못 꿇거나 잠들면 네 시간 동안 서 있어야 하는 벌을 받았다.

어떤 날 밤 나는 갈증이 나서 물을 달라고 했으나 거절당했다. 나는 거의 죽을 뻔했다. 가장 구역질 나는 것은 방에 있는 변기통인데 나무로 만들어졌으며 최악의 악취가 스며들었다. 한 주일에 한 번 목욕을 시키는데 100명도 넘는 사람이 한 욕조에서 목욕해야 했다. 형무소의 간수는 옆에 서서 감시하면서 욕을 퍼붓고 온갖 음란스러운 말을 했다. 작은 방에는 15명이나 갇혀 있었다. 밤에 잘 때는 너무 좁아서 옆으로 자거나 머리와 다리를 서로 반대로 해서 잤다. 너무 복잡해 뒤척일 수도 없었다. 어떤 사람이 기도하기 위해 머리를 숙이면 잠을 잤다면서 자지 못하는 벌을 받고 질책을 당했다. 우리는 하루 14시간을 무릎을 꿇고 지냈다. 이런 고통 속에서 나는 성경을 달라고 요청을 했는데 그들은 주겠다고 매일 약속했지만 끝내 주지 않았고 나는 성경을 읽을 기회가 없었다. 이처럼 우리는 석방될 때까지 갖은 어려움을 겪었다.

F. 감옥에서 풀려난 한 여학생의 이야기

나는 3월 5일 10시 종로에서 '만세'를 부르고 있었는데 35명의 여학생 무리와 함께 일본 경찰에 붙잡혔다. 일본 경찰은 옆에 긴 칼을 차고 두 줄의 금 수술이 있는 사람이었다. 그는 내 옷에서 끈을 찢어 내 손을 묶고 종로경찰서로 데려갔다. 경찰서 마당에서 기다리는 동안 경찰로부터 구타를 당했다. 자정이 될 때까지 물도 음식도 주지 않았다. 오후 4시경에 감시를 받으며 화장실에 갔고 금 수술을 단 경찰관 앞으로 불려 나갔다. 이름과 주소를 물었다. 또 어디에서 공부하는지, 학생인지, 기독교를 믿는지도 물었다. 나는 가공의 이름을 대고 3월 1일 도착했다고 말했다. 나는 공부를 하러 왔고 학교에 다니는 동안 일을 함으로써 도움을 받으려고 하는데 외국인을 통해 그 같은 도움을 받기를 기대하고 있다고 했다. 그리고 기독교인이라고 대답했다. 그러자 그 경찰은 "너는 나쁜 여자애다. 너는 남자하고 함께 왔어야 했다. 왜 만세를 불렀느냐? 누가 그것을 하도록 했느냐?"고 물었다. 나는 "한국(조선)의 자유를 위해 외쳤다"고 말했다. "왜 한국의 자유를 원하느냐?" "나는 한국인이고 그것이 내가 한국이 자유롭기를 원하는 이

유이다" 처음에 그는 "마음속에 있는 모든 것을 내게 말하라"고 했다. 그래서 나는 그에게 말했다. "지난 10년 동안 당신들은 우리를 압제했고 우리가 말할 자유를 빼앗아 갔다. 이 외침은 우리의 슬픈 마음의 외침이다." 그는 "그(외국인)가 한국을 자유롭게 해 줄 것이라고 의심 없이 믿느냐"고 말했다. 그러면서 "만세를 부른 것은 너 자신의 마음이나 가슴에서부터 우러나온 게 아니라 외국인이 너에게 시킨 것"이라고 말했다. 나는 "어떤 외국인도 이것(만세)을 말하지 않았다. 나 스스로 마음에서 우러나온 것이다. 나는 18살이고 지금까지 나 스스로 살았다. 왜 내가 외국인의 말을 들어야 하나? 나는 엄청나게 많은 모든 종류의 문제들을 보아 왔고 이제까지 그런 것을 말할 기회가 없었다. 나는 오늘 죽어도 두렵지 않다. 그래서 나는 자유를 외치러 나왔다."고 말했다. 그러자 그는 "네가 일본에 대해 아는 게 무엇인가. 그리고 일본은 이 나라를 어떻게 통치해야 하는가. 어떤 방법으로 너는 일본에 반대할 수 있는가" 등을 물었다. "비록 내가 맞아 죽더라도, 나는 당신이 말하는 대로 하지 않을 것이다"고 말하자 그들은 내 말을 중단시키고 무릎을 꿇게 한 뒤 무거운 판을 팔로 들게 했다. 내 팔이 움직이면 경찰은 다시 때렸다. 나는 울지 않았다. 한 시간 동안 다리를 비롯해 어깨와 발을 심하게 맞았다. 심문하는 동안에도 나는 조사관의 주먹으로 어깨와 얼굴 위를 계속 맞았다. 그래서 내가 취조실을 떠나도록 허락받았을 때는 걸을 수가 없어서 9m 가량 떨어진 다른 방으로 갈 때는 기거나 끌려서 갔다.

나는 35명의 여학생을 2명의 일본인과 3명의 한국인 경찰이 지키는 방으로 돌아왔다. 두 일본인 경찰은 금 수술을 단 간부였다. 우리는 각각 긴 의자(bench)로 나뉘어 앉아 서로 쳐다보거나 말하는 것이 허용되지 않았다. 또한 일어서거나 위치를 바꾸는 것도 허락되지 않았다. 자정까지 45명의 남자 수용자들과 같은 방에 있었다. 한밤중에 남자들을 데리고 나간 후 음식과 물을 주었으며 때가 잔뜩 낀 나무 마루 위에서 잤다. 나흘 동안 계속 같은 장소에 있었고 다른 경찰에 의해 매일 조사를 받았다. 나는 매일 똑같은 이야기를 했다. 둘째 날은 첫날만큼 많이 맞지는 않았다. 이날 일본 경찰은 첫날 심문했던 경찰보다는 높은 직급이었다. 질문은 첫날 했던 순서와 비슷했다. 첫날 했던 조사기록이 둘째 날 경찰 앞에 놓여 있어 보면서 조사했다. 첫날에 이어 계속해서 조사할 때마다 서기와 한국인 통역이 입회했는데 첫날 조사 때 나는 일본말로 말할 능력과 지식이 없다고 거절했기 때문이었다.

예비조사가 진행된 후 경찰은 "너는 부도덕한(몸을 파는 것과 같은) 생활을 해 왔지?"라고 물었다. 나는 "당신이 말하는 것과 같은 창피한 사람으로 보이느냐?"고 물었다. 그는 "이번에 체포된 사람들은 모두 처녀가 아니다"고 말했다. 나는 "우리는 모두 처녀다. 심지어 약혼한 사람도 없다." 그는 "너희 부모가 결혼을 허락도 하지 않았는데 너희들은 모두 꼭 짐승들이다. 너희는 모두 지금 임신해 있다"고 말했다. 나는 "배를 가르고 열어서 보라"고 쏘아붙였다. 그는 "배를 가르고 열어도 우리는 알 수 없고 의사는 알 수 있다"고 말했다. 그는 "너는 어떤 죄도 짓지 않고 살아왔다고 하는데 나(경찰심문관)는 성경에서 '네가 죄가 없다면 네 옷을 벗고 벗은 채로 모든 사람 앞에 가라. 죄 없는 사람은 벗은 채로 산다'(아담과 이브의 인용)는 내용을 보았다"고 말했다. 그리고는 내가 서 있는 앞으로 와서 내 옷을 벗기려고 했다. 나는 울고 저항하며 몸부림쳤다. 그리고 "이렇게 하는 것은 여자를 대하는 방식이 아니다"고 말했다. 그는 계속하기를 멈췄다. 그 경찰이 이런 사악한 말을 우리에게 할 때는 한국인 통역을 이용하지 않고 엉터리 더듬거리는 한국말로 했다. 한국인 통역은 그 경찰에 의해 이런 사악한 일들이 진행되는 동안 슬픈 모습으로 지켜보았다. 일본 경찰은 한국인 통역에게 나를 때리라고 시켰지만 그는 여자를 때리지 않는다고 말했다. 통역자는 자신의 손가락을 먼저 깨물 것이라고 했다. 그러자 일본 경찰은 주먹으로 내 어깨와 얼굴과 다리를 때렸다.

3일째 되던 날 나는 다시 조사를 받았는데 맞지는 않았다. 셋째 날은 규정상의 질문(regulation question)만 했다. 토요일(나흘째)에 나를 조사한 사람은 금 수술이 3개였다. 나는 다시 규정상의 질문을 받았는데 이 사람은 나를 때렸지만, 첫날만큼 심하지는 않았다. 밥은 오전 10시와 오후 4시, 한밤중에 주었으나 나는 밤에는 먹지 않았다. 3월 9일 일요일 오후 시간에 나는 다른 여학생들과 함께 묶여 경찰 3명의 호송 아래 서대문 형무소로 갔다. 다른 여학생들은 울고 있었다. 우리는 쳐다보거나 말하는 것도 허가되지 않았다. 한국인인 운전사는 우리에게도 들릴 정도로 크게 한번 말을 했다. "용기를 잃지 말고 몸을 쇠약하게 하지 말라. 여러분은 아직 유죄인 것도 아니다. 이렇게 하는 것은 오직 여러분의 기를 꺾으려는 것이다." 우리는 형무소에 도착했는데 일본 경찰이 형무소 사무실로 간 동안, 우리는 계속 차 안에 앉아 있었다. 학생으로 보이는 한 한국 사람이 자동차에 와서 자동차에 손을 대고 말했다. "항상 좋은 기분을 가지십시오. 우리는 항상 죽어갈 수 없습니다. 살날이 오고 있습니다. 왜냐하면 하나님은 올바르고 우리가 원하는 것을 줄 것이기 때문입니다." 그렇게 말한 후 사라졌다.

그리고는 금 수술을 단 관리와 형무소 사무실로 갔던 경찰이 함께 왔다. 우리는 형무소 안의 한 방으로 들어갔고 나보다 앞에 있던 소녀들에게 이름, 주소를 물었다. 나는 다른 소녀들이 들어가는 동안 밖에 서 있었다. 그들이 문을 지나갈 때 나는 모든 소녀가 방에 벗은 채 있는 것을 보았다. 그들은 팔에 옷가지를 끌어안고 머리는 목 뒤로 풀어 내렸다. 내가 불려 나가자 일본 경찰은 방으로 들어가라고 했다. 책상 뒤 의자에는 일본 남자 관리가 앉아 있었다. 또 두 명의 일본인 여자 간수가 서 있었다. 그들은 내 머리를 풀어 내리고 머리핀을 가져가 머리핀의 리본을 조사했다. 그리고는 옷을 벗으라고 말했다. 나는 거부했다. 그들은 내가 스스로 옷을 벗어야 한다고 말했다. 내가 꽤 오랫동안 거부하자 그들은 나를 내가 거부할 수 없는 유죄판결이 난 죄수의 방으로 보낼 것이라고 말했다. 얼마간 시간을 끈 후 나는 힘겹게 갈등하면서 내 옷을 벗었다. 나는 이 관리 앞에서 약 10분 동안 벗은 채 서 있어야 했는데 10분보다 더 길게 느껴졌다. 나는 그의 얼굴을 결코 쳐다볼 수가 없었다. 여자들은 내 옷가지를 검색했다. 그들은 내 속옷을 보고 모두 외국 스타일이라고 표시했다. 그 후 내 옷을 가지고 다른 방으로 가라고 했다. 한 여자 관리가 나와 함께 갔는데 90m도 더 떨어진 곳이어서 빨리 가라고 재촉했다. 나는 방을 떠나기 전 내 옷을 입고 싶었으나 그들은 나를 재촉하며 떠밀었다. 나는 떠나기 전 치마로 내 몸을 감싸고 나머지 옷가지는 팔로 안았다. 방을 떠나 다른 방에 도착하기 전까지 5명의 한국인 남자 죄수가 우리 옆을 지나갔고 여러 명의 일본인 여자 관리(간수)가 지나가면서 나를 봤다. 나는 두 명의 다른 수용자가 있는 감방으로 들어갔는데 한 여학생은 공립 고등학교 학생이고 또 한 사람은 숙명학교 학생이었다. 나에게는 수인 번호가 붙여졌다.

기상 시간은 아침 7시, 취침 시간은 저녁 9시 반이었다. 일주일 동안 닫아 가둔 후 그들은 죄수 모자를 씌우고 일본 여자 간수의 감시 아래 15분씩 내 보내 운동을 하도록 했다. 음식은 콩과 수수로 딱딱하게 만든 주먹밥이었고 미적지근한 소금물과 한 사발의 물을 주었다. 식사 시간 이외에는 물을 주지 않았다. 감방의 한구석에는 뚜껑이 있는 변기통이 있었으며 매일 아침 남자 죄수들이 가지고 나가 비웠다.

3월 10일 아침, 나는 다시 여자 간수에 의해 사무실로 끌려갔다. 그들은 신체검사를 위해 내 옷을 또 벗으라고 했다. 나는 아프지 않다면서 탈의를 거부했다. 긴 논쟁 끝에 그들은 내가 최소한의 속옷만 입을 수 있도록 허용했다. 한 여자 간수가 키와 몸무게를 재고 다른 한 여자 간수는 그것을 적었다. 일본인 의사는 매우 젊었는데 그는 관찰한 후 내 가슴 위를 두들겨 보았다. 그는 청진기를 사용하지 않았고 내 건강에 관해 물어보지도 않았다.

형무소에 있는 내내 나는 앉거나 서는 것이 허용되지 않고 일본식으로 아침부터 저녁까지 무릎 꿇고 있어야 했다. 나는 성경을 달라고 했는데 한 소녀가 갖고 있던 성경도 빼앗아 가 돌려주지 않았다.

한편 어떤 경우에는 감방에 많게는 15명이 나와 함께 갇혀 지냈다. 우리는 베개도 허용되지 않았다. 보통 누비이불로 5명이 함께 잤는데 이불은 벼룩 빈대로 오염돼 있었다. 우리는 매일 아침 손과 얼굴을 씻을 수 있었지만, 목욕은 허용되지 않았다. 일본 여자 간수는 한국말을 잘했고 밤낮으로 우리를 감시했다. 우리가 서로 이야기 할 수 있었던 시간은 밤으로 이불 속에서 겨우 속삭이는 정도였다. 자세를 움직일 수 없는 것은 가장 참기 어려운 것으로 자세를 조금만 움직여도 맞거나 팔로 무거운 것을 들어야 하는 벌을 받았다. 내가 다른 수용자들로부터 들은 이야기로는 선생님과 지도자급으로 분류된 사람들은 독방에 수용돼 있었다.

3월의 어떤 날 아침, 경찰 간부가 방으로 와서 내 이름을 묻고 허리띠를 풀라고 말하고 나의 가슴과 등을 조사한 후 옷을 입고 몇 명의 소녀들이 있는 다른 방으로 보냈다. 우리는 감옥 부지 내에 있는 다른 건물로 걸어갔다. 일본인 여자 간수가 이 사무실까지 함께 걸어왔다. 한 관리가 우리의 이름을 부르고 다시는 어떤 것도 하지 말라고 말했다. 그리고 우리의 수형 번호를 떼어냈다. 다른 소녀(여학생)와 교사, 교장이 석방된 여학생들을 위해 형무소에 왔다. 그러나 나는 처음 심문을 당할 때 부모도, 집도 없고 북쪽에 있는 아주머니보다 더 가까운 친척도 없다고 말했기 때문에 나를 찾는 사람은 없었다. 우리를 석방한 관리는 금 수술이 있는 한국인 통역에게 말했다. 그 통역은 나에게 "서울에 체류하지 말라"고 말했다.

다음 4건의 보고서는 위의 보고서들보다는 길이가 짧고 8월 6일에 보석으로 석방됐다는 공통점이 있다. 더 오래 구속되고 재판까지 받은 학생들이었지만 이미 3월 24일 석방된 학생들의 보고서가 있는 상황에서 경찰서에서 서대문형무소로 이감된 후 상황을 중심으로 비교적 짧게 작성된 것으로 보인다.

G. 경찰서에서 형무소까지

3월 5일 아침 9시 학교에서 출발해 만세를 외치러 거리로 나갔다. 나는 많은 군중 속에 합류해 터벅터벅 걸었다. 나는 예수님을 생각하면서 힘을 얻고 다시 만세를 고함쳤다. 한복을 입은 한 일본사람이 사나운 황소처럼 뒤에서 나를 덮쳐 머리를 아래로 잡아채고 발로 찼다. 그는 나를 끌고 경찰서로 데려갔다. 내가 경찰서 안으로 들어설 때 문에 있던 경찰들이 주먹질을 했고 뺨을 때렸다. 그 후 나는 74명의 남녀 소년 소녀들이 함께 있는 방에 보내졌다. 공기도 희박하고 앉을 곳도 없었다. 나는 이 비좁은 곳에서 한밤중에 남자들이 다른 곳으로 옮겨갈 때까지 머물렀고 그 후 약간의 먹을 것이 주어졌는데 아침부터 굶다 처음 먹은 음식이었다. 나는 갇혀 있는 동안 두 번 심문을 받기 위해 방을 나섰다. 두 번째는 아무도 학교를 나가서 만세를 부르라고 시킨 사람이 없다고 주장했기 때문에 의자를 머리 위에 들고 한 시간 동안 벌을 섰다. 내가 의자를 내리거나 조금만 움직여도 팔꿈치와 손가락 마디를 막대기로 때렸다. 이런 고통을 겪는 동안 나는 예수님으로부터 오는 힘을 생각했고 그에게 의지했다. 나를 심문하는 동안 그들은 나를 겁주려고 했으나 나는 용감하게 모든 것을 내 마음에서 우러난 것이라고 대답했다. 의자를 내려놓도록 한 후 나는 머리 위를 막대기로 맞고 뺨을 맞았으며 본래 대기하고 있던 방으로 돌아갔다. 나는 경찰서에 5일간 있었는데 모두 3번을 조사받았다. 경찰서 유치장에서는 하루 3번의 식사가 배

급됐고 씻는 물은 두 번 주었으며 이를 닦도록 소금을 한 번 줬다.

3월 10일 다른 소녀 2명과 묶여 서대문 형무소로 끌려갔다. 내가 그곳에 도착했을 때 여자 간수들은 그들과 다른 소녀들 앞에서 모든 옷을 벗으라고 했다. 내 옷을 검사한 후 다시 옷을 입도록 했으며 열 명의 다른 사람들이 있던 감방으로 보내졌다. 그 감방에서 석방될 때까지 머물렀다. 콩과 수수로 된 밥을 먹도록 주었지만, 그날 밤에는 먹을 수가 없었다. 다음 날 아침에는 너무 배가 고파 먹었다. 이처럼 나의 다섯 달 동안 감옥생활은 시작됐다. 하루에 한 번은 국을 주었고 가끔은 너무 배가 고파 이를 닦으라고 준 소금 덩어리 중 일부를 먹기도 했다. 한번은 일본인 여자 간수한테 소금을 먹다가 들켜 벌로 며칠 동안 소금을 받지 못하기도 했다. 우리는 매일 얼굴과 손을 씻도록 물을 받았고 5일에 한번 씩 목욕을 하러 감방을 나섰다. 일요일을 제외하고 매일 15분씩 운동을 했다. 우리는 가장 불편한 일본식 자세로 무릎을 꿇고 앉아 있었고 움직이거나 말하면 질책을 받았다.

3월 어떤 비 오는 날, 우리는 감옥 밖에서 '만세'를 외치는 소리를 들었고 모두 일어나 그 외침에 호응했다. 그러자 여간수가 감방에 들어와 우리를 치고 왜 그런 소리를 지르느냐고 따졌다. 우리가 투옥되고 재판받는 것은 만세를 불렀기 때문이라고 대답했다. 여자 간수는 더 이상 말하지 않았으나 양치질할 소금을 주지 않는 것과 2주일 동안 운동을 못 하는 벌을 받았다.

하루는 지루하기도 하고 집 생각도 났으며 같은 자세를 하고 있는 것이 피곤해 방안에서 위치를 바꿨다가 벌로 4시간을 서 있어야 했다. 또 다른 소녀가 남긴 음식을 먹었다는 이유로 심한 질책을 받기도 했다. 또 너무 목이 자주 말라서 잠을 이룰 수가 없을 때도 있었다. 감방 안에는 벼룩과 해충이 많고 변기통 악취로 자주 잠을 잘 수가 없었다. 그러나 나는 감옥살이를 하고 있고 모든 것을 참아야 한다는 사실을 알고 있었다. 그곳에 있는 동안 나는 고통 받는 다른 사람에 대한 동정심을 배웠다. 그것은 내가 배운 훌륭한 교훈이었다. 그곳에 있으면서 신약성서와 구약 중에서 사무엘 상 하, 열왕기 상 하, 잠언을 읽었다. 그중에서도 항상 내 마음속에 남아 있는 구절은 요한복음 14장 1절에서 18절까지의 말씀이다. 6월 20일과 23일, 7월 9일에 열린 3번의 재판 후 나는 8월 6일 보석으로 풀려났다.

H. 경찰서에서 형무소까지

3월 5일, 나는 한국 만세를 소리치기 위해 거리로 나아갔다. 나는 목이 쉴 때까지 소리를 질러 더 이상 소리를 지를 수가 없었다. 나는 경찰이 불렀을 때 그를 따라가는 것이 두렵지 않았다. 그 이유는 나는 내 의무를 하고 있었기 때문이다. 나는 경찰서로 끌려가 거의 실신할 때까지 맞았으며 몸수색을 당했다. 나는 어둡고 닫힌 방으로 들여 보내졌으며 다시 나를 부르고 심문하는 저녁까지 머물렀다. 거짓말을 하고 있다며 벌을 주고 추궁한 사흘째 날이 되기까지 다시 불러 심문하지는 않았다.

서대문 형무소에는 3월 9일 도착해 옷을 벗어야 했고 여자 간수들에 의해 검색을 받았다. 그 후 옷을 입도록 허락을 받고 춥고 쓸쓸한 방으로 옮겨졌으며 식사용 콩밥이 나왔다. 열흘 동안 운동할 기회가 없었다. 처음에는 감옥의 규칙을 몰라서 한 추운 날 담요로 둘러싸고 앉아 있었다. 간수는 이 같은 내 모습을 발견하고 나를 때렸으며 징벌로 움직이지 못하게 한 채 두 시간 동안 강제로 서 있도록 했다. 나는 가끔 물을 달라고 간청했지만 내가 죽더라도 줄 수 없다는 말만 들었다. 한번은 감옥 안에서 '한국 만세'를 외쳤는데 감방에서 끌려 나와 개처럼 맞았다. 그들은 내가 이런 식으로 소리를 지르면 운동하는 것을 못 하게 할 것이라고 말했다. 가끔 그들은 나를 조롱하며 들여다봤고 "다시(만세를) 외치지 않느냐"고 말했다. 나는 그 벌로

운동을 할 수 없었던 2주 동안 겪었던 극도의 고통을 다 설명할 수가 없다. 나는 너무 외로움을 느껴 한번은 편지를 쓸 수 있느냐고 물어봤는데 너무 심하게 욕하며 소리쳐 다른 질문은 할 엄두도 나지 않았다.

내가 여러 가지 심문을 받는 동안, 나는 내 마음속의 느낌을 말했다. 그것은 "하나님은 우리에게 자유롭게 살도록 아름다운 한국을 주셨고 우리는 그의 이름을 찬양해야 한다. 그러나 우리는 아무 잘못도 없이 잔악한 일본의 힘 안에 장악됐다. 우리가 도발하고 화를 낼 이유는 많다. 당신들은 우리의 민간학교를 빼앗아가려 하고 있고 대신 우리에게 매춘 허가를 하고 있다. 나는 이런 것들을 생각하고 다른 사람들이 겪는 고통을 보면서 뭔가 해야 된다고 느꼈다. 나는 다른 사람에 의해 선동된 게 아니고 나 자신의 신념 때문에 나와 '대한독립 만세'를 외쳤을 뿐이다. 내가 얻어맞고 학대를 당해도, 또 죽더라도 나는 하나님이 불쌍한 우리 억압받는 동포를 도와 달라고 기도하고 있다."는 내용이었다.

나는 8월 6일 보석으로 석방됐다.

I. 경찰서에서 형무소까지

나는 3월 5일 아침 9시 이화를 출발해 '대한독립 만세'를 외치며 거리로 나갔다. 내가 나간 이유는 여기가 우리나라 임에도 불구하고 우리 자신의 것이 아니라고 생각했기 때문이다. 나는 우리나라가 우리 자신의 것이 되도록 하는데 뭔가 해야 한다는 염원을 갖고 있다. 길거리에서 나는 겉으로는 남자 같아 보였지만 속으로는 사자 같았던 경찰을 만났다. 그는 손으로 땋아 내린 내 머리를 감아 채 나를 경찰서로 끌고 갔다. 나는 경찰서로 끌려가며 맞고 채여 마침내 거의 의식을 잃었고 방으로 던져졌는데 굴리고, 채임을 당했다.

내 힘으로는 더 이상 견딜 수 없었으나 나는 예수님이 갈보리 산에 끌려갔을 때를 생각하며 힘을 얻었다. 경찰서에 감금돼 있던 날들은 끔찍한 악몽과 같은 것이었다. 그러나 나는 행복했고 심지어 3월 10일 형무소로 이송될 때에도 내 마음은 평온했다. 나는 우리나라를 위해 그러한 경험을 하는 것이 기뻤다. 나는 (경찰이) 왜 나가서 소년(남학생)들과 (만세를) 외쳤느냐고 물을 때 정치적 권리를 위해 싸운 영국 여성들을 생각했다. 나의 대답은 "우리는 인간이 아닌가? 우리는 한국의 일부가 아니냐?"며 반문하는 것이었다. 나는 형무소의 여자 간수는 물론 의사 앞에서 옷을 벗는 것이 너무 부끄러웠다. 그러나 나는 히브리서 13장 5~6절[68]과 빌립보서 4장 13~14절[69]을 생각하며 항상 행복해지고 위안을 찾으려고 노력했다.

나는 여러 번 세상에서 가장 불쌍한 사람은 자기 나라를 갖지 못한 민족이고 가장 사악한 사람은 다른 나라를 빼앗아 제 것으로 만든 자들이라고 생각했다. 나를 슬프고 참을 수 없도록 하는 것은 이런 모든 불의한 것들이다. 그러나 나는 내 처지가 좋든 나쁘든 간에 하나님이 우리 모두를 사랑하고 계심을 기억하고 아주 큰 위로를 받았다. 그는 옳으신 분이므로 능치 못함이 없는 분이시다. 큰 기쁨 속에 나는 8월 6일 보석으로 석방됐다. 또 나의 힘든 경험으로 인해 더 좋은 소녀가 되었다.

J. 경찰서에서 형무소까지

내가 "대한독립 만세"를 부르기 위해 3월 5일 거리로 나갔을 때 비록 죽음이 나에게 닥칠지라도 내 마음은 약해지지 않을 것이라고 결심했다.

---

68) "내가 결코 너희를 버리지 아니하고 너희를 떠나지 아니하리라 … 우리가 담대히 말하되 주는 나를 돕는 이시니 내가 무서워하지 아니하겠노라."
69) "내게 능력 주시는 자 안에서 내가 모든 것을 할 수 있느니라 그러나 너희가 내 괴로움에 함께 참여하였으니 잘하였도다."

나는 거리의 군중 속에 들어가 더 이상 외칠 수 없을 때까지 팔을 들고 함께 만세를 불렀다. 다른 사람들과 함께 경찰서로 끌려갔을 때 내가 두려워한 첫 번째 것은 두려운 마음이 들어 아무것도 할 수 없겠다는 생각이 드는 것이었다. 나는 용감하지 못한 나 자신을 책망했다. 나는 나 자신과 싸웠으며 마침내 용기를 가지고 어떤 것과도 맞닥뜨릴 수 있다고 느꼈다.

조사관의 심문에 즐겁게 대답하기는 매우 어려운 일이어서 여러 번 심문 과정에서 지독한 벌을 받았다. 나 자신이 당하는 고통뿐만 아니라 (남이 당하는 것을) 보는 것도 나에게는 커다란 아픔이었다. 나의 마음은 과거의 어느 때보다도 더 동정적으로 되었다. 내가 부드럽게 대답하는 것을 알게 됐을 때 나는 마음속으로 예수님의 평화를 느꼈고 그것은 주님의 팔이 나를 사랑스러운 보호 속에서 감싸는 것 같았다.

3월 12일 형무소로 옮겨진 후 언제나 불편한 자세로 무릎 꿇고 있으면서, 나는 외롭고 아프고 고민에 싸여 있었다. 어느 날은 내가 자유롭게 되면 한국(조선)이 독립되든 말든 관심을 갖지 않을 것 같은 느낌이 들었다. 거의 할 수 있는 것이 없다고 생각하고 우리 학교 구내를 떠나지 않으려고 했을 것 같다. 하지만 다음 순간 그런 생각들을 후회하고 나는 여전히 내 조국을 위해 죽으려 한다는 나의 마음을 알게 되었다. 내가 어디(감옥)에 있는지를 잊을 수 있을 때마다 나는 감방에 있는 다른 두 소녀와 함께 조용히 나 자신을 즐겼다. 어느 날 갑자기 문이 열리고 거기에는 미스 프라이와 사랑하는 어머니가 서 있었고 우리의 마음에는 슬픔과 기쁨이 함께했다. 우리는 어머니의 얼굴을 말없이 보았고 어머니가 떠난 후 우는 것밖에는 할 수가 없었다.

며칠 후에 다른 외국인 선생님들이 우리를 면회하러 왔다. 우리는 그들과 대화를 할 수가 없었고 그것은 마치 농아가 이야기하고 듣는 것 같았다. 들을 수 없는 꽃들의 미소 같았다. 나는 내가 사랑하는 사람들과 교사들의 얼굴을 다시 보지 못할지도 모른다고 생각했는데 이런 깜짝 방문은 기쁨이었다. 5개월하고도 하루 더 구속된 후 나는 나의 보석 문서에 도장을 찍었고 8월 6일 풀려났는데 그날이 내 인생에서 가장 행복한 날이라고 생각한다.

한편 내용상 교사로 보이는 2명의 연행 및 옥중생활 증언문은 이화학당 수업 중 연행된 박인덕과 신준려의 기록임이 확실시된다. 그 이유는 몇 가지 정황이 다른 기록과 일치하기 때문이다. 먼저 박인덕의 증언으로 추정되는 기록을 보면 본인의 자서전 '9월 원숭이(September Monkey)'와 내용 대부분이 일치한다. 학당장인 미스 프라이가 경찰본부 앞까지 동행해준 사실을 비롯해 미스 프라이가 사식(私食)을 넣어준 일, 신준려와 함께 7월 28일 석방된 사실까지 일치한다. 다만 자서전에서는 7월 10일 연행된 것으로 돼 있으나 증언문에는 7월 12일로 다르게 돼 있다. 이 밖에 이 증언문은 구체적인 심문과 고문 내용보다는 수형생활 중의 신앙생활에 더 방점을 두고 있어 학생들의 증언과는 차원이 다른 점도 교사였던 박인덕의 증언문으로 볼 수 있는 근거가 된다.

K. 한 교사(박인덕)의 감옥 경험

3월 12일 나는 경찰 본부로 연행돼 조사를 받았는데 미스 프라이가 동행해 주었다. 하지만 경찰 본부는 미스 프라이가 나를 떠나도록 강요했다. 그 후 나는 미스 프라이의 얼굴을 6월 16일까지 한 번도 보지를 못 했다. 그리고 내가 살아 있는 한 프라이의 이름이 달린 첫 사식(私食)이 나왔을 때의 순간을 잊을 수 없고 당시 느꼈던 것을 기억하지 않을 수 없다. 나는 9일이나 거의 전혀 감옥 밥을 먹지 못해 실제로 굶어 죽을 지경이었다. 그 결과로

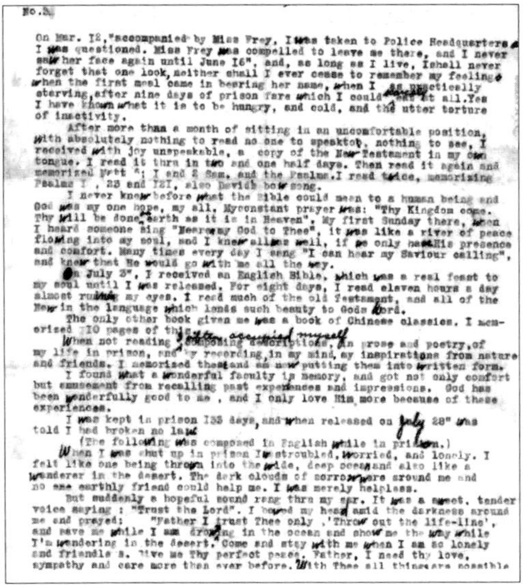
No.3.

On Mar. I2, "accompanied by Miss Frey, I was taken to Police Headquarters. I was questioned. Miss Frey was compelled to leave me there, and I never saw her face again until June I6", and, as long as I live, Ishall never forget that one look, neither shall I ever cease to remember my feelings when the first meal came in bearing her name, when I was practically starving, after nine days of prison fare which I could scarcely eat at all. Yes I have known what it is to be hungry, and cold, and the utter torture of inactivity.

After more than a month of sitting in an uncomfortable position, with absolutely nothing to read no one to speakto, nothing to see, I received with joy unspeakable, a copy of the New Testament in my own tongue. I read it thru in two and one half days. Then read it again and memorized Matt 5; I and 2 Sam. and the Psalms. I read twice, memorizing Psalms I, 23 and I2I, also David's bow song.

I never knew before what the Bible could mean to a human being and God was my one hope, my all. Myconstant prayer was: "Thy Kingdom come. Thy will be done on earth as it is in Heaven". My first Sunday there, when I heard someone sing "Nearer my God to Thee", it was like a river of peace flowing into my soul, and I knew all was well, if we only had His presence and comfort. Many times every day I sang "I can hear my Saviour calling", and knew that He would go with me all the way.

On July 3", I received an English Bible, which was a real feast to my soul until I was released. For eight days, I read eleven hours a day almost ruining my eyes. I read much of the old Testament, and all of the New in the language which lends such beauty to Gods Word.

The only other book given me was a book of Chinese classics. I memorised I10 pages of this.

When not reading, I often occupied myself composing descriptions, in prose and poetry, of my life in prison, and by recording, in my mind, my inspirations from nature and friends. I memorised these and am now putting them into written form.

I found what a wonderful faculty is memory, and got not only comfort but amusement from recalling past experiences and impressions. God has been wonderfully good to me, and I only love Him more because of these experiences.

I was kept in prison I33 days, and when released on July 28" was told I had broken no law.

(The following was composed in English while in prison.)

When I was shut up in prison I was troubled, worried, and lonely. I felt like one being thrown into the wide, deep ocean and also like a wanderer in the desert. The dark clouds of sorrow were around me and no one earthly friend could help me. I was merely helpless.

But suddenly a hopeful sound rang thru my ear. It was a sweet, tender voice saying: "Trust the Lord". I bowed my head amid the darkness around me and prayed: "Father I trust Thee only, 'Throw out the life-line', and save me while I am drowning in the ocean and show me the way while I'm wandering in the desert. Come and stay with me when I am so lonely and friendless. Give me Thy perfect peace. Father, I need thy love, sympathy and care more than ever before. With Thee all things are possible

3월 12일 연행된 교사 박인덕의 수기

나는 굶주림과 추위와 움직이지 못하는 데 따른 지독한 고통이 무엇인지 알게 되었다.

절대 읽을 수도, 누구에게 말할 수도, 볼 수도 없이 불편한 한 자세로 한 달도 넘게 앉아 있은 후 말로 표현할 수 없는 기쁨 속에 한 권의 신약성서를 받았다. 나는 이틀 반 만에 신약을 다 읽었고 다시 읽었으며 마태복음 5장을 암기했다. 또 사무엘 상 하와 시편을 두 번 읽고 시편 1, 12편과 121편은 외웠으며 또 다윗왕의 '활의 노래(사무엘하 1:17~27)' 도 외웠다. 나는 전에는 성경이 인간의 영혼에 무슨 의미가 있을 수 있는지 전혀 몰랐다. 그리고 하나님이 나의 유일한 희망이자 모든 것이라는 것도 몰랐다. 나의 끊임없는 기도는 "하나님의 왕국이 와서 하늘에서 이뤄진 것 같이 땅 위에서도 이뤄지도록 해 달라"는 것이었다 감옥에서 첫 일요일 날 찬송 "내 주를 가까이 하려 함은(Nearer, my God, to Thee)"을 들었을 때 그 찬송은 마치 내 영혼 속으로 흐르는 평화의 강 같은 것이었다. 그리고 나는 우리가 오직 하나님의 존재하심과 위로하심을 받는다면 모든 게 형통할 것을 알게 되었다. 그리고 매일 아침 여러 번 " 예수 나를 오라 하네~ "를 불렀고 하나님이 항상 나와 함께 동행할 것을 알았다.

7월 3일 나는 내가 석방될 때까지 나의 영혼에 진정한 양식이었던 영어성경을 받았다. 8일 동안 하루 11시간씩 거의 나의 눈이 상할 정도로 읽었다. 구약의 대부분을 읽었고 하나님의 말씀을 그렇게 아름다운 말을 빌려 표현한 신약을 모두 읽었다. 나에게 차입된 유일한 다른 책은 중국 고전으로 나는 10페이지나 외웠다. 읽지 않을 때는 나의 감옥생활에 대해 시와 산문으로 작문하는데 몰두했다. 또 자연과 친구들에 대한 나의 영감을 마음속에 기록하는 데 시간을 보냈다. 나는 이런 것들을 기억하고 현재 기록으로 작성 중이다. 나는 내가 얼마나 훌륭한 기억 능력을 갖고 있는지 알았다. 과거의 경험과 인상에 남았던 일을 회상하면서 위로뿐 아니라 즐겁기까지 하다. 하나님은 나에게 정말 선하신 분이시고 나는 이런 경험 때문에 더욱 그를 사랑한다.

　나는 감옥에 133일을 갇혀 있었고 7월 28일 석방될 때 아무런 범법 행위도 없었다는 말을 들었다.[70]

한편 이화학당 교사 신준려가 쓴 것으로 추정되는 증언문은 3월 18일

---

70) 한편 박인덕은 보고서에 덧붙여 감옥 생활에서 느꼈던 점을 다음과 같은 내용의 영문으로 남겼다.
"나는 감옥에 갇혔을 때 고통스럽고 두려웠으며 외로웠다. 나는 넓고 깊은 바다에 던져진 존재 같았고 사막을 방황하는 사람 같은 것을 느꼈다. 슬픔의 검은 구름이 나를 감쌌고 이 땅의 어떤 친구도 나를 도울 수 없는 단순히 무력한 존재일 뿐이었다. 그런데 갑자기 희망찬 소리가 내 귀를 통해 울렸다. 달콤하고 부드러운 목소리로 '주님을 믿으라.' 고 말하는 것이었다. 나는 나를 둘러싸고 있는 어둠 속에서 절하고 기도했다."
"하나님 아버지, 저는 오직 당신만을 믿습니다. 생명 줄을 던져 바다에 빠진 나를 구원해 주소서. 사막에서 방황하고 있는 나에게 길을 보여 주옵소서. 내가 외롭고 친구 하나 없을 때 와서 함께해 주옵소서. 저에게 주님의 완전한 평화를 주옵소서. 하나님 아버지, 저는 지금 어느 때보다도 주님의 사랑과 연민, 그리고 돌보아주심이 필요합니다. 모든 일은 주님과 함께 가능하고 저는 다만 주님만 믿고 복종합니다. 아멘."
"내가 기도할 때 나는 예수 그리스도가 십자가에 걸려 못 박히시고 우리를 위해 피를 흘리셨던 겟세마네와 갈보리에서 무릎 꿇고 있던 모습이 감옥의 어둠 속에서 보였다. 나는 마치 내가 십자가 사이에서 있는 것 같이 느껴져 다시 기도했다."
"나는 우리 조선 민족을 위해 하나님께 내 삶을 바칩니다. 내가 당신에게 영원히 진실되게 하소서."
"모든 나의 고통은 사라졌고 하나님의 평화가 내 마음속에 찾아왔다. 주님을 믿는다는 것이 이렇게 달콤한 것인지! 내 삶에 어떤 일이 닥쳐오더라도 심지어 죽음이 오더라도 오직 주님만 믿으면 나는 행복하고 평화로울 것이다. 이 세 단어(Trust the Lord, 주님만 믿으라)는 나의 인생이기도 하다. 세 단어는 나를 나의 아버지 하나님의 왕국으로 나를 인도해 줄 것이다."

에 자신이 연행된 이유가 "한 주일 전에 끌려갔던 이화학당 선생님 중의 한 분에 관해 물어 볼 것이 있다는 것" 때문임을 밝히며 글을 시작하고 있다. 3월 중 이화학당 교사로 연행된 경우는 박인덕과 신준려 뿐이다. 또 증언록에는 증언자의 나이가 24살(Age 24)로 돼 있어 당시 신준려의 나이와 일치한다. 이 증언 역시 감옥생활 중 얻은 교훈과 신앙의 변화에 초점을 맞춰 기술하고 있다.

ㄴ. 한 교사(신준려)의 감옥 경험

나는 3월 18일 한 주일 전에 연행돼 갔던 이화학당 선생님 중의 한 분에 대해 경찰이 "물어볼 것이 있다"며 찾아와 경찰서에 연행됐다. 그리고 결국 7월 28일 정부에 대한 어떤 범죄도 없다는 무죄 판결을 받고 풀려났다. 구금되고 육체적 고통 속에 있는 동안에 고통이 더할수록 나는 약해졌는데 하나님에 대한 나의 의지는 더 커졌다. 나는 하나님의 위대한 선물, 즉 새 마음을 받은 것에 대해 나에게 고통을 받도록 허락하신 하나님께 깊은 감사를 드린다. 나는 하나님이 감옥에 보내신 것을 그곳에서 거듭나라는 것으로 믿고 있고 그래서 나는 감옥 갔던 것에 대해 하나님을 찬양하기를 그치지 않을 것이다. 그 이유는 내가 하나님의 쓰임을 받게 되면

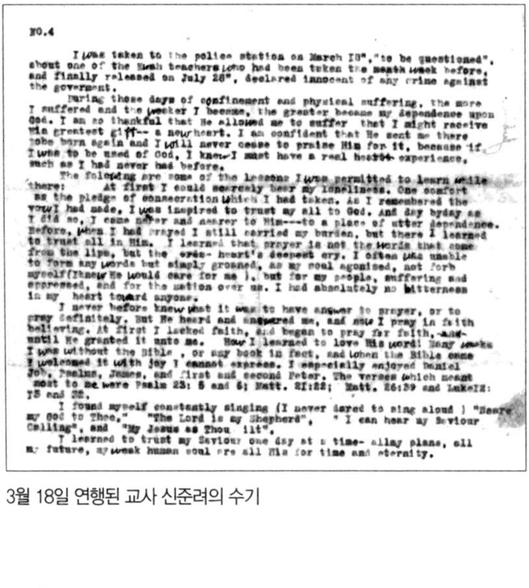

NO.4

I was taken to the police station on March 18", "to be questioned", about one of the Ewah teachers who had been taken the month week before, and finally released on July 28", declared innocent of any crime against the goverment.

During these days of confinement and physical suffering, the more I suffered and the weaker I became, the greater became my dependence upon God. I am so thankful that He allowed me to suffer that I might receive His greatest gift-- a new heart. I am confident that He sent me there tobe born again and I will never cease to praise Him for it, because if I was to be used of God, I knew I must have a real heart experience, such as I had never had before.

The following are some of the lessons I was permitted to learn while there: At first I could scarcely bear my loneliness. One comfort as the pledge of consecration which I had taken. As I remembered the vow I had made, I was inspired to trust my all to God. And day byday as I did so, I came nearer and nearer to Him---to a place of utter dependence. Before, when I had prayed I still carried my burden, but there I learned to trust all in Him. I learned that prayer is not the words that come from the lips, but the heart's deepest cry. I often was unable to form any words but simply groaned, as my soul agonised, not for myself (I knew He would care for me), but for my people, suffering and oppressed, and for the nation over us. I had absolutely no bitterness in my heart toward anyone.

I never before knew what it was to have answer to prayer, or to pray definitely. But He heard and answered me, and now I pray in faith believing. At first I lacked faith, and began to pray for faith, until He granted it unto me. How I learned to love His word! Many weeks I was without the Bible , or any book in fact, and when the Bible came I welcomed it with joy I cannot express. I especially enjoyed Daniel Job, Psalms, James, and first and second Peter. The verses which meant most to me were Psalm 23: 5 and 6; Matt. 21:22; Matt. 26:39 and Luke 12: 15 and 22.

I found myself constantly singing (I never dared to sing aloud) "Nearer my God to Thee," "The Lord is my Shepherd", " I can hear my Saviour Calling", and "My Jesus as Thou wilt".

I learned to trust my Saviour one day at a time- allmy plans, all my future, my weak human soul are all His for time and eternity.

3월 18일 연행된 교사 신준려의 수기

내가 결코 과거에 갖지 못했던 그 같은 진실한 마음의 경험을 해야 함을 알기 때문이다.

다음은 내가 감옥에 있는 동안 배우도록 허락해 주신 몇 가지 교훈이다. 처음에 나는 외로움을 참기가 거의 힘들었다. 하나의 위안은 내가 택했던 헌신의 맹세이다. 나는 내가 했던 맹세를 기억하면서 나의 모든 것을 하나님께 맡김으로써 더욱 고무될 수 있었다. 내가 그렇게 함으로써 날마다 하나님께 더 가까이 가게 되었다. 나는 기도가 입에서 나오는 단어가 아니라 마음 깊은 곳에서 나오는 울부짖음인 것을 알았다. 나는 자주 어떤 말로도 표현할 수 없으나 나 자신을 위해서가 아니라 고통과 압박을 받는 우리 동포와 우리나라를 위해 내 영혼이 고민하는 것을 단순히 신음만 할 수 있었다. 내 마음속에는 다른 사람에 대한 어떤 원한도 전혀 없었다.

나는 전에는 기도에 대한 응답이나 확실한 기도가 무엇인지 전혀 몰랐다. 그러나 지금은 확실한 믿음을 갖고 기도를 하고 있다. 처음에 나는 믿음이 부족했고 하나님이 믿음을 나에게 주실 때까지 믿음을 위해 기도를 시작했다. 얼마나 내가 하나님의 말씀을 사랑하는 것을 알게 됐는지 모른다. 몇 주 동안 나는 성경 없이 지냈는데 실제로는 어떤 책도 없었기 때문에 성경이 들어왔을 때 말로 할 수 없을 만큼 반가웠다. 나는 특별히 다니엘서, 욥기, 시편, 야고보서, 베드로전후서를 즐겨 읽었다. 나에게 최고의 의미를 준 구절들은 시편 5, 6, 23편, 마태복음 26장 39절, 누가복음 12, 13장 32절이다. (나는 결코 큰 목소리로 부르지 못했지만) 항상 찬송가를 부르는 나 자신을 발견하곤 했다. '내 주를 가까이 하게 함은' '주는 나의 목자' '예수 나를 오라 하네' '내 주여 뜻대로'와 같은 찬송들이다.

나는 어느 날 한 번에 모든 나의 계획과 모든 미래를 주님께 맡기는 것을 배웠다. 나의 약한 인간의 영혼은 영원히 모두 하나님의 것이다.

11장 독립운동 이후의 삶

3.1운동의 여파로 이화학당이 휴교할 수밖에 없게 되자 지네트는 특별히 할 일이 없게 되었다. 그즈음 백계 러시아군이 러시아 공산당에 쫓겨 블라디보스토크 등 동쪽 해안으로 몰려오자 적십자사의 요청을 받은 동대문병원 의사 간호사들이 그들 중 부상병을 치료하기 위해 파견되는 일이 발생했다. 그 빈자리를 병원 경험이 많은 지네트가 맡게 되었다. 지네트는 동대문병원에서 자원봉사자로 일하는 동안 벼룩 퇴치한 일을 가장 큰 보람으로 여겼다.

다시 방문한 동대문병원

1919년 나머지 학기 동안, 학교는 학생들을 집으로 돌려보냈는데 일제와 말썽이 날 수 있었기 때문이었다. 학교는 학생들에 대해 책임지기를 원하지 않았다. 그와 같은 시기에 러시아 공산당은 체코군도 가담한 대규모 백계(White) 러시아와 싸워 백계 러시아군을 동쪽 해안[71]으로 몰아냈다.

71) 블라디보스톡 등의 연해주.

성곽언덕에 있는
동대문병원
(오른쪽 상단)

이 때문에 백계 러시아군은 식량, 의복, 의료치료가 급박하게 필요해졌다. 적십자사는 한국 선교사들에게 백군의 아픈 사람을 돌봐줄 것과 적십자사가 받은 물품들을 전달해 주도록 호소해 왔다. 이를 위해 몇 명의 의료선교사들이 백군을 치료하러 갔는데 내가 기억하기로는 감리교 선교사였던 케이블과 당시 동대문병원 수석 간호사였던 엘리자베스 로버트도 부름에 응했다. (학교는 휴교 중이어서) 나도 가기를 원했으나 다시 생각해보고 러시아로 가는 대신 동대문병원으로 가서 일하기로 했다. 메리 스튜어트가 의사였는데 그녀는 자원봉사자가 원하는 일을 하도록 해줘 나는 바로 일을 시작할 수 있었다.

나는 간호 프로그램이 낯설지는 않았지만, 시설관리에 좀 더 지식이 있었다. 모든 환자는 벼룩이 있는 집에서 오기 때문에 벼룩 퇴치가 급선무였다. 환자가 도착하면 바닥에 시트 한 장을 깔고 새 환자가 시트 위에서 모든 옷을 벗고 목욕을 한 후 깨끗한 침대에 들어가도록 했다. 놀랍게 보일 만큼 환자 병동은 벼룩이 없는 곳이 되었다. 하지만 한국인 간호사들이 사는 3층 기숙사에는 벼룩이 우글거렸다. 간호사들은 작은 철제 침대 위에 이불을 깔아 놓고 있었다. 우리는 모든 철제 침대를 언덕 가까운 곳으로 끌어내

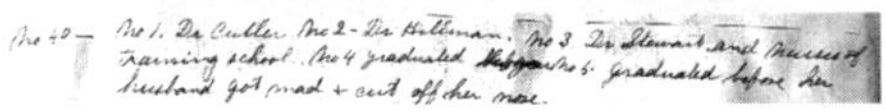

동대문교회에서 열린 1914년 간호사 훈련원 졸업식(왼쪽)
동대문병원의 1번 커틀러, 2번 힐맨, 3번 스튜어트

하나씩 석유를 묻힌 솔로 닦았다. 벼룩을 죽이기 위해 침대를 불 위에 놓았는데 페인트칠을 다시 해야 했다. 또 간호사 기숙사의 모든 것도 꺼내와 이불을 빨고 각 방은 전에는 한 번도 하지 않았던 청소를 했다. 지금 생각하면 당시 간호사들이 반항하거나 파업을 하지나 않을지 의문이 들 정도로 일이 많았는데 그들은 내가 하는 일에 매우 협조적이었다.

한국인 여의사 중 한 명인 안 박사는 오래전 미국에서 입었던 의사 복장을 1911년 한국에 와서도 입고 있었다. 매우 긴 치마는 11개의 주름이 잡혀 있어 허리 부분은 다림질하기가 어려웠다. 나는 우리 의사들을 위해 새로운 유니폼이 필요하다고 생각한 끝에 4가지 편리한 측면을 고려해 유니폼을 개발하기로 했다. 그 4가지 측면은 만들기 쉽고, 다림질하기 쉽고, 입기 쉽고, 보기에도 쉬워야 한다는 것이었다. 이를 위해 가게에 가서 패턴을 얻고 싶었지만 서울에는 그런 가게도 없고 패턴도 없는 것이 문제였다. 내가 직접 만들 수밖에 없었는데 안 박사도 스튜어트 박사도 새 스타일을 좋아했다. 그리고 곧 간호사들도 새 스타일에 맞춰 자신들의 유니폼을 만들기 시작했다. 1919년 이후 많은 변화가 이뤄져 현재 입고 있는 의사들의 유니폼은 훨씬 보기에 좋아졌다. 나는 그때 내가 했던 일을 생각하면 지금도 신이 난다.

스튜어트 박사(오른쪽에서 세 번째)와 동대문 병원 간호사들. 치마에 주름이 없는 개량 유니폼을 입고 있다.

스튜어트 박사는 병원에서 가까운 곳에 살았는데 며칠 동안 앓아누워 안 박사가 혼자 환자를 돌보고 있었다. 어느 날 저녁 한 여성이 출산하려고 하는데 안 박사도 아파서 올 수 없다는 전갈이 왔다. 이제 이런 때를 위해 내가 배웠던 산파 기술을 사용할 기회가 왔다고 생각하고 소매를 말아 올린 후 간호사에게 내가 출산을 시킬 수 있다고 말했다. 출산 시간이 가까워져 왔을 때 나는 검사를 했고 모든 것이 정상 분만을 위해 준비가 됐다고 말했다. 그런데 바로 그 때 안 박사가 분만실에 들어와 몇 분간 머물렀다. 나는 실망했는데 왜냐하면 내가 직접 그 아기를 출산시키고 싶었기 때문이다. 그 후에는 한 번도 그런 기회가 없었다.

스튜어트 박사는 한국어를 많이 알지 못해 사람들이 이해하건 못하건 관계없이 영어로 말했다. 병실에서 제외된 조그만 방이 있었는데 스튜어트는 그 방을 "죽고 죽어가는 저주받은 방(damned room)"이라고 불렀는데 한국의 젊은 여성(girls)들은 그 말을 따라 '뎀 방(dam pang)'이라고 불렀다. 환자가 죽으면 다른 환자로부터 분리시키기 위해 '뎀 방'으로 옮겨 왔고 그래서 이 방은 병원의 매우 중요한 방이 되었다.

늘어나는 지네트의 가족 – 환갑이와 맹인 소년

3.1운동이 있었던 1919년 겨울은 일제 군경의 삼엄한 감시만큼이나 추운 날이 계속됐다. 너무나 어렵고 비참한 처지의 가정들이 많다는 소문을 듣고 지네트는 한국어 선생을 앞세워 그들을 찾아갔다. 그중 한 곳에서 어린 소녀 '환갑이'를 찾아 지네트는 굶어 죽게 된 아이를 데려다 수양딸로 훌륭하게 키웠다. 환갑이와 함께 역시 굶어 죽게 된 한 맹인 소년도 지네트의 구출을 받았다.

1919년 한국의 겨울은 추웠다. 말로 할 수 없을 만큼 고통을 당하고 있다는 사람의 소문이 들려 내가 할 수 있는 일이 있는지 찾아보기로 마음을 먹었다. 나는 고등학교 남학생인 한국어 개인 선생과 함께 갔는데 혼자서는 주소를 찾지 못할 수도 있고 의사소통에 문제가 생길 수도 있었기 때문이었다. 우리가 처음 찾아간 곳에서는 한 여인과 두 명의 작은 사내아이가 마루 위에 있었는데 너무 허약해 일어나지도 못했다. 아버지와 한 아이는 이미 죽었고 식량을 사기 위해 돈을 구하느라 또 다른 아이인 소녀는 이미 팔아버린 뒤였다. 또 구석에는 굶주린 채 놀란 표정의 뼈가 앙상하고 검정 눈이 큰 다섯 살 정도 돼 보이는 소녀가 있었다. 그 소녀의 이름은 '환갑(영어 표기는 Hangap)'이었는데 60번째 생일을 뜻하는 한국말이라고 한다. 할아버지의 환갑날 태어났기 때문에 지은 이름으로 이 집 식구들은 건강해서 유일하게 외출이 가능한 환갑이가 구걸해 오거나 훔쳐 오는 것으로 먹고 살고 있었다.

나는 한국어 선생을 보내 인력거 두 대를 불렀고 그 가족과 함께 동대문병원으로 갔다. 그곳에서 이 가족들을 목욕시킨 후 먹이고 옷을 갈아입혔으며 원기를 되찾도록 해주었다. 어머니는 나에 대한 감사와 함께 환갑이를 그냥 나에게 주었다. 그리고는 어린 두 아들을 데리고 몇 명의 친척들

지네트는 추위 속에 아사 직전의 소경아이를 동대문병원에 입원시켜 살려 냈다.

가난한 집에서 태어나 구걸하던 5세 소녀 '환갑이'를 구해 키우고 이화학당에 다니게 한 지네트

이 있는 곳에서 살기 위해 지방으로 떠났다. 나는 환갑이를 데리고 이화로 갔는데 학교에 다니기에는 너무 어렸고 학생들은 또 환갑이가 욕설을 매우 심하게 사용한다며 멀리했다. 그러나 결국 환갑이는 살도 통통하게 찌고 매우 멋진 작은 여자애로 자라났다.

다음번에 찾아간 곳은 아무것도 없는 방에 갓 태어난 아기를 낙심한 한 남자가 쳐다보고 있는 집이었다. 이 아이는 맹인으로 며칠 전에 태어났고 출산 후 어머니는 바로 죽고 아버지는 어쩔 줄을 모르고 있었다. 우유도 없었고 이 아버지가 일하는 동안 아기를 맡길 사람도 없었다. 내가 도와주겠다고 제안하자 이 남자도 역시 정말 고맙다면서 아기를 나에게 주었다. 이런 일을 겨우 두 번 했는데 두 명의 아이가 생기는 것으로 결론이 났다. 나는 이 아기도 동대문병원으로 데리고 가서 간호사들이 아기를 돌보게 하고 퇴원할 때까지 먹이고 사랑해 주도록 했다. 나는 주변에 수소문하여 내가 다녔던 지방의 한 교회에 출석하는 한 여신도를 찾아내 두 어린이를 돌봐주도록 부탁했다. 이 여신도는 생활비를 내가 대주는 몇 년 동안 두 아이를 보살펴 주었다.

우리 이화학교의 교사 중 하복선 선생이 있었는데 결혼한 후 환갑이를 양녀로 데려다 몇 년을 키웠다. 환갑이는 사랑스러운 아이로 크고 학교에서도 잘 지냈다. 환갑이가 커서 결혼할 때가 됐을 때 환갑이는 주일학교의 관리를 맡은 훌륭한 젊은 청년을 만나 결혼을 했다. 그러나 두 사람은 몇 년 밖에 행복하게 살지 못했다. 환갑이가 폐결핵으로 죽었기 때문이다.

맹인으로 태어난 작은 사내아이는 세 살 정도 되었을 때 홍역에 걸려 다시 병원으로 갔다. 한국에서는 가장 무서운 병 중의 하나가 홍역이었다. 당시 나는 병원에 근무하고 있었던 때라 의사와 간호사들이 열심히 노력했지만, 이 불쌍한 '어린 것'은 삶의 시작도 불행하게 출발했는데… 그는 살 수가 없었다. 나는 이 아이 옆에서 마지막 밤을 지켰다. 결국, 나는 이 아이가 이 세상에서 가졌던 유일한 엄마가 되었다. 나는 아침 일찍 아이 아버지에게 소식을 전했다. 아이 아버지는 나에게 맡긴 후 그동안 전혀 연락이 없었다. 그는 내가 정하는 대로 하겠다고 말했다. 모든 매장 절차가 죽은 당일 날 행해져야 했으므로 작은 관을 준비해 입관시키고 일꾼의 등에 관을 지게 하고 한국어 개인 선생과 함께 3마일 떨어진 화장터로 갔다. 화장터 지역은 처음이자 유일하게 가본 곳이었다. 화장터에서 한국어 선생은 많은 경험을 이야기했는데 내가 느끼기에 그는 이런 화장하는 일 같은 것에 크게 괘념하는 것처럼 보이지 않았다.

짧은 두 번째 안식년(1920~1921)

3.1운동의 소용돌이가 지난 후 지네트는 자서전에서 1920년 두 번째 안식년을 갖기 위해 미국으로 돌아갔다고 기록했다. 휴가 기간에 일기도 쓰지 않고 편지도 하지 않았기 때문에 두 번째 휴가 때 있었던 일은 자서전을 쓸 때 기억에만 의존했다고 밝혔다. 계속해서 그녀는 첫 번째 안식년

(1915년)은 신경쇠약 치료를 위해 한동안 집에서 쉬었지만 두 번째 안식년은 '이화학당과 한국 선교를 위해 모금 운동에 나서는 등 활발하게 활동했다'고 밝혔다. 그러면서 "안식년(1920~1921) 중에 있었던 최고의 행사는 김활란과 함께 참석한 아이오와주 데모인에서 열린 해외선교 집행위원회였다"고 소개했다.

그러나 이런 자서전 기록은 40여 년이 지나 1960년대에 자서전을 쓰면서 착각한 것임이 그녀의 이화학당장 후임인 앨리스 아펜젤러의 글에서 확인된다. 아펜젤러 학당장은 선교사 월간 잡지인 1924년 12월호 '코리아 미션 필드' 262쪽에서 "졸업생 김활란이 새로운 이화대학 부지 구입을 위해 1923년 11월 미국 선교사 대회(a great missionary meeting)에서 기부를 호소했다"는 사실을 밝히고 있다. 같은 사안에 대해 지네트와 아펜젤러의 시점 기록이 1920년과 1923년으로 다른 것이다. 아펜젤러의 글은 실제로 김활란의 활동이 있은 뒤 불과 몇 달 후의 기록이어서 지네트의 자서전 기록보다 정확한 것으로 보인다.

이 같은 잘못이 벌어진 것은 지네트가 1923년 9월 부모님의 금혼식 참석을 위해 3차 안식년을 갔을 때 그해 11월 김활란과 '데모인 해외선교 집행위원회'[72]에 참석한 것을 '기억에만 의존해 쓰다가 착각했기 때문'으로 보인다. 실제로 지네트는 자서전 다음 장에서 1921년 4월 전임 학당장 룰루 E. 프라이가 병으로 치료 중 사망하자 휴가를 끝내고 한국으로 귀임했다고 쓰고 있다. 이를 종합해 보면 지네트는 1920년 10월 초 유관순 열사의 장례를 마친 후 미국으로 2차 휴가를 갔지만, 프라이 학당장 사망이라는 학교 사정으로 짧게 휴가를 끝내고 귀임했음을 알 수 있다.

---

72) '데모인 해외선교 집행위원회'에서 김활란은 이화학당 대학과의 새로운 캠퍼스 부지 구매를 위한 지원 요청 연설을 하기로 했다. 그러나 주최 측 사정으로 다음 날로 미뤄지자 작성한 원고를 지네트가 대독하게 되는데 그 경위와 내용 등은 1923년 시점에 맞춰 다음 장에서 소개한다.

12장 학당장으로 일한 마지막 이화 봉사

업무의 변화

지네트는 안식년을 마친 후 돌아와 수업을 시작했지만, 프라이 학당장의 사망 후(1921년 4월) 자신이 학당장으로서 감독해야 할 일이 너무 많아져 수업을 여러 번 중단할 수밖에 없었다. 또 알고 있던 한국말도 많이 잊어버리고 공사와 학사 관련 감독을 하느라 대부분의 수업과 자신이 좋아했던 활동을 포기했다.

지네트는 학생들이 한국인을 위한 현대 예절서를 만들자 '사랑과 결혼' 부분을 지도했고 동료인 파이 선생은 '결혼 전 남녀 관계' 부분을 맡았다고 밝혔다. 그 책의 다른 주제들로는 의상, 식탁 예법, 거리에서의 행동, 가족관계 등이 있었다. 학생들은 자체적으로 책을 만드는 일을 했고 필요하다고 생각될 때만 두 사람에게 도움이나 조언을 요청했는데 당시에는 관습들이 너무 빠르게 변하고 있어 학생들은 예절과 관련해 수긍할만한 안내서의 필요성을 느끼고 있었다. 이런 일 말고도 귀국 후 수업을 못할 정도로 과중했던 학교 업무를 지네트는 다음과 같이 기록으로 남겼다.

기숙사에서 있었던 사망사건

이화 학생 중 몇 명이 죽는 일이 있었지만 어떤 날 저녁 한국인 간호사가 와서 한 학생의 체온이 106도(섭씨 41도)까지 올라간다고 보고했다. 나는 선교사면서 의사로 학교 부근에 사는 반 버스커크 박사에게 오도록 요청해 진찰하도록 했다. 나는 모임에 참석하고 있었지만 여러 번 그 학생을 보러 갔었다. 오후 10시 반에 간호사는 나를 다시 불렀고 새벽 4시에 학생의 맥박이 이상해졌다고 보고해 왔다. 내가 만져보니 맥박이 뛰지 않았다. 반 버스커크 박사가 다시 왔으나 학생은 죽었다.

충남 공주진료소에서 근무했던 의사 반 버스커크와 부인

이 학생의 죽음은 기숙사에서 있었던 첫 번째 사망 사건이었다. 그 시간에는 간호사와 나만 일어나 있어서 우리는 학생의 시신을 수위실 부근의 작은 방으로 옮겨 놨다. 또 우리 둘은 학생들이 일어나기 전에 죽은 학생의 방을 깨끗하게 청소했고 아침 일찍 학생의 부모에게 알리자 부모는 학교에 와서 장례를 위해 시신을 집으로 운반해 갔다.

한국인 의사는 여학생을 진찰할 수 있도록 편리한 방을 원해 학교는 낡은 진찰실을 허물고 일부 시설을 수리해 작지만 훌륭한 방을 제공했다. 의사와 한국인 간호사는 이곳에 필요한 모든 것을 갖췄다. 그 후 우리는 4명의 환자를 진료할 수 있는 더 큰 방을 준비했다. 나는 무엇이든 시설 수리하는 것을 좋아했다.

한국인의 혼인 관련 이야기

지네트는 학교에서 교사로서만 활동하는 게 아니라 사실상 부모 역할도 해야 하는 경우가 많아 제자의 결혼에 관여하는 경우가 많았다. 하지만 본인의 미혼 상태와 관련해 한국어 선생이었던 월터 원 이(李)가 "결혼하고 싶지 않으세요?"라는 뜻밖의 질문을 해와 당황했었음을 밝히기도 했다.

> 나는 한국 사람들이 결혼할 때 여러 번 증인 역할을 했는데 1921년에 우리 졸업생 중 한 명이 결혼식에서 자기를 데리고 입장해 달라는 부탁을 해왔다. 나는 그녀에게 결혼할 남자가 다른 아내가 없는 모든 것이 올바른 사람[73]이라는 증거를 가져올 때까지는 요청에 응할 수 없다고 말했다. 나는 그녀의 결혼식 날 오전 11시가 될 때까지 관련된 정보를 받지 못했는데 결혼식은 오후 2시에 하기로 돼 있었다. 나는 내가 할 일이 무엇인지 정확히 몰랐으나 결국은 모든 일이 잘됐다.
>
> 나의 어머니는 내가 엘리사라고 이름 지어 준 학생에게 장학금을 주었는데 이 학생은 고등학교 졸업 후 유치원 교육 훈련과정을 밟았고 우리 학교의 훌륭한 교사 중 한 명이 되었다. 이 교사가 작은 예식을 통해 결혼할 때도 나는 신부와 함께 입장했다. 이때 나는 결혼식을 위해 면사포를 샀고 또 결혼식용으로 예쁜 흰색 표지의 성경을 준비했다. 결혼식이 끝난 후 이 면사포와 성경을 다른 미래의 신부들을 위해 보관 장소에 넣어 두었다.
>
> 나에게 한글을 가르쳐 주었던 월터 원 리와 결혼에 대해 한 번 이야기하며 내가 말했던 것을 일기에 흥미롭게 적어 놓았던 것도 있었다. 월터는 나에게 "결혼에 관해 물어봐도 실례가 안 될까요?"라고 물어서 나는 좋다

---

73) 첩으로 가는 것이 아닌지를 묻는 것임.

고 대답을 했다. 그러자 월터는 "왜 결혼을 하지 않으세요?"라고 묻는 것이었다. 내가 대답을 주저하자 "월터 선생님은 결혼하고 싶은 생각이 마음속에 전혀 생기지 않으세요?"라고 다시 물어왔다. 그 질문에 대해 나는 할 수 있는 말이 없었다.

메이데이 행사도 졸업식도 못한 1921년

이화학당은 매년 봄 5월에는 항상 학교 개교기념일이기도 한 메이데이 축하 행사를 했다. 그러나 1921년에는 3.1독립운동을 했던 시기로부터 얼마 안 된 때라서 축제를 할 수가 없다고 생각했다. 학당장으로서 축제 중에 문제가 생길 것을 두려워했던 것이다.

축제를 못 하는 대신 우리는 작은 프로그램을 했는데 장미와 모란이 꽃 피는 아름다운 마당에 몇 그루의 나무를 심었다. 얼마 후 학생들은 연극을 하고 싶다고 해 '톰 아저씨의 통나무집, Uncle Tom's Cabin'을 하

①

②

③

① 메이데이 행사 중 메이퀸의 행진
② 메이 폴 댄스
③ 메이데이의 단체 무용

기로 결정했다. 학생들은 대사를 외우지 못했기 때문에 대신 대사를 여러 번 읽고 10장면이나 12장면을 준비해 한 번 연습하고 공연 준비를 끝냈다. 만약 이 공연을 보고 관객들이 운다면 공연이 성공한 것으로 생각하기로 했다. 결과는 대성공이었다.

우리는 또 이 해에는 졸업식도 열지 않기로 했다. 졸업생들에게 큰 실망을 주는 것이어서 미안한 마음이 들었다. 하지만 졸업생들은 각자 연설을 준비했고 예배실에서 연설했다. 교회에서 졸업예배를 갖기로 했는데 유치원 훈련과정 학생들은 (졸업식을 하지 않는 데 대한) 항의의 표시로 오전 예배에 불참하기로 했다. 그리고 별다른 프로그램 없는 저녁예배에 학생들은 옷을 차려입고 교회의 맨 앞줄에 스스로 앉아 있었다. 학생들은 저녁예배를 보면서 흥미 없어 했다. 나는 유치원 훈련과정 학생들에게 예배출석을 할 때 기쁘게 하라고 말하고 그래야 졸업장을 줄 것이라고 말했다. 졸업예배 참석 여부는 그들에게 달려 있었다. 졸업예배에는 두 명만 제외하고는 모든 학생이 참석했다. 두 명은 도망가서 그들이 성홍열을 앓았던 집에서 밤새 지냈다. 나는 두 사람에게 졸업장을 주지 않고 집으로 보냈다. 이런 모든 일은 나에게 기운을 빼는 것들이었다.

여름 휴가 대신 공사 감독

어렵게 1학기를 마치고 여름 방학을 맞아 지네트는 동료 올리브 파이와 함께 소래포구의 여름 집에서 휴가를 보내고 싶었으나 해야 할 공사가 너무 많아 파이만 떠나고 자신은 여름 내내 공사에 매달린 이야기를 기록했다.

파이와 나는 1921년 방학을 소래에서 함께 보내려고 무척 원했다. 하지만 학교가 수리에 들어가 내가 관여해야 할 일이 너무 많아 파이는 페드로를 데리고 떠나고 나는 수남이와 학교에 남았다. 여름 방학 동안 안전하게 갈 곳이 없는 학생들은 학교에 머물렀고 항상 손님들도 많았다. 시내에는 외국인도 거의 없어 주일예배는 학교에서 드렸다. 수남이는 학교 밭에서 나는 장군풀(대황)과 산딸기 등으로 통조림과 잼을 만들었다. 나는 감미로운 산딸기 잼을 하루에 세 번씩 먹었다.

1921년 여름으로 기억되는 한 가지 훌륭한 사교모임이 있었는데 미국 영사가 주최한 미국 독립기념일(7월 4일)행사였다. 영국, 프랑스, 러시아 사람들을 초청해 축하 행사를 했다. 우리는 차로 한강으로 가 7, 8척의 배에 나눠 타고 두 시간 동안 즐겼다. 서울 음악 밴드가 배에 함께 타고 계속해서 연주했다. 그 후 서울이 내려다보이는 언덕에 올라 조선호텔이 준비한 푸짐한 점심을 먹었다. 그다음에 다시 두 시간 동안 배를 탄 후 전차를 타고 집으로 왔다. 매우 아름다운 추억이 되었다.

나머지 여름 기간은 건축 작업을 했다. 유치원 건물이 올라가는데 언제나처럼 감독해야 할 일이 많았다. 놀이방에 있는 미끄럼틀에 대해서는 내 나름의 생각이 있었는데 그중 하나는 2층으로 올라가는 계단 옆에 바로

이화 유치원 계단 옆에 설치한 미끄럼틀

미끄럼틀을 세우는 것이었다. 나는 그 같은 구조의 미끄럼틀을 보거나 들은 적이 없어서 대담한 실험을 하는 모양새가 되었다. 처음에는 그 미끄럼틀이 너무 가파르거나 길지 않을까 걱정했으나 작은 어린이들도 전혀 당황해하지 않았다. 아이들은 천천히 타고 내려왔고 좋아했다.

또 놀이방의 위층은 아이들을 학교에 데려오는 조부모들의 응접실로 사용하도록 했다. 조부모들은 모든 아이들과 함께 아래층으로 내려오도록 했는데 이렇게 함으로써 유치원의 일반 원아들이 함께 온 할아버지, 할머니에게 여러 가지를 가르쳐 드리는 기회가 되고 심지어 자신들이 했던 게임도 가르쳐 줬다.

우리의 주거 구역에 있던 식당도 다시 꾸몄는데 이 과정에서 수많은 쥐가 도망갔다. 그동안 쥐들은 울타리 안으로 몰아넣을 수 없었기 때문에 새끼 고양이들처럼 마당에서 놀았다. 식당 벽에 있는 모든 회반죽을 떼어내고 기부받은 50달러로 여학생 식당의 식탁과 긴 의자를 새로 마련해 줬다. 방학에서 돌아 온 학생들이 새롭게 단장된 식당을 보고 놀라워했다.

또 다른 큰 프로젝트는 우리 학교 대학생들이 거주했던 손탁호텔을 철거하는 일이었다. 고(故) 프라이 교장을 기념하기 위해 프라이 홀이 될 새로운 기숙사를 짓기 위해 예산이 곧 올 것이라는 말을 들었다. 파이 선생이 그린 건물 조감도로 계획을 세웠고 건설 계약자들이 와서 입찰한 결과, 중국인으로 기독교 신자인 왕 씨가 계약을 따냈다. 당시 어머니로부터 편지가 한 장 왔는데 어머니는 내 손을 통해 집행되는 모든 돈을 어떻게 관리하는지 모르겠다며 무척 걱정을 하는 내용이었다. 나는 어머니에게 '훌륭한 보수적인 펜실베이니아 네델란드 이민자'의 전통 속에서 자랐기 때문에 집안에 불명예가 될 어떤 일도 없을 것이라고 안심시켜드렸다.[74] 파이 선생과 반

74) 월터교장의 조상은 화란 이민자로 화란 사람들이 더치페이 하듯 돈 관리를 철저히 하고 있다는 설명이다.

버스커크 박사가 소래포구 휴가에서 일찍 돌아와 몇 주 동안 쉴 수 있었다.

개학 첫날 화재 발생

지네트가 여름 방학 내내 했던 건축공사 결과는 헛되지 않아 방학 후 학교에 돌아온 학생들은 수리된 모습을 보고 너무나 좋아했다. 그러나 개학 첫날 원인 모르는 불이 일어나 소동을 겪기도 했다. 하지만 수학여행을 비롯해 2학기에 있었던 재미있는 일들에 대해서도 기록해 놓았다.

> 학생들이 여름 방학을 마치고 처음 돌아왔을 때 식당이 깨끗하게 수리된 것을 보고 좋아했다. 그러나 첫날 밤 식당에서 불이 났다. 우리는 경찰도 부르고 소방관도 불렀으며 학생들은 정신없이 각자의 방에서 짐을 꺼내오려고 했다. 나는 학생들에게 개인 짐을 꺼내는 대신 양동이에 물을 가져오라고 했고 곧 불길은 잡혔다. 소방관들이 돌아간 직후 집 뒤 테라스인 파티오 건너편에서 누군가가 다른 불꽃을 보았는데 이 불도 곧 꺼졌다. 하지만 두, 세 번 더 기숙사의 다른 곳에서 불이 났다. 아무런 외부 침입자도 없었고 경찰도 내부에는 학생 몇 명밖에 없었다고 확신했다. 학생들이 조용해지고 자기까지는 몇 시간이 걸렸다. 경찰이 밤새 불난 곳을 지켰고 나는 아침 다섯 시가 되어서야 잠자리에 들었다. 우리는 다음 날 평양에서 열리는 선교사 연회에 가기로 돼 있었는데 나는 가지 않았다. 불 난 그다음 날 내가 학생들과 혼자 있을 때 조만수가 와서 건물에서 잤다. 우리는 끝내 누가 불을 냈는지 찾지 못했다.
>
> 하루는 안식년 휴가 때 만났던 네브래스카 주의 한 여자 모자 상인으로부터 큰 짐 꾸러미를 받았다. 그 안에는 그 작은 상점에서 계절의 변화에 따라 팔다 남은 모든 모자가 들어 있었다. 나는 직원 식당의 모든 의자 등

받이 위에 모자를 하나씩 걸어 놨다. 그리고 나머지 두 개는 남자 직원 좌석 위에 놓았다. 식당에 모든 선교 관련 직원들이 모이자 서로 맘에 드는 모자를 고르느라 흥분하고 떠들썩했다. 멋있는 검정 벨벳으로 된 모자에는 내 이름이 쓰여 있어 나는 서로 차지하려는 떠들썩한 소동에는 끼이지 않았다. 모자를 갖기 원하는 사람들은 50센트를 내도록 해서 모자를 보내준 사람에게 멋있는 선물을 사서 보냈다. 남자 직원들을 위해 세 벌의 작업복(overalls)[75]을 선물로 보내와 받았는데 남자 직원들이 너무 좋아했다. 보일러 직원인 태춘이는 그것을 입고 교회에도 나왔다.

명절날에는 모든 시내 학교가 시외로 나가는 것이 전통이었다. 우리 학교의 교직원들도 그렇게 하지 않으면 학교 체면이 깎일 것으로 생각해 두 그룹으로 나눠 나들이했다. 반 버스커크 박사는 일부 한국인 선생님들과 함께 제물포에 가기를 원하는 모든 여학생들을 데리고 갔다. 그들은 기차를 타고 제물포에 갔는데 요금은 5전(錢)으로 2.5센트였다. 나머지 학생들은 언덕을 넘어갔는데 그곳은 현재 이화의 캠퍼스로 되어 있는 곳이었다.

1921년 날씨 좋은 가을날 나는 파이 선생과 에델 버츠와 함께 주말을 보내고 싶어 서울에서 매우 가까이 있는 새로운 불교사찰을 찾아보려고 했다. 우리가 갔던 곳은 다른 곳과는 다르게 여승들에 의해서만 운영되는 사찰이었다. 다른 절처럼 사찰은 깨끗했고 여승들은 우리를 반갑게 맞아 주었다. 밤과 낮에 두들기는 북소리만 없었다면 완벽한 휴식을 할 수가 있었다. 우리가 새로 고용한 젊은 남자 직원 예통이가 우리와 함께 갔다.

---

75) 가슴과 등판이 어깨로 연결된 옷.

학교 후원해준 많은 방문객

학교 운영이 미국 감리교 여성해외선교사회의 지원과 유력인사들의 후원금으로 이뤄지기 때문에 방문객들에 대한 응대는 학당장으로서 중요한 일과가 되었다. 지네트는 조금씩 기부를 받아 학생 전원에게 침대를 제공한 일을 비롯해 당시 중요한 방문객을 소개했다. 방문객 중에는 한국 풍경을 섬세하게 그린 화가 엘리자베스 키스가 있었고 유명 바이올리니스트 프리츠 크라이슬러도 있었다.

학교에는 항상 많은 방문객이 오는데 대부분 그들을 맞아 함께 교내를 둘러보도록 하는 게 내 일이었다. 일본에서 개최된 세계주일학교 대회가 끝나자 선교에 뜻을 가진 많은 사람이 우리의 사업을 보기 위해 한국으로 왔다. 방문객들이 오면 우리는 학생들을 예배실로 오게 해 약간의 공연을 하도록 하고 교실로 들어가도록 했다. 어떤 때는 하루에 여러 그룹의 방문객들이 있어 수업에 방해가 됐지만 여러 번 학생들을 예배실로 오도록 하는 게 불가피했다.

세계주일학교 참석 후 학교를 찾아온 방문객들을 상대로 50개의 학생 침대 구입비 값이 모금되기를 희망하면서 침대 50개를 미리 주문했다. 이 모금 이야기를 듣고 (YMCA 체육 지도자인) 팻 반하트는 50번째 침대를 제공하겠다고 말했다. 세계주일학교대회 참가자들이 특별 방문을 마치고 모두 돌아갔을 때 나는 49명분의 침대를 살 수 있는 돈을 모금했다. 가까운 선교사 거주지역에 사는 반하트에게 가서 50번째 침대값을 수표로 받았다. 이제 모든 학생이 침대를 갖게 되었다.

영국의 목판 화가인 엘리자베스 키스는 한국의 경치와 사람들을 목판화로 만들기 위해 여러 번 한국에 왔다. 키스는 한국, 일본, 중국에서 했던 모든 작업의 작품을 전시했는데 나도 15달러에 한 점을 샀다. 그 후에도 다른 작품들을 샀는데 이 책을 쓰면서 보니 한 점을 제외하고는 모두 없어졌다. 남은 한 점은 '새해의 쇼핑' 이라는 작품으로 배경에는 한국의 아름다운 대문이 그려져 있다. 작품 속의 인물은 화사한 새해 옷을 입은 한 한국 어머니와 두 어린이였다. 내가 좋아하는 전도부인이자 친구인 손매리가 그림 속의 어머니로 포즈를 잡고 있었다.[76]

엘리자베스 키스 작, '새해의 쇼핑'
그림 속 부인은 손매리

학교를 방문한 다채로운 방문객들로는 다음과 같은 사람들도 있었다.

1922년에는 프랑스군 원수인 조프레와 그 부인이 한국에 왔다. 남학생들은 그를 마중하기 위해 기차역으로 나갔고 프랑스 국기를 갖고 멋진 환영 행렬을 꾸몄다. 다음날은 여학생들이 줄지어 서서 두 시간 동안 그를 기다렸다. 여학생들도 국기를 들고 있었으며 프랑스 국가를 부르며 '프랑스 만세(Hurra for France)' 를 외쳤다. 남학생들이 기차역에서 마중할 때는 '만세' 를 외치는 것이 허용되지 않았었다.

1922년에는 또 연말에 미국 AP통신으로부터 주목할 만한 방문객이 왔었는데 그녀는 1912년도에도 이화학당을 방문했다고 말해서 학교 방명록을 보니 사실이었다. 학교에서 숙식을 했는데 중국, 한국, 일본을 담당하는 기자였다. 1923년에는 위대한 바이올리니스트 프릿츠 크라이슬러(Fritz

76) 엘리자베스 키스 (Elizabeth Keith, 1889~1956). '옛 한국: 아침 고요의 나라' 저술.

크라이슬러

Kriesler, 1875~1962)가 한국에 왔다. 그는 한국을 처음 방문한 위대한 예술가로 우리 학교를 방문했다. 일본에서 그의 공연 티켓은 7.5달러였으나 한국에서는 고위 관료인 일본 귀족(남작)이 차액을 지불해 우리는 그의 공연을 1.5달러에 들을 수 있었다. 그 일본 귀족인 남작이 차액을 지불한 이유는 한국에서 '처음 있는 일'이었기 때문이었다.

제인 애담스

시카고 헐 하우스[77]의 창립자 제인 애담스(Jane Addams 1860~1935)도 우리를 방문했다.[78] 제인 아담스를 개인적으로 만나 너무 좋았는데 왜냐하면 내가 노스웨스턴에서 공부할 때 헐 하우스를 방문했었기 때문이다.

미국에서 온 한 남자 분은 해충을 죽이는 곤충을 잡으러 한국에 오기도 했다. 그는 이 곤충을 미국으로 배에 싣고 가기 위해 준비하고 있었다. 그의 아이디어는 이 곤충을 이용해 농작물에 해를 입히는 해충들을 죽이도록 하는 것이었다. 그는 이들 곤충의 특성에 대해 학생들에게 강의했고 곤충들을 어떻게 운송할지에 대해서도 말했다.

---

77) 1889년 J. 아담스에 의해 시카고에 세워진 빈민과 미숙련 노동자의 정착을 돕는 인보관(隣保館).
78) 아동과 여성의 8시간 노동 준수 운동을 비롯해 빈민지역 정착을 위한 헐 하우스(Hull House)를 설립했다. 1931년 미국 여성으로 최초의 노벨평화상 수상.

이화를 위한 새로운 교장

1920년 안식년 겸 병 치료 중인 프라이 학당장을 대신해 학당장 대리로서 유관순 열사의 시신을 수습했던 지네트는 프라이 학당장이 1921년 3월 사망하자 이듬해 본인도 안식년 중이던 미국에서 학교에 돌아온 후 4월부터 학당장으로 책임을 맡아 일했다. 그러나 앨리스 아펜젤러[79]가 안식년 휴가를 마치고 돌아오자 그녀는 학당장으로서 더 일할 수 있었음에도 불구하고 1922년 10월 앨리스 아펜젤러에게 학당장을 넘겼다. 대신 진행 중이던 프라이 기념 홀 공사 등만 맡아 마무리하는 '겸손한 성품'을 보여줬다.

> 프라이 학당장이 살아 있을 때는 누가 이화의 학당장(교장)인지에 대해서는 의문의 여지가 전혀 없었다. 내가 안식년 중이고 프라이 학당장이 미국에서 앓고 있을 때 앨리스 아펜젤러 선생은 그 후임자로 어느 정도 내정이 되어 있었다. 1921년 내가 안식년에서 돌아온 후 아펜젤러 선생은 안식년 휴가를 위해 미국에 가 있었다. 이런 상황에서 프라이 학당장이 사망하자 학교 이사회는 나를 학당장으로 임명했다. 큰 건물의 건축사업이 진행 중이었고 일본 당국과의 관계를 누군가는 담당해야 했기 때문이었다. 1923년[80] 아펜젤러 선생이 돌아왔을 때 나는 그녀가 교장을 맡기로 약속돼 있었음을 이유로 들어 사임했는데 이사회는 나의 사임을 받아들이지 않았다. 아펜젤러 선생은 한국에서 자라나 한국어를 유창하게 했고 웨슬리대학에서 훌륭한 교육을 받았으며 미국에도 많은 연줄을 갖고 있었다. 나는 아펜젤러 선생이 이화의 교장직(학당장)을 맡기 위해 잘 준비된 사람이라고 생

79) 선교사 헨리 G. 아펜젤러의 딸.
80) 자서전에는 1923년으로 돼 있으나 이화여고 등 공식 기록에는 1922년으로 기록.

각했다.

어느 일요일 아침에 아펜젤러 선생과 나는 점심을 같이하기로 약속하고 서울 인근의 한 작은 숲길을 걷다가 앉아서 학교 이사회와 한국 감리교 감독을 설득하고, 누가 보아도 실현이 가능해 보일만 한 계획에 대해 논의했다. 학교는 이제 커졌고 대학과 소속 학생들은 건축 중인 새 건물에서 독자적으로 생활할 수 있도록 계획을 세웠다. 또 기숙사와 교실은 고등학교에서 사용하도록 하고 주간학교 어린이들과 유치원용으로 제안된 건물도 역시 건립 계획을 수립하도록 했다.

우리는 기도했고 계획을 세웠으며 작업부서까지 마련했다. 아펜젤러는 교장이 되기로 했다. 일본 당국과의 모든 관계를 담당할 뿐만 아니라 학교의 교무 부분도 담당하기로 했다. 아펜젤러는 또 프라이 교장의 대학 계획을 발전시키기로 했고 지난 2년 동안 교장으로서 업무 경험을 가진 나는 현재 사용 중인 건물 관리의 모든 업무를 맡고 새 기숙사인 프라이 홀의 건축을 위해 다음 해 1년을 온전히 몰두하기로 했다. 우리 두 사람은 업무 분장 계획을 기꺼이 받아들였다. 나는 아펜젤러가 나보다 더 잘할 것으로 생각했다. 건축 관련 자금이나 회계 같은 것을 취급하기 싫어했던 아펜젤러는 내가 그 부문은 조금 더 잘할 것으로 알고 있었다. 우리는 학교로 돌아가 결정을 발표하고 그대로 되었다. 이런 시기에 W.F.M.S 토피카 지부의 총무 엘라 왓슨이 한국 방문을 위해 와 있었는데 나는 엘라가 와 있는 것이 기뻤다. 왜냐하면 엘라는 고향 사람으로 귀국하면 내가 왜 잠시 학교의 책임자가 되었으며 그리고 지금은 그만두었는지 (고향의 가족에게) 말해 줄 수 있었기 때문이다.

프라이 홀의 건축

바쁜 1년이 남아 있었다. 캐나다 출신의 사업가인 크로우 씨가 나를 도와주기로 해 매일 아침 나에게 와서 프라이 홀 건축을 위해 무엇을 어떻게 해야 하는지 말해 주었다. 그는 한국 여성과 결혼해 남매를 두었는데 두 아이는 엄마를 닮았다. 그가 죽은 후 엄마는 두 아이를 교육시키기 위해 미국으로 갔다.

건축 계약은 중국 건축가로 기독교인인 왕 씨와 했다. 우리 두 사람은 함께 1년 동안 훌륭하게 일을 했다. 왕 씨는 건설 인부들이 일요일에 교회에 가면 온종일에 해당하는 임금을 지급했다. 나는 왕 씨가 정직하다고 믿었지만 건설 인부들은 신뢰할 수가 없었다. 인부들은 시멘트를 섞을 때 석회를 규정된 만큼 정확한 양을 넣지 않아 나는 뙤약볕에 앉아 감독을 해야 했다. 내가 자리를 떠야 할 때는 조만수가 대신 지켰다.

크로우 씨가 보일러를 판다고 해서 나는 3개 빌딩을 덥게 할 수 있는 크고 새로운 것을 샀다. 보일러 시설 관계자들은 2월 3일 내 생일에 불을 붙

지네트가 학당장 사임 후 공사감독해서 완공한 프라이 홀. 대학과정을 위한 첫 건물이었다.

이기로 약속했다. 이를 위해서는 2, 3일 전부터 준비를 해야 했다. 한국인들은 보일러의 (3개 빌딩을 따뜻하게 한다는) 성능을 믿지 않았는데 켜기 시작하자 모든 곳이 역시 뜨거워졌다. 페드로는 새로운 보일러공이 되어 모든 책임을 맡았다. 나도 일꾼의 도움을 받아 가며 보일러를 어떻게 운영하는지 배우려고 노력했다. 만약 페드로가 아프면 나라도 보일러를 계속 가동할 수 있도록 하기 위해서였다. 이 보일러는 한국에서 가장 큰 기계시설이었고 페드로는 그의 업무에 대해 매우 자랑스러워했다.

기존 건물에 대한 보수작업과 하루하루 건축 프로그램을 운영하는 몇 달 동안 나는 정말 바빴다. 오랫동안 아침을 먹으러 방을 나서면 저녁 이후까지 방에 돌아오지를 못했다. 이에 따라 어떤 강의도 맡을 수가 없었다. 우리는 대학생을 위한 새 기숙사의 가구 하나하나까지 계획을 세우고 가구의 그림을 그렸으며 모든 치수를 표시했다. 어떤 경우는 잡지에서 보고 가구 그림을 그렸다. 또 벽난로나 창문 의자, 계단에 대한 아이디어를 찾아다니기도 했다. 조만수와 나는 여러 방에다 모든 가구를 배치해 보며 많은 시간을 보냈다.

7월 4일경, 프라이 홀의 준공을 축하하기 위하여 나는 조만수 부부와 건축회사의 왕 씨와 저녁을 같이 했다. 이들은 나와 함께 너무 훌륭하게 일을 했고 우리는 새 건물에 대해 매우 자부심을 느꼈다. 전체 대학 과정 학생들이 1923년 가을에 이사할 수 있도록 모든 준비를 끝냈다. 나는 크로우 씨에게 특별한 도움에 대한 보답으로 500달러를 지불했는데 크로우 씨는 우리에게 그만큼의 돈을 절약하도록 해 주었다고 확신한다. 모든 일을 끝냈을 때 우리는 또 그의 아들에게 새 자전거를 선물로 주었다.

13장 컬럼비아대에서 더 친해진 한국인들

부모님 금혼식 참석 위해 3차 휴가

여름 방학 전에 프라이 홀의 공사를 마친 지네트는 여름휴가를 소래 포구에서 보내고 2학기 준비를 하는 것이 정상적인 스케줄이었다. 그러나 부모님이 50주년 결혼기념식(금혼식)에 참석할 것을 간절히 바라고 때마침 컬럼비아대에서 대학원 석사과정을 할 수 있는 기회가 생기자 자비로 귀국행 배를 탔다.

1923년 9월에 부모님은 결혼 50주년인 금혼식 축하를 할 계획이었다. 두 분은 내가 올 수 있기를 희망했는데 정상적인 내 안식년 휴가(선교사들은 5년마다 휴가를 보냈다)는 아니었으나 자비로 집에 가기로 했다. 나는 언제든지 며칠 전에만 알리면 집에 갈 수 있도록 한국에 있는 일본은행에 충분한 돈을 예금해 놓고 있어서 미국행 승선료를 지불했다. 3월에 있었던 이사회 모임에서 8월에 갈 수 있도록 허가를 받았다. 반 버스커크(의료선교사)도 비슷한 시기에 갈 예정이었다. 한편 위치타에 있는 나의 고향 마을 교회에서 매리언 칸로가 한국에 와 마치 한국에 나 자신의 가족이 있는 것 같이 되었다.

내가 미국으로 떠나려고 하자 한 사람이 옻칠을 한 새 부채를 주었는데 그 부채에서 옻독이 올랐다. 옻독은 마치 담쟁이 독 같아서 집으로 여행할 때의 처음 모습은 시인 브라우닝이 자주 사용했던 말처럼 "바보 같아 보이는 모습"이었다. (항해하는 동안) 바다는 너무 잔잔해서 우리가 대양(大洋) 위에 있다고 믿기가 어려웠다. 항해하는 동안 동행한 사람에 대해 많은 기억은 없지만, 당시 썼던 노트를 찾았는데 거기에는 "나의 룸메이트 요주의"라고 써 놨었다.

내가 탄 배는 밴쿠버에 도착했고 관광을 충분히 할 만큼 그곳에 머문 후 기차를 타고 레이크 루이스를 지나 노스다코타 평원을 통과해 내가 영화 '메인 스트리트'를 본 미네소타의 세인트 폴까지 갔다. 캔자스의 위치타에는 1923년 9월 1일 새벽 2시에 도착했다. 공교롭게도 이날 일본에서는 큰 지진(관동 대지진)이 일어났다. 나의 조카인 데이비드와 존이 마중 나와 나를 그들의 집으로 데려갔고 부모님은 아침 8시에 나를 킹맨으로 데려가기 위해 위치타로 오셨다.

이화에 대한 공헌으로 감사의 선물을 받는 캔사스 출신의 해리엣 모리스, 매리언 칸로, 지네트 월터(왼쪽부터)

부모님 금혼식에 참석한 지네트

큰 행사인 금혼식을 위해 나는 어떤 것도 소홀하게 하지 않으려고 했다. 작은아버지 부부인 말래치와 리찌는 텍사스에서 왔고 리디아 고모는 펜실베이니아에서 왔다. 킹맨 지역 두 곳의 신문에 누구나 초대한다고 광고를 했다.

1923년 당일이 되었을 때 나는 집을 노란 꽃(goldenrod)으로 아름답게 장식했다. 고초열(꽃가루 알레르기)이 있었던 아버지도 너무 열심히 꽃을 모으는 나를 도와주셨는데 큰언니가 도착했을 때 큰언니와 아버지 모두 재채기를 시작해 모든 것을 나 혼자 해야 했다. 그날 접대는 오후 4시부터 시작해 8시까지 했다. 나는 아버지가 그렇게 사교적인 행사를 즐기는 모습을 처음 보았다. 다음 날 우리는 집이 큰 둘째 언니 집에서 가족 만찬을 했다.

이화 새 캠퍼스 구매 위한 김활란의 극적 연설 대독

부모님의 금혼식을 마친 지네트는 얼마 후 11월 아이오와주 데모인에서 열린 '해외선교 집행위원회'에 김활란과 함께 참석했다. 오하이오주 델라웨어에 있는 웨슬레안대학에서 석사과정에 있던 김활란은 대회에서 '한국에서 필요로 하는 것'을 제안하고 아름다운 동종(brass bell)을 기부하기 위해 왔다. '한국에서 필요로 하는 것'이란 대학의 새 캠퍼스 부지를 사는데 미국 여성해외선교사회가 지원을 해달라는 일이었다. 이런 부탁을 극적인 효과를 보이며 호소하기 위해 김활란은 이화학당에서 5년 동안 울렸던 동종을 가져왔다. 김활란은 대회장에서 종을 치면서 지원을 호소한 후 보스턴에 있는 여성해외선교사회 역사박물관에 기증할 계획도 세웠다.

김활란은 저녁에 강연하도록 되어 있었는데 시간이 점점 늦어져 누군가가 김활란에게 강연하기 위해서는 내일 아침까지 기다려야 할 것 같다는 말을 해줬다. 내일 있는 시험을 치르러 학교로 돌아가기 위해서는 야간 기차로 떠나야 했기 때문에 김활란은 너무도 크게 실망했다. 지네트 옆에 앉아 있던 김활란은 한 장의 종이를 꺼내 바닥에 앉아 의자를 책상으로 사용해 자신이 강연하려고 했던 내용을 종이 위에 적었다. 김활란은 그 종이를 지네트에게 주고 대신 읽어 달라고 부탁한 후 기차를 타기 위해 조용히 빠져나갔다.[81]

다음 날 지네트는 한국에서 성장하고 있는 이화학당 대학과를 짓고 확장할 수 있도록 도움이 필요하다고 밝히며 신촌 캠퍼스 부지를 사는데 2만 5천 달러가 필요하다고 회의에 참석한 여성들에게 말했다. 그녀는 자서전에서 "동종을 기부하면서 연설은 김활란이 써줬던 말을 그대로 사용했다"고 밝혔다.

> 한국의 여성들을 일깨웠던 이화학당의 종을 여성해외선교사회의 박물관을 위하여 니콜슨 부인에게 증정합니다.
>
> 이 종은 이화학당 본관이 건립된 이래 울려오던 것입니다. 학생들에게 기상 시간은 물론 수업 시간, 식사 시간, 교회, 기도시간을 알려주었습니다. 우리는 우리의 어머니 격인 여성해외선교사회(W.F.M.S)의 박물관을 위해 니콜슨 부인에게 (이 의미 있는 종을) 기증하게 된 데 대해 자랑스럽게 생각합니다.
>
> 이제 우리의 즐거운 생활을 들려주는 종소리에 귀를 기울여 주시기

---

81) 김활란은 자서전 『그 빛 속의 작은 생명』(1965, 여원, pp.128~129)에서 당시 상황을 똑같이 전하고 있다. 김활란은 자서전에서 "연설을 마친 후 밤차로 델라웨어에 가서 이튿날 시험을 볼 예정이었으나 연설시간이 연기돼 지네트에게 연설을 맡겼다. 기증한 동종은 내가 공부할 때 5년 이상 그 소리를 들었다"고 밝혔다.

바랍니다. 우리가 계획하고 있는 아름다운 새 건물 – 프라이 홀을 드나드는 여학생들의 허밍(humming)과 노래를 들어주십시오. 이제 우리가 이화에서 찾고 있는 충만한 삶의 경험이 울려 퍼지고 있습니다.

– 땡 –

두 번째 종소리는 방금 울렸던 기쁨을 찾도록 우리에게 기회를 준 데 대해 마음속 깊이 감사를 드리는 종소리입니다.

– 땡 –

세 번째 종소리는 두 번째 종소리에 이어지는 것입니다. 우리의 사랑의 종소리입니다. – 사랑(LOVE). 우리는 정말 감사해서 무엇이든 드리고 싶으나 가진 것이 많지 않습니다. 그래서 우리가 가진 것의 전부인 우리의 사랑을 드립니다. 우리의 사랑이 태평양을 넘어 여러분에게 도달하고 지구의 중심을 꿰뚫고 지나가 여러분이 의식할 수 있도록 계속 울려지기를 바랍니다.

– 땡 –

그러나 그것은 마지막 종소리가 아닙니다. 우리의 커다란 희망 중 하나를 들어 주시기 바랍니다. 우리 자신의 노력과 여러분의 도움을 통하여 이화는 땅값이 더 오르기 전에 아름다운 학교 부지를 사기 위해 2만 5천 달러의 모금을 원하고 있습니다. 우리는 한국을 위한 삶의 터전인 여자 종합대학교를 짓기 위해 그 땅이 필요합니다. 이 종합대학은 이화여전이 성장한 결과물이 될 것입니다. 하나님, 공중의 새나, 바다의 물고기, 땅속의 금이나 다이아몬드, 세상의 모든 부(富)는 당신의 것입니다. 하나님, 당신은 돈을 갖고 계십니다. 하지만 당신의 재산을 당신의 뜻대로 쓸 믿음직한 청지기는 어디에 있습니까? 여기 종합대학교 건설을 위한 우리의 소망과 2만 5천 달러의 모금을 외치는 종이 현재 울리고 있습니다.

– 땡 –

이제 마지막 종소리를 들어 주시기 바랍니다. 여러분의 엄숙한 맹세와 함께 참여하기를 바라며 우리가 갈망하고 진정으로 염원하는 종소리입니다.

"나는 이제 다른 사람을 구원하기 위해 산 제물로, 그리고 환경이나 조건이나 비용에 상관없이 하나님의 뜻을 실천하기 위해 번복할 수 없는 약속으로 예수 그리스도에게 자유로운 내 뜻에 따라 완전히 나 자신을 바칩니다." 그렇습니다. 나는 무릎을 꿇고 두 손을 모으며 얼굴을 들어 호소합니다. 한국의 여성들은 세계를 향상하려는 여러분의 일에 동참하기를 열망하고 있습니다. 우리의 마지막 염원인 종소리에 귀를 기울여 주기 바랍니다. 그 종은 무한한 침묵 속에서 계속 울리고 있습니다.

– 김활란 –

김활란이 미국 여성해외선교회 관계자들을 대상으로 강연하는 날 1만 마일도 더 떨어진 서울에서 앨리스 아펜젤러 교장은 이화학당을 찾아온 몇 명의 방문자를 만나고 있었다.[82] 방문자 중의 한 사람은 디트로이트에서 온 필립 그레이 부인[83]으로 학교에 특별히 필요한 것이 있는지 물었다. 아펜젤러 교장은 캠퍼스로 이용할 수 있는 부지가 있다고 말하고 비가 오는데도 불구하고 필립 그레이 부인을 데리고 부지를 보러 나갔다. 그레이 부인은 부지를 보고 깊은 인상을 받았다. 학교로 돌아온 그레이 부인은

82) 1922년 지네트의 후임 학당장이 된 아펜젤러는 새 캠퍼스 부지 마련을 위해 노력했음을 밝히며 1925년 12월호 〈코리아 미션 필드〉 262쪽에 '여성을 위한 새 대학 부지'라는 제목의 짧은 글을 기고했다. 아펜젤러는 "새 캠퍼스 부지 45에이커(약 18만2070㎢, 5만5080평)를 사들이기 위해 지난 5년 동안 구입비 모금을 했으나 성공하지 못했다. 1923년 11월 1일 졸업생 김활란이 미국의 '선교사 대회'에서 캠퍼스 구입비 지원을 호소했는데 호응은 없었다. 그런데 바로 그날 이화학당을 방문한 한 관광객이 부지를 구입하는데 충분한 기부를 약속했고 기부금이 빨리 와 1924년 7월까지 몇 달 동안 지루한 협상 끝에 구입이 완료됐다"고 밝혔다.

83) 남편 필립 헤이워드 그레이는 디트로이트에서 자동차와 보험으로 돈을 벌었으며 자선사업에 관심이 많았다.

양해를 구하며 밖으로 나가 딸과 둘이서만 이야기를 나눴다. 그 후 그들은 전보를 보내왔는데 디트로이트에서 그레이 부인의 개인 돈 2만 5천 달러를 이화대학에 보내는 것이었다.[84] 지네트는 자서전에 아펜젤러 교장이 쓴 것과 비슷한 내용을 쓰고 "현재 이화여대 캠퍼스는 세계에서 가장 아름다운 캠퍼스 중의 하나로 꼽힌다"고 말했다.

안식년 겸 재충전 유학

지네트는 선교본부에서 1923년 가을 학기부터 컬럼비아대에서 공부할 수 있게 됐다는 연락을 받자 1925년 초까지 뉴욕에 머물며 교육학 석사 과정을 밟았다. 한국에서 선교사로 일하던 에드나 밴 플리트도 컬럼비아대에서 공부하게 되자 두 사람은 셋집의 룸메이트가 되었다. 컬럼비아대에는 선교사들도 많았고 한국인도 많았는데 헨리 아펜젤러를 비롯해 홀리 언더우드, 이반 램프리, 클레이 린츠(고향 출신 동료 선교사 해리엣의 여동생), 메임 테일러(큰언니 그레이스의 친구) 등 모든 지인이 자신들의 집으로 두 사람을 초대했다. 처음 해보는 뉴욕 생활에 대해 지네트는 "나는 매우 즐겁게 학교 공부를 했고 너무 바빠서 재미있는 것을 다 기억하지 못할 정도였다"라고 했다.

지네트는 컬럼비아대 석사과정 중 여름방학이 되자 자신이 태어나기도 했고 친척들이 여전히 살고 있던 펜실베이니아의 라트로브를 거쳐 집으로 돌아왔다. 라트로브에서는 많은 친척과 조상들이 묻힌 몇 곳의 옛 묘지를 방문했고 월터 메노나이트(Mennonite, 재세례파) 교회에서 그곳 교인과 대화를 나누기도 했다. 이 교회는 여전히 남녀가 따로따로 앉아 예배를 봤

---

84) 양현혜, '빛과 소망의 숨결을 찾아' (2005, 이화여대출판부) p.71.

는데 지네트는 "이런 예배 모습을 한국에서도 많이 봤기 때문에 자연스러웠다"라고 설명했다. 집으로 가는 길에 김활란을 만나기 위해 오하이오 웨슬리안대학에도 들렀다. 킹맨의 집에서 여름을 보내는 동안 헨리[85]와 루스 아펜젤러 부부의 아들인 리차드(3)와 엄마 루스가 함께 와서 몇 주를 보내기도 했다.[86]

> 루스는 임신 중이어서 위치타에 있는 아저씨 노블 박사의 집에서 휴식을 취하고 있었다. 리처드는 금발 곱슬머리를 가진 귀엽고 작은 아이로 나의 아버지(데이비드 월터)와 아름다운 '우정'을 쌓고 있었다. 나는 우편물을 부치고 다른 일상적인 심부름을 위해 시내로 차를 몰고 가던 중 보았던 아버지의 곧으면서도 위엄 있는 흰머리와 아버지 좌석 옆 카 시트에 앉아 있던 리처드의 작은 곱슬머리를 잊을 수 없다. 엄마와 나는 우리 자신과 다른 가족들을 위해 뜨개질을 했고 가족 몇몇은 매일 식사하러 오기도 했다. 나는 가까이에 사는 여자 친구들을 초청해 트라이 델타(Tri Delta) 만찬[87]을 했는데 모두 내가 베이커대학에 다닐 때 알게 된 친구들이다. 킹맨에서는 문화학교(Chautauqua)가 여름에 열렸는데 하루에 두 번씩 1주일간 출석했다.
>
> 1924년 8월 27일에는 큰 형부(에드가 보이어)와 큰언니의 은혼식(결혼 25주년)이 있어서 우리 집에서 두 사람을 위해 카페테리아식 식사 모임을 했다. 한국에서 온 홍 에스더(1892~1975)[88]가 당시 킹맨에 살고 있어서 식사에 참석했다. 여름 동안 나는 머리를 단발머리로 잘랐다.

---

85) 감리교 첫 내한 선교사인 헨리 G. 아펜젤러의 아들.

86) 헨리는 한국 선교의 개척자 아펜젤러의 아들로 지네트가 학당장을 넘겨준 앨리스 아펜젤러의 남동생이다.

87) 식사기도를 하며 축복하고 우정을 쌓는 만찬.

88) 기독교 여자 절제운동, 이화여고 교사, 감신대 교수 등 역임.

컬럼비아대 석사 과정

지네트는 컬럼비아대에서 교육학 전공으로 석사학위를 받았다. 교육학 공부는 한국에 다시 돌아와서도 유용했을 뿐만 아니라 1926년 한국 봉사를 끝내고 건강 문제로 미국에 남아 고등학교 교사로 일할 때도 큰 자산이 되었다. 또 컬럼비아대가 있는 뉴욕에서 동료 밴 플리트와 함께 체류하며 많은 한국의 지인들과 만났던 일도 자세히 밝혀 놓았다.

1924년 9월 13일에 다시 뉴욕을 향해 가면서 워싱턴 D.C.에 들러 친구 밴 플리트(이화학당 유아교육 담당)를 만났다. 우리 둘은 주변에 들를만한 도시를 모두 가보며 포드 차를 운전해 뉴욕으로 갔고 컬럼비아대에 도착했다. 여행 중에 한국에서 온 친구와 학생들도 만났는데 필라델피아에서는 이화여전의 첫 졸업생인 신마실라(마숙)를 만났다.

우리는 첫날 뉴욕에서 생활할 집을 찾는데 보냈고 또 하루는 등록하는데 보냈다. 집은 맥클리 부인이 소유한 아파트로 우리는 거실을 얻었고 맥클리 부인은 식당에서 잤다. 또 침실은 남자에게 빌려줬다. 부엌을 이용할 수가 있어서 나는 요리를 했다. 밴은 접시에 요리를 담아 놓거나 설거지를 했다.

밴은 가끔 악몽을 꾸었다. 어느 날 밤은 침실에 세 들어 사는 남자가 매우 늦게 들어올 때였는데 마침 "도와줘, 도와줘"라고 악몽을 꾸며 비명을 지르기 시작했다. 나중에 그 남자는 자기가 들어올 때 내가 밴에게 "밴, 입 다물어"라고 하는 말을 듣고 홀을 지나 그의 방으로 그냥 갔다고 말했다. 우리는 그 아파트에서 한 학기 동안 매우 행복하게 지냈다. 그 장소는 깨끗했고 바퀴벌레도 없었으며 집주인 여자는 마음씨 좋은 사람이었다.

내 수업 시간은 '여성 및 여학생 조언 방법(6시간), 보건 실습(3시간), 보건 점검(2시간), 성경(2시간), 특수아동 심리학(2시간)' 등이었는데 나는 모든 수업을 좋아했다.

그중에서도 포스딕 박사의 '성경' 수업을 아주 좋아했는데 그는 우리가 갖고 있던 성경에 대한 기존의 믿음을 대부분 해체하고 대신 훨씬 더 합리적으로 보이는 내용으로 강의했다. 근본주의 장로교인으로 한국에서 온 로드 박사가 내 옆에 앉아 있었는데 나는 (포스딕 박사의 성경 해석이 자신의 해석과 달라) 그가 고통스러운 시간을 보내며 수업을 계속 들으려고 할지 모르겠다고 생각했다. 하지만 로드 박사는 끝까지 수업을 들었고 나는 포스딕 박사의 수업이 그에게도 의미 있었을 것으로 생각했다.

한국의 양반 출신인 윤 씨 부부가 뉴욕에 와서 방을 찾느라 어려움을 겪고 있었다. 나는 그들이 정착하도록 도와줬고 윤 씨 부인은 거의 영어를 못 해 매주 충분할 만큼 영어를 가르쳐 가게도 가고 시장을 볼 수 있도록 해줬다. 우리는 그들의 집으로 식사 초대도 받았는데 우리가 다시 한국으로 떠날 때 윤 씨 부인은 나에게 아름다운 자수식탁보와 냅킨을 주었다. 나는 그 선물을 우리 가족 몇 사람에게 나눠줬다.

10월에는 이스트 오렌지 구역에서 주말에 열리는 선교사 총회에 가서 스탠리 하이, 이다 벨 루이스, E. 스텐리 존스 등의 훌륭한 강연을 들었고 많은 한국 주재 선교사를 만났다. 나는 총회에 요청해 10분의 시간을 얻어 평양에 새로운 학교 건물의 필요성을 최선을 다해 발표했다. 룸메이트 밴의 오랜 친구인 코린 그레이가 크리스마스에 우리를 방문했는데 밴의 아버지도 왔고 김활란과 예 로라(Laura Ye), 매리 영도 왔다. 우리는 크리스마스트리도 만들고 작은 선물도 주고받았다. 나는 밴을 위해 크리스마스 선물로 모자 두 개를 샀는데 밴도 나에게 두 개를 사줬다. 우리는 곧 한국으로 떠날 예정이어서 모자가 필요했다.

1월에 우리는 시험 준비를 했고 1월 24일 일요일에는 개기 일식과 함께 큰 번개가 쳤었다. 틈나는 대로 우리 두 사람은 한국에 있는 많은 사람을 위해 선물 쇼핑을 했다. 우리는 또 뉴저지의 레오니아에 가서 그레이스 언니의 친구인 메임 테일러와 함께 하룻밤을 보냈다. 나의 보건 수업 교수인 우드 박사의 집에서 저녁을 먹기도 했다. 우드 박사는 1년 내내 나에게 많은 도움을 주었다. 우리는 또 많은 한국 친구들로부터 초청을 받았는데 그 중에는 양반 출신의 윤씨 부부를 비롯해 내 영어성경공부반에 출석하기도 했던 조병옥 등이 있었다.

조병옥이 지네트에게 보낸 송별사

청년 시절의 조병옥

이화학당에서 교육선교사로 일하며 지네트는 청년성경공부반을 지도하기도 했는데 그중에는 조병옥[89]도 있었다. 이미 구면인 두 사람은 1925년 지네트가 컬럼비아대에서 교육학 석사학위를 받고 조병옥은 같은 해 철학박사를 받으며 한 캠퍼스에서 자주 만나는 사이가 됐다. 다음 글은 지네트가 먼저 한국으로 떠나자 한국 유학생회 송별연에서 낭독된 조병옥의 편지이다. 그 편지에 대해 지네트는 "내가 오랫동안 보관해 온 한 흥미로운 편지가 하나 있는데 이 편지는 1925년 1월 23일 뉴욕의 인터내셔날 하우스에서 조병옥이 쓴 것으로 한국 학생클럽의 킹 C. 리(李) 회장에게 보낸 것이었다. 밴과 나를 위해 한국 학생들이 중국식당 차이니스 가든에서 마련한 고별 만찬에서 이 회장이 대신 읽도

89) 1894~1960년, 천안 출신의 일제강점기 독립운동가. 미군정청 경무부장, 정부 수립 후 내무부 장관, 민의원 의원 등을 지냈다. 1959년 민주당 대통령 후보가 되었으나 발병으로 미국에서 치료 중 이듬해 숨졌다.

록 작성한 것"이라고 밝혔다.

회장님

내일 저녁 차이니스 가든에서 열리는 월터와 밴 플리트 선생님을 위한 환송 만찬에 매일의 일과에 얽매여 있는 까닭에 참석할 수 없어 너무나 죄송스럽습니다. 이런 상황은 주경야독(晝耕夜讀, Plowing by day and reading by night)[90]이라는 옛 속담처럼 낮 밤이 뒤바뀐 삶을 살아야 하는 불운이기도 합니다.

어쩌면 이렇게 회장님을 통해 우리가 존경하는 두 분 손님 선생님들에 대해 제가 생각하는 몇 가지를 회원 여러분에게 전달하는 것이 예의가 아닐지도 모르겠습니다.

우리가 존경하는 두 선생님 같은 분들은 정말 진실한 한국의 친구들입니다. 그들의 젊음을 희생하고 가족을 뒤로하고 떠났으며 그들 개인의 야망과 명예도 버린 채 먼 나라에서 생소한 사람들 가운데서 긴 시간 동안 봉사의 삶을 살아오고 있습니다. 두 분은 한국에 대한 사랑이 너무도 컸고 우리 국민에 대한 믿음과 그들의 목표에는 끝이 없었기 때문에 그 같은 봉사를 할 수 있었습니다. 이곳 미국 해안에서 고요한 아침의 나라로 배를 타고 가고 또 우리나라의 구원과 재건을 위해 죽도록 최선을 다하시는 두 고귀한 분은 다시 쓰는 한국의 역사에서 확실히 중요한 위치에 자리매김할 것입니다. 언더우드와 아펜젤러 같은 이름과 그와 같은 분들은 우리 학생들 사이에서 가장 소중히 생각하고 존경하는 분들입니다.

우리 한국인 클럽의 회원들이 아주 부족하지만 월터 선생님과 밴 플리트 선생님에게 두 분의 한국(독립) 대의(大義)에 대한 사랑과 헌신에 대해

90) 낮에는 농사짓고 밤에는 책 읽음. 고학하며 공부하는 당시 유학생의 생활을 설명.

감사의 뜻을 표시하는 것이야말로 너무도 적절한 일이 아닐 수 없습니다. 두 분은 이제 한국과는 누구나 부러워하는 위대한 대학이라는 월계관으로 엮여 있습니다. 두 분이 (한국으로) 떠남으로써 가족과 친구들은 두 사람을 잃었지만 우리는 얻는 사람들이 되었습니다. 우리가 국내에서 국민들과 함께 (두 분의 한국 귀환을) 반가워할 때 동시에 우리는 두 분의 가족과 친지들에게 위로의 마음을 가져야 합니다. 왜냐하면 두 분은 미국에서도 원하는 분들이었기 때문입니다.

우리는 우리 자신에 대한 어떤 성찰 없이 이런 경우[91]를 무심코 지나치도록 해서는 안 된다고 생각합니다. 미국이나 유럽에서 공부하고 돌아온 학생들이 '돈과 명예'에만 관심 둔다는 여론의 비판에 대해 반성하는 자세가 필요합니다. 극단적으로 되는 것은 불행한 일입니다. 그 같은 종류의 비난을 피하고 우리 자신을 국가와 민족을 위하도록 만드는데 '헌신과 봉사, 희생의 삶을 사는 것' 이외에 다른 방법은 없는 것 같습니다. 존경하는 두 분 손님은 그 같은 삶을 사는 실제 사례입니다. 우리 같은 모든 사람 중에 누가 명예와 부를 싫어하겠습니까? 명예와 부는 인간을 행동하도록 만드는 필요한 동기일 수도 있지만, 그것들이 우리 삶의 이상을 대치하지는 못할 것입니다.

조병옥[92]

뉴욕에서 학업을 마치고 캔자스의 고향 킹맨으로 가는 길에 지네트는 전에 이화에서 음악선생을 했던 매리 영과 함께 워싱턴 D.C.에서 열린 세계선교사대회에 갔었다. 이 대회에는 쿨리지 회장을 비롯해 존 R. 모트와 세계 각국에서 온 선교사들은 물론, 많은 한국인이 참석했다.

---

91) 두 사람의 한국 봉사.
92) 병옥은 영문 이름을 P. Oakman Chough라고 했다.

지네트는 한국으로 떠나기 전까지 집에서 약 한 달간 머물렀다. 킹맨 교회를 비롯해 지원해 준 위치타 칼리지 힐 교회의 여성해외선교사회(W.F.M.S)에 참석해 워싱턴에서 있었던 세계선교사대회에 대해 보고하기도 했다. 아울러 많은 송별회에 참석했는데 킹맨 교회 목사관에서 열린 특별 리셉션에서 교회의 남성 신도들이 아름다운 은제 식사용 칼과 포크, 스푼 세트를 선물로 주기도 했다.

14장 평양에서 한 마지막 한국 봉사

뉴욕시 컬럼비아대에서 석사학위를 받은 지네트는 고향 킹맨을 들러 다시 한국에서 일하기 위해 샌프란시스코에서 일본으로 가는 배 프레지던트 링컨호를 탔다. 배 안에서 정신적으로 문제가 있는 한 한국 소년이 정상적으로 식사를 하도록 노력했으나 잘되지 않았다. 하지만 멀미를 하지 않는 지네트는 첫날부터 즐겁게 세 번째 한국행 항해를 할 수 있었다.

세 번째 한국행 선상 여행

나는 석사학위를 들고, 밴은 학사학위를 들고 우리는 3월 2일(1925년) 한국을 향해 킹맨을 떠났다. 가는 길에 투산(애리조나주 남부 휴양지)에 들러 파이 선생을 만났는데 그녀는 건강 회복을 위해 투산에 머물고 있었다. 함께 있었던 행복한 날들은 빨리 지나갔다. 3월 7일 우리가 승선해야 할 프레지던트 링컨호가 있는 샌프란시스코로 갔다. 함께 한국에 가는 밴 플리트는 승선 첫날은 멀미로 침대에 누워 있었으나 나머지 여행은 재미있게 했다. 선의(ship doctor)가 정신이상 상태로 3등 선실에 있는 한 한국인 소년을 만나 보지 않겠느냐고 물어왔다. 의사는 그 소년에게 홍미를 끌만 한 어떤 것도 할 수가 없고 먹도록 할 수도 없었는데 혹시 한국말로 하면 그 소년을 도와 줄 수도 있을지 모르겠다고 생각했던 것 같다. 나는 그 아이를 만나러 갔고 반복해서 여러 번 갔다. 그러나 내가 음식을 먹으라고 간곡히 말해도 어떤 반응도 없었다. 나는 그에게 무슨 일이 일어났는지 알지를 못했다.

우리는 여러 번 셔플보드[93] 놀이를 했고 한 번은 어린이를 위한 파티도 했는데 밴과 나는 작은 소녀로 분장해 옷을 입고 큰 인형을 들고 갔다. 격식 없이 이뤄진 파티에서 나는 바지저고리가 붙은 옷을 입었고 밴은 촌스러운 나의 아내가 되었다. 하와이 호놀룰루에서는 관광하고 몇 명의 한국인 친구들도 만났다. 우리는 환상적인 드레스 파티를 놓쳤는데 이유는 일본에 상륙할 때가 가까워지면서 밴이 다시 아파 혼자 가고 싶지는 않았기 때문이었다. 배에서는 좋은 사람들을 많이 만났다. 갑판 게임에서 몇 번 이기기도 했다. 하루는 모의재판이 열려 배심원이 되기도 했다. 요코하마 상륙 후에 만난 도라 와그너는 우리를 저녁 식사 식당으로 데려갔다. 그 후 한국으로 가기 위해 밤 기차를 탔다. 와그너는 나에게 내가 친하게 지냈던 반하트의 어린 아들 잭[94]이 죽었다는 소식을 전해줬다.

새로운 직장 – 평양 정의여학교

서울에 다시 온 지네트는 수많은 친구를 만났다. 하지만 평양에서 활동하는 딜링햄(G. Dillingham, 但營咸) 교장[95]이 안식년으로 미국에서 휴가를 보내게 되자 평양 정의여자고등보통학교(중학과정)를 맡아 평양으로 가게

93) 배의 갑판에서 하는 원반 밀어치기 놀이.
94) 1925년 3월 13일 사망. 95쪽 각주 9번 참조.
95) 딜링햄은 1911년 지네트가 한국에 처음 올 때 배안에서 만난 사이로 서울 이화학당 같은 숙소에서 몇 주간 한국어를 같이 배웠다. 그 후 딜링햄은 영변과 평양에서 근무했는데 지네트와는 여행도 자주 했다.

감리교 여성해외선교회(W.F.M.S)가 운영하는 평양 정의여학교 학생이 테니스를 하고 있다.

평양에서 운영된 여성해외선교사회 병원

평양제일감리교회

평양역에서 감리교 여학생들의 환영을 받는 감독 일행

평양의 여학생들이 사진을 찍기 위해 모이고 있다.

여성해외선교사회가 운영하는 정의여학교

되었다. 서울에 도착한 뒤 얼마 안 돼 다시 짐을 싼 그녀는 3월 28일 새 직장이 있는 곳으로 떠났다.

평양은 장로교가 운영하는 대규모 선교부가 있는 곳으로 우리 감리교는 여성병원을 비롯해 정의여학교, 몇 개의 초등학교, 남산이라고 부르는 남자 고등학교가 있었다. 이 밖에 기혼 선교사를 위한 여러 채의 주택과 함께 큰 교회가 있었고 몇 명의 미혼 여성선교사들을 위한 여성해외선교사회(W.F.M.S) 사택도 있었다. 병원에서는 간호사인 나오미 앤더슨과 미스 에델 버츠가 일하며 살고 있었다. 학교로부터 그리 멀지 않은 곳에 새로 온 선교사 에스더 L. 헐버트96와 내가 살고 있어 우리는 왕래하며 여러 번 만났다.

정의여학교는 큰 2층의 벽돌 건물과 한국식으로 지은 학생용 기숙사로 이뤄져 있었다. 둘 다 이화를 졸업한 마가렛 조와 서은숙이 교사로 있고

지도는 미국 선교부에 보고된 평양의 선교 시설들. 지도 아래 대동강(Tai Tong River) 과 평양시(Pyung Yang City) 표시가 있다. 중간 왼쪽에는 지네트가 일한 감리교(M E) 여학교 표시도 보인다.

96) 1894~1993년. 1923년 내한 5년간 이화학당에서 가르친 후 평양 정의여학교 등에서 1940년 일제에 의해 추방될 때까지 봉사. 미국 귀환 후 1941년부터 1960년까지 쿠바에서 교육선교사로 활동 후 은퇴.

덕완(Tokwan)이 여자 사감으로 학생들과 기숙사에서 살고 있었다. 에스더와 나는 학교 사택에서 살았다. 나는 거실을 교실로 사용했다. 침실은 오르간 실습실로 했다. 한 방은 너무 크고 한 방은 너무 작았지만 나는 편안했다. 에스더는 긴 계단을 걸어 올라가 다시 걸어 돌아가야 방이 나오는 2층에서 거주했다. 위, 아래 두 방은 파이프로 연결돼 있어 우리 둘은 서로 가깝게 느껴졌다.

지하에 있는 보일러 방 뒤쪽에는 부엌과 식당이 각각 방으로 돼 있었다. 식당에는 창문이 하나 있었는데 창문을 통해 우리는 나무 꼭대기를 볼 수 있었고 에스더는 항상 밖의 경치를 볼 수 있는 자리에 앉았다. 에스더는 또 거리를 따라 걸으면서 항상 하늘을 쳐다보는 습관이 있었다. 나는 그런 습관을 말렸는데 왜냐하면 길 양쪽에 모두 도랑이 있어 빠질 수 있기 때문이었다.

나는 정의여학교에 있으면서 얼마나 많은 사람을 접대했는지 이루 말할 수가 없다. 지역 인사들과 친밀하게 지내고 있는 것은 물론, 서울로부터 많은 사람이 왔었으며 유명한 세계여행가가 오기도 했다. 우리는 손님들을 모두 어두운 홀을 통과해 지하 식당으로 모시고 가서 자주 즐겁게 지냈다. 한국 여성인 박 씨는 요리사였는데 우리를 잘 보살펴 주었다.

1920년대 중학교 입시 풍경

지네트가 정의여학교에 관해 설명하는 내용 중 흥미로운 대목은 입학시험 풍경이다. 3 대 1 정도의 입학 경쟁률에서 합격하는 학생의 즐거워하는 표정과 불합격한 소녀의 울음 터뜨리는 장면을 있는 그대로 소개했다.

한국의 학교는 4월에 시작하게 돼 평양 정착 이후 내가 첫 번째로 해야 할 일은 입학시험을 치르는 것이었다. 입학시험일에는 교내가 지방에서 온 어린이와 함께 온 목사님들로 붐볐다. 이들 어린 6학년 학생들이 열심히 시험을 치르는 모습은 감동적이었다. 목사님들은 주변을 서성거리다 가끔은 그가 데리고 온 어린 학생들이 시험을 치르는 문 옆에 서서 얼굴을 보여줌으로써 학생들을 안심시키기도 했다. 선생들은 시험지를 걷자마자 바로 성적을 매겨 합격한 사람의 이름을 건물 외벽에 붙였다. 응시자 중 3분의 1 정도만 합격했다. 나는 함께 온 목사님 근처를 맴돌며 합격자의 이름을 찾는 큰 무리의 모습을 잊을 수가 없다. 합격한 학생은 달려 나가 집으로 합격 소식을 알리러 갔다. 또 다른 사람들은 합격자 명단을 여러 번 다시 살펴보고 마침내 울음을 터뜨리며 가족과 친구를 만나기 위해 돌아갔다. 그리고 이들 불합격자는 다시 시험에 도전하기 위해 1년을 기다렸다.

정의학교 중흥을 위한 여러 시도

지네트는 평양에 있으면서도 서울에 있을 때와 마찬가지로 학교와 학생들을 위해 최선을 다했다. 방문객 응대를 비롯해 학생들이 만든 수예품 판매의 성공담을 비롯해 시설과 설비 개선, 수학여행 등 평양 생활의 이모저모를 기록해 놨다.

4월에 평양에 사는 모든 관계자가 우리를 위해 환영리셉션을 해줬다. 벚꽃이 피는 시기여서 우리는 소풍을 갔다. 평양에는 J. Z. 무어스, 윌리엄 쇼, 앤더슨 박사 가정이 살고 있었다.

미국 신시내티 선교부의 토마스 부인이 우리를 방문했는데 한국이 그녀가 담당하고 있는 해외 현장이어서 시찰을 위해 온 것이었다. 토마스 부인이 와서 우리의 선교 현장을 보는 것은 대단한 일이었다. 그녀는 평양의

평양의 선교사 가족들

해주의 선교사 가족들

새 초등학교 건립을 위한 부지를 살펴보고 우리가 하는 모든 사업 부문을 방문한 후 나는 해주의 사업도 보도록 데리고 갔다. 해주는 한국의 북쪽 서해안에 있는 작은 선교부가 있는 곳으로 우리는 왁스(Wachs) 선교사 댁에서 하룻밤을 보냈다.

가을에 새로운 학기가 되어 해리엣 모리스가 오게 된 것은 아주 잘된 일이었다. 해리엣은 가정학 과목을 맡기로 됐는데 부임 즉시 자수 놓는 수업을 시작했고 한 달 뒤쯤 수업 시간에 만든 자수 작품의 첫 판매가 이뤄졌다. 모든 종류의 스카프들을 비롯해, 브릿지 테이블 세트, 타월 등이 팔렸고 대성공을 거뒀다. 해리엣은 화려한 채색의 한국 자수 디자인과 함께 한국 수제 면직물을 사용했다. 전시된 물건들은 예쁘고 매우 질겼으며 그렇게 판매한 수익금은 가정학과에 필요한 모든 원자재를 사는데 충분한 정도가 되었다.

우리는 학생들을 두 번으로 나눠 멋진 여행을 하도록 했는데 1, 2학년이 한 그룹이고, 3, 4학년이 다른 한 그룹이 되었다. 학생들은 가까운 진남포 등 두 지역으로 떠났다. 학교에는 교사진에 몇 명의 한국 남자 선생이 있었고 여자 선생들도 더하여 모든 여행 계획을 세우고 실행했다.

초가을에 나는 연맹 평의회 참석을 위해 서울로 출장을 갔다. 회의에서 모든 선교사를 만났고 선교사업을 위한 정책이 잘 진행되도록 했다. 여러 번 긴 회의를 하고 한국 친구, 외국 친구 등 모든 친한 친구들과의 만남을 즐겼다.

평양에 있는 우리 집은 싱크대를 설치했을 때 소동이 났었다. 전에는 부엌에 수도가 없었기 때문이었다. 우리는 또 밝아 보이도록 하기 위해 지하실의 벽을 하얗게 칠했는데 그렇게 한 이유는 많은 손님이 식사하기 위해 지하 보일러실을 통해 들어오기 때문이었다. 해리엣은 위치타에서 약간의 후원금을 받아 취사실을 고치고 재봉틀을 가져왔다. 학교의 선생들은 이 같은 시설 개량에 대해 생각하면 너무 행복해서 잠을 잘 수 없을 정도라고 말했다. 여름에는 학생 중 몇 명이 집에서 젤리를 만들어 와 자랑스럽게 우리에게 샘플을 보여줬다.

한편 평양 선교부는 회의에서 지네트를 여성병원 이사로 선임했다. 감사절 시기에는 선교부 수련 계획을 세우는 위원회의 위원으로 뽑히기도 했다. 서울의 이화학당에서 김장 김치를 담그는 방학이 시작되자 지네트와 절친인 브라우니, 밴 플리트, 김활란 등이 방문하러 평양에 와 며칠을 즐기다 가기도 했다. 1925년 가을에는 일제가 인구조사를 하기로 했는데 모든 선교사는 '부부관계'와 성별이 무엇인지를 써야 해 사생활을 침해받는 것에 대해 불편해했다.

이발사가 된 지네트

여선교사들은 한국에 머물 때 미장원이 없어서 머리 손질에 어려움을 겪었다. 지네트는 특별히 머리 손질하는 법을 배우지는 않았지만, 미국에서 사 온 가위로 다른 여선교사들의 머리 커트를 해줬다. 땋은 머리를 풀어 놓으면 땅에 닿을 정도로 긴 이화학당 출신 김매영의 머리를 커트해 줄 때 시어머니의 강력한 반대로 어려웠던 에피소드를 읽다 보면 당시 사회 전체에 일어났던 전통과 유행의 충돌을 보는 듯하다.

> 미국에 있을 때 머리 커트에 대해 배워 본 적은 없었지만 나는 좋은 가위 한 벌과 몇 개의 손톱깎이를 샀다. 나는 여러 번 이발을 시작했는데 브라우니의 크고 길고 두꺼운 머리카락을 단발로 잘랐고 앤디와 간호사 미스 로버트의 머리도 잘라 줬다. 간호사들은 머리를 자르고 다음 날 돌아와서 머리가 짧아 간호사 캡을 쓸 수가 없다고 말했다. 그러나 그것은 그들의 문제일 뿐이었다. 토요일 오후에는 내가 할 수 있는 것보다 더 많이 머리를 커트해줬다. 왜냐하면, 모든 사람이 이따금 머리를 솎아내야 했기 때문이다. 나는 한국에서 최고의 단발머리 전문가라고 생각했다. 하지만 내 머리는 내

가 할 수 없어 고향 후배 해리엣이 잘라줬다.

전에 이화의 학생이었던 김매영은 미국에서 공부했고 현재는 평양에서 사는 남자와 결혼했는데 오랫동안 여러 가지 질병을 앓아 몸이 극히 쇠약해져 있었다. 그녀는 조그만 침대에서 생활했고 길고 무겁게 땋은 머리는 바닥에 닿을 정도였다. 내가 김매영의 남편에게 그녀의 머리를 커트해주자고 말하자 남편도 그렇게 하고 싶어 했다. 그러나 나이 든 전도부인이기도 했던 시어머니는 새로운 유행을 받아들일 만도 했는데 반대를 했다. 머리 커트는 한국의 관습도 아니었고 시어머니는 단발머리를 한 한국 여성에 대해 들어본 적도 없었다면서 반대했다. 하지만 김매영이 매일 점점 더 약해지자 시어머니도 마침내 내가 머리를 자를 수 있도록 허락을 했다. 나는 처음에는 크고 두껍게 땋은 머리를 잘랐고 김매영이 자세를 바로 하고 앉자 나는 커트를 끝냈다. 처음 커트하고 나서는 낯선 모습에 김매영이 당황해했기 때문에 남편이 김매영에게 모자를 쓰도록 했는데 그 결과 어느 때보다 더 눈에 잘 띄었다. 나중에는 한국 사람들도 미국인들처럼 옷을 입었지만, 모자는 잘 쓰지 않았다.

영어는 독해력보다 발음과 말하기

지네트는 교장 일을 하면서 영어 교사도 했는데 두 반을 맡아 영어를 가르칠 때 독해력보다 발음과 말하기 위주로 수업을 해 성과가 있었다고 밝혔다. 오랫동안 발음을 따라 하도록 하고 명령문대로 행동하게 시켜 단어를 이해하게 한 뒤 교과서를 읽게 했다. 이런 방법으로 영어 시간은 재미있게 진행했다.

정의여학교에서 내가 맡은 강의는 7학년 영어이다. 매년 100명 정도의 새 학생이 입학함에 따라 50명으로 된 두 반을 맡게 되었다. 아직도 나는 학생들이 어떤 모습인지 기억하는데 학생들의 얼굴은 모두 똑같은 색깔이고 매우 빛나는 검은 눈동자를 갖고 있었다. 머리는 석탄처럼 새카맣고 가운데 가르마를 했으며 긴 머리를 뒤로 빗어 땋은 뒤 검붉은 리본으로 묶었다. 옷은 모두 검정 치마에 흰 저고리를 입었다. 다른 모국어를 사용하는 어린이들에게 영어를 가르치는 새로운 방법에 대해 조금밖에 들은 게 없고 어떻게 해야 하는지도 잘 몰랐지만, 시도를 해봤다. 무엇보다 우리는 한국인들이 문제를 안고 있는 영어 발음을 먼저 연습했다. 그리고 학생들이 말을 시작하기 전에 단어를 듣고 뜻을 알도록 가르치려고 노력했다. 예를 들면 내가 한 학생에게 학생의 이름을 부르고 덧붙여 'stand' 라고 말하면 학생이 일어서는 식이었다. 나는 반복해서 'go to door' 혹은 'open the door' 'go to your seat' 과 같은 명령어를 말해 지시에 따르도록 했다. 동시에 나머지 49명의 눈과 귀는 그 학생이 잘못하지는 않는지 보고 듣도록 했다. 명령어는 매일 더 복잡해졌고 그 후 우리는 말하기를 시작했고 학생들이 많은 것을 말할 수 있게 된 후 읽기 교재를 꺼냈다. 이들 영어 초보들에게 했던 것만큼 재미있게 영어를 가르쳐 본 적이 없었다.

가르치는 일보다 학교와 작업 부서의 금전 출납 장부를 기록하는 일이 지네트를 늘 바쁘게 했다. 또 학생 규율을 잡는 문제가 힘들었음을 밝혔다. 지네트는 "학교에서는 규율 교육을 거의 하지 못했다. 한 번은 거짓말한 학생을 집으로 돌려보냈는데 돌아온 후 또 거짓말을 해 그 학생을 다시 집으로 돌려보낸 일도 있다"라고 말했다. 또 어떨 때는 두 여학생에게 아버님이 돌아가셨다는 연락이 집에서 왔는데 꾸민 것으로 밝혀졌던 일도 있었다고 기록했다. 두 학생의 아버지가 "죽음에서 깨어났다"라는 식으로 거짓말한 사실이 밝혀져 모두 (퇴학당해) 집으로 갈 수밖에 없었다고 자서전에 썼다.

크리스마스 선물로 준 로션과 비누

이화학당에 있을 때도 전교생에게 크리스마스 선물을 주기 위해 미국의 후원자들에게 도움을 청했던 지네트는 평양에서도 똑같은 노력을 했다. 그 결과 로션과 비누를 한 개씩 선물할 수 있었다. 손 트는 것을 막도록 해주는 로션과 비누는 여학생들에게는 최고의 크리스마스 선물이 되었다.

크리스마스가 가까워지면서 나는 고향 집으로부터 82개의 양말 밴드(양말이나 스타킹이 흘러내리지 못 하도록 하는 띠)를 받았다. 또 학생 한 명이 한 병씩 가질 수 있도록 200병의 로션을 만들었다. 로션과 함께 프랑스 비누도 1개씩 주었다. 지금 생각해도 손에 바르는 로션은 우리가 주었던 것 중 가장 좋은 선물 중의 하나였다. 학생들의 손은 (겨울에는) 너무 터서 거칠어지고 쓰라리기까지 했다. 화학 담당인 남자 선생님이 로션을 제조할 수 있도록 해달라고 나에게 도움을 청해왔다. 학교에서는 멋진 크리스마스 프로그램을 짰고 트리와 산타클로스 계획도 있었다. 학생들에게는 이런 것들이 처음이었지만 모두 산타를 좋아했다. 평양에서 모든 크리스마스 축제 행사

학교에 세운 크리스마스트리

학생 집을 방문한 산타클로스

조셉 스미스 목사 부부와 이화학당 소속 선교사들이 크리스마스 디너를 하고 있다.

를 끝낸 후 나는 크리스마스를 지내기 위해 서울로 갔다. 크리스마스이브에 우리는 학교 직원과 가족을 위해 크리스마스트리를 만들었고 그들에게 중국 음식을 대접했다. 예년처럼 우리는 양말을 걸어 놓고 크리스마스 날에는 그레이 하우스에 사는 모든 여성과 길 건너편에 사는 선교사 가족들이 모두 모여 디너를 함께했다. 나는 많은 옛 친구를 만났고 재미있는 시간을 보냈다.

크리스마스 휴가가 끝난 후 학교가 다시 개학했는데 평양의 모든 감리교 관계자들이 모여 선교 지부 회의를 쇼 선교사 집에서 했고 이어서 무어 선교사의 집에서 만찬을 했다. 이날은 무어 선교사의 생일날이기도 했다. 우리는 눈 속에 담겨 있는 단풍 설탕 캔디를 먹었다.

청진초등학교 운영도 맡아

지네트는 평양의 정의여학교를 운영하는데도 바빴지만, 청진의 초등학교 운영까지 맡아야 해 너무 분주했다. 규율 문제로 학생을 정학시키자 학생 가족은 물론, 신문과 한국인 교역자들까지 반대에 나서 갈등을 빚기도 했다.

로빈스 선생은 청진의 초등학교 책임자였는데 나에게 학교 업무를 넘겨줬다. 쉽게 말해 내 업무가 늘어나는 것이었는데 로빈스는 기력이 약해져 안식년 휴가가 필요했다. 청진의 학교는 1월 13일에 문을 열었다. 1월과 3월에는 집행위원회 참석을 위해 서울로 출장을 갔다. (집행위원회는 현장의 문제를 최종적으로 결정하는 여성선교사들의 모임이었다) 집행위원회의 안건으로는 올해 어떤 여학생을 미국으로 보내야 하는가, 동대문병원 문제는 어떻게 해결해야 하나(얼마 전 동대문병원 간호사가 자살했는데 이유는 그 간호사가 뜨거운 물병으로 아기에게 부주의하게 화상을 입혀 질책을 당했기 때문이었다) 등이 있었다.

내가 평양으로 돌아왔을 때 해리엣은 자신의 언어(한국어) 시험 때문에 골머리를 앓고 있었다. 우리는 규율 문제가 있는 한 학생을 정학시켰다. 학생의 가족을 포함해 신문과 한국인 오 목사 등 모두 정학에 대해 일제히 반대하는 편을 들었다. 나도 경찰서에 소환됐는데 전에는 들어보지 못했던 규율 문제가 생기기 시작했다.

그해 봄 남산교회에서는 고등학교 졸업 예배를 남녀 감리교 학교 학생들이 함께 드렸다. 아름다운 예배였다. 다음 날 3월 9일에 졸업식을 거행했고 나는 예배와 졸업식에서 짧은 강연을 했다. 이제 새 학기가 시작됐다. 해리엣 선생과 나는 '닭 사업'에 뛰어들었는데 사연은 이런 것이었다. 어느 날 닭고기를 먹기 위해 닭을 잡으려고 기다리고 있는데 알을 낳는 것을 보고 떠오른 아이디어였다. 한 번 암탉 여섯 마리를 길러 보고 만약 어떤 암탉이 더 알을 낳지 못하면 그 벌로 닭을 잡아먹자는 것이었다.

고향 집 같았던 반하트의 평양 가정

평양에서 근무하는 동안 지네트에게 큰 즐거움을 준 것은 1916년 1차 안식년을 끝내고 한국에 올 때 기차와 배 안에서 만났던 반하트(한국 이름 반하두, 서울YMCA 체육선교사) 부부 가족이 평양에서 살게 된 것이었다. 반하트가 평양YMCA에서 근무하게 된 것인데 지네트는 반하트의 가정이 '고향 집' 같았다고 회고했다.

> 선교지부 회의에서 우리가 있는 선교현장의 문제에 관해 토론하는 기회가 있었다. 마침 (서울YMCA에 있던) 팻과 번 반하트 부부가 평양으로 이사와서 우리 선교지부에는 훌륭한 (선교사) 충원이 이뤄졌다. 일본에서 보리스 씨가 평양에서 팻 반하트와 상의해 부지를 정하고 YMCA 건물 건축 계획을 세웠다. 보리스 씨는 기독교인으로 건축가였고 일본 귀족 딸과 결혼한 미국인이었다.[97]
>
> 반하트의 집은 "(킹맨의 고향) 집을 떠나 있는 나에게는 언제나 고향 집" 같은 존재였다. 나는 아이들과 함께 있는 것을 좋아했는데 이름은 프랭크와 진 올리브(내 이름과 올리브 파이의 이름을 각각 따서 지었다)였다. 진 올리브는 실제 자기 이름을 사용하지 않고 항상 팻시로 불렸다. 어느 날 저녁 프랭크는 여섯 살이고 팻시는 세 살이었을 때 두 사람의 기도를 들을 기회가 있었다.
>
> 프랭크는 어떤 경우에도 그의 아버지처럼 항상 일어나서 기도했다. 그가 한 기도는 이런 것이었다. "하나님 아버지, 사람들을 미국으로 태워다 주고 사람들이 돌아오도록 해주는 배를 주셔서 감사합니다. 또 문잡이

97) William M. Vories, 1880~1964, 그의 부인은 일본 자작의 딸인 히도츠야나기 마키코로 1919년 결혼했다. 보리스는 선교사로 일본에 왔으나 일본 선교가 여의치 않자 건축사무소를 열고 한국과 일본의 많은 큰 건물을 설계하고 세웠다.

를 주셔서 문을 열고 하나님이 들어오실 수 있어서 감사드립니다." 나는 프랭크의 기도를 잊을 수가 없다. 한번은 팻시가 밖에 있다가 술 취한 남자를 보고 두려움에 비명을 질렀는데 아버지 팻은 프랭크를 혼내줬다. 프랭크가 혼난 이유는 동생이 놀랄 때 가서 손을 잡아주는 것은 프랭크의 일이었기 때문이다. 그 후 프랭크는 그의 일을 매우 충실하게 해냈다.

평양에서 있었던 이런 일 저런 일

일본 정부의 초청으로 1926년 4월 한국에 있는 모든 기독교계 고등학교와 대학의 교장들이 24일간 일본 각지를 시찰했다. 지네트도 정의여학교 교장 자격으로 참가했다. 일행 27명과 일본 여행을 무사히 마치고 5월 13일 일본에서 돌아왔을 때 지네트 대신 교장 일을 맡아 했던 해리엣 모리스 선생이 학생들이 일으킨 동맹휴학 사건으로 고생했음을 알게 되었다. 해리엣은 내가 돌아온 것을 너무 좋아했고 나는 바로 일상 업무로 들어갔다. 하지만 지네트에게는 학교 일 이외에도 끊임없이 이런 일 저런 일이 생겼다.

이화에서 근무하는 조만수의 딸 마가릿이 입술 감염으로 매우 아픈 상태여서 나는 그 부모가 평양의 딸에게 오도록 했고 내가 맡은 평양 병원에서 며칠 밤을 간호하며 지내도록 했다. 한국인 의사와 미국인 의사가 마가릿을 치료했지만, 병은 낫지 않았다. 우리 기숙사의 여사감인 덕원이 자신이 치료 방법을 안다고 말하자 한국인 의사가 한번 해보라고 말했다. 그러자 덕원은 태어나지 않은 동물(애저)을 구해 그것으로 국을 끓여 먹이고 환자 옆에 앉아서 밤새 뜨거운 온습포를 해줬다. 이런 결과가 효과가 있어서인지 마가릿은 바로 낫기 시작했다. 마가릿은 병원에서 퇴원할 수 있게 되자 내 방으로 제일 먼저 나를 찾아왔다.

한 참 후에 마가릿은 훌륭한 남자로 잘 수련 받은 의사, 윤 박사와 결혼했다. 두 사람은 큰 가정을 이뤘는데 몇 사람은 미국에서 공부했고 윤 박사는 현재 원폭 상해 조사위원회에서 일하고 있다. 나는 매년 크리스마스에 카드를 받고 있다.

이밖에 지네트는 순종이 죽었을 때 평양에서 서울을 향해 절했던 일을 특이한 경험으로 꼽았다. 또 딜링햄이 안식년을 끝내고 평양으로 귀임함에 따라 함께 일하게 됐으나 막상 지네트 자신은 아버지 병환으로 귀국할 수밖에 없었던 사정을 밝혔다.

이(李) 왕[98]이 죽자 모든 학교의 사람들은 밖으로 나와 서울을 향하여 절을 하도록 명령을 받았다. 경찰은 높은 벽 위에 앉아 우리가 명령을 잘 지키고 있는지 감시했다. 나는 모범을 보이기 위해 맨 앞줄에 섰고 해리엣은 뒤쪽에 섰다. 의식은 경건하고 천천히 진행됐다. 나중에 해리엣은 "그렇게 구부려 큰절을 할 줄 알았으면 땅바닥 위에 놓을 판자를 하나 구할 걸 그랬

지네트 앨범 속의 일부 사진으로 순종의 장례 행렬을 보는 시민들

98) 1926년 사망한 순종.

다"고 말했다.

해리엣과 쇼가 미국으로 돌아감에 따라 환송회를 크게 해주었다. 나는 여성해외선교사회(W.F.M.S) 진행위원회와 연회 참석을 위해 서울에 출장을 갔었다. 서울 연회에서 나는 다시 1년을 평양에서 일하도록 임명을 받았고 새 초등학교 건물 건축 감독도 맡았다. 또 안식년 휴가에서 갓 돌아오는 그레이스 딜링햄도 같이 근무하게 됐다.

아버지에게 암 발생 소식 듣고 귀국 결심

평양에서 딜링햄과 함께 일하게 돼 있었지만, 아버지가 암에 걸렸다는 소식에 지네트는 미국으로 돌아가 아버지의 병간호를 하기로 했다. 지네트가 귀국을 결심하게 된 또 다른 이유는 딜링햄이 정의여학교를 운영할 수 있다고 판단했기 때문이었다.

1926년 8월 13일 나는 아버지가 암이라는 소식을 들었다. 정말로 슬픈 소식으로 나는 돌아가야 한다고 생각했다. 그때 그레이스 딜링햄이 휴가에서 막 돌아와 나는 미국으로 가는 배 '엠프레스 오브 캐나다' 호에 승선할 수 있었다. 서울에 있는 사람들과 작별 인사를 한 후 9월 10일 요코하마에서 항해를 시작했다. 제7일안식일 교단 선교사인 리플 부인과 같은 선실을 썼다. 우리 두 사람은 같은 이유가 있어서 서로 마음이 통했는데 미국으로 가는 이유가 둘 다 아버지에게 병환이 생겼기 때문이었다.

항해는 조용히 계속됐지만 둘째 날 선원들이 둘로 잘린 고래의 사체를 배에서 떼어내느라 일시적으로 배가 멈췄고, 어느 날은 암으로 죽은 한 여성 승객의 수장을 위해 멈추기도 했다. 우리가 탄 배는 미국 서부 해안에 도착해 기차로 샤이엔과 덴버를 거쳐 캔자스의 허친슨에 도착했다. 그곳에서 나는 엄마와 매제 월턴, 월턴의 세 살 난 딸 마사 샘플을 만났다.

한국 떠난 지 33년 만에 받은 명예 학위

지네트는 아버지 병간호가 끝나면 다시 한국에 올 계획이었다. 그러나 계속해서 어머니 건강이 안 좋고 이어 본인의 건강도 안 좋아져 교육선교사로서는 다시 한국에 오지 못했다. 미국에서 다방면으로 '이화'를 후원하는 일은 계속했지만 일제강점기는 물론, 해방 이후에도 다시 한국에 올 기회는 없었다. 그러다 이화여대 김활란 총장의 초청으로 1959년 명예박사 학위를 받기 위해 33년 만에 처음이자 마지막으로 한국 땅을 밟았다.

3 귀국과 은퇴

1장 아버지의 병환과 귀향

아버지의 암 투병 소식을 듣고 고향 집에 도착해 보니 아버지는 창백한 얼굴에 몸도 약해져 있었다. 또 여동생(Correa Ruth)의 큰딸 루스[1]가 심장병으로 고통을 받고 있어서 의사는 이 13세짜리 소녀에게 침대에서 절대적 안정을 취하도록 지시해 놓고 있었다. 동생의 집은 앓고 있는 큰딸 말고도 자매가 4명이나 돼 절대적 안정을 취하는 것이 불가능해 지네트는 큰 조카를 집으로 데려와 2층 침실에 있도록 했다. 거실은 아버지를 위한 병실로 개조했고 누구든지 돌볼 수 있도록 간이침대도 옆에 놓았다.

지네트가 다시 가족과의 생활에 익숙해지는 데는 오랜 시간이 걸리지 않았다. 언제나 똑같이 고향 집은 조용했고 가족 간의 유대는 더 튼튼해졌으며 잘 유지되고 있었다. 지네트는 하나님의 사랑 안에서 가족의 믿음 덕분이라고 생각했다.

지네트의 아버지는 X선 치료를 받아야 했는데 고향 킹맨에서는 못하고 위치타에서만 할 수 있어 여러 번 위치타로 나들이를 해야 했다. 환자를 매우 지치게 하는 여행이었지만 아버지 데이비드는 용감하게 여행하셨

---

1) Ruth Sample, 루스 샘플은 지네트의 자서전『진 아주머니』 권말에 "모든 가족은 '진 아주머니'를 모셔야 한다."는 찬사를 썼다. 이 책 388쪽에 관련 내용.

다. 집에서는 가능한 한 거의 평상시처럼 지냈지만 지루한 일상을 깨뜨리는 다양한 작은 일들을 계획해 지네트는 운명의 날이 얼마 남지 않은 아버지가 편안하고 만족하도록 해드렸다. 해외 선교사 일로 아버지와 15년을 떨어져 살 수밖에 없었던 지네트는 마지막으로 아버지를 보살핀 기록을 자세히 남겼다.

아버지의 마지막 날들

1월 말(1927년) 아버지의 상태는 24시간 돌봐야 하는 간호사가 필요해 글레이디스 워커를 부를 만큼 나빠졌다. 나는 워커 간호사에게 매일 오후 1시부터 5시까지 자유시간을 주었는데 아버지는 (간호사가 없는) 이런 기회에 장례 절차에 관해 이야기했고 우리는 아버지의 뜻에 관해 논의를 했다. 3월에 워커 간호사가 윈필드 병원의 간호사로 취직함에 따라 우리는 아버지를 간호할 새 간호사를 찾아야 했다. 모드 맥킬로이가 왔다. 그는 우리 가족의 좋은 친구로 항상 같이 있었고 훗날에는 동생 코레아 루스의 마지막 어려운 시기에도 내 동생을 도와줬다.

4월이 되어서도 아버지는 전혀 회복되지 못했다. 사실은 더 나빠졌고 때때로 기운이 없고 쇠약해지셨다. 가끔 오후에 오빠 로렌스의 큰딸 엘리자베스가 찬송가를 부르러 와서 아버지에게 찬송가를 들려주었다. 아버지는 의식이 있을 때마다 자주 기도를 하셨다. 마지막 날 아버지는 둘째 언니의 큰딸 루이스로부터 12송이의 빨간 장미를 받았다. 잠깐 의식이 있을 때 아버지는 "루이스가 그렇게 (꽃을 선물)하지 않아도 되는데…"라고 말씀하셨으나 우리는 아버지가 기뻐했음을 알고 있었다. 4월 22일 아버지는 오후 7시경 짧은 시간 동안 의식이 있었다. 포프 박사는 아버지가 내일 새벽 4시까지 살 것 같다고 우리에게 말했다. 어머니와 간호사 우리 네 자매는 밤을 새워 기다렸다. 그리고 정확히 4시가 됐을 때 그의 숨소리는 멈췄고 우리는 아버지가 우리를 떠났음을 알았다. 훌륭한 예배가 아버지가 다니시던 장로교회에서 올려졌다. 우리에게는 이제 아버지가 안 계시는 새로운 삶에 적응해야 할 일이 남아 있게 되었다.

유언의 집행

(아버지가 돌아가신 이후) 가족들은 할 일들이 많이 남아 있었다. 지네트는 둘째 형부 클라이드와 유언 집행자가 되어 재산 평가를 하고 소득세 보고가 이뤄진 후 재산 분할을 위한 상속자들의 회의를 주재했다. 상속자 각자의 요구에 따라 큰언니와 둘째 언니는 현금을 받았고 동생 코레아는 두 코앙 농장, 새언니 넬은 부라운 스퍼 농장, 어머니는 아버지의 농장 중 최고 좋은 두 농장, 지네트는 클리블랜드 릿지에 있는 메신저 농장을 받았다.

여름 별장까지 마련하게 된 콜로라도 첫 방문

아버지의 사후 지네트는 기분전환을 겸해 오빠의 미망인 넬과 두 딸을 데리고 산이 있는 콜로라도를 처음 여행했다. 이를 계기로 그녀는 자주 콜로라도를 방문해 결국 통나무집에 불과 하지만 여름 별장(월터하임)까지 마련하게 되었다.

1927년 8월 2일 새언니 넬과 두 딸인 엘리자베스, 진과 함께 나는 큰 자동차 레오(Reo)를 타고 콜로라도주로 향했다. 내 차를 몰고 콜로라도에 가는 첫 번째 여행이었다. 오렌 머피 가족이 그들의 차를 몰며 우리와 동행을 했다. 폭우와 차의 스프링이 부러진 데다 닷지(Dodge)시에서부터 작은 길로

지네트가 정상에 오른 콜로라도의 파이크스 피크

접어들었는데 그 길마저 다리 위로 흐르는 물로 막혀있었다. 이 때문에 우리는 별도로 하룻낮과 밤 동안 차를 수리하고 기다리면서 보내야 했다. 하지만 콜로라도 스프링스에 도착해서는 관광을 즐겼다. 포장 안 된 좁은 도로로 그린 마운틴 폴스(Green Mountain Falls)까지 가면서 처음으로 산악 지역 운전을 하는 스릴을 느끼기까지 했다. 마침내 우리가 임대한 통나무집 '홈 오브 조이(Home of Joy)'에 들어갔다. 위치타와 킹맨에서 온 수많은 친구와 함께 매우 재미있는 시간을 가졌다. 어떤 날은 새벽 2시경 관광객 그룹과 함께 파이크스 피크(Pikes Peak)[2]의 꼭대기까지 올라가기도 했다. 정상에서는 어두워지고 춥고 구름이 많았다. 나는 파이크스 피크로 가는 여행이라면 낮 여행을 더 좋아했다. 높은 산과 상쾌한 공기 중에 그림처럼 자리 잡은 그린 마운틴 폴스의 시원하고 장엄한 경치를 즐기는 동안 우리는 이제 집으로 돌아가야 할 시간이 되었다.

어머니의 병환

아버지가 돌아가신 지 얼마 안 돼 어머니마저 쇠약해져 눕자 걱정이 많았다. 어머니가 다시 기력을 차렸지만 지네트는 한국 귀환을 포기하고

2) 콜로라도주 중부, 록키 산맥에 있는 산으로 높이 4,300m.

고향 부근에서 교사로 일할 기회를 찾기 시작했다.

11월에 어머니의 몸이 쇠약해져 의사는 2주 동안 침대에서 쉬어야 한다고 말했다. 내가 집을 비우거나 일하러 나갈 때마다 플로이드 부인이 아주 친절하게 엄마와 함께 있어 주었다.

이렇게 지내는 동안 나는 몇 가지 외부 활동에 참여할 수 있었다. 그중에서도 킹맨에 있는 웨슬리안 봉사조합이 조직되도록 돕는데 큰 관심을 가졌다. 이 조직은 계속 번성해 현재도 여성 기독봉사회로 강력한 조직이 되어 활동하고 있다. 어머니는 건강이 훨씬 좋아져 9월에는 뇌졸중으로 고생하고 있는 에드가 형부를 찾아가기도 했다. 나도 형부를 만나러 한 번 갔었는데 마비가 심한 모습이었다. 킹맨의 학교에서 대체 교사로 아주 잠깐 일했는데 아이들 다루기가 꽤 힘들다고 생각했다.

1929년 6월 위치타에 갔다. 그곳에 세워지고 있는 북부(North)고등학교에 교사직 자리가 있는지 알아보기 위해서였다. 이사회가 끝난 후 그들은 내가 시카고대학의 가정방문 교사직 연수를 서머스쿨에서 하면 해당 교사가 될 수 있다고 말했다. 이해 봄에는 많은 외부활동이 있었는데 위치타대에 가서 여학생들에게 강연도 했고 캔자스의 엘리스에서는 한 여성인력회의에서 '우리의 이웃 이해'를 주제로 기조연설을 하고 토론의 사회도 보았다. 학교가 개학하기 직전에 북부고등학교 여학생을 위해 열린 여성 인력조직회의에 참석하기도 했다.

시카고대학의 서머스쿨

지네트가 하려는 교사직은 일반 교사가 아니라 가정방문 교사로 주로 문제가 발생하는 학생의 가정을 방문해 학생의 문제를 해결하는 역할이 주 임무였다. 시카고대학 서머스쿨에서 방문교사 자격 연수를 한 후 지네트는 1954년 은퇴할 때까지 25년 동안 같은 일을 했다.

내가 시카고대학의 여름학교로 가정방문 교사직 연수를 가 있는 동안 나는 한국 젊은이 찰스 최를 불러 어머니와 함께 있도록 했다. 친구인 에이미 마힌이 시카고에 살고 있어 나에게 방을 구해줬다. 여름학교에서 나는 3과목을 수강했는데 사례연구와 청소년 비행, 방문교사 실무였다. 수업들은 너무 흥미로웠고 몇 명의 한국인도 만났으며 몇 군데 수업 관련 기관들을 방문하기도 했다. 그런데 갑자기 아프기 시작했는데 엉덩이에 지독한 통증이 있어 빌링스 병원에 입원했다. 내가 입원한 병실은 16개 병상이 있을 만큼 컸다. 그곳에서의 경험은 흥미로웠지만 고통스러운 것이었다. 나와 가까이에서 이야기를 나눌 수 있는 사람이라고는 리투아니아 여자밖에 없었는데 내가 알게 된 첫 번째 리투아니아 사람이었다. 위치타의 가정 방문교사인 안드레아 울버그가 병문안을 왔고 에이미 마힌과 새 한국인 친구들도 나를 만나러 왔다. 7월 25일 퇴원을 했는데 다행히 한국인 친구 미스터 윤이 나를 휠체어로 옮겨 집으로 가는 기차에 태워줬다. 어머니는 내가 돌아와 함께 있게 된 것을 행복해했다. 어머니를 돌보던 찰스 최는 다시 그가 요리사로서 자고 먹으며 일했던 뉴욕주 시라큐스 행 버스에 태워 보냈다.

얼마 후 나는 위치타 동부고등학교의 가정방문 교사인 다운스 부인과 새로 북부고등학교의 교장이 된 미스터 닷주어를 면담하기 위해 위치타에 갔다.

2장 북부고등학교 가정방문 교사

가정방문 교사로 위치타시에 있는 북부고등학교에서 새 일을 시작하게 된 지네트는 9월에 어머니와 함께 살았던 킹맨을 떠나 혼자 위치타로 이사했다. 위치타에서는 큰언니 그레이스와 함께 살면서 가정방문 교사 업무를 시작했다. 이렇게 지네트가 어머니를 혼자 두고 고향 집을 떠날 수밖에 없게 되자 킹맨 법원의 지역 법정에서 사무원으로 일하고 있던 올케넬은 자신의 집을 처분하고 지네트 대신 어머니와 함께 살기 위해 이사를 왔다.

지네트가 새 학교에서 일을 시작한 1929년 이전에는 동부고등학교가 위치타에 있는 유일한 3년제 고등학교였다. 그해 가을 북부고등학교가 문을 열자 이 학교는 곧 북부를 대표하는 고등학교가 되었다. 당시의 학교 상황은 주변에 인디언들이 같이 살 정도로 서부 개척시대의 모습들이 남아 있었다.

학교는 아칸소강 둑 위에 있는 위치타 시의 빈곤 계층구역에 자리 잡고 있고 초기 정착 시대에는 인디언 부족이 정착지 매우 가까운 곳에 살고 있기도 했다. 이를 고려해 학교를 지을 때 건축가들은 건물 외부를 설계하

북부고등학교 심벌 마크에 사용된 인디언 두상과 타워 건물

면서 인디언 주제를 사용해 건물의 모습이 독특하면서도 아름다운 구조로 만들었다. 건물의 탑 부분이 특히 뛰어난 모습인데 학생들은 언제나 그 모습을 사랑했다. 그 탑은 1년 내내 많은 학교 프로그램에서 여러 각도에서 특색 있게 표현되었다. 학교 연감에서는 그 이름을 '더 타워(The Tower, 1935년)'라고 했다. 매년 봄 졸업전에 3학년들을 탑에 올라가 내부를 볼 수 있도록 했고 모든 '레드 스킨스(Red Skins)'들은 이 특별한 졸업생 특권을 기다렸다.

지네트가 수행하는 가정방문 교사는 전국 조직의 일원이었지만 캔자스주와 같은 중서부에서는 잘 알려지지 않은 제도였다. 이 직종의 교사는 학교와 가정을 연결 짓는 일을 맡았는데 1929년 지네트가 추가되었을 때 (위치타의 경우) 동부고등학교와 초등학교에만 가정방문 교사가 있었다. 지네트가 북부고등학교에 배정됐을 때 북부고에서는 아무도 가정방문 교사에 대해 아는 사람이 없었다. 지네트 자신도 구체적으로 무엇을 해야 하는지 거의 몰랐다. 그 때문에 혼자 계획을 수립해야 했다. 주로 해야 할 일은 학생들이 성공적으로 학교생활을 하도록 하는 것이었다. 그 안에는 건강, 장학금, 능력, 성격, 품행, 출석, 불황과 전쟁 때문에 학생에게 생기는 문제까지 포함돼 있었다. 다만 학교 수업 시간에는 얽매이지 않았기 때문에 다른 업무로 시간과 에너지를 빼앗겼지만 일은 아주 흥미로웠다. 그때부터 주요 일과는 학생, 부모, 교사와 개인적으로 접촉하고 면담하는 것이었다.

한편 지네트는 북부고에서 특수교사로 일하면서 그녀가 대학 때부터 열심히 참여한 YWCA 일과 Y를 통한 캠프활동을 열심히 해 북부고 학생들의 인성을 지도하는 데 큰 역할을 했다. 관련 활동 두 가지를 소개했다.

걸 리저브스(Girl Reserves)[3]

학교가 실제로 개교도 하기 전에 나는 미래의 YWCA 회원이 될 걸 리저브 조직 담당자로 임명됐다. 다른 학교의 걸 리저브에서 리더로 활동하던 몇 명의 우수한 학생들이 북부고로 전학해와 우리는 매우 빨리 400명이나 되는 많은 새로운 2학년의 등록을 받을 준비가 돼 있었다. 처음 1년 동안 여학생들은 학교 부지에 나무 심는 행사를 했다. 지금도 학교 건물의 동편에 있는 멋진 나무들은 YWCA 걸 리저브가 몇 년 동안 무엇을 했는지를 보여주는 '살아있는 상징' 으로 서 있다.

바이드 어 위(Bide-a-Wee)[4]

바이드 어 위는 위치타 가까이에 있는 YWCA 캠프의 이름으로 그곳에서 캠프 하고 싶은 단체들은 짧은 기간이나 주말에 모임을 할 수 있었다. 걸 리저브는 이 장소에 가서 여름 동안 실제 캠프를 했고 걸 리저브가 북부고 학생들을 위한 프로그램을 짰을 때 그들과 함께 캠프를 했다. 어떤 여름

3) WCA 여학생 클럽.
4) '잠깐만 기다려' 라는 뜻이지만, 위치타에 있는 YWCA캠프 이름.

에는 일본에서 돌아온 선교사 출신의 도라 와그너가 와서 일본에 대해 이야기를 했는데 나는 좀 더 실감 나게 하기 위해 캠프 요리사들의 도움을 받아 50명의 여학생을 위해 스키야키를 만들었고 우리는 모두 젓가락으로 먹었다.

대공황 시대의 학생

1929년 미국에서 대공황이 시작되자 실업자가 쏟아지고 그에 따라 가정이 경제적으로 붕괴되는 등 엄청난 사회적 문제가 발생했다. 당시 한국에서 시행하던 미국 선교사들의 교육과 선교사업도 후원금 감소로 큰 타격을 받았었다. 지네트 역시 무너지는 가정이 많아지자 경제적으로 곤란을 겪는 학생을 위해 무엇이든 해야 했다.

많은 학생이 돈을 필요로 했고 일자리를 원했다 나는 국립 청소년행정국(N.Y.A., National Youth Administration)[5] 프로젝트 산하의 몇 가지 정부기금에 대해 알아보고 학교 내에서 만들 수 있는 일자리를 꼼꼼히 조사해 보았다. 청소 부문과 사무실에서 학생을 보조 일꾼으로 쓸 수 있었다. 거의 모든 선생님이 개인 보조원을 두었다. 나는 100명의 학생에게 하루 한 시간 일하고 한 시간에 10센트를 주도록 해 주당 50센트를 벌도록 했다. 학생들은 그들이 가족을 돕고 있다는 사실을 알고 얼마나 행복하고 자랑스러워했는지 모른다. 내가 얼마나 많은 학생의 집안 가계부에 기여를 했는지 모르겠다.

5) 미국 불황기에 16~25세 청년, 소년들에게 일자리·교육을 목적으로 활동.

태평양 전쟁 참전 제자 돌보기

일제가 하와이를 폭격하는 태평양 전쟁을 시작하자 지네트도 전시 체제에 돌입하지 않을 수 없었다. 학생들이 군대에 나가자 학교 차원에서 그들을 돌보는 각종 업무가 가정방문 교사인 지네트의 중요 업무가 되었다. 위문 편지를 보내고 학교신문을 함께 발송해 주는 업무도 지네트의 일이 되었다. 군대에 간 학생 중 50명이 전사할 정도로 피해는 컸다.

1941년 12월 7일 어머니와 여동생의 남편 월톤의 생일 축하 저녁을 먹은 후 누군가 라디오를 틀었는데 일본이 하와이 진주만을 폭격했다는 소식이 들렸다. 모든 곳에서 삶이 뒤바뀌게 되었다. 우리는 팻 반하트[6]가 방콕의 적성국민수용소에 수용됐고 나와 친한 친구인 홉스, 반, 톰이 중국 상하이 근처 적성국민수용소에 갇혀 있다는 소식을 들었다.

전쟁의 첫 해에 우리는 흰색 바탕에 푸른색 별을 그리고 군대에 간 학생을 나타내는 뜻으로 푸른색 별마다 이름을 써넣은 커다란 군대 복무 기념 깃발을 만들기 시작했다. 얼마 후 수많은 금색별이 푸른색 위에 덧붙여지기 시작했는데 전사자를 뜻했다. 군대 간 학생들에게 보낼 우편물의 주소 작성을 할 때도 나를 도왔다. 이 깃발 만드는 작업은 1943년 졸업식과 함께 끝나 학교에서 가장 높은 건물인 더 타워(The Tower) 입구에 걸어 놓았다.

1944년 12월 우리는 국가를 위해 목숨을 바친 50명의 북부고등학교 학생들을 위해 추모예배를 올렸다.

---

6) 1940년 일제가 미국선교사를 일제히 추방 후 서울YMCA 체육 선교사를 그만 둔 반하트는 다시 방콕 YMCA에서 근무 중 태평양전쟁 발발로 방콕에서 일본적성국민(미국, 영국, 프랑스인 등)수용소에 수용됐음. 홉스 등 중국 거주자는 상하이 수용소에 수용됨.

3장 지네트 자신도 투병하며 모신 어머니

뉴욕 사회사업 학교

가정방문 교사로서 좀 더 전문성을 갖기 위해 지네트는 여름방학을 이용하여 뉴욕에서 사회사업학교 연수를 했다. '문제 학생' '사례실습' 두 과목을 수강하며 뉴욕에 있는 동안 김활란을 비롯한 많은 한국인 친구들을 만났다.

1931년 6월 10일 나는 에블린 클라크, 캐스린 제임스, 진 월터와 함께 내가 사회사업 공부를 하기로 한 뉴욕으로 차를 몰고 떠났다. 내가 수강한 과목은 '문제 학생'과 '사례실습'으로 두 과목 모두 흥미로웠다. 내가 수업에 출석하는 동안 다른 세 사람은 관광을 즐겼다.

뉴욕에는 김활란, 서은숙, 찰스 최, 안드레아 울버그 등이 모두 있어 큰 도시였지만 외롭지는 않았다. 나는 시간 대부분을 수업으로 보냈기 때문에 다른 세 사람처럼 관광할 기회가 없었다. 그러나 나는 코너 가(St.)에 있는 더 리틀(The Little) 교회와 세인트 존 더 디바인 대성당, 포스딕(Fosdick's) 교회, 어린이 마을, 자유의 여신상을 보았다. 어린이 마을에는 400명의 소년과 50명의 소녀가 등록돼 있었다.

뉴욕에서 캔자스로 오는 길에 나이아가라를 경유하면서 나는 한국에서 친하게 지냈던 번 반하트의 부모인 커틀러 목사 부부를 만났다. 두 사람 모두 노쇠해 보였는데 나는 두 분을 알게 된 것이 즐거웠다.

반년 넘는 투병 생활

지네트는 아버지 사후 다시 한국으로 가서 계속 교육선교사 일을 할 생각도 했으나 크고 작은 집안일과 특히 자신의 건강 문제로 포기할 수밖에 없었다. 특히 1932년에는 반년 넘게 장기 투병하는 일이 발생했다. 처음에는 가슴에 문제가 있어 수술했는데 그 후 장기에도 문제가 있는 게 확인돼 세 번이나 수술하는 등 오랫동안 병환으로 시달렸다.

1932년 학교가 막 개학했는데 나는 가슴 수술을 받으러 들어갔다. 수술하는 동안 데이비드(큰언니의 장남)가 함께 있어 주었다. 나는 겨우 반쯤 깨어 있었는데 수술 부위 검사 결과 "악성 종양(암)은 아니다"는 말을 수술 의사가 데이비드에게 하는 것을 듣는 순간 얼마나 기쁘고, 흥분됐는지 결코 잊을 수가 없었다.

수술을 받은 오후에 둘째 언니 모드는 내 옆에 앉아 있었는데 그것이 언니를 마지막으로 본 것이었다. 6일 후에 언니가 죽었기 때문이다. 봄부터 앓고 있던 병이 언니를 데리고 갔다. 프랜시스 주니어와 찰스 최, 그 밖의 다른 사람들이 나의 병원 입원과 이어지는 언니의 죽음을 위로하며 나와 많은 시간을 함께 보냈다. 나는 언니의 자녀로 미성년인 보이드(19세)와 레이첼(17세)의 보호자가 되었다.

수술 상처가 천천히 아물기도 했지만, 퇴원을 해서도 집에 오래 있지는 못했다. (다른 증세가 생긴 것인데) 내가 머리를 들거나 돌리기만 하면 의식을 잃는 것이었다. 나와 그레이스 큰언니를 모시고 함께 살고 있던 보이드가 이웃의 도움을 받아 내 머리 부분을 낮은 쪽으로 기울여 차에 싣고 나를 다시 병원으로 데려갔다. 한 달간의 X-레이와 여러 검사를 한 후 대장에서 종양이 발견돼 다시 수술하게 되었다. 미스 윈슬러가 내 특별 간호사였는데 나를 아주 편안하게 해 주었다.

10월 24일 두 번째 수술은 혼 박사와 크리텐든 박사가 맡았다. 마취의사는 슬래이턴 박사였다. 혼 박사는 나에게 수술이 3개 부분으로 진행될 것이라고 알려줬다. 첫 수술 부분은 대장 검사를 포함해 부분 마취 상태에서 오른쪽 창자 안에 튜브를 넣는 것이라고 설명했다. 두 번째 수술은 11월 21일 대장의 끝부분이나 그 이상 부분을 제거하는 것이었다.

1933년 1월 21일 나는 마지막 수술을 받았다. 척추마취를 한 상태에서 의사는 대장에 끼워놨던 튜브를 제거했고 절개했던 부분을 꿰맸다. 이 과정에서 나는 지난번 수술을 받을 때보다 더 많은 통증을 느꼈다. 나흘 동안 아무것도 먹지 못했고 닷새째 되는 날 약하게 탄 차를 조금 마셨다. 그 후 내 회복은 빨라져 내 발로 처음 섰고 몸무게는 53kg이 되었다. 집으로 돌아갈 수 있을 때가 되자 나를 돌보고 있는 큰언니를 돕기 위해 조카 루이스가 왔다. 3월 4일에는 7개월 만에 처음으로 교회에 참석하기 위해 킹맨에 왔다. 그 후 4월 21일에는 학년의 마지막 6주를 마무리하기 위해 학교로 돌아왔다.

1933년 여름은 지독히 더웠는데 집에서 쉬면서 지네트는 수련(睡蓮) 모양의 작은 퀼트 칸을 모두 수놓는 일을 했다. 그때 지네트를 수술한 3명의 의사로부터 편지 한 통을 받았는데 내용은 치료비를 지불할 필요가 없다는 것이었다. 한국에서 오랫동안 교육선교사로 봉사해 지네트가 경제적으로 어려울 것으로 생각하고 병원비를 면제해주려는 고마운 뜻이었다. 하지만 그때 지네트는 한국의 소래포구에 있던 작은 집을 팔아 돈을 가진 게 있어 3명의 의사에게 각각 100달러를 보냈다. 지네트가 장기간 입원하고 위치타에서 교사 생활을 하자 어머니는 킹맨에서 위치타로 와 겨울을 보냈다. 어머니는 다시 1936년 어느 날 고향 집을 팔고 위치타로 이사 와 지네트와 함께 살기로 하는 큰 결심을 했다. 지네트도 건강이 좋지 않고 어머니도 홀로 살기는 힘든 상황이라 서로를 도울 수 있는 선택이었다.

어머니의 마지막 병환

같이 산 지 7년이 지난 6월 어느 날 지네트의 어머니에게 뇌졸중이 왔다. 그 후 어머니는 어렸을 때 일어났던 일만 기억할 수 있는 치매가 왔다. 어머니는 오빠와 언니에 대해서만 말하고 그렇게 가까이 지내던 여동생 애니와 바로 위 오빠 넬스에 대해서는 말을 안 했다. 심지어 벽에 걸려있는 어머니 자신과 아버지의 사진을 보면서 "우습게 생긴 저 두 사람은 누구냐? 두 사진을 더는 보고 싶지 않다"고 할 정도였다. 그 후 9월 중순까지 지네트의 어머니는 마지막 병환을 앓았다.

나는 다른 해의 여름보다 일찍 콜로라도에서 집으로 돌아왔는데 어머니가 매우 허약해진 것을 알았다. 언니 그레이스는 걱정하다가 내가 일찍 온 것을 반가워했다. 어머니를 돌보는 간호사가 오후에 쉬는 동안 나는 어머니 옆에 앉아 있었다. 데이비드는 할머니를 보기 위해 콜로라도에서 왔고 킹맨에 사는 가족들도 자주 왔다. 학교가 소아마비 전염병으로 개학이 몇 주 연기됐기 때문에 나는 집에서 머물러 있을 수 있었다. 어머니는 상태가 악화해 먹지도 못하고 의식 없이 누워있는 때가 잦았다. 하지만 마지막 몇 시간은 기억이 회복된 것처럼 보여 지난봄 이후 처음으로 여동생 '지'와 엄마가 매우 사랑했던 이웃의 웨스트 부인을 알아보았다. 여동생 '지'와 나는 9월 15일 오후 내내 어머니 옆에 앉아 있었는데 맥박이 40에서 100 사이를 왔다 갔다 했다. 새벽 2시에 간호사가 그레이스 언니와 나를 깨웠는데 어머니는 (1943년) 9월 16일 새벽 2시 16분에 돌아가셨다.

4장 위치타에서 보낸 지네트의 35년

내가 살았던 위치타의 세 집

위치타의 북부고에서 일하는 25년 동안 지네트는 처음에는 큰언니 가족과 살고 어머니가 돌아가신 후 다시 큰언니와 살면서 세 번의 이사를 했다. 살았던 집 세 집과 그곳에 얽혔던 추억을 꼼꼼히 기록해 놓았다.

노스 클리프턴 333번지(1929~1944)

내가 교사를 하기 위해 위치타로 갔을 때 큰 형부 가족들은 노스 클리프턴 333번지에 살고 있었다. 그 집은 크고 안락한 집으로 침실이 4개, 큰 다락방, 잠잘 수 있는 베란다, 큰 부엌, 식당, 거실, 지하 독서실 등이 있었다. 세 아들과 친구들이 함께 놀러 와도 키우기 좋은 집이었다. 큰언니 그레이스는 많은 접대를 했고 내가 원하는 손님들이 오는 것도 환영했다. 많은 손님이 한국에서 왔을 때도 공간이 충분한 훌륭한 집이었다.

이스트 파인 3309번지(1944~1950)

두 세대용 아파트 건물은 우리가 떠나 온 큰 집과 비교하면 작은 곳이었다. 침실이 2개였는데 내 방은 1층에 있는 매우 좋고 적당한 크기로 벽에는 침대를 집어넣는 벽감(벽을 움푹 파내 침대를 세워 집어넣는 곳)이 있었다. 언니의 방은 2층에 있었다. 두 아파트는 문으로 나뉘어져 있어 언니는 며느리 마사와 아이들과 더 가까워졌다. 언니네 가족들은 (편안한 집이라는 뜻으로) '트위디 하우스'라고 부르며 내부의 출입구를 통해 쉽게 왕래했다.

"우리는 기억한다" – 부모님에 대한 회고록 간행

이스트 파인에 사는 동안 어머니가 돌아가신 그해(1943년)에 그레이스 언니와 나는 부모님의 삶에 대해 아는 것을 손자들을 위해 기록해야 한다고 생각했다. 우리는 1944년 가을에 열심히 글을 썼다. 우리가 쓴 것을 보고 다시 동생 '지,' 올케 넬이 자세하게 더 썼고 각각의 손자들이 그들이 기억하고 있는 것을 추가했다. 이 내용을 인쇄하고 제본했는데 간행 작업이 마침 크리스마스 직전에 끝나 가족 전원에게 우송했다. 일부 친척에게는 그해의 크리스마스 선물로 주었다. 책자에는 내가 몇 년 동안 작업해 왔던 족보[7]와 젊은 후손들이 갖고 있어야 할 사진들도 포함해 놓았다.

---

7) 이 때 작업한 족보와 사진들이 25년 후 이 자서전을 만드는데 사용됐다.

노스 파운테인 630번지(1950~1964)

1950년 초 그레이스 언니와 나는 현재 사는 작은 두 세대용 아파트 건물보다 더 편리할 것으로 보이는 집을 사기로 했다. 노스 파운테인 630번지에 있는 집을 샀는데 언니와 나는 이 집을 아주 좋아했다. 여분의 침실은 없었지만, 아이들이 놀기에 적당한 큰 지하실이 있고 자고 갈 손님의 경우에는 별도 침대를 놓기만 하면 됐다.

위치타에서도 계속된 한국 후원 봉사

비록 한국에서 다시 교육선교사 봉사는 못 했지만 지네트는 한국과의 인연을 계속 이어 나갔다. 한국에서 알게 된 사람과 한국클럽을 만들어 한국 음식을 만들어 먹기도 했고 심지어 해리엣 모리스는 한국 요리책을 만들어 그 수익금으로 한국 학생들이 미국에서 가정학을 공부하도록 하기도 했다. 또 이화여대 후원 프로젝트를 맡아 진행했다.

한국클럽

한국에서 귀국한 해리엣 모리스[8]는 강가에 있는 모리스 집안의 저택에서 아버지와 살고 있었다. 그녀는 귀국한 지 얼마 안 돼 그녀의 아버지와 매리언, 나와 함께 4명으로 구성된 한국클럽을 만들었다. 이 클럽의 목적은 해리엣이 쓴 한국 요리책을 만들어 출판하려는 것이었다. 우리는 순번을 정해 식사에 손님을 초청키로 했고 모든 식사는 6인분으로 준비했다.

---

8) 이화학당 대학과에서 가정학과 교수로 활동했으며 1959년 지네트와 함께 명예문학박사 학위를 받음.

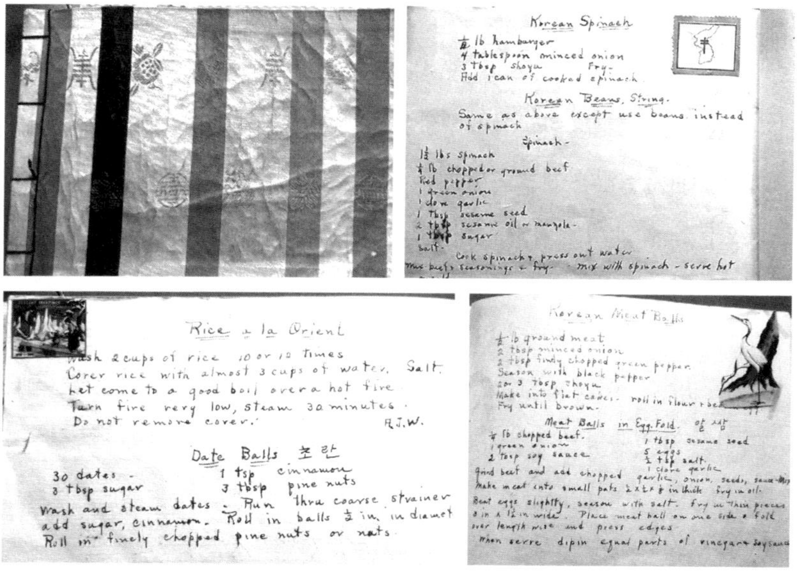

지네트는 자신의 한국요리 앨범 표지를 색동 비단 천으로 만들었다. 시금치 요리를 비롯해 고기전과 고기전을 계란 말이로 싼 '알 쌈', 대추와 잣 가루로 만든 간식, 만둣국, 한국식 쌀밥 짓기 등이 적혀 있다. 귀퉁이에 결핵퇴치를 위해 발행된 크리스마스 실이 붙어 있다.

매리언 칸로와 나는 해리엣의 저녁 준비를 돕기 위해 직장 근무가 끝나자마자 바로 왔다. 초청받은 손님들은 음식을 좋아했으며 일도 재미있었다. 1945년에 요리책의 1판과 2판이 출판됐는데 (저자 해리엣 이외에) 한국클럽 3명의 공헌이 컸다. 후에 최신 개정판은 1959년 일본에서 출판됐다. 책은 잘 팔렸다. 서양인들은 한국 음식에 대해 새로운 감탄을 하게 되었다. (이 책의 수익금으로) 이화여대의 교수와 학생들이 해외에서 가정학을 공부할 수 있도록 장학금이 지급됐다.

한국 프로젝트 모금

한국으로부터 한국인의 생활을 묘사한 많은 수의 작은 그림들과 이들 그림을 매력적인 공책으로 만든 인쇄물을 받았다. 나는 투명종이로 공책과 그림들을 함께 싸서 1,500개의 세트를 만들어 이화 후원 프로젝트를 위해 팔았는데 정말 많은 이익을 거뒀다.

한국에 있을 때부터 친구인 비 본웰은 또 다른 돈을 버는 아이디어를 갖고 있었다. 여러 가지 색깔의 한국 비단으로 만든 골무를 위스콘신에서 가져온 작은 솔방울에 붙여 흥미롭고 매우 사랑스러운 크리스마스 코르사주를 만든 것이다. 다른 친한 친구들의 도움을 받아 한 개에 75센트씩 크리스마스 시즌에 수백 개를 만들어 팔았다.

위치타에서는 사람들이 해리엣, 매리언과 함께 내가 하는 프로젝트에 대해 점점 알기 시작했다. 많은 그룹의 친구들이 '한국의 친구들' 회원이 되었으며 이들은 어느 정도 책임감을 계속 느끼고 참여했다. 당시 김활란이 총장으로 있는 이화여대에서는 공관을 짓기 위한 자금을 요청해 오고 있었다. 이 같은 요청에 응하기 위해 175명으로 구성된 '이화의 친구들'은 스스로 12개의 소그룹을 구성해 각 그룹이 어떻게 돈을 모을지 궁리했다. 회원들은 대부분 감리교 교인들이었지만 한 소그룹은 장로교 교인들로 구성돼 있었다.

모두가 몇 달 동안 모금 경쟁을 벌였다. 가장 큰 모금 파티는 모리스의 집에서 열린 것이었다. 소그룹 대표들은 모금한 돈을 전달하면서 어떻게 모았는지를 설명했다. 우리가 김활란 총장의 공관을 짓기 위해 약 1만 달러를 모았다고 편지를 쓸 수 있게 된 것은 행복한 일이었다. 하지만 새집은 1955년까지도 짓지 못했는데 한국 전쟁 때문이었다. 우리 위치타에서 모금된 선물은 미국 감리교 여성기독교인 봉사회의 추가 지원을 받아 전달됐

지네트는 캔자스 위치타에 사는 한국 선교사 출신 등 175명으로 '이화의 친구들'을 구성, 약 1만 달러를 모금해 이화여대 총장 공관을 짓도록 했다.

다. 공관 건물은 캔자스 위치타의 '이화의 친구들'에 대한 헌사와 함께 '위치타 하우스'로 명명됐다.[9]

1년 지나 치른 환갑(Hangap)잔치

미국인에게 60세 생일은 큰 의미가 없지만, 한국 경험을 한 미국인들에게는 60세가 '환갑'으로서 의미가 있었다. 지네트는 1945년 환갑을 치러야 했으나 무심코 지내다 친구들의 도움을 받으며 1년이 지나 잔치를 치렀다.

환갑 혹은 육순 생일은 한국인들의 삶에서는 대단한 날이다. 선물로는 보통 평생 옷을 만들 수 있을 만큼 충분한 비단 옷감을 받는다. 나는 내

9) 김활란 자서전 『그 빛 속의 작은 생명』(1965, 여원), pp.310~311.

한복차림으로 한국 아기를 안고 있는 지네트

환갑을 1945년에 깜빡 잊고 지나쳤는데 1946년 2월 모든 친구에게 알렸다. 해리엣이 나를 위해 디너파티를 계획했고 나는 요리를 도우러 그녀의 집으로 갔다. 여러 친구를 초대했다. 나는 전쟁 시기에 어울리는 다양한 선물을 받았는데 예를 들면 해리엣의 아버지 모리스 씨는 나에게 많은 양의 파스닙(서양 배추 뿌리)과 당근을 주었다. 해리엣이 만든 한국 음식은 최고였었다. 이 모임 이외에도 작은 축하 모임들이 있었으며 비록 1년 늦게 치렀지만 나는 진짜 환갑잔치를 했다고 생각했다.

우표 수집과 동전 모으기 취미 생활

2019년 8월 지네트의 여름 별장 월터하임(콜로라도 그린 마운틴 폴스의 통나무 캐빈)을 현지 취재할 때 조그만 종이 상자 속에서 100여 장의 한국 우표가 나왔다. 지네트가 취미생활로 모은 1940년대 우표들이었다. 주로 해방 직후와 건국 이후의 우표들로 70여 년 전의 희귀 우표로 평가될 만한 것들이었다. 미국 동전 수집도 했음을 자서전에서 밝히고 있다.

나는 다양한 종류의 손으로 하는 일과 일을 해왔던 곳에 흥미를 많이 갖고 있어서 우표 수집을 시작했다. 한국의 한 친구가 한국 우표를 아주 잘 수집해 갖고 있었는데 한국전쟁 동안 잘 보관해 달라면서 매리언에게 수집품을 보내온 것을 보고 나도 우표 수집을 시작한 것이다. 처음에는 이것저것 모든 것을 수집했는데 곧 어떤 분야로 특화해야 한다는 것을 깨닫고 미국 일본 한국 우표를 수집하기로 했다. 오랫동안 우리 옆집에 살던 친한 친구 릴리 존스는 미국 우표를 수집했는데 우리는 자주 함께 우표 수집 작업을 했다. 폴과 부르스가 나의 미국 우표 수집을 물려받았다.

나는 또 한동안 동전 수집을 했는데 학교에서 구기 게임이 끝난 후 몇 달러에 해당하는 1센트, 5센트, 10센트짜리 동전을 빌려와 진기한 동전을 찾기 위해 집에서 몇 시간을 보내기도 했다.

지네트가 잠시 수집했던 해방 후의 한국 우표들

5장 33년 만의 마지막 한국 방문

환자와 대화해주는 병원 봉사

북부고에서 은퇴한 1954년 지네트는 역시 북부고를 은퇴한 교사 케이티 랜스다운과 함께 4월부터 두 달 동안 유럽을 여행했다. 처음이자 마지막이었던 유럽 여행을 마친 후 지네트는 '뭔가 가치 있는 일'을 해야 하겠다고 생각해 병원에 자원봉사자로 나섰다.

> 유럽 여행에서 돌아온 1955년 여름을 콜로라도의 캐빈에서 보낸 후 뭔가 가치 있는 일을 해야 하겠다고 생각해 자원봉사 업무를 하기 위해 웨슬리 병원으로 갔다. 내가 병원을 자주 갔던 까닭에 잘 알고 있던 캐슬린 밀샙이 원목(병원 목사)으로 있었다. 밀샙은 나에게 입원환자를 찾아가 방문하는 일을 도와 달라고 요청했다. 이 일은 지난 8년 동안 매주 3일간 오전에 해오던 것이기도 했다. 나는 위치타가 아닌 먼 곳에서 온 환자를 첫 번째로 방문했는데 그 이유는 위치타에서 온 환자들은 목사님과 교회 친구들이 자주 찾아왔기 때문이다. 어떤 환자는 퇴원 전에 겨우 한 번밖에 못 봤지만 다른 환자는 몇 주 동안 입원해 있어 친해지기도 했다. 또 다른 환자는 퇴원했

다가 그 후에 다시 병원으로 왔는데 그들도 친근한 내 얼굴을 보고 반가워 했다.

몇 년 후 나의 농장을 공매할 때 한 남자가 나에게 다가와 자신을 소개하며 자기를 기억하는지 물어왔다. 기억하지 못하겠다고 하자 그는 웨슬리 병원의 입원환자였다면서 병원에 있을 때 내가 방문해 주는 것이 즐거웠다고 말했다.

명예 문학박사 학위와 월터 기도실

지네트는 1926년 한국을 떠난 지 33년 만인 1959년 당시 김활란 이화여대 총장의 초청을 받고 그녀의 삶에서 마지막으로 한국 땅을 밟았다. 74세에 명예 문학박사 학위를 받기 위해 서울에 온 그녀는 이화여대 구내 김 총장의 공관에서 머물며 33년 전 떠날 때와는 상전벽해로 달라진 이화여대의 모습을 기록으로 남겼다.

1959년 2월 초 나는 김활란 박사로부터 편지를 받았는데 메이데이에 한국을 방문해 달라는 내용이었다. 2월 19일에 가겠다는 답장을 해주고 예방접종, 여권 사진, 치과를 비롯한 주치의와의 상담, 여행사 관련 일들을 시작했다. 모든 계획이 잘 진행돼 4월 23일 혼자 위치타를 비행기로 떠나 7주간의 한국 여행을 시작했다.

첫 번째로 도착한 곳은 캘리포니아의 팔로 알토로 홉스를 만나 나흘 동안 즐겁게 보냈다. 다음 여행지는 8시간이 걸리는 호놀룰루로 한국에 있을 때부터 알고 지냈던 오랜 친구 빌링스 부부를 방문하기 위해 하와이섬에 처음 갔다. 빌링스는 귀엽고 작은 집에 온갖 종류의 과일과 야채를 후문 밖에 키우며 은퇴 생활을 하고 있었다. 사탕수수 농장인 거대한 파커 농원을 드라이브했고 용암층의 모습이 매력적이었다. 빌링스 부부는 가슴 따뜻하게 환대를 해줬는데 1969년 이 자서전을 쓰고 있는 시점에는 두 사람은 이미 별세한 상태였다.

호놀룰루에 있는 며칠 동안 우리는 몇몇 감리교회를 방문해 얼마나 많은 다양한 인종들이 함께 예배드릴 수 있는지를 보면서 보냈다. 나의 한국인 제자 몇 명은 나를 차에 태워 그들의 집으로 데려가기도 했다. 한 제자는 나에게 무무[10]를 선물했다. 그후 목에 3개의 레이스를 두른 채 5월 3일 저녁 8시, 도쿄로 떠났다. 비행기 내에서는 저녁 10시경 식사를 주었고 새벽 2시 반쯤 웨이크섬에 도착했다. 14시간의 비행 끝에 밤에 도쿄에 도착했을 때 시차로 인해 5월 5일이 돼 있어 '진기한 밤'(3일에 출발했는데 5일이 돼 있어)이라는 느낌이 들었다. 내 인생에서 (5월 4일) 하루가 생략된 것이다. 도쿄에서는 한 그룹의 이화 동창들이 나에게 점심 접대를 해줬고 난폭 운전을 하는 택시를 타고 찰스 최의 집에 가 한국 친구들과 하룻밤을 묵었다.

다음 날 아침 한국을 떠난 지 33년 만에 다시 한국을 보는 것은 흥분되는 일이었다. 김활란 박사와 비서가 비행기 있는 데까지 나와 주었고 기내 방송으로 나를 찾아 나는 다른 사람보다 먼저 내릴 수 있었다. 공항까지 먼 길을 마다하지 않고 온 한 무리의 친구들이 입국 게이트에서 기다리고 있었다. 나는 '위치타 하우스'로 이름 지어진 김활란 박사의 집(공관)으로 갔고 게스트 룸을 배정받았다. 김 박사는 나를 위해 이화여대를 샅샅이 뒤져 1911년 한 중국인 목수가 만들어 준 것과 같은 흔들의자를 찾아내 게스트 룸에 놓아줄 정도로 나를 환영해 주었다. 김 박사의 요리사는 내가 이화에 있을 때부터 있었던 사람으로 내가 먹을 수 있도록 얼마나 요리를 잘했던 사람인지 모른다. 매일 저녁 옛날에 나의 제자였던 사람의 집으로 초대

10) 헐겁고 화려한 하와이 여자 드레스.

를 받았고 그들의 집을 방문해 맛있는 한국 음식을 먹는 것은 그렇게 즐거울 수가 없었다.

우리는 매우 운전을 잘하는 기사가 모는 지프차로 다녔는데 한번은 차에서 내려오려고 하다가 넘어져 진흙 웅덩이에 빠진 적이 있었다. 그렇게 된 것은 운전사의 잘못이 아니었는데 그 후로 그는 잠시도 나를 위험한 곳에 놓아두지 않았다. 서울에 머무는 동안 쇼핑과 관광, 6,500명의 검은 눈동자와 검은 머리를 한 여학생들이 공부하는 거대한 이화여대 캠퍼스를 둘러보는 것으로 시간을 보냈다. 아름답게 지어진 새 강당에서 나는 각 모임 때마다 3,000명씩 모이는 학생들을 대상으로 흥분된 가운데 강연을 했다. 강당 안에 있는 피아노는 훌륭했고 관계자는 공연을 위해 오는 음악가에 따라 최고의 연주가 열리고 있다고 말했다.

이화 개교 74주년 메이데이 대(大)축제는 거대한 행사였다. 1만 명으로 추산되는 사람들이 모였는데 학교의 모든 학과가 참가하는 프로그램이 운동장에서 열렸다. 아름다운 5월의 여왕 대관식도 있었으며 3,500명의 관객 앞에서 가정학과 주관의 스타일 쇼가 열리기도 했다. 모든 학생이 참여해 만든 전시회는 축제를 더 중요한 행사로 만들었다.[11]

명예박사 학위복을 입은 지네트(가운데)와 김활란 총장

감사할 줄 모르는 사람처럼 보이면 안 되므로 해리엣 모리스와 내가 명예 문학박사(L.H.D.) 학

11) 1959년 6월 1일 자 이대학보(48호 1면)에 명예박사 학위 수여 및 답사내용 게재. 답사는 "나는 이러한 영광의 자리를 차지할 아무런 공도 없는 몸입니다. 다만 나는 이 땅에 찾아와서 조그마한 씨를 하나 뿌려 두었을 뿐입니다. 그런데 오늘 이 자리에 서서 학생 6,000명의 반짝이는 두 눈을 바라보게 될 때에 그 때 뿌려 둔 씨가 지금 거두어 지고 있음을 알고 기쁠 따름입니다."

"자라난 梨花에 滿足"

~「월터」女史 33年만에 오시다~

1959년 5월 15일 자 이대학보 3면에 '자라난 이화에 만족'이란 제목으로 게재된 내한 인터뷰 기사

위를 받은 사실에 대해 말하지 않을 수 없다. 나는 또 기독교학과가 제단이 있는 아름답고 작은 교실을 '월터 기도실'로 명명해 준 사려 깊음에 대해서도 감사하게 생각한다. 이화는 이제 수많은 사람에게 도움을 주는 거대한 기관으로 발전해 있었다. 당시 김활란 박사는 이사회에 총장직 사임 의사를 전달한 상태로 이사회는 김활란 박사의 적당한 후임자를 물색 중이었다. 김 박사는 여생을 글을 쓰고 설교하는데 보내고 싶어 했다. 나와 김활란 박사는 총장 공관에서 함께 있으면서 아름다운 동료애로 멋진 시간을 보냈다. 김활란 박사가 은퇴한 후 오하이오 웨슬리안대학 출신의 김옥길 박사가 총장을 맡아 (자서전을 쓰는) 현재까지 훌륭하게 업무를 해오고 있다.

서울은 인구 100만 명이 넘는 도시로 성장해 시내 중심가는 꽤 현대적인 모습으로 보였다. 중심가에서는 전쟁의 피해가 많이 보이지 않았고 일본인이나 인력거, 초가집도 안 보였으며 거리의 사람들은 잘 먹고 행복해 보였다.

대전에서도 며칠간을 재미있게 보냈는데 대전의 교외도 아름다웠다. 또한, 모든 다른 모습의 봉사들도 매우 가치 있어 보였는데 특히 사지 절단 환자들이 그들에게 곧 부착될 새 의수와 의족을 가지고 연습하는 모습이 인상적이었다. 나는 클라라 하워드 유치원 교사 수련학교도 가 보았고 아주 귀여운 원아들이 있는 유치원 두 곳도 보았다. 또 30명의 고아 아기들을 키우는 에스더 레어드의 사회복지센터도 시찰했는데 이 센터의 부엌에서는 매일 30명 이상의 아기들에게 우유를 제공해 주고 있었다. 이 센터에는 소아과 병원, 학교에 갈 수 없는 아이들을 위한 한글 공부반, 결핵 예방을 위한 가정교육 등 다양한 활동을 하고 있었다.

나는 또 전쟁미망인을 위한 쇼 부인의 사업도 시찰했는데 미망인들을 위해 주거를 제공했고 어린아이들을 충분히 먹여 살릴 수 있을 만큼 벌도록 일거리도 제공했다. 쇼 부인의 가족들이 한국전쟁 중 전사한 아들 빌을 기념하기 위해 세운 셰퍼 드 힐 기념예배당도 둘러봤다. 이 교회는 도시를 내려다 볼 수 있는 언덕 꼭대기에 있었다. 첨탑에서 비추는 십자가 불빛은 수 마일 떨어진 곳에서도 보였다. 이 기념예배당은 목회자와 교역자들의 수련과 영성을 위한 장소로 사용되고 있었다.

한국 방문을 마치고 미국으로 올 때는 북쪽 항공 루트를 이용해 알래스카의 앵커리지에서 잠시 머물렀다. 이번 한 번 여행으로 2개의 새로운 미국의 주(하와이, 알래스카)를 즐겁게 보게 되었다. 로스앤젤레스에서는 6일간 머물며 그곳의 모든 친구를 만나 한국에서 경험했던 훌륭했던 일들을 보고했다. 그 내용은 끝을 모르는 내 감사의 이야기였다.

한국 여행을 끝낸 후 나는 별다른 행사 없이 시간을 보냈다. 저녁에는 나를 초대해 준 많은 한국의 여성들에게 보낼 문에 거는 크리스마스 장식 만드는 작업을 했다.

지네트는 자서전에 한국 방문 때 받은 학위기와 자신의 답사 내용을 다음과 같이 별도로 소개했다.

명예박사 학위

A 지네트 월터:

한국 초기 여성 교육의 선구적 교사이며 영감을 주는 선교사. 귀하는 비전과 결단력, 매력적인 창의성과 견고한 실용성을 가지고 초기 여자 대학에 순수한 기독교적인 기초를 놓는 데 공헌하셨습니다. 1926년 귀하가 헌신했던 일에서 개인적인 사정으로 떠났지만, 이 땅과 이 민족에 대한 귀하의 사랑과 헌신은 결코 끝나지 않았습니다. 수천 가지 상상력 풍부한 프로젝트로 우리나라는 많은 도움을 받았는데 특히 '이화의 친구들(Friends of Ewha)' 조직을 통해 기독교적인 사랑과 유대감이 강화되었습니다. 귀하는 또 교훈과 모범으로 말과 행동으로 모든 이화의 여성에게 깊은 기독교적인 특성을 북돋워 주셨습니다. 귀하는 직접적으로 또는 여러 방법으로 한국에 하나님의 왕국을 건설하는 데 영향을 주었고 도움을 주셨습니다. 이화여자대학교 이사회에 의해 나에게 부여된 권한과 대학원 위원회의 추천에 따라 나는 문학박사 학위를 학위에 따른 모든 명예와 권리, 특권과 함께 귀하에게 수여합니다.

총장 김활란

수락 인사의 말씀

김활란 박사, 오천석 박사, 그리고 이화여자대학교 이사진 여러분:

여러분이 지금 나에게 수여해 준 이 명예로운 자리를 차지할 아무런

지네트의 박사학위 수락 연설

명예박사 학위복을 입은 지네트와 김활란 총장

공로도 없는 사람입니다. 그러나 학교 시작 초기에 내가 도왔던 작은 대학이 33년 만에 돌아와 이제 6,500명의 학생이 있는 거대한 대학이 된 것을 보면서 매우 큰 자부심을 느낍니다.

만약 이들 6,500명의 학생들이 제1회 졸업생들이 가졌던 기독교적인 헌신과 비전을 갖고 한국의 여성들을 위해 봉사하러 나간다면 이 나라는 아름다운 삶의 터전이 될 것입니다. 그곳에는 더 나은 가정, 위생, 육아, 학교, 정치, 교회, 기독교인들이 있을 것입니다.

나는 초기에 그런 일들을 위해 작은 부분을 했습니다. 다른 사람들도 그때 작은 씨를 뿌리고 가꾸었습니다. 여러분이 오늘 이곳에서 보는 광경과 이 나라 모든 부문에 눈빛이 빛나는 학생들이 있는 것을 볼 때까지 하나님은 그의 햇빛을 비춰 주었고 비를 내려 주셨습니다. 나는 다만 오늘 이 명예를 나보다 더 오랫동안 그리고 더 잘 봉사했던 미국과 한국에 있는 많은 사람을 대표해서 받고 싶습니다. 대단히 감사합니다.[12]

A. 지네트 월터

12) 이대학보 1959년 6월 1일 발행 48호 1면 참조. 관련 내용 1959년 재방문 기사.

은퇴자 아파트 시설 프래지어 메도우즈 메이노(Frasier Meadows Manor)

큰언니 그레이스의 병환은 한국 방문 후 별다른 일 없이 지내던 지네트에게 노인 거주 시설에서 생활하는 문제를 심각하게 고려하게 했다. 때마침 한 조카가 콜로라도주 볼더에 새로 문을 여는 시설을 소개해 줘 지네트는 시설을 보자마자 입주를 결심했다. 프래지어 메도우즈 메이노(F.M.M.)라는 이름의 이 노인 거주 시설은 현재도 운영될 만큼 노인들을 위한 설비와 프로그램이 잘 돼 있는 것으로 알려져 있다. 그러나 언니 그레이스는 자신을 떠나 동생이 F.M.M.으로 가는 것을 싫어했다. 하지만 언니의 병세는 '야단'이라고 표현해야 할 만큼 심해져 함께 살기가 힘들어졌다. 지네트는 언니의 병세를 한국어로 '야단(yadan)'이라고 썼다.

1963년 2월 위출혈을 일으켜 피를 토한 그레이스 언니 때문에 자다가 일어나는 일이 생겼다. 그레이스 언니의 상태는 더 어려워졌으며 나는 또 나 자신의 여생 계획도 세워야 했다. 그때 조카 데이비드가 콜로라도주 볼

콜로라도 남쪽 콜로라도 스프링스 인근에 있는 건립 당시 지네트의 여름 통나무집 '월터하임'

더에 새로 문을 여는 은퇴자 전용 아파트 프래지어 메도우즈 메이노(Frasier Meadows Manor, 이하 F.M.M.)에 대한 팸플릿을 나에게 보내줬다. 나는 통나무 캐빈 윌터하임이 있는 콜로라도주에서 거의 30년을 보냈기 때문에 콜로라도를 좋아했고 그래서 은퇴자 전용 아파트 F.M.M.을 한시라도 빨리 보고 싶었다. 데이비드는 나를 덴버에서 만나 아파트를 보러 갔으며 그곳에서 우리는 점심을 먹고 방을 구경했다. 내가 스스로 방을 고르고 계약서에 서명, F.M.M.의 첫 입주자 중 한 명이 되었다. 1964년 11월에 입주하기로 하고 여러 가지 수속을 밟은 후 캘리포니아로 여행을 갔다. 캘리포니아 여행은 흥미롭고 즐거움으로 가득 찬 여행이었는데 많은 한국 친구들을 만났다.

L.A.에서는 블랑쉬 림(Lim)을 만나러 갔는데 그녀는 멋진 안락한 집을 갖고 있었고 아들 스튜어트는 바로 옆에 살고 있었으며 딸 펄도 멀지 않은 곳에 살고 있었다. 블랑쉬의 집을 방문하고 그의 자녀들을 만나 즐거웠다. 이 밖에도 나는 남부 캘리포니아에 있는 다른 요양원의 친구들을 방문했는데 내가 볼더에서 선택했던 요양원과 비교할 만한 것을 찾지는 못했다.

이후 나는 진지하게 은퇴 준비를 시작했다. 3월 24일(1964년)에 나는 경매를 통해 농장을 팔았다. 존과 팬지와 함께 나는 킹맨으로 운전해서 갔고 또 경매담당자와 킹맨 은행의 대표도 160에이커나 되는 농장을 향해 운전해 갔다. 여러 지역의 농부들이 경매에 참여했는데 농장 값으로 2만 4천 달러 정도를 받을 수 있다고 말해줘 아주 좋아했는데 콘웨이 스프링스에서 온 리터 씨가 3만 400달러로 입찰해 낙찰을 받았다. 우리가 마지막 정산을 위해 은행에 갔을 때 리터 씨는 나에게 (가격이 적어서) 실망하지는 않았는지 물었다. 그는 내가 얼마나 신이 나 있었는지 몰랐을 것이다. 농장을 판 지 얼마 안 돼 나는 9,375달러에 복층 아파트도 팔았다.

35년 동안 언니 그레이스와 나는 각각 관심이 다르고 친구도 달랐지만, 화목하게 살았다. 1964년이 되자 언니의 건강은 급속히 나빠졌으나 언니 자신의 문제를 처리하기 위해 해야 할 결정은 늘어만 갔다. 그래서 나는 언니가 필요로 하는 도움을 주기 위해 약간의 영향을 미치기도 했다. 언니가 찾았을 때 나는 정말로 집에 들어가려 했는데 언니는 전보다 더 어려워져 있었다. 나는 당시 일기에 'yadan' 이라는 단어를 자주 썼는데 이는 한국말 '야단' 으로 영어로는 'fuss(법석)' 와 같은 말이다. 언니는 어떤 가구가 내 것인지 자기 것인지 같은 문제를 놓고 법석을 떨었다. 언니는 또 내가 볼더로 떠난 뒤에도 요양원에 들어가기를 거절했다. 내 이삿짐을 실어 나르는 짐차를 이웃집으로 가서 지켜보았다. 언니는 대부분의 시간을 아픈 상태로 보내며 여러 번 병원으로 갔고 한동안 요양원에서 보내기도 했다. 무엇보다도 언니는 자신이 버려진다고 생각했다. 언니의 세 아들은 내가 나의 삶을 위하여 계획을 세워야 한다고 생각했고 나도 내가 올바른 결정을 내렸다고 생각했다.

위치타에서는 마지막 두 달 동안 관절염 때문에 문제가 많았었는데 아주 당황스럽지만 할 수 없이 지팡이를 짚고 볼더에 도착했다. 에디스가 나와 함께 볼더까지 운전해 줬고 정착하는 데 도움을 줬다. 볼더로 오는 길에 보통 때처럼 킹맨에 들렀다. 올케 넬은 병으로 병원에 있었고 그게 올케와의 마지막 만남이었다. 우리는 데이비드의 집에서 하룻밤을 보냈다. 나의 새집이 있는 볼더에는 점심 전에 도착했다.

6장 월터하임(Walterheim)[13] – 나 자신의 장소

'월터'는 지네트의 '성'이고 '하임'은 독일어로 '집'이다. 쉽게 말해 지네트 자신의 집으로 그녀의 사후 43년(2020년)이 지났어도 그대로 유지되고 있다. 고향 집은 물론, 부모로부터 물려받은 농장, 소유했던 위치타의 집 등 모든 것이 팔렸지만 지네트의 여름 집인 콜로라도 스프링스 근처 월터하임은 그대로 주인의 유품들을 간직한 채 유지되고 있었다. 지네트는 캔자스의 고향 후배로 한국에서 이화와 평양 정의여학교에서 동료 교육 선교사로 일했던 해리엣 모리스와 그 아버지의 권유로 월터하임의 집터를 구매했다. 그 과정부터 자신과의 관계를 자서전에서 자세히 소개했다.

월터하임 – 지네트의 얼이 숨 쉬는 곳

월터하임은 독일어로 문자 그대로 번역하면 그 뜻은 '월터 홈(Walter home)'이다. 이곳은 나에게 지난 32년 동안 뜨거운 캔자스의 여름을 피할 수 있었던 곳으로 바로 '나 자신의 장소'라고 할 수 있다.

---

13) 콜로라도주 그린 마운틴 폴스에 있는 통나무 캐빈으로 지네트의 여름 별장.

①

②

③

① 지네트의 큰언니 그레이스의 증손자 존 보이어 4세. 캔자스에서 가업인 금융업(Kansas Bank)을 하며 여름에는 지네트의 여름 통나무집 월터하임을 지키고 있다. 가호 월터하임(WALTERHEIM)이 보인다.
② 월터하임의 앞산을 그린 지네트의 수채화
③ 월터하임 전경

콜로라도에 내 캐빈을 짓기 4년 전부터 나는 모리스의 집안과 그곳을 여러 번 방문했다. 1934년에 나는 그곳에 캐빈이 있는 해리엣 모리스와 그녀의 아버지와 함께 갔었는데 그해의 하이라이트는 (한국에서 함께 생활했던) 파이와 딜리도 한 달 동안 같이 보내기 위해 캘리포니아에서 온 것이었다. 우리는 함께 관광하고 콜로라도 캐논 시티에서 주 교도소를 봤으며 스카이라인을 따라 드라이브를 하기도 했다. 또 크리플 크릭 주변을 돌아다니고 콜로라도 스프링스에 있는 반 브리글 도자기 상점에서 바겐 세일하는 도자기를 사기도 했다. 우리는 숲을 자주 찾아갔는데 매번 작은 나무를 집으로 날라 와 '소나무 80그루가 있는 캐빈' 이라는 모리스 집안의 캐빈 이름이 실제로 '소나무 100그루가 있는 캐빈' 으로 불러야 할 정도가 되었다. 나는 1935년에도 해리엣의 여동생 클라라 린트와 함께 머물렀다.

다음 해 여름에는 아버지 모리스, 매리언과 내가 '소나무 80그루' 캐빈의 입주자가 되었다. 나는 그린 마운틴 폴스 지역과 사랑에 빠져 가능하면 사겠다는 생각을 가지고 몇 채의 집과 주택용지를 둘러보기로 마음을 먹었다. 어렸을 때의 친구였던 애쉬턴 라일의 작은 집을 방문하면서 나는 내가 특별히 좋아했던 에스더 산의 경치를 그들의 집에서 볼 수 있었다. 그래서 나는 바로 라일의 집보다 위에 있는 부지를 그냥 사 놓았다. 그리고 그해 캔자스로 돌아가기 전에 경계선 말뚝을 박아 놓았다.

캐빈 건축과 정착

지네트는 땅을 사 놓은 지 1년 만에 건축계획을 짜고 통나무로 집을 지어 후손들은 지금도 '월터하임'이라는 문패의 이름보다는 통나무집을 뜻하는 '캐빈(cabin)'으로 부르는 것을 선호했다. 몇 가지 가구만 가져다 놓는 등 소박하게 내부를 꾸몄다.

1937년 4월 23일 나는 새로운 집이 들어설 장소로 다시 와서 눈보라가 치는 가운데 건축사인 헬 브라운과 함께 건축 계획을 짰다. 위치타에 있는 고등학교의 기계제도(drwaing)반 학생 2명이 내가 지을 캐빈 계획에 대해 그려 준 것이 있어서 이를 손에 들고 브라운과 나는 평면계획을 짜고 부지 어느 쪽에 집을 지을지 결정했다.

그린 마운틴 폴스의 캐빈은 준공 예정 일자가 1937년 6월 1일 이어서 나는 콜로라도에 오기 전에 캔자스에서 (새집에 필요한 것들의) 준비를 끝내기로 했다. 내 소유의 농장을 맡아 일하는 농부로부터 두 바퀴 트레일러를 빌려 내 차가 끌 수 있도록 연결했고 모리스 씨 집 차고에서 사용하지 않는 3개의 좋은 의자를 찾아내 가져왔다. (나중에 모리스 씨는 내가 의자 3개를 그냥 가져갔다고 언제나 농담으로 말했다) 그리고 집에 있는 깃털 매트리스로 6개의 베개를 만들었다.

몇 년이 지나면서 나는 더 많은 가구와 필요한 것들을 모아 캐빈을 훨씬 더 좋게 만들 수 있었다. 1939년에는 팬시 배어드와 아다 스위셔가 멋진 방문을 해 주었는데 두 사람은 큰 거울을 선물로 남겨 놓았다. 그 거울은 내 방을 우아하게 해 줄 뿐만 아니라 수많은 젊고 나이 많은 얼굴들이 지나가며 보는 필수품이 되었다.

1940년 북부고에서 온 허버트 매그누선은 야외 오븐 석쇠를 설치할 수 있도록 언덕을 평평하게 골라 주었다. 2년 후에 벽난로가 설치되었는데 캔자스에서 나와 함께 온 남학생 에드워드 밀러가 해주었다. 나중에는 또 집을 지은 헬 브라운이 판석으로 된 테이블과 편리한 돌로 된 의자로 야외 식탁을 만들어 줘 수없이 많은 아침과 오후 피크닉을 언덕에 설치한 오븐 석쇠와 테이블에서 즐겼다. 유카스와 카스텔리아 꽃에 둘러싸인 가운데 베이컨 냄새와 옥수수튀김, 어린이들이 떠드는 소리, 친구들의 여유로운 휴식 등 캐빈에서 즐길 수 있는 것들은 많았다. 캐빈을 또 한 번 편리하게 만들었는데 언제나 편리하게 이용할 수 있도록 현관 부분을 만들었다. 1950년에는 현관에 유리창을 만들고 그 안을 별도 침실 겸 거실로 만들었다. 거실에 놓기 위해 풀과 실로 짠 융단과 긴 의자, 테이블, 서랍장을 구매했는데 모두 가치 있는 투자가 되었다. 더 많은 손님을 통나무 캐빈으로 오도록 할 수 있었기 때문이다.

가장 좋아했던 월터하임의 추억들

여름별장인 월터하임에는 지네트의 친척들도 많이 찾아와 함께 지냈지만, 한국에서 봉사 당시 알고 지냈던 동료선교사와 한국인 학자와 가르쳤던 제자들의 발길이 끊이지 않았다. 결혼까지 시켜줬던 블랑쉬 림을 비롯해 김활란 총장도 월터하임을 방문했다. 지네트는 방문자들과 함께했던 것을 자신이 가장 좋아하는 추억이라고 했다.

월터하임에서 있었던 많은 추억 중 내가 가장 좋아하는 추억은 내 주변의 손님들에 집중돼 있다. 위치타에서부터 나와 함께 차를 몰고 왔거나 나중에 따로 왔거나 상관없이 그들은 항상 현재도 함께 있는 느낌이 많은 추억으로 머릿속에 남아있다. 캔자스에서 나와 함께 온 친구들은 어떨 때는 한동안 머무르고 어떨 때는 미리 약속 기간을 정해놓기도 했다. 어떤 경우든 캔자스로부터 캐빈에 오느라 이틀 동안 함께 여행한다는 것은 멋진 일이었다.

월터하임에 있는 손님 방명록에는 서명과 자작시도 있고 또 사려 깊은 문구들이 넘쳐나게 많았다. 나는 3권의 방명록을 돌아볼 때마다 32번의 여름 동안 쌓인 추억들을 실감하게 된다. 대부분 가족 친척들이 많았으나 한국에서 알게 된 친구들도 많았다. 다음과 같은 친구들이다.

블랑쉬 림은 1956년에 나와 함께 월터하임에 왔는데 오고 가는 모든 손님을 맛있는 한국 음식으로 즐겁게 해주었다. 그녀는 심지어 웨스트 클리프에서 열린 저녁 만찬에 30명의 손님을 초대한 프랜시스 보이어를 위해 전체 한국 메뉴를 요리하기도 했다. 그 파티는 대성공이었고 모든 참석자는 요리사 블랑쉬와 미각을 만족시키는 한국 요리를 좋아했다.

한번은 한국에서 만났던 헬렌 빌링스 부인과 동생 앨리스 테일러가 덴버에서 왔다. 두 사람은 큰 밭을 갖고 있어 많은 양의 채소를 가득 실어 왔다. 그 후 얼마 안 있어 J. Z. 무어와 그의 부인 루스, 더 많은 한국에서 알았던 친구들이 들러 함께 식사했다. 그리고 얼마 뒤에는 도날드 중위와 노라 정이 3형제를 데리고 포트 카슨에서 와서 짧게 머물다 갔는데 그들은 내가 이제까지 먹어 본 스테이크 중 가장 크고 육즙이 풍부한 고기를 가져왔다. 이들의 방문이야말로 한국 관련 친구 방문의 클라이맥스가 되었다.

1955년 8월 3~5일은 기념이벤트가 있는 날이었다. 한국에서 김활란 박사가 그때 방문하러 왔고 나는 도로시 스미스와 함께 김 박사를 덴버에서 만나 함께 마니토우 파크에서 큰 소풍 행사를 했다.

다른 큰일은 루이스 보해넌의 가족들이 온 후 며칠 뒤에 있었다. 그 가족의 쌍둥이 주디와 진은 나와 함께 있었고 다른 사람들은 월터하임 뒤편 부지에 수리해 지은 캐빈으로 별명이 '닭장' 인 곳에 머물렀다. 1967년에는 내가 한국에서 데리고 있던 찰스 최가 아들과 며느리를 데리고 콜로라도 스프링스로부터 차를 몰고 왔다. 그들은 정말 반가운 사람들이었다. 1959년 내가 한국에 가는 길에 들른 일본에서 만난 이후 그동안 찰스를 만나지 못했었다.

'이화족'들의 재회 모임

지네트는 월터하임에서 가졌던 여러 모임 중 한국에서 만났던 동료들과의 재회를 자세히 소개하고 있는데 많이 모일 때는 물론, 몇 명밖에 모이지 못한 모임도 자세히 기록해 놓았다. 당시 모임을 '이화족(Ewha Tribes)' 들의 모임이라고 명명하며 자신의 평생에서 가장 황금기를 보낸 한국 생활을 함께 회상했다. 마지막 모임에서는 이화학당 동료였던 올리버 파이가 소장품을 가져와 선물로 나눠줬는데 몇 달 후 파이가 사망함으로써 선물이 유품이 된 사연도 소개하고 있다.

그린 마운틴 폴스의 월터하임에서 여름을 보내기 시작한 이래 여러 번 옛 친구들과의 재회 모임이 캐빈에서 있었다. 가장 큰 재회 모임은 같은

1911년 이화학당 대학과가 설치되며 교수 요원으로 함께 한국에 간 지네트, 그레이스 맥게리, 올리브 파이(왼쪽부터). 오른쪽 사진은 1946년에 다시 만난 사진. 왼쪽부터 지네트, 파이, 맥게리.

지역에 별장이 있는 해리엣 모리스와 나의 이화 관련 인사들이 1946년에 만난 것이었다. 중국에서 온 올린 스톡웰 가족들이 휴가 동안 와 있었고 이화에서 은퇴한 선생들이 손님으로 왔었다. 모임이 끝난 후 그레이스 맥게리가 우리가 놀았던 내용을 연극 공연 설명하듯이 홍미진진한 이야기로 써 놓았다. 몇 구절만 뽑아서 전달하면 다음과 같다.

> 우리 모두의 경우 인생은 40년 이전에 시작됐다. 그러나 진짜 인생은 월터하임과 에이티 파인 트리(해리엣의 통나무 캐빈 이름인 '80그루의 소나무')에서 모두 다시 시작한다. 1946년 7월 18일 목요일, 이스라엘의 부족 아이들처럼, '이화족들(Ewha Tribes)'은 '신의 정원' 14 지역에서 함께 모였다. 뉴욕, 오하이오, 캔터키, 일리노이, 미주리, 캔자스, 캘리포니아, 오레곤, 콜로라도에서 나침판이 가르치는 대로 등 굽은 이화인

들이 섭씨 44도의 열기와 콜로라도의 빗발치듯 오는 비에 용감히 맞서 모두 그렇게 모였다.

18일에 게임[15]이 시작되자, 호스티스인 진 월터와 해리엣 모리스는 두세 사람씩 목을 껴안고 인사를 했는데 모인 사람은 마리 처치, 매리 영, 올리브 파이, 살레나 레이니, 그레이스 하먼, 맥게리, 매리언 칸로, 그레이스 우드였다. 다음 날 칸로와 우드는 다른 곳으로 여행을 떠났고 샬로테 브라운리와 마타 스토버가 새로 왔다.

게임(모임)에서 처음 시작한 것은 진 월터가 주방장 모자와 앞치마를 두르고 앞장선 것인데 비엔나 식 소시지 굽기로 첫 타석(음식 만들기)에 들어갔다. 산속 꽃들 속으로 길을 따라 석판 테이블이 있는 데까지 올라가자 '힐 그릴(월터하임 뒷마당의 야외 그릴)'이 보였다. 캠프에 온 사람들의 아늑한 천국이었다.

나는 해리엣의 집에 있었던 팝콘 파티를 비롯해 램파트 농장으로 신나게 드라이브해 가서 가졌던 스키야키 저녁 피크닉, 모든 사람이 함께 할 수 있었던 벽난로 주변의 정담, 너무나도 유쾌함이 가득했던 짧은 여행과 토론을 얼마나 잘 기억하는지 모른다.

우리가 함께 모였던 시기에는 일요일이 두 번 있었는데 우리는 특별 프로그램을 그린 마운틴 폴스 교회에서 가졌다. 첫 일요일에는 중국식 복장을 한 올린 스톡웰 목사가 현재의 중국 상황과 현지에서 필요한 것들에 대해 자극이 되고 힘이 되는 메시지를 전달했다. 그는 현재 중국의 문제는 기독교 복음화와 옛날 종교 사이의 문제가 아니라 기독교 복음화와 무종교화의 문제라고 강조했다.

---

14) 콜로라도주의 관광명소.
15) 모임을 재미있게 표현.

두 번째 일요일은 모든 이화 관련자들이 담당했는데 나는 진행(MC)을 맡았고 그레이스는 피아노 반주를 했으며 매리는 독창을 했다. 이어 살레나는 성경 봉독, 마리는 기도했으며 나머지 올리브, 그레이스, 부라우니, 마타, 해리엣, 매리언은 이화의 시작과 한국이 개방하는 과정에서 마주친 도전에 대해 잠깐씩 이야기를 했다. 작은 규모의 그린 마운틴 폴스교회 신도들은 이야기에 흥미를 갖는 것처럼 보였는데 우리는 청중들이 한국에 대해 더 큰 이해와 지식을 가지고 돌아가기를 희망했다. 이화여전의 설립 참가자인 그레이스, 파이와 함께 나는 어느 날 아침 식사를 같이하며 옛날을 회상했다.

우리 이화인들은 두 친절한 이웃인 웰돈 부인과 워커 부인으로부터 일행 35명이 커피를 대접받는 경우도 있었는데 두 부인은 우리의 재회 모임에 존경의 뜻을 표했다. 집에서 차를 대접하고 이화 관계로 모임에 참가한 모든 사람에게 문구류를 선물했다. 또 우리의 휴가 모임을 위해 도로시 스미스는 캐스케이드에서 12명의 손님에게 즐거운 점심을 휴가 기간에 마지막으로 'Taijup(대접)' 했다.

우리의 다음 이화 모임은 1954년까지 모이지 못하다가 다시 모이게 되었는데 당시 정확한 모임 이름은 '이화, 1954년에 다시 한번' 이었다. 그러나 사람도 많이 모이지 않았고 그렇게 즐거운 것도 아니었다. 참석자는 파이, 채지에, 매리 빌링스, 에스더 헐버트, 마타 스토버, 최이순(전 이대 가정학과 학과장), 해리엣과 나였다.

그 후 1960년 우리는 '마지막 회동(Last Roundup)' 을 했다 이 모임은 가장 적은 수가 모였고 교수를 지냈던 사람들의 마지막 재회였다. 벨마 메이노, 올리브 파이, 에디스 로이스, 마리 처치, 해리엣과 내가 참석했다. 이날 파이는 별도로 여행 가방 하나를 더 끌고 왔는데 오늘 저녁 모임용이라면서 나에게 맡겼다. 월터하임 뒤편 힐 그릴에서 저녁 식사 후에 우리는 집안의 아늑한 벽난로 옆에 모였다. 파이는 아무런 친척도 없이 혼자 자랐기 때문에 자신이 갖고 있던 아름다운 물건들을 줄 수 있는 사람들이 주변에는 없었다. 그래서 파이는 별도의 여행 가방에 자신이 소장했던 것들을 가져와 아름다운 크리스마스 선물로 우리에게 각각 주었다. 우리는 그날 밤 무척 재미있게 지냈고 매우 즐거웠다. 그해 크리스마스까지 파이가 살지 못하리라고는 우리 누구도 거의 알지 못했다.[16] 파이는 마지막이 된 방문에서 방명록에 이렇게 썼다.

"아름다운 산과 영감을 주는 바위와 나무와 꽃들
다시 새로워지는 한국 친구들의 우정
오랫동안 사랑하게 될 장소와 사랑하는 얼굴들을 다시 보면서
그중에서도 진과 해리엣의 환대에 대해
우리는 그린 마운틴 폴스에서 우정의 며칠을 보낸 데 대해
당신 하나님께 감사드립니다."

이 밖에도 지네트는 성격은 다르지만, 재회 모임으로 1969년 김활란 박사를 포함해 한국에서 일했던 다섯 명이 며칠간 깜짝 방문을 해와 어느 해 보다도 가장 멋진 한 해가 되었다고 회상했다.

16) 올리브 파이는 1960년 11월 30일 소천.

7장 잊을 수 없는 크리스마스들

생전에 90회 이상 맞았던 크리스마스 중에서도 지네트는 한국에서 경험했던 크리스마스를 가장 못 잊어라 했다. 그녀는 교사로서 이화학당과 평양 정의여학교 학생들을 위해서도 특별 선물을 마련하는 등 크리스마스를 학생들과 의미 있게 지냈다. 또 정동교회와 상동교회의 크리스마스 행사에도 깊은 인상을 받았던 것 같다. 서울에 온 지 몇 달 안 돼 맞은 첫 크리스마스 경험을 생생하게 적어놔 100여 년 전 서울 교회가 크리스마스를 어떻게 보냈는지 알게 해 준다.

한국에서 맞은 크리스마스

1911년 12월 처음 서울에 도착했을 때 크리스마스 준비로 무엇을 해야 할지도 몰랐고 거의 할 일도 없었다. 크리스마스이브에 정동교회에서 하는 프로그램에 갔다. 교인들은 종이로 큰 별을 만들어 창문 위에 달아 놓았고 그 별 안에는 촛불을 넣어 밝혔다.[17] 연극이 진행되면서 하나씩 별 속

17) 당시의 성탄등은 대나무살로 별모양을 엮고 그 위에 흰 창호지를 발랐다. 등 내부에는 못으로 양초를 고정시켰다.

서울 선교사 가족들이 남산에서 소풍 중 식사 하는 모습. 지네트는 한국에서 맞은 1911년 첫 크리스마스 오후에 남산을 올랐다.

의 촛불을 켜고 관객 위로 별을 휘둘렀다. 미국에서 새로 도착한 우리 네 명의 선교사들은 성탄 등에 불이 붙을까 봐 놀랐지만 다른 사람들은 누구도 놀라지 않았다. 한국 교인들은 바로 몇 가지 연극을 시작했는데 각 연극의 연출자들은 배우들 앞에서 무대를 가로질러 다니면서 연기 지시를 했다. 내가 기억할 수 있는 것은 연출자들이 관객을 잘 웃겼다는 점이다. 그러나 연극 내용은 잊어버렸다.

이화에서 맞은 크리스마스 아침에는 늦은 아침 식사를 했는데 크림 바른 닭고기가 있는 토스트가 나왔고 저녁에는 오후 5시에 한식을 먹었다. 우리는 이 외국 음식(한식)에 익숙해 있지 않아 크리스마스 음식으로는 아주 특이한 식사가 되었다. 이날 한국에서 맞은 첫 크리스마스 오후에 우리는 모두 꽤 오랫동안 걸어서 남산에 올라갔다.

첫 번째 진기한 한국교회의 크리스마스 경험을 한 후 지네트는 매년 크리스마스에 이화학당 학생들에게 줄 선물을 마련한 일과 학생들로부터 선물을 받은 일도 즐거운 추억으로 소개했다. 또 지네트와 다른 선교사들은 직원은 물론 그 가족까지 학교 식당으로 초대해 직접 만든 음식을 대접했다.

첫 번째 크리스마스는 진기한 느낌을 받으며 지냈지만, 이화에서 맞은 매년 크리스마스에는 우리 모두 한 부분을 맡아 준비했고 그렇게 멋진 크리스마스를 맞은 적이 없었다. 기숙사 생활을 하는 우리 여학생들은 잠옷이 없었는데 나는 내 월급을 보내주는 서부 캔자스주의 여러 도시에 편지를 써서 다음 크리스마스 선물로 잠옷을 보내주도록 요청해 모든 대학생과 고등학생들에게 나눠줄 수 있었다. 크리스마스 전에 우리는 반마다 학생 수만큼 많은 종이를 깔아 놓고 미국에서 받은 잠옷 가운 이외의 다른 선물 꾸러미를 풀러 학생 한 사람마다 가운 1개, 연필 한 자루, 비누 1개, 손수건 1개씩을 갖도록 했다. 우리는 며칠 동안 물건들을 분류해 종이로 쌌다. 그리고 크리스마스의 마지막 공연이 끝나고 학생들이 집으로 가기 전에 크리스마스트리 밑에 놓도록

산타에게 인형 선물을 받은 한국 어린이

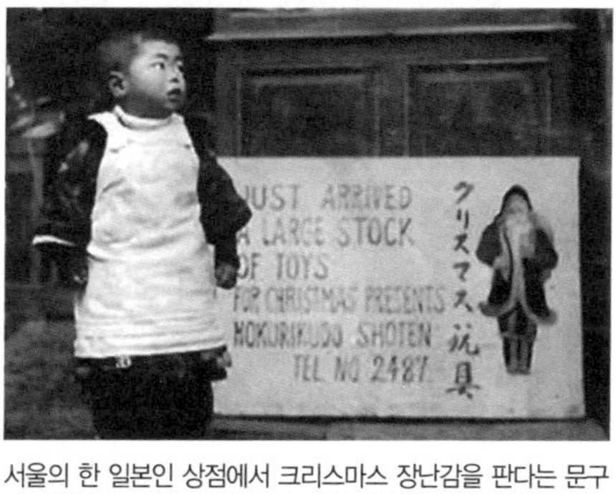

서울의 한 일본인 상점에서 크리스마스 장난감을 판다는 문구가 영어와 일본어로 적혀 있다. 일본 어린이가 서 있다.

선교사가 찍은 산타클로스의 한국 가정 방문

준비를 했다. 마지막 며칠 동안은 많은 행사가 있었는데 학생들은 밤새도록 캐럴을 불렀고 종이 꾸러미 안에 무엇이 들어있을지 궁금해하며 무척 흥분한 모습들이었다.

이화학당 안에서 살고 있었던 8명의 선교사도 크리스마스트리에 스타킹을 걸어 놓았다. 기숙사 여학생들이 내려가면서 각자 좋아하는 선생님의 양말 속에 조그만 선물들을 넣었다. 브라우니 선생은 양말 밑에 항상 빈 통을 놓아두었는데 양말이 넘쳐났기 때문이다. 각자의 양말에는 또 미국 집에서 보내온 선물들로도 채워졌다.

선물을 주고 난 후 우리 선교사들은 모두 교회에 갔다. 한편 부엌에서 한국 음식을 만드느라 많은 사람이 열심히 일했는데 우리는 음식 대접을 위해 학교에서 일하는 모든 직원의 가족을 초청했다. 우리 선교사들이 음식을 만들고 식당에서 일하는 일꾼은 물론 심부름하는 아이, (청소부나 경비원같이) 마당에서 일하는 사람들을 식탁에 앉게 하고 우리가 대접했다. 식사하는 동안 이들 직원과 아이들이 프로그램을 했는데 최근에 읽기를 배운 한 사람은 크리스마스 이야기를 더듬더듬 읽었다. 아주 작은 꼬마 애는 최근에 배운 곡예 같은 것을 보여 줬다. 크리스마스 시즌 동안 이화학당 직원들은 서울의 여러 가게로부터 선물을 받았는데 설탕도매업자는 큰 설탕 부대를 보내왔고 식료품 가게는 한 상자의 귤을 보내왔다.

지네트는 특별히 한국에 있을 때 기억에 남는 크리스마스로 1912년

지네트가 기억에 남는 크리스마스(1912년)로 꼽았던 당시의 상동교회 모습. 원뿔의 종각이 인상적이다.

두 번째 크리스마스를 맞아 시내 건너편 상동교회에 갔을 때를 꼽았다. 상동교회는 큰 교회로 다른 미국인들은 출석하지 않아서 그날 저녁 눈 오는 길을 인력거를 타고 갔다. 상동교회 교인들이 교회 첨탑의 꼭대기에서 여러 줄의 철사를 아래로 늘어 내리고 철사에 전구를 달아 밝게 장식한 게 인상적이었다고 기억했다. 교회는 꽉 차 있었고 앞쪽에 의자가 하나 놓여 있었는데 지네트는 그 의자에 앉아 크리스마스를 즐거워하는 교인들의 '행복한 얼굴들의 바다'를 바라볼 수 있었다고 말했다. 그날이 너무 좋았던지 지네트는 자서전에 "긴 프로그램이 끝난 후 나는 눈 내리는 길을 다시 인력거를 타고 돌아왔다. 인생에 몇 가지 인상에 남는 때들이 있는데 상동교회 크리스마스도 그중의 하나"라고 썼다.

은퇴자 시설 F.M.M.에서 맞은 크리스마스

은퇴자 시설인 F.M.M. 493호 지네트 자신의 방에 설치된 크리스마스트리와 선물

지네트는 1964년 은퇴자 시설인 F.M.M.에 입소한 후 이전과는 다른 크리스마스를 맞게 되었다. 은퇴자 시설도 나름대로 크리스마스 장식을 하고 행사가 있었지만, 거동이 크게 편하지 않았던 지네트는 가까이 사는 큰 조카 가족과 크리스마스를 보냈다.

이제 나는 은퇴자 아파트에서 세 번째 크리스마스 시즌을 보내고 있다. 이곳에서의 크리스마스 시즌은 그 전과는 다르지만 매우 훌륭하다. 이곳 거주자들은 몇 주 전부터 준비를 시작한다. 정문에는 상록수로 만든 넓이가 약 3.6m나 되는 거대한 크리스마스 화환(wreath)으로 너무 아름답게 장식이 된다. 또 뮤직 박스에는 캐럴을 부르는 사람 몇 명의 모습이 붙어 있고 로비, 식당, 체육실과 각 홀에는 크고 화려한 크리스마스 트리가 세워졌다. 우리가 다니는 교회와 가까운 학교에서 많은 그룹이 아름다운 프로그램을 가지고 와서 노래를 불러줬다. 64년은 푸에블로에 있는 데이비드(큰언니의 장남)의 집에서 크리스마스를 축하했고 이후 두 번은 웨스트 클리프(콜로라도주)에 있는 여름 별장 '타룽가'에서 크리스마스를 보냈다.

타롱가의 크리스마스(1966) 추억

은퇴 후 지네트가 맞았던 크리스마스의 하이라이트는 1966년 큰언니 가족과 타롱가에서 보낸 것이었다. 큰언니의 자식들은 물론, 모든 조카와 손주들에게 지네트가 오랫동안 사 모았던 미국 정부 채권을 골고루 나눠 준 것이다. 상당한 액수의 현금으로 바꿀 수 있는 채권을 각 형제자매의 크리스마스 모임 장소에 미리 보내주고 조카와 손주들에게 '깜짝 선물'로 전달하도록 했다. 조카와 손주들이 감격했음은 물론이다.

크리스마스 하루 전날 나와 조카 벳시는 벳시가 대모(god mother)가 되기로 했던 어린이의 세례에 참석하기 위해 먼저 콜로라도주의 푸에블로에 도착했는데 겨우 10분의 여유밖에 없을 정도로 세례 장소에 숨 가쁘게 도착했다. (푸에블로에서 일정을 마치고) 우리가 탄 차가 상그레 데 크리스도 산맥 쪽에 다가갔을 때 산들은 눈으로 덮여 있었고 달빛 속에서 정말 아름다운 모습으로 보였다. 산맥 앞의 웨스트 클리프에 도착했을 때 주유소 직원은 우리를 따뜻하게 맞아주며 우리가 만나기로 한 가족들이 어디에 있는지 안내해 줬다. 벳시는 그에게 과자 상자를 주었고 우리는 주유소 직원이 가르쳐 준 대로 데이비드 주니어(큰언니의 장손자)가 운영을 맡은 농장으로 향했다.

데이비드 주니어는 만나자마자 계속 나를 껴안은 채 큰 뉴스를 들었는지 물었다. 그래서 나는 데이비드가 코넬 의대에서 입학허가를 받은 뉴스가 아닐까 생각했다. 그는 "그것보다 훨씬 좋은 것"이라고 말하면서 "아름다운 아가씨와 약혼했다"라고 밝혔다. 약혼녀의 이름은 게리 올슨이고 스칸디나비아 출신으로 회중 교회 교인이며 검은 머리, 푸른 눈, 170cm의 키에 다음 봄에 대학을 졸업한다는 사실을 알려줬다. 모든 것이 너무 훌륭한 신부였다.

목장에서 우리 차의 짐을 내려 지프로 갈아타고 숲속을 지나 4마일가량 흔들리는 길을 달려가 큰 산속의 타롱가 별장에 도착했는데 불빛이 환하게 켜져 있었다. 나머지 가족들은 모두 거기에 있었다. 데이비드 주니어는 3.5m 크기의 나무를 가져왔고 피터와 캐시(큰언니의 손녀 부부)는 많은 양의 장신구와 고드름을 나무에 매달았다. 저녁은 늦게 먹었는데 굴 수프가 큰 그릇에 담겨 있었고 아주 맛있는 샐러드와 16겹의 케이크가 디저트로 나왔다. 준비된 음식을 먹으며 우리는 모두 크리스마스이브의 기분을 만끽했다.

장남인 데이비드 박사가 전통적으로 크리스마스 의식에서 해야 할 것들을 끝내자 3명의 남매도 자기들이 해야 할 몫들을 마쳤다. 벳시가 나에게 오늘 내가 주관해야 할 일을 시작하라고 신호를 해왔다. 그 신호의 의미는 그동안 준비해 온 '책'을 보여 줄 시간이라는 것이었다. 나는 '보이어의 추억(Boyer Memory)' 20권이 들어있는 꾸러미를 집안의 장자인 데이비드 박사에게 전달했다. 촛불로는 책의 자세한 내용을 볼 수 없었지만, 가족들은 각각 자신이 쓴 글이 어떻게 인쇄되어 있는지 열심히 보는 모습이었다.

산에는 눈이 오고 있었다. 오전 11시쯤 꽃처럼 보이도록 까놓은 귤과 아름답게 장식된 대형 커피케이크와 커피로 아침을 먹었다. 트리에 매달려 있는 양말에는 선물로 꽉 차 넘치고 있어서 모든 사람은 양말 속의 선물 찾는 것을 언제 시작할지 장남 데이비드의 '선언'을 고대하고 있었다. 오후 2시경에야 양말 속의 선물을 확인하기 시작했다. 양말 속의 선물을 찾아내 비워 놓은 후 우리는 아름답게 포장된 상자 꾸러미가 있는 큰 크리스마스트리로 갔다. (당시 23세로) 제일 젊은 손녀 조카 캐시가 꾸러미를 각자에게 전달했는데 큰 조카 데이비드 시니어(그레이스 언니의 장남)는 장부를 들고 큰 의자에 앉아 모든 선물에 대해 준 사람과 받은 사람을 꼼꼼히 기록했다.

나는 손주 조카들이 내 선물을 받고 어떤 반응을 보일지 큰 관심을 두고 지켜봤다. 나는 모두 다르게 생긴 모양의 상자 3개에 선물들을 집어넣었다. 캐시는 상자들을 언니와 오빠에게 각각 갖다준 후 상자 안은 보지도 않은 채 메모를 먼저 꺼내 읽기 시작했다. 처음 캐시의 얼굴은 믿지 못하겠다는 표정이었다가 기뻐했고 눈물까지 흘렸다. 다른 손자 손녀 조카들이 "상자 안에 무엇이 있는 거야?"라고 물었는데 내용물이 (현금이나 마찬가지인) 정부 채권인 것을 알고는 모두 너무 즐거워했다. 나는 몇 년 동안 채권들을 사서 모았었다. 각자는 20달러씩 받았고 손자 손주 조카 모두는 채권과 돈에 모두 상기된 모습이었다. 오후 5시 반경에 벳시의 남자 친구가 와서 우리의 크리스마스 파티에는 8명이 참석했다.

월요일은 내가 한국 음식을 하기로 한 날이었는데 마을에서 인부들이 와서 배관 공사를 하느라 방해가 되었다. 밖에는 여전히 눈이 오고 있었다. 프랜시스는 점심용으로 큰 그릇에 야채수프를 끓였다. 오후에는 내가 한 쌀밥이 반쯤 익었을 때 부엌의 스토브를 꺼서 전기냄비 속의 불고기와 같은 시간에 익도록 했다. 불고기가 됐을 때 나는 반쯤 익은 쌀밥을 전기냄비 속에 내려놓고 마저 익도록 했다. 저녁 7시에 식사 준비가 끝나 큰 벽난로 앞에 피크닉 때처럼 앉아 먹었는데 그 덕분에 많은 접시를 사용할 필요가 없었다. 모든 것이 특별히 다 맛있다는 반응을 받았는데 데이비드 주니어는 어렸을 때 블랑쉬 림으로부터 한식 요리법을 배운 경험이 있어 나는 그와 한국 요리를 같이했다.

정부 채권

지네트는 20여 년 동안 손주 조카들이 태어날 때마다 그들을 위해 정부 채권을 샀다. 손주와 조카들이 자라는 동안에도 여유가 될 때마다 채권을 추가로 샀고 본래 계획은 자신이 죽은 후에 채권이 손주와 조카들에게 전달되기를 바랐다. 하지만 지네트는 마음을 바꿔 1966년 크리스마스에 채권을 주기로 했다. 13명의 조카와 그들의 자녀들이 각각 만나 크리스마스 파티를 여는 곳에 채권이 들어 있는 봉투를 보내줬다.

채권은 즐거운 크리스마스 기분이 나도록 디자인된 봉투에 넣어 13명의 조카, 33명의 손자 조카, 13명의 증손자 그룹으로 나눠 각 그룹에서 제일 어린 손주 조카가 파티 최고 순간에 보고를 해 각자가 열어 볼 수 있도록 했다.

8장 콜로라도 볼더의 은퇴 생활

지네트는 생의 마지막 13년을 F.M.M.에서 살았다. 56년째 현재도 같은 곳에서 운영되고 있는 F.M.M.은 좋은 주변 환경을 가진 은퇴자 시설로 그녀는 여러 가지 즐거운 프로그램에 참여했다. 이곳에서도 지네트의 봉사 생활은 계속됐다.

내가 은퇴 생활을 하는 프래지어 메도우 메이너(F.M.M.)는 엘머 프래지어 씨 소유의 목초지 위에 세워졌는데 아름다운 건물이 서쪽으로는 산을 마주 보고 동쪽으로는 평원을 바라보며 서 있다. 두 번째 옆 건물은 내가 왔을 때 건축 중이었고 나의 새 성전이 된 마운틴 뷰 감리교회는 길 건너편에 있어 창문을 통해 언제나 흥미로운 광경을 볼 수 있었다. 내가 사는 건물 앞에는 현재 시립공원으로 만들고 있는 호수가 있어서 오리가 왔다 갔다 했다. 어린이들은 겨울에는 스케이트를 타고 여름에는 수영이나 낚시를 하는 등 호수는 나에게 늘 즐거움을 제공해 주고 있다.

다양한 교파와 이력을 가진 210명의 남녀 가족이 은퇴자 시설에서 사는데 미국 전역에서 왔을 뿐만 아니라 대학교수, 선교사, 의사, 간호사, 교사 등 많은 직업을 가졌던 사람들이다. 이에 따라 마음에 드는 친구나 홍미

지네트가 1964년 입주해 1977년 별세할 때까지 살았던 은퇴시설 프래지어 메도우즈 메이노(F.M.M.)

F.M.M. 옆에 있는 마운틴 뷰 교회

로운 사람을 이곳에서 만난다는 것은 어려운 일이 아니었다. 한편으로 항상 조언해 주고 의사를 불러주며 침대에 오르는 것을 혼자 할 수 없는 사람을 도와주는 훌륭하고 헌신적인 간호사와 함께 보건 관련 시스템이 잘 갖춰져 있었다. 이런 조건은 은퇴자의 집을 찾는 사람들에게는 필수적인 사항들이다.

F.M.M.이 운영하는 버스가 있어 하루에 2~3회 시내와 쇼핑센터까지 운행해주고 병원은 매일 오후 2~4시 사이에 모든 입주자가 예약할 수 있게

되어 있었다. 차가 없거나 자주 나갈 수 없는 거주자들의 경우, 외출 자체를 즐기기 위해 차만 타는 사람도 있었다. 이런 모든 것이 무료이고 이 밖에도 입주자들은 다른 것도 즐겼다.[18]

F.M.M. 입주 초기에 사귄 몇 명의 친구들

F.M.M.에는 한국에서부터 알게 된 옛 친구들도 있어 그들과 다시 만나 가족처럼 지냈음을 기록으로 남겼다. 특히 거동이 불편한 그들을 위해 손발이 되다시피 봉사한 내용은 지네트의 이웃 사랑 정신이 젊어서나 나이 들어서나 한결같았음을 보여준다.

내가 F.M.M.에 처음 도착했을 때 꼭 찾아봐야 할 사람은 버크 로톤 씨 부부였다. 두 분은 내가 한국에 처음 갔을 때 나를 맞아준 분으로 한국에서 봉사를 마친 후, 이곳 콜로라도 연회에서 목회한 후 은퇴했다. 두 사람과

크게 확장된 F.M.M.의 현재 모습

18) F.M.M.은 현재도 은퇴자 시설로 운영되고 있다. www.frasiermeadows.org

는 한국에 대한 이야기를 많이 나눴으며 이야기 중에 가끔 한국말이 튀어나오기도 했다. 1965년 4월 4일 내가 그를 방문한 '마지막 날 밤'[19]에 내가 방을 떠나며 '굿 나잇(Good Night)'이라고 인사를 하자 그는 소곤거리듯 한국말로 '안녕히 가세요(May you go in peace)'라고 말했다. 남편 사후 로톤 부인은 몇 년 동안 링거 주사를 맞으며 대부분 의료실에 있었는데 나는 거의 매일 그녀를 방문했고 의사에게 데려가는 일과 옷을 챙기는 일을 세상을 떠나는 날까지 해줬다.

나는 F.M.M.에서 한국에서 온 다른 사람과도 만났는데 그는 아서 L. 베커(Arthur L. Becker, 1879~1978)[20] 박사이다. 베커 박사는 내가 한국에 있을 때(1911~1926) 그도 한국에 있었다. 그는 90세의 나이로 오전 내내 일기를 쓰고 한국 남자 학생들을 위해 일제강점 초창기 학교에서 했던 일과 삶에 대해 그의 딸 에블린 맥큔에게 말하고 있었다. 에블린 맥큔은 후대를 위해 아버지가 말한 것을 편집할 계획을 하고 있었다.[21]

나는 또 두 명의 서로 좋은 친구, 러셀 타프 부부와 함께 매주 일요일 저녁 내 방에서 저녁을 같이 먹었다. 각자가 F.M.M.에서 준비한 풍성한 뷔페 식탁에서 자신이 원하는 음식을 가져왔기 때문에 음식이나 접시를 따로 준비할 필요도 없었고 내가 할 일도 없었다. 하지만 나는 베커 박사의 생일날에는 조카 벳시와 베커 박사의 손님으로 온 손녀 맥신과 함께 한국 음식 요리를 해서 대접했다.

---

19) 로톤의 별세를 의미.

20) 한국명 白雅悳, 1903~1940년 한국근무, 평양 숭실대, 연희전문 등에서 수학물리 등 교육.

21) 베커의 전기는 'Michigan to Korea'라는 제목으로 2007년 출간됐으며 국내에는 이덕주 교수가 『백아덕과 평양 숭실』이라는 제목으로 전기를 출판했다.

4 삶의 마지막 순간까지 했던 '이웃 사랑'

1장 자서전 출간 이후의 삶

85세의 고령에 자서전 '진 아주머니(Aunt Jean)'를 펴낼 때 지네트의 건강은 꽤 괜찮은 편이었다. 지금도 콜로라도의 볼더에 사는 큰 조카 손녀 벳시 풀스(82세)는 자신의 집에서 멀지 않은 요양 시설 F.M.M.에 사는 지네트 이모할머니가 자서전을 쓸 수 있도록 자료정리를 해주고 타이프도 대신 쳐 주었다. 2019년 8월 취재 목적으로 방문한 콜로라도의 여름 별장 월터하임에서 만났을 때 벳시는 지네트의 생애가 유관순 열사 100주기를 맞아 한국에서 전기로 다시 부각될 수 있다는 사실을 기뻐하며 자서전 이후 1970년대의 삶에 대해 기억나는 대로 들려줬다.

벳시 풀스에 따르면 자서전 출판 후 지네트는 평상적인 F.M.M. 생활했던 것으로 보인다. 힘이 닿는 대로 자신보다 건강이 나쁜 다른 거주자들을 돕고 가끔 있는 외부행사에 참여해 바깥바람을 쐬는 것을 즐겼다고 한다. 벳시 풀스는 지네트 관련 서류들이 들어있는 상자 중에서 서류 한 장을 찾아내 보여주었다. 위치타시의 지역 신문 '비컨(Beacon)' 지 1970년 4월 21일(화) 자에 실린 지네트의 자서전 '진 아주머니(Aunt Jean)'에 대한 소개 겸 서평 기사였다. 자서전의 내용을 잘 요약하고 평한 기사 내용은 이런 것이었다.

모든 사람에게 유익하고… 기억할 일로 가득 찬 전직 위치타 교사의 책

– 마리 맥도널드(여성담당 기자)

'모든 사람에게 유익한 책' '진 아주머니(Aunt Jean)'가 콜로라도 볼더의 존슨출판사에서 한정 편집판으로 출판됐다.

이 책은 현재 콜로라도에 사는 캔자스주 출신의 전직 위치타 교사 A. 지네트 월터의 자서전이다. 책의 내용은 70년 이상의 기간을 포함하고 있으며 역사와 철학, 사랑과 증오, 기쁨과 고통 등 삶의 여러 측면이 다양한 모습으로 가득 차 있다. 모든 것이 다채로운 말의 태피스트리로 잘 짜져 독특한 삶의 스타일을 보여주고 있다.

자서전은 4부로 되어있다. 1부는 자라나는 여러 해 동안의 즐거운 이야기들이 포함돼 있다. 그녀는 시드니 콜맨과 그의 7형제들이 다녔던 똑같은 작은 시골 학교를 다녔다. 1903년에 킹맨 고등학교를 졸업했고 1904년 캔자스주 볼드윈에 있는 베이커대학에 입학했다.

책에서는 그녀가 영적 가치를 일깨워 선교사가 되기로 하는 내용도 말하고 있다. 이런 결심 아래 저자는 멕시코 선교지역에서 가르치기 위해 떠난 프랭크 브라운과 약혼을 하게 되고 이듬해 멕시코 선교에 합류할 계획이었다. 그러나 그렇게 하기 전에 젊은 연인은 천연두로 죽게 된다.

책의 2부는 가장 긴 부분으로 1911년부터 1926년까지 한국 선교사로 활동하던 시기의 이야기를 담고 있다.

이 내용에서 우리는 한국인의 삶을 비롯해 기후, 관습, 음식에 대해 모든 것을 알게 된다. 책에는 심지어 독일식 김치 '사우어크라우트'의 한국판인 김치 담그는 법도 소개하고 있다. 또 월터 선생이 가르쳤던 서울의 이화학당에 출석하는 어린 학생들에 대한 가슴 아픈 이야기도 쓰여 있다. 어떤 사람에게는 사랑의 중매자 역할을 해 주기도 하고 또 다른 경우에는 외로운 남학생과 여학생에게 어머니 같은 존재가 되기도 했다.

월터 선생의 제자 중에는 나중에 오하이오 웨슬리안대학을 졸업하고 컬럼비아대 사범대에서 박사학위를 받은 김활란이 있었다. 한국인 중에서 그 같은 학위를 받은 경우는 김활란이 처음이었는데 김활란은 마침내 이화여대의 초대 한국인 총장이 되었고 UN에서 남한 옵서버 대표가 되기도 했다. 김활란과 월터 선생은 오랫동안 친구로 교류해 왔다.

책의 3부는 부모님의 병환과 자신의 건강 문제로 미국으로 돌아와 활동한 내용이다. 월터 선생은 아버지가 병석에 눕게 되자 집으로 돌아와 새로 개교하는 (위치타의) 북부고등학교 직원 중 첫 교사 그룹의 한 사람이 되었다. 책에는 학교가 성장하는 과정을 여러 페이지에 걸쳐 다루고 있다. 저자는 가르치는 일 이외에 학교 간호사도 맡았고 주립 장애아동위원회와도 밀접한 관계를 갖고 활동했다. 또 위치타대학교의 스피치학과 설치 회의에 참여했는데 이 학과는 후에 언어장애교정학연구소가 되었다. 1954년 은퇴를 하면서 북부고등학교 25년 근무를 마쳤다. 책의 내용 중에는 많은 위치타 사람들이 나오는데 가까운 친구로 안드레아 울버그, 글레이디스 릴랜드, 에델 스트릭랜드 등이 있다.

마지막 4부는 은퇴자 숙소였던 프래지어 메도우 메이노(F.M.M.)에 대해 썼다. 현재 85세인 월터 선생은 전적으로 새로운 인생을 즐기고 있다. 또 저자의 삶에서 개인적인 일들로 채워져 있는데 여행, 휴가, 여름에 집으로 사용한 월터하임(콜로라도 그린 마운틴 폴스) 등이 소개돼 있다.

연속성의 측면에서 보면 '진 아주머니'는 이야기가 앞뒤로 비약해 가끔 따라가기가 어려운 때도 있다. 이 점은 이 책의 매력이기도 한데 결국 저자는 베스트셀러를 바라고 자신의 이야기를 쓴 것 같지는 않다.

지네트 월터는 자신의 많은 조카와 그 배우자, 또 자신을 '진 아주머니'라고 부르는 모든 곳에 있는 젊은이들을 위해 썼고 그들에게 이 책을 헌정한다고 밝혔다.

화려한 책의 표지(색동무늬 표지)는 한국에서 만들어져 미국으로 운반된 것이다. 여러 색깔의 줄이 있는 비단으로 젊은 한국의 엄마들이 아기 옷을 만들 때 소매 부분에 자주 사용된다고 한다. 여러 색깔의 줄 속에는 행운을 뜻하는 한자와 상징물도 들어 있다.

책의 뒷부분에는 월터 가문의 족보가 포함돼 있다.

역사 애호가들이 좋아할 만한 가치가 있는 자료들이 포함돼 있고 많은 사람에게 호소력 있는 사실이 많아 이 책은 수집가들의 아이템이 될 것으로 보인다.

책은 5달러에 팔고 있는데 한정된 숫자만 월터 선생의 조카 존 E 보이어(340 S. Broadway)나 에델 K. 스트릭랜드(240N. Topeka)로부터 살 수 있다.

2장 벽돌 한 장 부탁한 마지막 크리스마스카드

자서전 서평이 있는 지역 신문 다음에 큰 조카 손녀 벳시는 또 다른 서류 한 장을 보여 주며 지네트가 생전 마지막 크리스마스에 조카와 손자들에게 보낸 카드 겸 편지라고 소개했다. 내용은 자신이 사는 F.M.M.에서 건강관리 센터를 짓고 있는데 자신에게 보낼 선물 대신 벽돌 한 장이라도 기부해 달라는 내용이다. 평생을 멕시코와 한국, 위치타에서 봉사의 삶을 살아 온 지네트다운 마지막 크리스마스카드였다.

지네트의 마지막 크리스마스카드[1]

1976년 크리스마스

사랑하는 조카들에게 – 보이어, 머피, 월터, 샘플[2] 집안의 후손들

1) 어린이 세 명이 "기쁘다 구주 오셨네(Joy to the World)"를 부르는 그림이 상단에 있고 하단에는 자신의 91세 크리스마스 당시의 사진이 있다. 지네트는 편지 형식의 카드에서 조카와 손자 조카들에게 크리스마스 선물로 자신의 은퇴 생활 거주지인 F.M.M.에 짓고 있는 건강관리센터에 '진 아주머니 벽돌'을 기부하도록 권유하고 있다.

2) 순서대로 큰언니, 둘째 언니, 오빠, 여동생의 후손들을 의미한다.

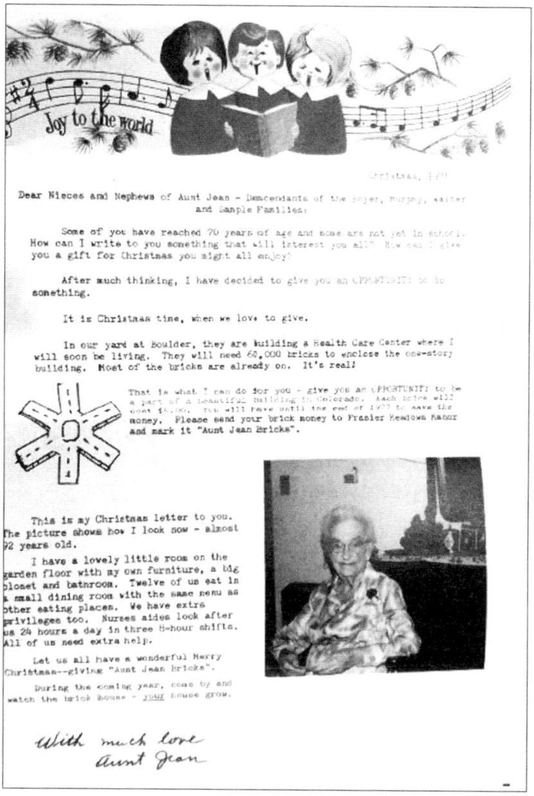

Christmas, [illegible]

Dear Nieces and Nephews of Aunt Jean - Descendants of the [illegible] and Sample Families:

Some of you have reached 70 years of age and some are not yet in school. How can I write to you something that will interest you all? How can I give you a gift for Christmas you might all enjoy?

After much thinking, I have decided to give you an OPPORTUNITY to do something.

It is Christmas time, when we love to give.

In our yard at Boulder, they are building a Health Care Center where I will soon be living. They will need 60,000 bricks to enclose the one-story building. Most of the bricks are already on. It's real!

That is what I can do for you - give you an OPPORTUNITY to be a part of a beautiful building in Colorado. Each brick will cost [illegible]. You will have until the end of [illegible] to save the money. Please send your brick money to Frasier Meadows Manor and mark it "Aunt Jean Bricks".

This is my Christmas letter to you. The picture shows how I look now - almost 92 years old.

I have a lovely little room on the garden floor with my own furniture, a big closet and bathroom. Twelve of us eat in a small dining room with the same menu as other eating places. We have extra privileges too. Nurses aides look after us 24 hours a day in three 8-hour shifts. All of us need extra help.

Let us all have a wonderful Merry Christmas--giving "Aunt Jean Bricks".

During the coming year, come by and watch the brick house - your house grow.

With much love
Aunt Jean

지네트가 1976년에 보낸 생전의 마지막 크리스마스카드. 크리스마스 선물 대신 은퇴 시설 F.M.M.의 헬스케어 건립용 벽돌 기부를 당부했다.

조카 중 몇 명은 70이 넘었고 몇 명은 아직 학교에 다니고 있어 모두가 관심을 가질만한 내용을 어떻게 쓸 수 있을지 모르겠다. 또 모두가 좋아할 만한 크리스마스 선물을 어떻게 줄 수 있을지도 모르겠다. 많은 생각 끝에, 나는 여러 조카에게 이런 기회를 한번 주기로 했다.

요즘은 우리가 나눔을 사랑해야 하는 크리스마스 시기이다.

내가 거주하고 있는 볼더의 F.M.M. 앞마당에는 나도 곧 들어가 지내게 될 건강관리센터가 건립되고 있는데 한 층을 짓는데 6만 개의 벽돌이 필요하다고 한다. 대부분의 벽돌은 사실 이미 와 있기는 하다.

내가 조카들에게 해 줄 수 있는 것은 콜로라도의 아름다운 건축물의 일부가 될 기회를 주는 것이다. 벽돌 한 장은 5달러로 1977년 말까지 돈을 모으면 된다. "진 아주머니 벽돌(Aunt Jean Bricks)"이라고 표시해 F.M.M.으로 벽돌 기금을 보내주기를 바란다.

여러분에게 보내는 내 크리스마스 편지는 위와 같은 것이고 편지에 있는 사진은 거의 92세가 다 된 내 모습이다. 나는 정원 옆 1층에 작지만 아름다운 방에서 살고 있고 방에는 큰 옷장과 가구, 목욕탕이 있다. 우리는 12명이 작은 식당에서 함께 식사하는데 다른 식당에서도 같은 메뉴의 식사를 하고 있다. 우리는 별도의 특혜를 받는 셈이다. 간호사들이 3교대로 우리를 24시간 돌봐주고 있는데 그에 대해 별도의 도움이 필요하고 있다.

우리 모두 '진 아주머니 벽돌'을 기부하면서 훌륭하고 즐거운 크리스마스가 되기를 바란다. 새해에는 오가는 길에 벽돌 건물을 보기 바라며….

여러분의 집이 지어지고 있다.

큰 사랑과 함께

진 아주머니(Aunt Jean) 보냄

부고에서도 당부한 '벽돌 기금'

마지막 크리스마스를 보낸 후 이듬해인 1977년 6월 26일 지네트는 숨을 거뒀다. 그녀의 부음을 알리는 부고는 별세 소식과 함께 학력과 경력을 적고 추모예배가 여름에 고인이 살았던 F.M.M.에서 열릴 것이라고 알렸다. 그러면서 부고의 마지막 문장은 "기념 성금은 F.M.M.의 '진 아주머니' 벽돌 기금으로 조성된다. 이 프로젝트는 고인이 말년을 보냈던 F.M.M.에 새로운 건강관리센터를 짓기 위한 것이다"라고 밝힘으로써 고

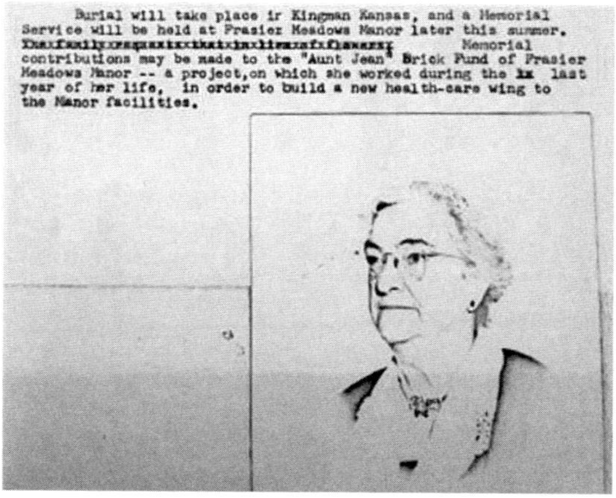

Burial will take place ir Kingman Kansas, and a Memorial Service will be held at Frasier Meadows Manor later this summer. ~~Thexfamilyxrequestsxthatxinxlieuxofxflowers,~~ Memorial contributions may be made to the "Aunt Jean" Brick Fund of Frasier Meadows Manor -- a project,on which she worked during the ~~ix~~ last year of her life, in order to build a new health-care wing to the Manor facilities.

부고에서도 헬스케어센터의 벽돌 기부를 당부하고 있다.

인이 마지막까지 관심을 쏟았던 건강관리센터 건축에 벽돌 한 장 기부할 것을 당부했다.

3장 고향 월넛 힐에서 시작한 영면

고인이 된 지네트의 하관예배는 7월 1일 고향 캔자스주 킹맨의 월넛 힐 공동묘지에서 조카손자 로널드 비어드 목사의 집전으로 거행됐다. 하관예배 알림 노트에는 고인의 평생 봉사를 위로하는 뜻으로 미국 시인 애니 존슨 플린트(1866~1932)의 찬송시 '하나님이 약속한 것'[3]을 실었다.

하나님이 약속한 것

하나님은 우리가 모두 살아가는 동안 늘 푸른 하늘과 꽃이 흩어져 있는 길을 약속하지는 않으셨다.

하나님은 비가 없는 태양, 슬픔이 없는 기쁨, 고통이 없는 평화를 약속하지는 않으셨다.

그러나 하나님은 매일을 살아가는 힘, 수고 중에 갖는 안식, 가볍게 길을 가도록 하심, 시험 가운데 주시는 은혜, 하늘로부터의 도우심, 변함없는 위로, 영원한 사랑을 약속하셨다.

---

3) 애니 존슨 플린트(Annie Johnson Flint, 1866~1932, 미국시인)의 찬송시 "하나님이 약속하신 것(What God Hath Promised)" 중.

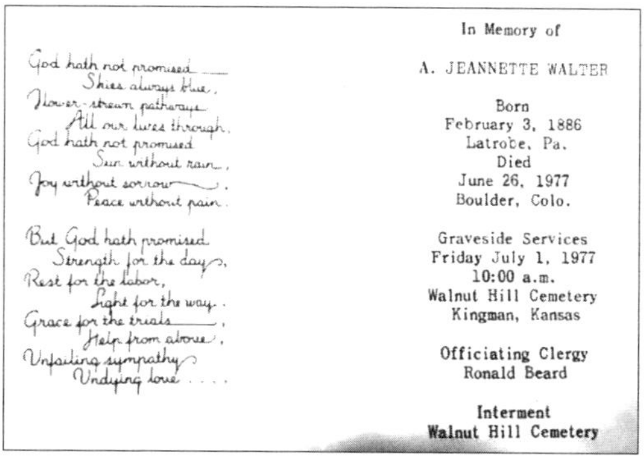

God hath not promised
Skies always blue,
Flower-strewn pathways
All our lives through.
God hath not promised
Sun without rain,
Joy without sorrow,
Peace without pain.

But God hath promised
Strength for the days,
Rest for the labor,
Light for the way.
Grace for the trials,
Help from above,
Unfailing sympathy,
Undying love. . . .

In Memory of

A. JEANNETTE WALTER

Born
February 3, 1886
Latrobe, Pa.
Died
June 26, 1977
Boulder, Colo.

Graveside Services
Friday July 1, 1977
10:00 a.m.
Walnut Hill Cemetery
Kingman, Kansas

Officiating Clergy
Ronald Beard

Interment
Walnut Hill Cemetery

찬송시 '하나님이 약속한 것'이 실린 하관예배순서안내지

고향 캔자스주 킹맨 월넛 힐에 있는 월터 가의 묘. 왼쪽에 지네트의 묘가 있고 가운데는 어머니, 오른쪽에 아버지 묘가 이어 있다.

하관예배에서 비어드 목사는 자신의 이모할머니이기도 한 고인이 가족과 사회, 또 멕시코와 한국에서 행한 봉사와 이웃사랑이 집안의 유산과 전통이 되었다고 말했다.

오늘 아침 우리는 우리 모두에게 '진 아주머니'인 지네트 월터에 대한 우리의 사랑을 확인하기 위해 이곳에 모였습니다.

우리는 고인을 위대한 성과와 함께 깊은 손실을 경험한 분으로, 또 여러 차례의 육체적 질병을 아무도 꺾을 수 없는 인내심으로 이겨낸 분으로 알고 있습니다.

고인이 이룩하신 업적은 열거할 필요도 없이 우리가 익히 아는 것들입니다. 고인이 두 대륙과 많은 사람에게 노력한 사실을 우리는 모두 주목하고 있습니다.

내가 어렸을 때부터 '진 아주머니'를 생각할 때 함께 생각나는 것은 이화여대와 한국, 멀리 떨어진 땅의 이상하게 발음되는 이름들이었습니다. '진 아주머니'는 항상 이화를 위해 어떤 프로젝트를 진행하고 있었습니다. 몇 년 전 나는 그 캠퍼스를 둘러보면서 수많은 사람의 애쓴 결과를 보았습

니다. 이사회 회장으로서 그 자신이 이곳 월터하임과 샘플(고인의 여동생 집안) 집안을 방문했던 서은숙 이사장과 '진 아주머니'의 다른 친구들이 고맙게도 제가 한국을 방문했을 때 점심을 잘 대접해 주었습니다. '진 아주머니'에 대한 그들의 사랑과 감사가 눈에 보였습니다.

(한국에는) '진 아주머니'의 공헌에 대해 충분히 알고 있는 여러 세대의 제자들이 있는가 하면 '진 아주머니'에 대해 잘 모르는 세대도 있었습니다.

오늘 아침 우리가 이곳에 있는 또 다른 이유는 우리에게 주신 '진 아주머니'의 사랑을 확인하기 위해서입니다.

직계가족이 없는 사람에게, 조카와 그 배우자, 어린이들이 포함된 대가족은 훨씬 중요하게 생각됩니다. 그래서 고인은 좀 더 모든 가족을 자주 만났고 다른 사람보다 많이 알고 있었습니다. 고인은 또 각 사람에 대해 개인적으로, 직접적으로 관심을 가졌습니다. 그리고 우리 후손들은 고인의 관심에 직접 응하기도 했습니다. 여러 번 차로 짐을 실어 날랐고 수많은 편지와 전화를 드렸는데 350폰카 플레이스(F.M.M.)에 사는 특별한 분 우리의 '진 아주머니'에게로 가는 것이었습니다.

우리에 대한 고인의 사랑의 일부로서 '진 아주머니'는 우리에게 집안의 유산과 전통에 감사하도록 일깨워 주셨습니다. 최근의 크리스마스카드4는 우리가 그 전통을 따르도록 하려는 강력한 충고였습니다. '진 아주머니' 그 자체가 우리 집안의 유산입니다.

마지막으로 오늘 아침 우리가 이곳에 모인 것은 우리의 창조주이시고 구세주인 하나님의 사랑을 확인하기 위한 것입니다.

예수님은 태초에 말씀하셨고 세상을 창조하여 우주에 있도록 한 하나님의 영원한 아들이십니다. 권능의 말씀으로 지금 세상을 이끄시는 분도

4) '진 아주머니 벽돌기금' 기부를 요청하는 내용.

예수님입니다. 비록 그분이 만물을 만드셨고 만물은 그분을 위해 있지만 주님은 우리 각각의 개별적인 삶에도 관심을 가지시고 우리가 주님에 대해 알기를 원하고 계십니다.

성경에서 쓰인 대로 "모든 것을 훌륭하게 행하신 함께 사랑하는 사람"이 바로 예수님입니다. 예수님은 샤론의 장미를 비롯해 계곡의 백합화, 만민의 지배자, 빛나는 새벽별로 불리셨습니다. 주님 예수는 진실하고 훌륭하신 분입니다.

요한복음에서 예수님은 자신을 이렇게 말합니다.

내가 생명의 빵이다(6:35)

나는 길이요 진리요 생명이다(14:6)

나는 그 문이다. 누구든지 나를 통하여 들어오면 구원을 얻고…(10:9)

고인은 지구의 먼 저편에 있는 사람들이 오랫동안 주님의 이름을 부르며 적극적으로 나아가도록 한 훌륭한 분이셨습니다.

그래서 우리는 우리를 돌보시고 사랑하시는 세상 속의 하나님을 믿음으로써 한국에서 진정한 삶의 변화가 일어난 데 대해 기쁘게 생각합니다.

우리는 하나님 백성의 주권과 우리를 위해 세상에서 행하시는 하나님 사업의 중요함을 알고, 또 하나님이 우리의 진정한 처지를 어떻게 아시는지 보고 있으며, 용서해주시면서 우리를 그의 가족이 되도록 초청해 주시기 때문에 우리는 마음을 드높여 '오 주님, 나의 하나님'이라고 말할 수밖에 없습니다.

– 로널드 F. 비어드 목사[5]

---

5) 지네트의 조카 손자, 당시 36세.

4장 지네트가 만든 '더 쉬워진 산길'

벳시는 장례절차의 마지막은 8월 6일 F.M.M.에서 열린 추모예배였었다면서 고인을 아는 친지와 한국인 친구들이 모였고 F.M.M. 거주자들도 자리를 함께했다고 말했다. 이날 추모사는 고인의 오랜 친구인 F. 올린 스톡웰 박사가 했는데 그는 지네트가 로버트 프로스트(1874~1963)의 시처럼 '가지 않은 길'을 갔던 분이라고 추모했다. 그는 또 추모사를 더글라스 맬럭(1877~1938)의 시 '더 쉬워진 산길'로 끝냈다. 아버지가 산길을 가면서 삐져나온 가지를 꺾고 돌부리를 치웠으며 웅덩이를 메우는 뜻을 아들은 처음에는 몰랐으나 어른이 되어서야 뒤에 오는 사람이 더 쉽게 산길을 오르게 하려는 깊은 뜻이 있음을 알게 됐다는 내용이다. 지네트의 봉사가 어려운 환경에 있었던 한국의 여성들이 더 나은 삶을 살도록 돕는 것이었음을 은유적으로 나타내기 위해 스톡웰 박사가 채택한 시였다.

스톡웰 박사의 추모사

우리가 여기에서 만나고 있는 것은 매우 다정했던 친척이나 친구를 잃은 데 대해 슬퍼하기 위해서가 아니고 90년 이상 승리의 삶을 통해 우리의 삶과 수많은 사람의 삶에 감동을 준 한 인물을 기념하기 위해서입니다. 이 짧은 추모식 시간에 적절히 (고인의 삶을) 이야기한다는 것은 불가능한 일입니다. 1세기 가까이 미국과 한국에서 살았던 지네트 월터의 강인하고 아름다웠던 삶을 요약해 보려는 것은 시도조차 할 수 없는 일이기도 합니다. 그러나 시인 로버트 브라우닝의 시를 인용해 지네트 월터의 삶이 다음과 같은 것이었음을 알 수 있습니다. "하나님은 멈춰 선 채로 어둠속에서 일어나도록 그의 빛을 충분히 비춰주신다"[6]고 했는데 고인의 삶은 그 빛을 충분히 받은 삶이었습니다.

지네트 월터의 삶은 약 92년에 걸쳐 있었습니다. 소녀시대와 젊은 여성 시기에는 킹맨에 있는 부모님의 집에서 보냈고 1907년 베이커대학에서 공부했으며, 멕시코에서 1년간 가르치는 일을 해 본 후 교사 실습을 한때도 있었습니다. 모든 이런 기간을 합하면 26년으로 거의 그녀 생애의 4분의 1에 해당합니다.

1911년 지네트는 한국으로 떠났는데 그것은 로버트 프로스트 (1874~1963, 미국 시인)의 '가지 않은 길(the Road not Taken)' 이란 짧은 시의 결론 부분과 같은 것이었습니다. "(숲속에는 두 갈래 길이 나 있었습니다.) 그래서 나는 사람이 덜 밟은 길을 택했고 그것이 내 운명을 바꾸어 놓았습니다." 이 시의 내용이 지네트의 경험을 잘 요약해 놓고 있다고 볼 수 있습니다. 서울에 있는 조그만 여학교에서 가르치기 위해 한국에 간다는 것은 사람들이 거의 가지 않았던 길을 택한 것이었습니다. 바로 시의 내용처럼 '덜 밟은 길'이었던 것입니다. 그러나 그 길은 모든 것을 다르게 만들었습니다. 우선 고인의 삶을 여자 학교를 건축하는 기쁨 속으로 뛰어들게 하였습니다. 이 여학교는 결과적으로 현재 전 세계에서 가장 큰 여자대학인 이화여자대학이 되

---

6) 로버트 브라우닝, 1812~1889년, 영국시인의 시 "사실, 진실, 확실" (The Real and True and Sure) 중 일부.

었습니다. 또 다르게 만든 것 중에는 한국과 전 세계 수천 명의 여성에게 기독교 신앙이란 충격을 주어 그들의 신앙을 다르게 한 것입니다. 세 번째로 다르게 만든 것은 여성들이 수세기 동안 완고한 가족제도의 굴레 속에 갇혀 있었던 나라와 문화에 변화를 준 사실입니다. 아버지의 병환으로 인해 지네트는 제2의 조국에서 하던 오랜 봉사를 포기할 수밖에 없었지만 "고요한 아침의 나라"에서 보낸 15년의 세월은 고인이 평생을 충성과 희생의 길로 가도록 했습니다. 사실 1954년 은퇴할 때까지 약 28년간 위치타에 있는 학교에서 가르쳤고 23년간의 은퇴 생활 중 이곳 F.M.M.에서 반 이상을 살았지만, 고인은 한국과의 연락을 손 놓은 적이 한 번도 없었습니다. 고인의 마음과 핏속에는 한국의 친구들이 있었습니다. 지네트는 이화여자대학교에 늘 속해 있었고 1959년 다시 한국에 갔을 때 이화여대로부터 명예 문학박사를 받은 것은 오랫동안 그녀의 봉사와 희생에 대한 합당한 인정이었습니다. 명예박사 학위는 김활란 총장에 의해 수여됐는데 김 총장은 한국 체류 초기에 고인의 제자 중 한 사람이었습니다.

제가 6년 전 '진 아주머니(Aunt Jean)'라는 제목으로 출판된 지네트의 자서전을 읽은 후 고인의 친구, 친척들과 대화를 나누면서 고인이 가졌던 대단한 교유 능력에 큰 인상을 받았습니다. 고인은 사람을 사랑했고 그들의 문제를 자신의 가슴속으로 가져갔으며 그들이 최고라고 생각했습니다. 뿐만 아니라 사람들과 맺어진 사랑과 관심의 끈을 절대 끊지 않았습니다. 고인은 서울에서 가르쳤던 학생들의 이름을 기억했고 관심을 가지고 하는 일을 지켜봤으며 누구와 결혼했는지와 그들에게 일어난 일과 자녀에 대해서도 알고 있었습니다. 아울러 다시 만날 수 있을 때를 기대하고 있었습니다. 위치타에서 가르쳤던 남학생 중에는 한 명도 잘못된 학생이 없었습니다. 학생들이 저지른 규칙 위반이나 잘못에 대해 고인은 불우한 가정환경, 동기부여의 부족, 이해의 실패 때문이라고 생각했습니다. 그래서 모든 문제 학생은 고인의 이해와 사랑을 실천하기 위한 도전과제가 되었습니다. 이를 위해 고인은 오직 (학생에 대한) 신뢰와 우정의 교훈만이 (문제 학생 선도의) 꿈을 이룰 수 있다고 믿었습니다. 고인은 바울이 요약한 것처럼 "믿음, 소망, 사랑 이 세 가지는 항상 있을 것인데 그 가운데서 으뜸은 사랑입니다"는 구절의 살아있는 화신이었습니다.

많은 사람이 사랑에 대해 많이 이야기하지만 지네트는 실질적인 방법으로 관심을 보이면서 행동했습니다. 고인은 한국에서 여학생들이 가슴을 꽉 조이는 속치마를 입고 있는 것을 보았습니다. 이런 속옷이 혈액순환에 방해가 돼 건강에도 좋지 않다는 것을 알고 고인은 자신의 타고난 양식(good sense)과 사랑을 믿고 속옷을 어깨에 걸치도록 스스로 디자인하여 학생들 자신이 만들어 입도록 해주었는데 오랜 세월 존재해 왔던 (가슴을 조이는) 불편한 드레스 스타일을 이와 같이 하여 변화시켰습니다. 한국에서의 봉사가 끝나갈 무렵 고인은 북쪽에 있는 도시 평양으로 전근을 갔는데 안식년 휴가를 떠난 다른 선교사의 일을 대신하고 그곳에 있는 학교(정의여학교)를 돌보기 위한 것이었습니다. 그곳에서 고인은 대단한 현실적 감각을 가지고 어린이 생활환경의 개선, 벼룩 퇴치, 환자 간호 활동 등 매일 일상적으로 수천 가지 일을 했습니다.

다음과 같은 일은 고인의 생활 스타일이 어떤 것인지를 보여주는 사례입니다. 은퇴하기 훨씬 전에 그린 마운틴 폴스에 나무로 작은 집 윌터하임을 지었는데 이 집은 캔자스 평원의 더위를 피해 자신의 산중 휴식의 필요성 때문에 지은 것이기도 하지만 더 큰 목적은 친척과 친구들을 접대하는 장소로 제공하기 위한 것이었습니다. 또 고인은 은퇴자 거주지인 F.M.M.의 초기 입주자의 한 사람으로서 환영위원회의 한 위원이 되어 새로운 입주자가 오면 그녀의 방으로 초대해 차를 대접하며 사귀는 시간을 가졌습니다. 고인은 우정의 교류 없이는 살 수 없는 분이었습니다.

고인의 인간관계는 인내와 웃음, 그리고 그 자신이 개인적으로 선호하는 것보다는 남을 위한 일과 그 일을 하면서 보여주는 확실한 겸손으로 두터워졌습니다. 고인과 관련된 일화 중 안식년을 마치고 돌아온 앨리스 아펜젤러가 고인의 뒤를 이어 이화학당 학당장이 되는 이야기가 있습니다. 아펜젤러 박사는 한국에서 태어나 한국 사람처럼 한국말을 하고 교육학 분야를 전공해 학위를 받은 분입니다. 그 때문에 한국으로 돌아오면 이화학당의 책임자가 될 것으로 기대되고 있었습니다. 그러나 지네트가 그 자리에 있었고 학교 이사회도 아펜젤러 박사를 위해 물러나도록 요구하는 것을 꺼렸습니다. 이때 지네트는 상황을 보면서 아펜젤러 박사와 대화를 나누고 그녀가 교육 분야에 대한 완전한 책임을 맡아야 하며 지네트 자신은 새 건물 건축이 끝까지 잘 진행되도록 감독하는 일을 계속하기로 하는 데 합의했다고 합니다. 책임 분야를 이렇게 하기로 합의한 후 두 사람은 이사회의 승인을 받았습니다. 이를 보면 지네트의 경우, 특권이나 권력은 거의 의미가 없고 실행되는 일 자체를 중시하는 사람임을 알 수 있습니다.

그러나 우리는 고인의 기독교 신앙에 대해서는 아무것도 아는 것이 없습니다. 아마도 그 이유는 고인이 자신의 이야기에서 기독교 신앙에 대해 거의 말한 것이 없기 때문일 것입니다. 고인은 옷소매에 종교라는 옷을 입혀 보이려고 (강요)한 적이 없고 다른 사람이 싫증 나게 될 때까지 종교에 관해 이야기한 적도 없었습니다. 고인의 신앙은 자신의 삶 깊은 속에 있었고 충실하게 실행되고 나뉘는 일상의 생활과 관계 속에서 나타났습니다. 고인은 기도 모임을 함께하고 교회에 나가면서 학교에서 매년 열리는 전도대회 준비가 잘 안 됐을 때 한 학생 통역자와 함께 부흥사로 나서기도 했습니다. 고인은 학생들이 예수 그리스도를 알고 있는지와 그들이 지네트 자신이 찾았던 하나님의 지속적이고 인도하는 힘을 찾았는지에 관심을 두고 있었습니다. 그러나 그녀는 사람들에게 믿음을 강요할 수 없다는 것도 알았습니다. 고인은 학생들의 믿음이 예수님 제자들의 삶 속에서 전형적인 주님의 삶을 봄으로써 주님에게 이끌려 자발적으로 생겨나야 한다고 생각했습니다. 지네트는 사랑과 웃음, 그리고 현실에 맞는 양식을 갖고 삶을 살았습니다.

지네트는 콜로라도의 산들을 사랑했고 그 산들을 비롯해 나무와 산길, 바위, 새, 사적에 대해 수집한 시와 글들을 남겼습니다. 고인이 수집한 많은 시 가운데 하나는 내가 말할 수 있는 어떤 다른 것 보다 고인의 정신과 삶의 목표를 표현해 주는 것 같습니다. 그 시는 더글라스 맬럭에 의해 쓰인 간단한 시로 제목은 '더 쉬워진 산길' 입니다. 여러분과 함께 그 시를 나누고 싶습니다.

더 쉬워진 산길

더글라스 맬럭[7]

오래전에 나는 한 '친구' [8]가 있었다.
알고 지내던 '친구' 였는데 특이한 습관을 갖고 있었다.
우리가 걸었던 모든 산길에서
그는 돌을 치우거나 낮게 자란 나뭇가지를 자르기도 했고
깨진 유리를 줍느라고 걸음을 멈추고는 했다.
사람들이 산길을 지날 때 밟을지도 모르는 것들이었다.
그는 모래나 주변 가까이에서 찾은 것으로 웅덩이를 메우기도 하고
뒤따라오는 다른 사람을 위해
조금 더 튼튼하게 다리를 만들기도 했다.

---

7) 1877~1938년, 미국 위스콘신 주 출신 시인.
8) 시의 후반에서 아버지로 밝혀짐.

그때는 젊은 사람들처럼 나도 젊었고

자주 함께 멀리 여행을 가기도 했는데

어떤 때 저녁 가까이 되면 나는 이렇게 말을 하곤 했다.

"왜 가다 멈추고 바보같이 시간을 보내느냐?"고.

그러면 그는 웃으며 대답하곤 했다.

"아들아, 나는 내가 산행을 끝냈을 때 이 길을 찾는 사람을 위해 좀 더 쉬워진 산길, 좀 더 튼튼해진 다리, 좀 더 편안한 길을 뒤에 남겨주고 싶은 생각을 한단다."

어떤 다른 사람의 짐을 진다는 것은

내가 그 길을 앞서 걸었으므로, 나 때문에

어떤 사람이 걷기에 길을 더 좋게 만들어 주는 것이다.

5장 지네트에 대한 후손들의 지극한 사랑

지네트는 약혼자 프랭크 브라운의 전염병으로 인한 비극적인 사망 이후 결혼을 하지 않아 직계 후손은 없었다. 대신 그녀는 서울과 평양에서 가난한 어린이와 불우한 제자들을 친자식처럼 사랑했다. 중매를 서고 결혼을 시키고 심지어 선교사 동료의 자식이 죽으면 염습을 해 양화진에 묻어 주었다. 이화학당 직원의 자녀가 죽었을 때도 같은 일을 했다. 그 연장선상에서 유관순 열사가 순국했을 때도 수의를 직접 입히고 장례를 주관했다.

타인에 대한 사랑과 마찬가지로 집안의 조카들도 조카 손자, 증 조카 손자들에 대한 지네트의 사랑은 지극한 것이었다. 두 명의 언니와 한 명의 오빠와 여동생이 그녀보다 일찍 사망했기 때문에 조카들은 모두 지네트를 친어머니처럼 여겼다. 여동생 코레아의 장녀 루스 샘플 콤프턴은 지네트의 자서전 권말에 이모 지네트가 '집안의 정신적 지주'라고 부르면서 모든 가족은 '진 아주머니를 모셔야 한다'는 찬하의 글을 올렸다.

모든 가족은 '진 아주머니(Aunt Jean)'를 모셔야 한다.[9]

(미국) 독립선언문이 말하는 것과 같이 어떤 진리들은 자명(self-evident)[10]하지만 반세기 이상 살아온 나의 경험에서 보면 독립선언문처럼 자명하지는 않지만 수십 년 동안 한 사람이 올바른 인물로 성장해 결국 '진리'가 되는 경우가 있음을 말하고 싶다. 이 진리의 주인공은 '진 아주머니'로 모든 가족은 진 아주머니를 모셔야 한다.

진 아주머니는 우리 집안을 위해 많은 일을 하셨고 우리 각각의 개인을 위해서도 많은 일을 하셨다. 무엇보다 진 아주머니는 자신의 이상을 향한 용기와 신념, 헌신의 본보기였다. 삶이 항상 쉽지는 않았지만 진 아주머니는 자신의 재능을 한곳으로 모았고 삶을 다시 설계하기도 했으며 만나는 모든 사람에게 영감과 도움을 주며 살았다. 우리는 진 아주머니가 이런 삶의 본보기를 우리에게 주신 것에 대해 감사히 생각한다.

요즘처럼 장거리 여행이나 이종문화 교류와 같은 '상호교환 프로그램'의 시대가 오기 훨씬 전에 진 아주머니는 우리에게 이런 모든 것들을 경험하도록 해주셨다. 한국이 세계에 거의 알려지지 않은 나라였을 때 캔자스의 작은 마을에 사는 우리의 삶에 한국은 이미 일부가 되어 있었다. 너무 어려 나 자신은 (사진 찍을 때를) 기억하지 못하지만, 한복을 입은 어릴 적 내 사진이 있다. 한국에서 온 아름다운 옷감을 비롯해 매력적인 놋쇠 제품, 예쁘게 옷을 입은 인형, 보석, 자수제품, 사진, 벽에 거는 걸개 등은 진 아주머니 덕분에 우리 집안의 문화유산 중 일부가 되었다. 미국에서 공부하기 위해 한국에서 오는 학생들을 알게 되는 것도 우리 가족의 삶에 중요한 요소가 되었다. 우리는 모두 한국 음식에 대한 진정한 맛을 알게 되었고 그렇게 하다 보니 언제부턴가 젓가락으로 먹는 것도 매우 능숙하게 되었다.

---

9) 여조카 루스(여동생 코레아의 장녀)의 자서전 권말 찬사.
10) 미국독립선언문의 첫 구절은 "우리는 다음과 같은 것들을 자명한 진리로 생각하다"로 시작한다.

위기의 순간에도 진 아주머니는 어떻게든 정확한 해법을 가지고 나타나시는 분이었다. 아버지 월터를 돌보기 위해 이모 '진 아주머니'가 한국에서 귀국했을 때 나는 류마티스 열을 앓고 있었다. 그때 진 아주머니는 우리 집식구들이 나를 적절히 돌봐주는 것이 어렵다는 것을 아시고 할아버지를 돌보면서 여러 달 동안 나를 돌봐주시기도 했다.[11] 그렇게 하기란 매우 어려운 일이 틀림없었을 텐데 그렇게 지내던 중 내 증세는 꽤 좋아졌고 계속 병상에 있기도 어려워 도중에 집으로 돌아왔다. 또 나는 진 아주머니에게 현재 정상적인 생활을 하고 삶을 즐길 수 있도록 해주신 데 대해 빚을 지고 있다.

병에서 회복된 후 (미국) 대공황기에 대학에 진학했는데 4학년으로 다시 대학에 복학하게 되었을 때 장학금을 받았음에도 불구하고 옷이나 공부하는데 필요한 부수적인 것을 사는데 필요한 돈이 전혀 없었다. 그런데 갚으라는 말도 없이 좋은 데 쓰라는 말씀만 하시며 도움을 줘 내가 대학을 졸업하도록 해주신 분이 진 아주머니였다. 이렇게 해서 나는 감리교회에서 목사보(부제)로 일할 수 있었다. 이런 수련과 학교 공부 덕분에 훗날 교회와 일상생활에서 다양하게 배운 것을 활용할 수 있었다.

몇 년 후 1939년 내가 결혼하려고 준비하고 있을 때 나는 어머니가 사용했던 결혼 드레스를 입을 계획이었다. 그런데 아무도 그 드레스를 찾을 수가 없었다. 그래서 내가 갖고 있던 신부 들러리 용 하얀 드레스를 입기로 했는데 내가 그렇게 하기로 한 것은 새 신부 드레스를 살 돈이 없었기 때문이었다. 그러나 진 아주머니는 모든 여자는 결혼을 위해 새 드레스를 입어야 한다는 생각을 하고 계셨다. 그러다 결혼식 며칠 전에 나는 진 아주머니로부터 내 몸에 꼭 맞는 새 결혼식 드레스를 받았다. 한 가지 아쉬웠던 것은

11) 1926년 이 책 306쪽에 같은 내용.

내가 그 드레스를 입은 모습을 진 아주머니는 다른 곳에 있어서 보지 못했다는 사실이다.

몇 년 후 남편 프랜시스와 나는 아이를 입양하려고 고통스러운 노력을 하고 있었지만, 좌절 속에 몇 년을 보냈다. 우리가 입양하기 위해 알았던 모든 방법을 다 써 본 후였는데 진 아주머니와 그레이스 아주머니가 몇 가지 아이디어를 주셨는데 그중의 하나가 결실을 보았다. 이제는 16세가 된 '아기'가 매일같이 우리에게 기쁨과 즐거움을 주고 있는데 우리 부부는 관심을 가져 준 두 분에게 영원히 감사를 드린다.

진 아주머니는 모든 가족에게 그린 마운틴 폴스에 있는 캐빈을 편하게 사용하도록 해주셨다. 나는 뒤늦은 신혼여행을 그곳에서 보냈고 한 해 여름에는 아이들을 그린 마운틴 폴스로 데려가 재미있게 지냈다. 아이들은 지금도 엄청나게 웃고 즐겼던 그해 방학을 기억하고 있다.

지난 2년 동안 진 아주머니는 우리 부모님이 돌아가셨을 때 나와 다른 사람에게 다시 의지할 힘이 되어 주셨고 상식과 현실성의 근원이 되어 주신 분이었다. 나는 그때 우리와 함께 해주셨던 데 대해 언제나 고마움을 마음속에 간직하려고 한다.

진 아주머니의 조카들과 조카의 자녀들에 대한 진심 어린 관심은 엄청난 것이었다. 2년 전 크리스마스 때 조카 손주들을 위해 샀던 미국 정부 채권을 나눠주었던 일은 결코 잊을 수 없는 정말 대단한 일이었다. 물론 나는 우리 집 두 아이의 반응만 알 뿐이지만 나의 둘째 아들 브라이언의 진 아주머니 채권에 대한 사랑은 우리 가족 내에서 농담이 오갈 정도로 유명하다. 올해(1967년) 크리스마스에 우리가 브라이언에게 보낸 선물이 크리스마스가 가까워져도 도착하지 않아 걱정하고 있었는데 브라이언의 반응은 이런 것이었다.

"진 이모할머니로부터 채권을 받은 해의 크리스마스가 너무나 훌륭해 평생 크리스마스 선물을 안 받아도 될 만큼 충분하다."

그리고 첫째 아들 데이비드가 바로 21살이 될 때였는데 1968년 초 채권 한 장을 자랑스레 주머니에 넣고 나가 그의 연인에게 줄 약혼반지의 잔금 치르는 것을 보았다. 나는 또 다른 가슴 뛰는 감동을 느끼며 진 아주머니에게 "감사합니다."라고 말할 수밖에 없었다.

진 아주머니가 없는 내 인생은 어떤 것이었을 지를 생각하면 나는 망막해져 답변을 주저하게 된다. 진 아주머니는 다른 사람을 도와 그들이 최선의 삶을 살 수 있도록 사랑, 염려, 사려 깊음, 모범, 헌신, 능력(여기에 규정하기 어려운 모든 것을 더해)을 보여 주시는 분이었다. 그렇다. 우리 집안 모든 가족은 '진 아주머니'를 모셔야 한다.

루스 샘플 콤프턴

1968년 3월

맺는 말

별명이 '진 아주머니'인 A. 지네트 월터는 '아주머니'가 주는 어감만큼이나 20세기 초 그녀를 만난 한국인들에게는 푸근한 존재였다. 직업이었던 '선생님'이나 직분이었던 '선교사님'으로 불릴 수도 있었지만 '아주머니'란 호칭이 더 어울리는 것임을 자서전을 읽고 국내 독자들을 위해 전기로 고쳐 쓰면서 시종 느낄 수 있었다. 그녀도 한국에서 지인들이 불러준 '아주머니'라는 호칭이 좋았는지 자서전 제목을 'Aunt Jean(진 아주머니)'으로 하기도 했다.

지네트의 생애는 영문 자서전에서처럼 '한국에 오기 전', '한국에서의 삶', '귀국이후', '은퇴 생활'의 네 부분으로 나누어진다. 그러나 저자는 그녀의 생애를 '한국에 오기 전(어린 시절과 대학 졸업)'과 '한국에서의 삶(1911~1926)'에 이어 '귀국 이후'와 '은퇴 생활'을 합해 '미국 귀환과 행복한 은퇴'의 세 부분으로 나눠 보았다. 대신 자서전이 출판된 1970년부터 1977년 영면에 들기까지를 또 다른 시기로 보고 '삶의 마지막까지 했던 이웃 사랑'을 4부로 해 전기를 구성했다. 전기를 쓰는 과정에서 네 시기를 통해 느낀 것은 '자애로운 아주머니' 성품을 가진 그녀가 이웃을 사랑하는 마음과 행동으로 평생 한국을 사랑했다는 사실이다.

미국의 서부 개척시대인 1885년 동부 펜실베이니아주 라트로브에서 네덜란드 이민자의 후손으로 태어난 지네트는 태어난 지 얼마 안 돼 미국 중부 캔자스의 킹맨으로 이주를 했다. 서부로 진출하는 당시 시류의 영향도 있었지만, 자식들을 금주령이 실시되고 있는 캔자스주에서 보다 안전하게 키우고 싶어 하는 부모의 마음이 더 컸었다. 아버지는 독실한 장로교 신자였고 어머니는 감리교 신자였는데 가족들은 중부 지방에서 큰 교세를 갖고 있던 감리교 교회를 다녔다.

이 같은 종교적 배경 때문에 지네트는 어렸을 때부터 교회의 가르침에 따른 '이웃 사랑' 이 몸에 배었고 대학 시절 선교사로 활동하겠다는 결심을 하게 되었다. 특히 대학에서 만난 선배 프랭크 브라운은 교육선교사에 뜻을 두고 자원봉사와 YMCA 운동에 적극적으로 참여했는데 그의 영향을 크게 받았고 약혼까지 하게 되었다. 교육선교사가 된 프랭크가 멕시코로 떠나자 지네트 자신도 대학 졸업 후 합류하기로 할 만큼 두 사람은 교육을 통한 선교에 의기투합했던 동지로서 인생의 동반자가 되려는 청운의 아름다운 꿈을 갖고 있었다. 그러나 멕시코에 파견된 지 몇 달도 안 돼 프랭크가 천연두로 현지에서 숨지자 평생을 동반하려던 두 사람의 꿈은 깨질 수밖에 없었다. 비록 동반의 꿈은 사라졌지만 평생을 이웃사랑을 바탕으로 한 교육선교사로 살겠다는 의지까지 사라진 것은 아니었다. 지네트는 약혼자 프랭크의 뒤를 이어 멕시코의 같은 장소(파추카)에서 교육선교사로 1년간 봉사하고 대학을 마치자마자 이화학당에 선교사 자격으로 오게 된 것이다.

멕시코에서도 어렸을 때부터 술과 담배를 배우고 공중질서를 지키지 않는 학생들에게 이웃사랑 정신으로 가르쳤던 지네트의 교육자적 자세는 한국에서도 그대로 이어졌다. 그 같은 자세가 가장 잘 드러난 경우가 '최고의 장례사(best undertaker)' 라는 호칭이었다. 후배 선교사로 YMCA에서 일하던 반하트 부부의 장남이 두 살도 안 돼 디프테리아로 죽자 작은 관을 구입하고 수의를 입혀 양화진에 묻어 주었다. 이화학당의 직원 딸이 죽자 역시 관을 사서 시신에 수의를 입히고 일꾼이 관을 지고 산에 가서 묻어주는 절차를 직접 진행하기도 했다. 장의사로서의 하이라이트는 유관순 열사의 장례였다. 순국 당시(1920년 9월 28일) 이화학당의 학당장(교장) 대리였던 지네트는 며칠 후 순국 소식을 듣고 서대문 형무소 측에 시신 인도를 강력히 요구해 몇 차례 옥신각신 끝에 학교로 모셔와 직접 수의를 입혔다. 이튿날 정동교회에서 장례예배를 치른 후 이태원 공동묘지에 안장하는 일도 지네트는 직접 현장에서 지휘했다.

그녀의 이웃사랑 성품이 드러나는 또 다른 행동은 한국에서 출산 중 사망률이 너무 높은 것을 알고 첫 번째 안식년 휴가 중 산파기술을 배운 사실이다. 신경쇠약으로 1년 일찍 가진 1915년 안식년 휴가 중 지네트는 고향 킹맨에 있는 병원의 산부인과에 등록, 의사와 함께 출산을 도우며 산파기술을 배웠다. 자서전에서 그녀는 "병원에는 다섯 명의 의사가 있었는데 의사마다 출산시키는 방법이 달랐다. 나는 할 수 있는 것을 모두 배우기를 원했는데 그 이유는 한국에는 내가 배운 모든 정보를 활용할 수 있는 여러 학급의 여학생들이 있었기 때문이다"라고 밝혔다. 지네트는 과학적인 출산 방법을 이화학당의 학생들에게 가르치고 싶었고 실제로 그녀는 동대문 병원(이화여대 부속병원의 전신)에서 자원봉사 간호사로 일하며 출산을 돕기도 했다. 지네트의 이웃사랑 성품이 잘 드러나는 행동이 아닐 수 없다.

'환갑'이라는 이름의 수양딸을 두는 사연도 지네트의 이웃사랑 실천이 잘 나타나는 일화 중의 하나이다. 3.1운동이라는 파도가 전국을 휩쓸고 난 1919년 겨울은 정말 추웠다는 게 그녀의 기록이다. 그 엄동설한에 말로 할 수 없을 만큼 고통을 당하고 있다는 사람의 소문이 들려 남자 고등학생인 한국어 개인 선생과 함께 찾아간 곳이 나중에 수양딸이 된 '환갑이(Hangapi)'네 집이었다. 처음 찾아간 환갑이네 집에 대해 자서전은 "한 여인과 두 명의 작은 사내가 마루 위에 있는데 너무 허약해 일어나지도 못했다 아버지와 한 아이는 이미 죽었고 다른 여자아이는 식량을 사기 위해 팔아 버린 뒤였다. 방구석에 뼈가 앙상한 다섯 살짜리 소녀가 있었는데 이 여자 아이 이름이 환갑이었다. 할아버지 환갑날 태어났다고 해서 부른 이름이 환갑이었다. 이 집식구들은 그래도 걸어 다닐 수 있는 환갑이가 구걸해 오거나 훔쳐 오는 것으로 먹고 살고 있었다."고 기록하고 있다. 이런 참상을 본 지네트는 인력거 두 대로 환갑이네 식구들을 싣고 동대문병원으로 데려가 입원시키고 건강을 회복하도록 했다. 그 후 어머니와 두 아들은 시골 친척 집으로 가고 환갑이는 '감사'의 뜻으로 지네트에게 주어졌다. 수양딸이 생기는 과정이었다. 맹인으로 태어난 또 다른 남자아이도 비슷한 과정을 거쳐 수양아들이 되었다.

지네트는 부모님의 병환과 본인의 건강 문제로 1926년 미국으로 귀환한 후 캔자스 위치타 시의 북부고에서 가정방문 교사로 근무하면서도 이웃사랑 활동을 계속했다. 북부고에서 문제학생이 보고될 경우, 그녀는 학교와 가정을 오가고 학생 자신과 면담하며 한 명의 낙오자도 없이 바른 성인이 되도록 인도하는 역할을 훌륭하게 해냈다.

이웃사랑 활동은 1964년 입소한 거주 시설인 프래지어 메도우즈 메이너(F.M.M.)에서도 계속됐다. 자신도 80의 고령이었지만 더 상태가 안 좋은 사람들을 위해 끊임없이 봉사했다. 한국에서 봉사할 때 만났던 버크 로톤 씨는 매일 저녁 잘 자라는 인사를 나누는 사이였는데 1965년 6월 4일 저녁에는 로톤 씨가 한국말로 "안녕히 가세요"라고 했는데 정말 마지막 인사가 됐다고 술회했다. 남편 사후 로톤 씨 부인은 몇 년 동안 링거주사를 맞으며 의료실에 있었는데 매일 방문해 의사에게 데려가 주고 옷을 챙겨주는 게 자신의 일과였다고 기록하고 있다.

지네트의 사후에도 이웃사랑 실천은 계속되고 있었던 것이 인상적이다. 별세하기 전 마지막 1976년 크리스마스에 그녀는 모든 조카와 조카손자들에게 자신에게 보낼 크리스마스 선물 대신 은퇴자 시설 F.M.M.에서 건설 중인 의료실을 위해 5달러짜리 벽돌을 기부해 달라는 카드를 보냈다. 이듬해 6월 부음을 알리는 부고에서도 성금을 해주면 '지네트' 벽돌 기금으로 조성하겠다는 내용이 들어있다.

몇 가지 사례만 들었지만 지네트의 이웃사랑 마음은 한국에서 봉사한 15년은 물론 미국 귀환 이후에도 넓어지고 계속되고 있음이 자서전에서 드러난다. 환갑이나 소경 아이를 구하는 구체적 사례로부터 독립운동 이후 더욱 어려워지는 한국사회를 보는 안타까운 심정이 자서전 구석구석에서 드러난다. 귀국 후에는 고향에서 '이화의 친구들'이라는 조직을 구성해 한국 현지 봉사를 못 하는 대신 각종 모금 운동을 통해 재정적 지원을 계속하고 있음이 여러 곳에서 나타난다. 그 같은 지원은 6.25 한국전쟁 이후까지도 계속됐다.

지네트의 한국사랑은 1970년 펴낸 자서전 표지에서도 볼 수 있다. 한국에서도 좀처럼 사용하지 않는 색동 줄무늬 종이를 표지로 사용한 것이

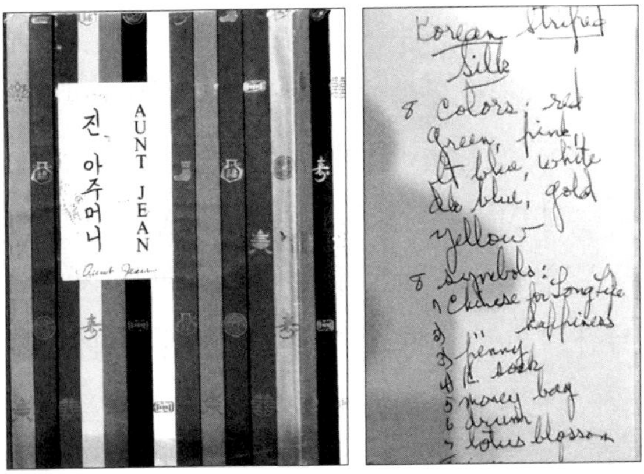

색동 표지에 한글과 영어로 제목을 달고 다음 페이지에서는 색동 속에 있는 한자와 무늬의 의미를 해설했다.

다. 그녀의 눈에는 색동저고리를 입은 한국 어린이들이나 신부의 옷이 너무 인상적으로 보였던 듯하다. 특별히 색동종이를 수입해 자서전 표지로 사용할 만큼 그녀의 한국 사랑은 지극한 것이었다.

한 세기 전에 가졌던 지네트의 이웃사랑과 한국사랑이 오늘 현재의 한국에서만큼 더 절실한 때도, 곳도 없다는 게 저자의 생각이다. 당시와는 비교도 안 될 만큼 모든 상황이 나아졌지만, 정치적 편 가르기와 빈부 격차는 더욱 심해진 게 우리의 현실이기 때문이다. 조병옥 박사는 1925년 컬럼비아대에서 석사학위를 받고 다시 한국으로 귀임하는 지네트에게 이런 헌사를 했다.

> "우리가 존경하는 선생님은 정말 진실한 한국의 친구입니다. 젊음을 희생하고 가족을 뒤로하고 (한국으로) 떠났으며 개인의 야망과 명예도 버린 채 먼 나라에서 생소한 사람들 가운데서 긴 시간 동안 봉사의 삶을 살아오고 있습니다. 한국에 대한 사랑이 너무도 컸고 우리 국민에 대한 믿음과 선생님의 목표에는 끝이 없었기 때문에 그 같은 봉사를 할 수 있었습니다. 우리나라의 구원과 재건을 위해 죽도록 최선을 다하시는 이 고귀한 분은 다시 쓰는 한국의 역사에서 확실히 중요한 위치에 자리매김할 것입니다." 12

조 박사의 헌사 중 마지막 구절 "우리나라의 구원과 재건을 위해 죽도록 최선을 다하시는 이 고귀한 분은 다시 쓰는 한국의 역사에서 확실히 중요한 위치에 자리매김할 것입니다"가 잊히지를 않는다. 이화여대는 1959년 생전의 고인에게 명예박사 학위를 수여해 일말의 보답을 했지만, 우리 사회는 지네트의 이웃 사랑과 한국 사랑을 모른 채 현재에 이르고 있

12) 이 책 283쪽에 관련 내용.

다. ‘중요한 위치에 자리매김’하기는커녕 지네트 같은 분이 있는지조차 관심을 두지 못하고 있는 게 우리 현실이 아니냐고 자성하게 된다.

이웃사랑과 한국 사랑이 교차하는 A. 지네트 월터 학당장의 전기를 쓰며 저자는 ‘진정한 인류애(人類愛)가 무엇인지’ 마음으로 읽을 수 있었다. “다시 쓰는 한국의 역사에서 확실히 중요한 위치에 자리매김할 것”이라고 말한 조병옥 박사의 헌사가 이뤄지는 날, 또 지네트의 이웃 사랑과 한국 사랑이 보편적인 우리 사회의 공유 가치가 되는 날, 우리나라는 지금의 분열을 넘어서 한 단계 높은 이상향을 향해 전진할 수 있을 것으로 믿는다.

지네트 월터 이야기 취재 후기

2019년 6월 3일 새벽 5시 1분 휴대폰에 적혀 있는 세 문장의 짧은 이메일 내용을 잊을 수가 없다. 이런 내용이었다.

친애하는 연철,

나의 증조 이모할머니인 지네트 월터와 관련한 4월 9일 자 페이스북에 올린 메시지를 방금 우연히 봤습니다. 나는 그녀의 증손 조카입니다. 이제 많이 늦었지만 내가 도울 수 있는 어떤 일이라도 있다면 꼭 알려주시기를 바랍니다.

I have just come across a Facebook you sent me on or about April 9th. concerning my aunt Jeanette Walter. I am her great-nephew. If there is anything, at this late date, that I can assist you with, please let me know.

Best Regards,

John E Boyer IV

페이스북에 자서전 '진 아주머니(Aunt Jean)'의 저자(Althea Jeannette Walter 1885~1977) 후손을 찾는다는 글을 올린 2019년 4월 저자는 미국 뉴저지주 드루대에서 충청남도 기독교 선교 개척자이자 여성 교육자로 활동한 앨리스 샤프(Alice Sharp, 1871~1972) 선교사의 전기를 쓰기 위해 자료 찾기에 몰두하고 있었다. 언론계와 공연예술계에서 활동하던 일을 마감한 후 전기 작가로 활동하겠다고 뜻을 세우고 집필 대상 첫 인물로 앨리스 샤프를 선택해 자료를 수집하고 있었다. 결혼 전 이름이 앨리스 해몬드(Hammond)였던 샤프 선교사는 캐나다 동쪽 끝인 노바스코시아주 출신으로 1900년 내한해 1939년 정년 때까지 40년을 충남 일대에서 봉사와 선교로 일생을 바친 분이었다. 특히 10여 곳에 여학생을 위한 학교와 유치원을 세워 남존여비로 동등한 인격체로 존중받지 못하던 여성들을 계몽하고 그들을 인재로 길러낸 공로는 선교의 결과 못지않게 훌륭한 일이었다.

개인적으로는 저자의 할머니(강계순, 1906~1996)에게 1933년 기독교를 알려준 인연이 있는 분이었다. 몇 가지 자료를 찾아보던 중 할머니가 말씀했던 '사부인'이 1910년대 천안에서 선교를 하던 중 지령리 교회에서 유관순을 만나 공주의 영화여학교에 다니게 한 후 다시 이화학당으로 편입학 시켜 줬다는 사실을 알게 되었다. 할머니를 전도했던 분이 유관순 열사의 첫 스승인 것을 알게 된 순간 '이런 분'의 전기를 쓰는 일이야말로 소명으로 느껴졌다. 국내에서 사부인이 작성했던 연례 선교보고서를 찾아 행적을 모으고 세계감리교회의 자료를 집대성해 놓고 있는 드루대 감리교 아카이브에서 더 많은 자료와 사진을 찾아내 2019년 9월『이야기 사애리시』(신앙과지성사)로 상재(上梓)할 수 있었다. 특히 캐나다의 한 시골에서 현지답사 중 후손인 증손 조카들을 우연히 만나게 된 행운은 '하늘은 스스로 돕는 자를 돕는다.'는 속담에 힘입은 결과로 저자가 전기 작가로 계속 활동하는데 많은 자신감을 갖게 해주었다.

마침 2019년은 3.1운동 100주년의 해여서 문서보관소의 선교사 보고서 가운데 유관순 열사 관련 기록이 있는지 눈여겨보던 중 두 분 선교사의 기록에서 관련 사실을 찾을 수 있었다. 하나는 프랭클린 E. C. 윌리엄스 공주 영명고 교장이 1919년 11월 감리교 연회보고서에서 3.1운동의 상황과 경과를 전하며 "한 신자 가정은 너무나도 가혹한 죽임을 당했다. 아버지와 어머니가 함께 죽고 딸은 감옥으로 끌려가 구속되었다…."고 적고 있다.[13] 또 다른 기록은 바로 이 자서전을 쓴 지네트 월터 이화학당 5대 학당장의 기록을 인용한 한 영어 논문이었다. 논문에서 인용한 자서전 '진 아주머니(Aunt Jean)' 기록을 보니 유관순 열사의 수의까지 월터 학당장이 직접 입혔다는 것이었다. 사부인 전기 작성이 끝나면 두 번째 전기를 써야 할 대상 인물을 찾는 순간이었다.

대상 인물이 정해지자 우선 1969년 출간 이후 절판된 자서전을 구하는 일이 급선무였다. 웬만한 감리교 선교사 관련 자료를 대부분 구비하고 있는 드루대 감리교 아카이브에도 자서전 '진 아주머니'는 없었다. 감리교 아카이브의 사서와 상의한 결과, 전체 미국 주요 도서관을 검색해 소장하고 있는 곳에서 대출해 보겠다는 답변을 받았다. 며칠 후 사서는 캔자스주 위치타 시(지네트 월터가 고등학교 교사로 28년 동안 근무하고 은퇴했던 곳)에 있는 프렌즈대학(Friends Univ.) 도서관에서 책을 빌려주기로 했다는 소식을 전했다. 그러면서 사서는 자서전의 출판사는 없어졌고 책을 찾는 사람들이 있어 후손들이 복간(復刊)을 준비 중이라는 소식을 프렌즈대학 사서에게서 들었다고 전해줬다. 후손을 찾을 수 있도록 연락처를 알고 싶다고 했으나 프렌즈대학 도서관 측도 연락처는 갖고 있지 않다고 했다.

이 같은 작업을 하면서 병행한 일이 페이스북에 지네트 월터의 후손을 찾는다고 올려 널리 알리는 일이었다. 사서가 약속받은 대로 300여 페이지의 자서전은 4월 23일 받아 볼 수 있었다. 급한 대로 1920년 9월 28일 순국한 유관순 열사의 시신 인수 과정과 수의를 입히는 기록, 다음날의 장

13) 임연철, 『이야기 사애리시』(신앙과지성사, 2019), pp.215~216.

례기록까지 읽으며 '진 아주머니'야 말로 우리가 잊지 말아야 할 한국 현대사의 위대한 외국인 중 한 사람이라고 생각했다. 그녀의 전기를 꼭 써서 한국에서 했던 15년간의 교육봉사를 알리고 싶었다. 그러나 사애리시 선교사 전기 작업이 한창이어서 착수는 2019년 하반기로 미룰 수밖에 없었다. 작업은 하반기에 시작하더라도 번역권을 후손으로부터 확보해야 하므로 페이스북에 올린 내용에 대해 후손들이 우연히 보고 연락이 오기만을 기다렸다.

스스로 돕는 자를 하늘이 도와 사부인의 증손 조카들을 요행히 찾을 수 있었던 것처럼 또다시 행운이 찾아오길 기다리던 중 2019년 6월 3일 아침에 일어나 이메일을 체크하자 지네트 월터 전 이화 학당장의 증손 조카 존 E 보이어 4세의 메일을 만나게 된 것이다. 페이스북에 사연을 올린 지 56일 만이었다. 가업인 캔자스 은행을 맡아 이사장으로 일하고 있는 보이어 씨는 월터 전 학당장의 큰언니 그레이스의 증손으로 자서전에 대한 저자의 이용 허가 요청에 첫 이메일 답장에서 흔쾌히 동의했다. 나아가 집안의 자랑스러운 선조인 지네트 증조 이모할머니와 관련해 가능한 모든 것을 돕겠다고 알려왔다. 6월 10일 메일에서는 콜로라도 그린 마운틴 폴스(Green Mountain Falls)의 월터 학당장 생전 여름 별장(cabin) 월터하임(Walterheim)에 사진 스크랩북과 유품들이 많다며 가능하다면 현장 조사를 해보도록 권하기도 했다. 자서전 입수에 이어 월터 학당장의 활동을 기록한 사진과 수집품까지 있으니 조사를 해보라는 제안은 평생을 기자로 살아 온 저자의 '취재 의욕'을 재점화시키는 부싯돌이 되었다. 계속되는 연락 과정에서 저자는 월터 학당장 후손의 존재를 이화여대 측에 알려 김혜숙 총장과 보이어 씨가 2019년 8월 미국 시카고에서 만나 양측이 다시 인연을 이어가는 가교 역할도 할 수 있었다.

저자의 첫 전기 작품인 사애리시 선교사의 책을 마무리하고 출판을 앞둔 시점에서 뜻밖에도 '출판 후원'을 해준 천안의 하늘중앙교회가 월터 학당장의 여름 별장 '월터하임' 현지 조사도 할 수 있도록 도움을 줘 저자의 두 번째 전기 작업도 가능할 수 있었다.

지네트 월터 교장의 생전 여름 별장 월터하임이 있는 콜로라도 스프링스에 도착한 것은 2019년 8월 20일 저녁이었다. 이튿날 일찍 콜로라도 스프링스에서 승용차로 30분 정도 거리인 그린 마운틴 폴스의 월터하임을 찾았다. 캐빈 형태의 월터하임은 워낙 높은 산 중턱에 있는 탓인지 기압차로 귀가 먹먹해질 정도였다. 캐빈에 도착하니 보이어 씨 이외에 80대 노부부가 환영해준다. 바로 지네트가 1969년 자서전을 마무리할 때 타자를 대신 쳐주고 자료도 정리해 준 조카 손녀 벳시 풀스와 그 남편 루이스 G. 풀스였다.

캐빈의 식탁으로도 사용하는 테이블 위에는 지네트가 썼던 일기책 여러 권과 두 권의 사진 앨범이 놓여 있었다. 우선 사진 확보가 급했다. 앨범 한 권에는 한국에 머물며 자신의 활동이 담긴 색 바란 흑백사진 100여 장이 간직돼 있었다. 사진마다 얇은 종이에 설명을 붙여 놓아 내용을 알 수 있도록 꼼꼼히 정리해 놓았다. 페이지마다 사진을 찍고 사진 설명은 별도로 찍었다. 또 다른 앨범은 100년 전 나온 사진 엽서 100여 장이었다. 사진도 크고 비교적 선명해 당시 상황을 잘 알 수 있는 사진 엽서 컬렉션이었다. 거리 풍경을 포함해, 유적, 민속, 처음 생긴 서양 시설 등 한눈에 보아도 희귀한 100년 전 우리의 모습이었다. 상당수 사진들은 북한에서 찍은 것이어서 더 소중해 보였다. 사진 찍는 데만도 거의 하루가 소요됐다. 일기가 소중해 보여 점검하니 1923년부터 1960년대까지 것이었다. 1920년 전후의 것을 찾으니 벳시는 캐빈에서는 안 보이는데 혹시 지네트가 은퇴자 거주지였던 콜로라도주 볼더의 시설에 살면서 자서전을 쓴 후 자신에게 맡겨 놨는지도 모르겠다며 찾아보겠다고 했다. 1920년 전후의 일기가

증손 데이비드가 청동 겉면에 자개를 상감해 만든 나전화병을 들고 있다.

사진 엽서의 내용을 설명 듣는 데이비드

한 권에 5년씩 기록할 수 있는 지네트의 일기장

취재 후 기념 촬영한 지네트의 조카 손녀 벳시와 데이비드

중요한 것은 3.1운동의 기록이 날자 별로 있을 수도 있고 특히 1920년 9월 28일 유관순 열사 순국 후 장례기록이 더 상세하게 적혀 있을 수도 있기 때문이다.

일기는 현재의 일기장과 크기는 비슷했으나 서술 시스템은 완전히 달랐다. 한 일기장에 5년분 일기를 쓸 수 있게 되어 있는 것이었다. 한 페이지는 위에서 아래로 5줄씩 5등분 돼 있고 페이지별 날짜에 따라 맨 위 5줄에 하루씩 적게 되어 있었다. 다음 해에는 같은 날 그 아래에 5줄을 이용해 일기를 쓰는 식이었다. 따라서 일기라기보다는 비망록과 같았다. 그러나 자서전의 내용이 날짜를 정확히 기록하고 있고 여행 경비까지 자세히 적어 놓은 것을 보면 일기를 참고하며 자서전을 쓴 것은 분명해 보였다.

보이어 씨는 수십 년 동안 캐빈을 관리하며 침실과 거실에 걸려있는 한문으로 된 족자 내용이 궁금한 듯 무슨 의미냐고 물어봤다. 대부분 중국 시인의 시를 쓴 것으로 경치에 대한 내용이 많았다. 또 청동으로 된 겉면에 상감기법으로 자개를 넣은 후 옻칠로 마감한 나전칠기 청동 화병도 월터 학당장 부인과 후손들이 귀하게 간직해 온 애장품이라며 보여줬다.

지네트가 1912년 8월 1일 영변에서 휴가 중 고향의 후원자들에게 보낸 편지는 초록색 무늬가 있는 화선지에 만년필로 쓴 것으로 여러 장을 풀로 붙여 두루마리 형태로 보관해 놓고 있었다. 사진이나 일기 못지않게 중요한 유품으로 보였다. 캐빈은 나무로 지어진 집으로 겉모습은 통나무 그 자체로 마감이 되어 있었다. 보이어 씨는 1937년 지어진 이래 큰 변형 없이 그대로라고 설명했다. 지네트가 여름마다 보냈던 곳이고 수많은 한국인의 발길이 닿았던 곳이라고 생각하니 문득 체취가 느껴지는 것 같고 숙연한 느낌이 들기도 했다. 침실은 한문 족자가 여러 개 걸려 있었지만 싱글베드 하나가 놓여 있는 작은 공간이었다. 부엌 겸 식당과 거실은 합해 60㎡쯤 되는 작은 통나무집이었다. 보이어 씨에게 자서전의 출간에 맞춰 사진과 유품을 한국에서 전시하고 싶다고 제안하자 안전 문제만 해결되면 별문제가 없다는 대답도 얻었다.

귀국 후 지네트가 수집한 사진 엽서를 상세히 분석하는 중 국내의 민속자료나 거리 풍경 이외에 1907년 일본 도쿄에 세워진 재일본 한국 YMCA의 간다(神田)회관 낙성 기념엽서가 발견된 것은 기대 이상의 소득이었다. 알려진 것처럼 간다회관은 100년 전인 1919년 2월 8일, 국내 3.1운동의 도화선이 됐던 2.8독립선언을 했던 곳이다. 그동안 간다회관은 건물의 외부 사진만 알려져 있었는데 지네트가 수집해 놓은 사진엽서에는 건물 안팎의 모습과 함께 학생 10여 명이 활동하는 모습도 생생하게 담겨 있었다. 또 하단에는 영어와 한자로 '재동경기독교청년회관 낙성식'이 뚜렷이 인쇄돼 있었다. 이런 사진 설명에서 보듯이 지네트가 수집한 사진 자료는 100년 전 역사의 현장을 확인하는데 핵심적 증거가 되는 중요한 사료임을 알 수 있다.

이런 사실을 인식하고 저자는 지네트의 자서전 번역을 서두르면서 동시에 귀중한 사진 자료가 콜로라도의 생가에 보존돼 있다는 사실을 대한민국역사박물관에 알렸다. 사진 자료들을 검토한 박물관 측도 100년 전 우리나라의 이모저모를 입체적으로 알게 해주는 사진 자료의 가치를 높이 평가하고 사진을 소장 중인 후손들과 연락, 9월에 전시회를 열기로 합의를 보았다. 그러나 '코로나19'라는 복병으로 전시회가 무기 연기됨으로써 유관순 열사의 100주기를 기념하는 의미도 함께 갖는 특별전은 다음 기회를 기대할 수밖에 없게 되었다.

한편 지네트의 자서전을 읽으면서 또 다른 수확이 있었다. 지네트가 저자에게 세 번째 전기 프로젝트를 소개해 준 것이다. 서울YMCA에서 1916년부터 1940년까지 활동했던 B. P. 반하트(Byron Pat Barnhart, 1889~1942) 체육선교사가 그 주인공이다. 반하두(潘河斗)라는 한국 이름으로 알려진 반하트 선교사는 1916년 3월 1일 한국에 도착해 국내에 배구를 정식으로 소개하고 체육 전공자답게 농구, 야구, 육상 분야에서 국내 체육발전에 초석을 다지고 크게 이바지한 인물이다. 당시 '스포츠정신'이 무엇인지 개념조차 없던 시대에 스포츠팀을 만들어 코치하고 경기가 열리면 심판을 보았다. 그러나 일본에 원정 경기까지 하며 스포츠의 지평을 넓혔던 반하트의 활동은 단편적으로 알려졌을 뿐이다.

지네트는 자서전에서 반하트 부부를 '운명처럼 만났다'고 밝히며 여러 번 소개하고 있다. 1차 안식년 휴가를 마치고 한국으로 귀임하기 위해 로스앤젤레스에서 샌프란시스코로 오는 기차를 탔는데 지네트의 좌석 맞은편에 앉아 있는 젊은 부부가 반하트 부부였다. 대화 중 부부가 서울 YMCA로 체육선교사를 하기 위해 가는 중이라는 사실을 알고 "이게 무슨 운명처럼 엮이는 느낌을 받았다"고 밝히고 있다.

국내에서는 1940년 반하트가 일제에 의해 추방돼 미국으로 돌아간 사실까지만 기록하고 있다. 반하트는 이듬해 방콕YMCA 총무로 다시 파견됐다. 하지만 방콕이 일본의 군경 관리하에 놓이자 180일간 일본의 적성국민 수용소에 수용되는 시련을 겪었다. 1942년 풀려나 뉴욕에서 가족과 재회하고 국제YMCA 총무로 발표되기까지 했으나 새 직책을 준비 중 수용소에서 상한 건강을 회복하지 못하고 갑작스러운 심장마비로 사망했는데 이런 기막힌 사연을 국내에서는 모르고 있었다. 저자도 서울YMCA도 지네트의 자서전을 통해 처음 알게 된 사실이다. 반하트의 관련 자료를 입수해 조사한 결과, 자서전의 내용은 모두 사실이었다.

유관순 열사를 통해 연결된 앨리스 샤프 선교사와 지네트 월터 학당장, 다시 반하트로 연결되는 과정은 저자도 예상하지 못했던 일이다. '이웃 사랑'을 실천하는 방법으로 한국을 사랑한 3명을 알게 된 요즘, 다만 모든 것이 섭리가 아닐까 생각해 볼 뿐이다.

지네트 월터 이야기

유관순 열사의 이화학당 마지막 스승

지은이_ 임연철

펴낸날_ 2020년 9월 10일(초판1쇄)

펴낸이_ 최병천
편집실무_ 강면실 윤진선 권오무 김동성

펴낸곳_ 밀알북스(신앙과지성사)
출판등록 제9-136(88. 1. 13)
주소 | 서울 서대문구 연희로 177 옥산빌딩 2층
전화 | 335-6579, 323-9867 · 323-9866(F)
E-mail | miral87@hanmail.net
홈페이지 | http://www.miral.co.kr

ISBN 978-89-6907-238-2 03230

값 25,000원

밀알북스는 신앙과지성사의 자매브랜드로 이 땅에서 "한 알의 밀알"이 되신 분들의 삶을 재조명하는 마당입니다.